拉美研究丛书
Latin American Studies Series

中国社会科学院
拉丁美洲研究所
INSTITUTO DE AMERICA LATINA
ACADEMIA DE CHINA DE CIENCIAS SOCIALES

结构性转型与中拉关系前景

Structural Transformation and the Prospects of China–Latin America Relations

吴白乙　刘维广◎主编

中国社会科学出版社

图书在版编目（CIP）数据

结构性转型与中拉关系前景/吴白乙，刘维广主编.—北京：中国社会科学出版社，2018.12

ISBN 978-7-5203-2160-0

Ⅰ.①结… Ⅱ.①吴…②刘… Ⅲ.①中外关系—拉丁美洲 Ⅳ.①D773

中国版本图书馆 CIP 数据核字（2018）第 043104 号

出 版 人	赵剑英
责任编辑	张　林
特约编辑	宋英杰
责任校对	周晓东
责任印制	戴　宽

出　　版	中国社会科学出版社
社　　址	北京鼓楼西大街甲 158 号
邮　　编	100720
网　　址	http://www.csspw.cn
发 行 部	010-84083685
门 市 部	010-84029450
经　　销	新华书店及其他书店
印　　刷	北京明恒达印务有限公司
装　　订	廊坊市广阳区广增装订厂
版　　次	2018 年 12 月第 1 版
印　　次	2018 年 12 月第 1 次印刷
开　　本	710×1000　1/16
印　　张	28.25
插　　页	2
字　　数	465 千字
定　　价	108.00 元

凡购买中国社会科学出版社图书，如有质量问题请与本社营销中心联系调换
电话：010-84083683
版权所有　侵权必究

《拉美研究丛书》
编　委　会

名誉主编　李　捷

顾　　问　苏振兴　徐世澄　郑秉文　曹远征

主　　编　吴白乙

编　　委　（按姓氏笔画为序）

　　　　　　王义桅　王晓德　王　萍　刘维广
　　　　　　杨志敏　杨建民　吴白乙　吴洪英
　　　　　　张　凡　岳云霞　房连泉　赵雪梅
　　　　　　胡必亮　姚枝仲　贺双荣　袁东振
　　　　　　柴　瑜　董经胜　韩　琦

学术秘书　刘东山

《拉美研究丛书》总序

拉美和加勒比国家是发展中世界的重要组成部分。拉美地区自然资源丰富，市场广阔，发展潜力巨大，是一个充满生机和有广泛发展前景的地区。

拉美是发展中世界较早实现经济起飞的地区。1950—1980年，拉美地区经历了持续30年的增长周期，年均增长率高达5.3%，国内生产总值增长了4倍，一些主要国家如墨西哥、巴西等出现经济增长"奇迹"。多数拉美国家在这一时期相继进入中等收入行列，不少国家提出了向发达国家跃进的目标。进入新世纪后，拉美国家克服了20世纪80年代的经济危机和90年代的经济起伏，迎来经济增长的新一轮"黄金时期"。目前拉美地区人均国内生产总值达到1万美元，一些国家已经或有望在近期跨入高收入国家行列。在实现经济增长的同时，拉美国家的发展政策趋于稳定，国际话语权扩大，国际影响力提升。拉美国家注重多元化外交，努力营造于己有利的国际环境和国际秩序，最大限度谋求在世界和全球性事务中的主动权和话语权，已经成为多极世界中的重要一极。无论在未来全球经济增长，还是在世界政治和经济秩序调整，以及全球治理进程中，拉美国家将发挥越来越重要的作用。

近年来，中国从战略高度重视拉美，是因为拉美对中国来说越来越不可或缺。

首先，拉美国家是延长中国战略机遇期和共筑和谐世界的重要伙伴。中国与拉美国家同属发展中世界，双方有类似的历史遭遇，面临着发展经济、维护政治稳定、促进社会进步的共同历史任务。中拉双方在重大国际问题上相互理解、相互支持、相互配合。中国与该地区主要国家建立了形式多样的战略伙伴关系，中拉间各种对话机制和政治磋商机制日益完善，与主要区域组织的合作取得突破。中拉双方战略共识增多，在全球性问题及与发达国家关系问题上的共同战略利益扩大，在多边机构和国际组织中有了更多合作需求，战略合作的基础更加牢固。无论是延长中国战略机遇期还是共筑和谐世界，拉美都成为我不可或缺的重要伙伴。

其次，中国在拉美地区有着越来越重要的经济利益。随着中国经济快速增长，对外部资源能源的需求越来越大。拉美自然资源丰富，对弥补中国国内资源能源短缺具有无可替代的作用和意义。拉美国家不仅已经成为中国所需能矿资源和农业产品的重要来源地，而且成为中国重要的海外市场和企业"走出去"战略的重要目的地，双方在产能、基础设施、科技、新能源、农业、金融领域等的合作越来越密切，拉美国家与我国重大对外经济利益有了越来越密切的关联性。

第三，拉美地区国家已经成为中国对外经贸合作的重要对象。中拉经济有极大互补性，相互合作需求巨大，双方经贸水平不断提升。继2000年首次超过百亿美元大关后，中拉贸易额连上新台阶，2013年超过2600亿美元。受国际金融危机和全球经济增长放缓影响，中拉贸易在2013年以后增速减缓，但贸易量仍呈现增长势头。与此同时，中国不断加大对拉美地区投资，扩展新的投资领域。目前拉美已成中国对外投资的重要目的地，截至2014年底，中国对拉直接投资存量达到989亿美元。在中拉经贸合作取得新突破的新起点上，习近平主席在2015年1月提出，中拉要共同努力，实现10年内中拉贸易规模达到5000亿美元、中国在拉美直接投资存量达到2500亿美元的目标。

特别值得指出的是，拉美国家现代化进程起步较早、城市化水平较高，提供了许多可供其他国家借鉴的经验教训，特别是在推进经济增长、化解社会矛盾、缓解社会冲突、维护社会稳定方面，对我国的发展具有重要借鉴意义。

拉美的崛起和中拉关系的全面提升，对我们的拉美研究工作提出了新要求和许多新课题，要求我们对拉美地区进行更多和更深入的了解。然而，从略知拉美到深入了解拉美是一项长期的任务和艰苦的工作，既需要国家决策层面的高度重视，也需要相关部门适当的人力、物力和财力投入和支持，更需要决策界、学术界、企业界和社会公众的持续努力并形成合力。在推进此项工作和任务过程中，不仅要培养大批掌握拉美国家语言、通晓相关知识的"拉美通"型人才，也要培养专业研究领域资深的学者，适时推出有深度、有广度和有针对性的研究成果。中国社会科学院拉丁美洲研究所的《拉美研究丛书》即是这一努力的发端。

近年来，中国社会科学拉丁美洲研究所注重对拉美重大理论和现实问题的研究，完成了一批高质量，具有重要影响力的科研成果，为党和国家决策、为政府有关部门、企事业和公众对拉美知识的需求做出了重要贡献。我相信《拉美研究丛书》在增进我国各界对拉美的了解，在促进中拉合作方面会发挥不可替代的作用。希望该丛书能够得到各界有识之士的教正和支持。

李　捷

2015 年 9 月

目 录

中国为什么要坚持改革和开放？（代序） ………………… 李 捷（1）

上编 中拉合作与发展战略

全球化与"一带一路"视角下的中拉发展战略对接 ………… 吴白乙（3）
中拉经济发展战略对接的潜力和路径选择 ………………… 辛晓岱（26）
经济外交视角下的中国对拉美基础设施建设 ……… 崔守军 张 政（43）
抓住拉美经济转型期的历史机遇 深化中拉合作关系 ……… 沈 安（63）
"软实力"与中拉合作的可持续性：文化产业合作的
　　意义与优先选项 ……………………………………… 贺双荣（79）
对拉整体合作的合理路径：有效对接现有多边和
　　双边合作机制 ………………………………………… 牛海彬（94）
进入"构建发展"阶段的中拉关系 ………………… 赵重阳 谌园庭（109）
中拉经贸关系发展的新常态及前景展望 …………………… 卢国正（126）
中拉产业合作案例简析
　　——巴西电力、委内瑞拉石油、智利铜业案例简析 ……… 谢文泽（154）
浅析蔡英文执政后台湾与拉美"邦交国"关系走向 ………… 钟厚涛（169）
微观视角的中拉媒体传播
　　——拉美社会的中国知识体系建构与传播效果的
　　　文本研究 …………………………………………… 万 戴（185）
美国新政府背景下的中墨关系：历史沿革及变化前景 ……… 张 庆（200）

下编　结构性转型中的拉丁美洲

拉美主要国家政治制度的变迁、挑战与出路 …………… 袁东振（215）
拉丁美洲的民粹主义：理论与实证探讨 ………………… 董经胜（234）
拉美政治中的"左""右"现象研究
　——拉美政治发展的周期与政策调整 ………………… 杨建民（255）
第三波民主化在拉美：困境及其成因 ……………………… 高　波（274）
论拉美国家的结构性改革 …………………………………… 江时学（286）
增长困境与结构转型：国际比较视野下的巴西 …… 岳云霞　史沛然（302）
北美自由贸易协定重新谈判的政治经济学分析 ………… 杨志敏（317）
拉美国家的减贫政策、成效与经验教训 ………………… 房连泉（332）
当前拉美社会阶层结构的变化及其影响 ………………… 林　华（351）
特朗普上台后美国对拉美政策及美拉关系的变化 ……… 徐世澄（363）
拉美区域合作和一体化的国别基础、互补与竞争 ……… 张　凡（379）
南方共同市场与太平洋联盟合作的可能性与前景分析 … 赵雪梅（403）
巴西参与金砖合作的战略考量及效果分析 ……………… 周志伟（417）

中国为什么要坚持改革和开放？

(代序)

李 捷

当前，中国与世界关系正在发生前所未有的深刻变化。这集中体现在两个方面。

一是中国正处在改革发展的质的提升的关键时期。向前跨一步，全面建成小康社会的目标就能顺利实现，就可以跨越"中等收入陷阱"，国民收入就会从中低水平跨入中高收入水平国家的行列，中国特色社会主义道路、理论、制度、文化的优越性就会进一步彰显。再继续向前发展，就能够实现第二个百年奋斗目标，中华民族伟大复兴中国梦就能够实现。这是一个伟大的时代，也是需要有非凡魄力和非凡作为的时代。

二是中国正在走进世界舞台的中心。像中国这样的发展中的社会主义大国，走进世界舞台中心这件事，有其历史必然，是或早或晚的事情。但也有其偶然性，这就是2008年以来美国等西方国家在国际金融危机的深刻影响下，迟迟缓不过劲来，内部混乱，每况愈下，国际影响力也在下降。我们则趁势而为、顺时而动，中国的国际影响和国际话语权明显提升。但要真正巩固这种态势，使之成为不可逆转之势，还要做很大的努力。关键是要克服创新上的"阿喀琉斯之踵"，根本解决大而不强的突出矛盾，还要避免大国关系上的"修昔底德陷阱"，才能确保即使在美国等西方国家缓过神来之后，也无法阻挡中国崛起的总态势。一个有利于我的国际态势的取得，需要经过曲折艰难的斗争。而要巩固这种态势，更要付出加倍的努力。

中国未来的发展，说到底是要破解好五个方面问题，也就是五个关键词。

第一个关键词：市场。

商品与市场，无论是在中国还是在国外，都有其久远的历史。但是，把商品生产和商品经济拓展到全国、拓展到全球，并形成为国内统一大市场、区域化市场和经济全球化的，是资本主义大发展的时代。

如今，统一便捷高效的市场经济，已成为经济全球化、区域经济一体化的平台，成为国际金融、贸易、资本、技术、人才、信息流动的平台。于是，一些人把市场经济看作是资本主义的专利，似乎中国搞市场经济，就必须走资本主义私有化的道路，补上资本主义这一课。事实果真如此吗？

放眼21世纪，三件大事彻底改变了资本主义市场经济体系一统天下的局面。第一，是自从以建立和完善社会主义市场经济体系为目的第二轮改革全面启动到现在，中国特色社会主义道路取得巨大成就，中国成为世界上第二大经济体。第二，是新兴市场国家进入经济发展快车道，改变着世界经济格局和版图，正在成为推动世界经济发展的新引擎。第三，是以美国和欧盟为主要代表的西方资本主义国家自2008年国际金融危机以来，陷入发展的长期困境。这三件大事，汇集到一起，促成了2016年9月在杭州举行的二十国集团峰会和达成"杭州共识"。

这说明，不但道路条条通罗马，"鞋子穿在脚上合适不合适，只有自己知道"；而且，市场经济体系的建立和发展，也并非资本主义一种模式、一种选择。包括中国在内的广大发展中国家，在实现民族独立后，完全可以从本国实际出发，把市场经济一般规律与本国条件及特点结合起来，独立自主地建立和发展对内统一、对外开放的市场经济。由此呈现出市场经济的国际多样性与联动包容性。

这就是市场自身逻辑造就的新格局，也是有利于马克思主义在21世纪的复兴与发展的新格局，更是实现中华民族伟大复兴的大舞台。

第二个关键词：资本。

金钱、买卖、借贷、雇佣的历史，同样十分久远。然而，这些要素一旦同资本主义生产方式结合起来，便成为资本增值的舞台。资本主义生产方式，不但借助资本力量完成了对国内的统治，还借助资本力量同科技革命、产业革命造就的力量紧密结合，实现并不断巩固对世界经济包括运行规则的控制。迄今为止，对世界经济体系的控制权的转换，仅仅是通过资本主义发达国家内部竞争来实现的。谁的资本实力强、金融实力强，谁就说了算，这不过是国强必霸逻辑在经济格局中的再现。

对于在资本统治下一无所有的无产阶级来说，通过社会革命取得国家政权之后，采取的一个重大步骤，便是剥夺剥夺者。这是天经地义的。因为，资本作为社会财富，归根到底是由劳动人民创造的。然而，这之后又该怎么办？解开这道跨世纪的难题，经过曲曲折折的探索和实践，这个责任最终落到了改革开放的中国共产党人肩上。

中国特色社会主义的成功已经证明，中国共产党人要完成国家现代化建设、实现民族伟大复兴，就一刻也不能忽视资本的力量。资本的力量，尽管有阶级的属性、社会制度的属性，但根本的还是取决于由谁掌握、由什么样的制度来支配、为谁服务。资本主义创造并运用了资本的力量。同样，社会主义也需要并完全可以掌握、创造并运用资本的力量。

社会主义掌握、创造、运用资本力量，这是坚持和发展马克思主义面临的全新课题。总的来说，需要解决好三大问题。一是就国内来说，要解决好共产党人既要驾驭资本、运用资本、增值资本，但又不能成为资本的俘虏的重大课题。二是就国际来说，要解决好社会主义国家既要驾驭国际资本、实现国际资本合作、实现国内资本的国际投资，但又要有效防范金融风险、确保国家金融安全和资本安全的重大课题。三是就资本增值的目的来说，要解决好在这一过程中的分配失范、资本运行失范问题，跨越"中等收入陷阱"，努力扩大中等收入群体，逐步形成橄榄型分配格局，通过共享发展，最终逐步消灭贫穷，消灭剥削，达到共同富裕。由此才能从根本上改变劳动力量与资本力量的关系，从资本力量役使劳动力量，变为劳动力量支配资本力量，真正使被颠覆的历史重新颠倒过来。这一人间奇迹，只有在中国特色社会主义制度下才办得到。

这一历史性课题，需要在发展21世纪马克思主义、当代中国马克思主义的过程中得到破解。

第三个关键词：法治。

由人治向法治的转变，是当今时代发展的总趋势。

实现由人治向法治的转变，首先是通过资产阶级革命完成的。通过资产阶级革命，资本主义不但确立了对全社会的统治地位，而且把革命中反对神学、教权、封建王权的理论进一步体系化，把革命后确立的有利于资本主义发展的制度法治化，经过若干世纪的演变，最终形成了资本主义的社会科学话语体系和法治体系。

也正是在这一过程中，实现了两大转变。一是意识形态的学术化，二是独占统治（即资产阶级专政）的隐形化。通过意识形态的学术化，使资产阶级的国家意识形态有了强大的学理支撑，并以学术面目、学术话语出现，从而使这种意识形态脱去了阶级的外衣，而以所谓"普世价值"的方式在全球存在、复制、推广。通过专政的隐形化，使资产阶级的国家意志，可以以"社会契约"即法的形式出现，专政通过法治的演绎，具有了隐形、柔性、普世化的特点，披上了民主选举、制度安排、法定程序、法律授予等超越党派的神圣"外衣"。

社会主义法治，当然不能照搬资本主义法治，而要坚持中国共产党领导、人民当家做主、依法治国的有机统一。但是同样面临由人治向法治转变的现实问题。这是一个长期渐进的过程，我们一定要按照十八届四中全会决议精神，久久为功，把全面依法治国进行到底。这一课题，同样需要在发展21世纪马克思主义、当代中国马克思主义的过程中得到破解。

这里的关键，是要解决好三个重大问题。一是正确处理坚持党的领导和坚持宪法权威、法治信仰的关系。"党大法大"是伪命题，"权大法大"是真命题。二是正确处理好坚持依法治国和坚持人民民主专政的关系。坚持人民民主专政，作为治国之本的四项基本原则之一，写入党章、载入宪法，不可动摇。但是专政要通过法治思维、法治方式来实现，而不能通过其他思维、其他方式来实现。三是法治权威与人民主体的关系。社会主义法治要以人民为本位，以实现好、维护好、发展好、协调好人民利益为宗旨。这是社会主义法治同资本主义法治的根本区别。

第四个关键词：共享。

物质文明成果和精神文明成果，要由全体人民、整个社会来共享，而不能由某些利益集团所独享，已成为世界人民的共同愿望。

在此背景下，社会主义制度环境下的共享，与资本主义制度环境下的共享，两者的区分日益显现。资本主义的共享，是在确保少数人既得利益首先得到满足的前提下，为谋求政治平衡点、利益平衡点和社会平衡点所做的努力。而社会主义的共享，是在以人民为中心的发展思想指导下，通过全面深化改革，贯彻落实包括共享发展在内的新发展理念，来打破特殊利益固化的藩篱，加强城乡统筹普惠的民生建设、加快城乡一体化进程、调节不合理的分配格局、努力扩大中等收入群体、切实增加农民和低收入人群的家庭财产性收入等多措并举的结果。体现的是中国共产党全心全意为人民服务的宗旨，体现的是社会主义现代化最终是要促进和实现人的全面发展的本质要求，体现的是发展为了人民、依靠人民、造福人民、发展成果由人民共享的崇高理念。

当然，共享既是理念，也是要求，更是社会由低级向高级的现实运动过程。共享不能一蹴而就，不能一下子把人的胃口吊得过高，但也不能成为空洞许愿、空中楼阁。共享是尊重差异、尊重差别、尊重多样前提下的共享，不是搞平均主义，更不能搞"一刀切"。

如何既能在经济社会发展的不同阶段实现不同水平的共享发展，又能在共享发展之中使人民当中的每一个阶层、每一个群体特别是低收入阶层有幸福感、获得感、满足感，并对党、国家、社会有回报之心、感恩之心。这一课题，同样需要在发展 21 世纪马克思主义、当代中国马克思主义的过程中得到破解。

第五个关键词：共处。

不同社会制度、不同社会历史人文背景的国家和谐共处，在和平发展合作共赢的潮流推动下，构建人类命运共同体，以此铲除延续了好几个世纪的"国强必霸"逻辑赖以生存的国际土壤，以此反对形形色色的国际霸权主义、文化霸权主义、恐怖主义和极端势力，这是当今时代的总要求。

共处的关键，是社会主义国家与资本主义国家的和平共处。资本主义与社会主义，无论是作为社会制度还是作为意识形态，尽管其出现有先有后，在一定意义上可以说是共生共处于同一个时代，是同处于一个时代的既共生共处，又矛盾对立竞争，又交流互鉴的不同社会制度和意识形态。这是以往任何一个社会发展形态中不曾有过的现象。由此就充分说明，自资本主义生产方式问世以来，这个时代就是一个越来越趋向于多元化多样化的丰富多彩的时代，由某一种生产方式和社会制度主宰世界的时代，已经一去不复返了。因此，必须摒弃冷战思维、零和游戏规则，才能跟上时代前进的步伐。

当今的资本主义同社会主义的关系，还不是谁消灭谁的问题。长期以来，西方国家一直在图谋消灭或演变社会主义国家，尽管造成了东欧剧变和世界社会主义暂时进入低潮，然而最终的结果是中国特色社会主义的蓬勃发展。这说明，社会主义拥有强大的生命力和活力。在当今错综复杂的国际关系中，在当今一强对多极的国际力量对比中，两者关系开始接近势均力敌。这不是通过热战实现的，也不是通过冷战实现的，而是通过中国特色社会主义的长期和平发展实现的，是通过以改革开放的成就打破冷战结束后的"社会主义终结论"实现的，是中国凭借自身的和平发展和综合国力显著增强而日益走近世界舞台中心的客观结果。这就说明，社会主义终究要代替资本主义，是一个漫长的历史发展过程，需要经过若干阶段。其中一个重要阶段，就是社会主义国家通过自身的改革开放，使社会主义同资本主义在国际上真正达到接近势均力敌的局面，从而使长期存在的西方国家对社会主义国家战略上封锁遏制的局面得以破解。

概要地说，社会主义与资本主义共处，需要解决好四个重大问题。一是要解决好"四个自信"的问题。自己不自信，要人相信你，对你有信心，是绝对不可能的。二是要解决好独立自主的问题。饭碗必须端在自己手上。国家主权、国家安全、国家发展、国家创新，绝不能仰仗他人。三是要解决好全方位开放，全方位交流互鉴的问题。四是要解决好国际话语传播、国际形象营造的问题。其核心，就是长期处于弱势地位的社会主义国家，如何既坚定不移推进改革开放，又坚定不移坚持和发展本国特色社会主义。

我们坚信，只要沿着中国特色社会主义这条道路走下去，中国的全面高水准的现代化一定会实现。到那时，展现在广大发展中国家面前的，不仅有西方国家的资本主义现代化道路选择，还有中国这样的发展中国家的非资本主义现代化道路选择。世界物质文明和精神文明是丰富多彩的，世界制度文明同样也应当是丰富多彩的，将某种特定模式定于一尊的时代，已经一去不复返了。

2017 年 6 月

上　编

中拉合作与发展战略

全球化与"一带一路"视角下的中拉发展战略对接*

吴白乙

【内容提要】 中外发展战略对接是实施"一带一路"倡议,促进区域经济融合和市场机制接轨的一项创新性政策。作为"21世纪海上丝绸之路"延伸地区,拉丁美洲能否与中国同步发展,共同应对经济全球化新旧动能转换及中拉合作结构、能力不对称所带来的挑战,关键在于双方加深共识,借助对接的压力传导,清理各自内部不合理、不适时的制度,构建新型政策沟通平台,在更高水平上为扩大双方务实合作提供机制化保障,从而进一步释放合作效能,实现彼此经济社会发展目标与政策的联通、兼容、共济。从更大意义上说,中拉合作关系的调整是世界范围内生产力和生产关系再平衡的一部分,是新一轮全球化及全球治理的题中之意。推动中拉发展战略对接既可从根本上缓解和缩小双方制度竞争力的差异,也能使各自比较优势和市场资源得到更便捷、合理的匹配、衔接,最终形成更加紧密的"命运共同体"。尽管由于双方体制、观念和文化差异是对接的现实难点,但只要坚持这一正确方向,有效地利用外部压力和既有的合作基础,顺势而为,中拉合作提质升级终会聚沙成塔,梦想成真。

【关键词】 中拉关系;发展战略对接;改革;经济全球化

---

* 本文为国家社科基金重大项目"中拉关系及对拉战略研究"(项目编号:15ZDA067)研究成果之一。本文写作过程得到中国社会科学院拉丁美洲研究所博士后郑猛在内容和资料方面的重要帮助,特此致谢。感谢审读专家提出的意见,作者对文中观点自负责任。

一 引言

2017年10月，中共十九大通过政治报告，将"坚持推动构建人类命运共同体"作为习近平新时代中国特色社会主义思想和基本方略的重要组成部分，以引领全党全国人民"实现推进现代化建设、完成祖国统一、维护世界和平与促进共同发展三大历史任务"。[①]

就分析层次而论，构建中外命运共同体是习近平对外关系思想的核心理念，体现的是新兴大国的价值取向和战略纲领，是顶层意义上的国家意识形态；"一带一路"、中拉整体合作等国际合作举措和模式是与此相应的"四梁八柱"，发挥着"先后有序，重点推进"的支撑作用，属中观层面的政策安排；而推动中外发展战略对接则是战术导向和行动路径，意在推进双方深化共识，创新合作制度，促进经济要素有序自由流动、资源高效配置和市场全面融合。显然，正确的战略和适时的政策须赖有效行动才能得以贯彻和实现。由此推定，中国新一轮高水平对外开放，特别是国际经济合作的提质升级必将聚焦于与各国发展战略对接之上。

"发展战略对接"之说最早见诸2013年9月"丝绸之路经济带"战略构想出台之时，带有创新中外经济合作模式的鲜明指向。它居于"五通"（政策沟通、设施联通、贸易畅通、资金融通、民心相通）之首，即"各国可以就经济发展战略和对策进行充分交流，本着求同存异原则，协商制定推进区域合作的规划和措施，在政策和法律上为区域经济融合'开绿灯'"。[②] 经过一段时间的检验和修订，它正式成为中国政府对外提出的主要合作建议，甚至为联合国等国际组织所接受，表明中国为解决全

[①] 习近平：《决胜全面建成小康社会　夺取新时代中国特色社会主义伟大胜利——在中国共产党第十九次全国代表大会上的报告》，人民出版社2017年版，第57—60、71页。

[②] 习近平：《共同建设"丝绸之路经济带"》，载《习近平谈治国理政》，外文出版社2014年版，第289页。

球发展和治理难题所进行的思想和实践创新得到国际社会的普遍认同和重视。①

然而，一段时间以来，国内学界有关"发展战略对接"问题的研究文献却难得一见。少量研究成果虽然对近期中外发展战略对接的进展作出分类和归纳，但没有深入探讨其理论和实践意义，未能引发广泛的学术争鸣并产生相应共识。程大为认为，"发展战略对接"概念的提出意味着"一带一路"倡议已从初创进入实质推进阶段。"对接"的前提条件是"对方国家有自己的发展战略，在双方已有的战略契合点上考虑进一步的合作"。"对接"不等同于国家之间的谈判，而是"一种以外交手段协调各国的经济事务、谋求共同发展的全球治理行为"，尽管它"并不一定是规则的制定过程，但也可能会导致规则制定"。② 陈伟光、王燕认为，"一带一路"建设初期的侧重点是打造共同身份和凝聚力，实现"关系治理"。至于规则制定，则有待于下一阶段形成相应的谈判和执行机制，进而对各方现有合作规则加以整合，打造双边投资协定和自贸区协定乃至区域性规则的升级版。③ 两篇文献引入不同的阶段界定和实施步骤，均强调"对接"行为属"治理"性质，但前者对"发展战略对接"定义似乎过于空泛和"柔软"，而后者则直接将它等同于规则谈判而非规划衔接，均与实践的发展存在一定的差距。笔者认为，"对接"是国家间政策协调的最高级形态，既可体现为具体的条文化、法律化承诺，也可通过建立多层级、多部门、多议题的综合性或专业性对话，形成双方合作制度的动态平衡与有机统一。实现"对接"的条件除双方具有深度政治互信，经济结构互补且依存度高之外，更重要的是彼此发展取向和优先次序一致，都奉行"开放主义"的政策理念。

自"一带一路"倡议出台以来，中国已先后同越南、新西兰、哈萨克斯坦、俄罗斯、白俄罗斯、巴基斯坦、土耳其、英国、波兰、捷克、匈

---

① 2017年3月17日，联合国一致通过关于阿富汗问题第2344号决议，呼吁国际社会凝聚援助阿富汗共识，通过"一带一路"建设等加强区域经济合作，敦促各方为"一带一路"建设提供安全保障环境、加强发展政策战略对接、推进互联互通务实合作等。
② 程大为：《如何理解"一带一路"倡议中的"对接"策略》，《人民论坛》2017年第17期，第85页。
③ 陈伟光、王燕：《共建"一带一路"：基于关系治理与规则治理的分析框架》，《世界经济与政治》2016年第6期，第109—111页。

牙利以及欧盟、东盟、阿盟等40多个国家和国际组织签署合作协议，确认双方实行相关发展计划的战略对接，共同参与"一带一路"建设，已同30多个国家开展机制化产能合作。2017年5月，习近平主席在"一带一路"国际合作高峰论坛圆桌峰会开幕致辞中进一步提出，"要把'一带一路'建设国际合作同落实联合国2030年可持续发展议程、20国集团领导人杭州峰会成果结合起来，同亚太经合组织、东盟、非盟、欧亚经济联盟、欧盟、拉共体区域发展规划对接起来，同有关国家提出的发展规划协调起来，产生'一加一大于二'的效果。"① 随后，他在会见阿根廷总统时代表中国政府对拉美各国参与共建"一带一路"的强烈意愿作出正式回应，明确表示拉美地区是"21世纪海上丝绸之路"计划的自然延伸。6月，由中国、巴西双方共同出资、共同管理、共同决策、共同受益的中巴产能合作基金正式启动，8月两国达成《金砖国家投资便利化合作纲要》这一全球首份专门文件，均显示出东西半球两大新兴经济体加快发展战略对接的步伐。②

按照马克思主义认识论，人们对于客观规律的了解来自社会实践，因而理论分析的滞后似是一种常态。毛泽东指出，"思想落后于实际的事是常有的，这是因为人的认识受了许多社会条件的限制的缘故"。③ 除对外部实际反应的掌握不对称、不准确之外，研究者还可能囿于既有国际合作理论解释力相对不足等原因，难以对中国未来对外经济合作的行动策略进行充分而深入的辨析，因而对"什么是'发展战略对接'"，"为何要进行'对接'"以及"如何做好'对接'"等问题未作出系统性回答。本文试从当代全球化发展和"一带一路"国际合作的逻辑和现实出发，将改进中国与拉美国家合作结构、能力不平衡、不对称的内外动因及推进双方发展战略对接的可能性进行梳理和分析，以对上述问题作出初步回答。

---

① 习近平：《开辟合作新起点 谋求发展新动力》，《学习》（活页文选）2016年第21期，第35页。

② 李伟红：《习近平同阿根廷总统马克里会谈》，人民网，2017年5月17日，http://cpc.people.com.cn/n1/2017/0518/c64094-29282852.html；颜欢：《中国—巴西扩大产能合作基金正式启动》，人民网，2017年6月1日，http://world.people.com.cn/n1/2017/0601/c1002-29310173.html；于佳欣：《挖掘金砖投资潜力 助力全球投资规则——商务部有关负责人解读金砖国家投资便利化合作纲要》，新华网，2017年8月22日，http://news.xinhuanet.com/fortune/2017-08/22/c_1121525536.htm。

③ 毛泽东：《实践论》，载《毛泽东选集》第一卷，人民出版社1991年版，第295页。

二　中拉发展战略对接的现实逻辑

"正像达尔文发现有机界的发展规律一样，马克思发现了人类历史的发展规律，即历来为繁芜丛杂的意识形态所掩盖着的一个简单事实：人们首先必须吃、喝、住、穿，然后才能从事政治、科学、艺术、宗教等等；所以，直接的物质的生活资料的生产，从而一个民族或一个时代的一定的经济发展阶段，便构成基础，人们的国家设施、法的观点、艺术以至宗教观念，就是从这个基础上发展起来的，因而，也必须由这个基础来解释……"[①] 200多年前，地处美洲大陆西、葡殖民地相继爆发武装起义，脱离宗主国长达三个世纪的残暴统治，建立新兴的民族国家。与同时代的封建中国所不同，拉丁美洲在独立之初就身不由己地卷入世界商品市场的构建进程。在第一次经济全球化浪潮的冲击下，拉美地区沦为先进工业国家的附属品，在种族、政治、经济、文化上全面欧洲化，其影响较之亚洲、非洲显著而深远。[②] 此后及至当代，尽管"西方式的代议制民主制度与经济政策关系决定了欧美乃至拉丁美洲国家呈现经济政策及全球化政策时左时右的周期变化"，但拉丁美洲在整体上始终未能摆脱其国际生产专业化的滞后地位，外向型经济结构、远未完成的工业化及其资本输入的严重依赖使诸多国家掉入持续贫弱的泥沼，甚至被打上"拉美病"的标签。[③] 即使按照"依附论"著名学者阿明的最新划分，东亚资本主义国家和地区及中国属于世界经济体系的"活跃外围"，而南

---

① [德]恩格斯：《在马克思墓前的讲话》，载《马克思恩格斯文集》第3卷，人民出版社2009年版，第601页。
② [美]斯塔夫里阿诺斯著，吴象婴、梁赤民译：《全球通史——1500年以后的世界》，上海社会科学院出版社1992年版，第518—554页。
③ 蔡昉：《全球化的政治经济学及中国策略》，《世界经济与政治》2016年第11期，第20页；苏振兴主编：《拉美国家社会转型期的困惑》，中国社会科学出版社2010年版，第88—98页。

亚、非洲和中东及拉美则仍是"贫困化外围"。①

中国经历数千年的农耕文明，形成了自身特色的政治与宗法、经济与社会、技术和学术制度，其"自给自足"和"重农抑商"等价值观念和治理思想，曾创造过令世人仰慕的物质和精神成就。面对欧洲工业革命和资本主义全球化的兴起，中国统治者和士大夫阶层却罔顾挑战，守旧不变，或回避或抵抗，但终归失败。1840年鸦片战争、1894年甲午战争和1900年八国联军侵华战争，不仅一步步打开天朝大门，将其纳入完全陌生的资本主义世界体系之中，使中国沦为政治和经济的半殖民地，也迫使中国知识分子和有识之士"睁开双眼"，转向外部强国，探寻救国图强之道。② 后来的历史表明，"作为现代化'后发外生型'国家，中国是在西方列强的挤压下被迫走上现代化道路的，促成变迁的因素虽然已经胎动于社会母体中，但更多的却是对外国冲击回应的结果，思想文化条件、经济社会条件和政治制度条件的积累都不成熟。因而，一方面现代化启动的非常态势促使其发展具有赶超的冲动和必然，另一方面因其起点与目标的巨大反差而必然面临着几千年习惯势力和国际殖民势力的强大挑战，巨大的曲折与反复在所难免……新与旧的冲突，传统与现代的嬗变，中国与世界关系的调整，都在激烈的无序变动中艰难地开拓着中国现代化的路径"，③中国民主革命时期如此，社会主义革命和改革开放时期也是如此。

站在历史大时段、大格局的角度比较中国和拉美，我们不难发现，双方处于不同源头和国情背景之下的现代化过程与特质存在不小的差异，然而却有一个鲜明的共同之处，即二者均在内生动力和客观能力不充分、不成熟的情况下走上现代化之路，其发展轨迹和历次战略转型均带有显著的"外源性"特征，在根本上决定二者世界经济地位的发展中属性。时常为外力所牵动甚至"倒逼"的政策选择，往往由于时空条件的严重局限，令中国和拉美决策者脆弱而敏感，不得不在独立自主与拥抱全球化之间艰

---

① 阿明不仅注意到东亚国家的工业生产竞争力，更看重其政治"主导力量以及背后的整个社会（不论其社会矛盾如何）都有计划目标和实现的战略"。[埃及] 萨米尔·阿明著，高铦译：《不平等的发展——论外围资本主义的社会形态》，社会科学文献出版社2017年版，《中文版序 资本主义的新阶段——新的挑战》，第Ⅶ—Ⅷ页。

② 王建朗：《从世界秩序的变迁中观察中国》，《新华文摘》2017年第19期，第61—62页。

③ 王海光：《从革命到改革》，法律出版社2000年版，第4—5页。

难地徘徊。"当年,中国对经济全球化有过疑虑,对加入世界贸易组织也有过忐忑",但最终认识到"世界经济的大海,你要还是不要,都在那儿,是回避不了的。想人为切断各国经济的资金流,产品流,产业流,人员流,让世界经济的大海退回到一个一个孤立的小湖泊、小河流,是不可能的,也是不符合历史潮流的"。① 对于中国来说,要在 2020 年前后使 7000 万人口脱离贫困,全面建成小康社会,到 2050 年前后建成社会主义现代化国家,脱离世界经济大循环,离开对国内国际"两个市场,两种资源"的有效利用,那是不可想象的。

拉美地区所面临的经济社会矛盾同样突出,发展任务艰巨且远未完成,作为后起者仍然无法离开全球化这一跨国资源配置和利用的必经之路,解决其发展的资金、技术、市场等"瓶颈"问题。据世界银行的最新统计,2016 年拉美各国制造业占国内生产总值的比重为 15%,低于 1990 年,而城市化率却高达 80.8%,居全球前列。大量农村剩余劳动人口无序进入大都市而未能为制造业部门所吸纳,"正规和非正规部门无产阶级,生活在社会的最底层,被现代社会所遗忘",造成贫困人口在整个地区总人口中占比达 40%,进一步加大贫富分化的刚性特征以及政治秩序失稳、利益冲突频发和社会关系紧张等一系列治理难题。② 显而易见,拉美国家只能通过深度规划有序而明智的发展战略,加大内部改革和对外开放力度,主动地适应、利用乃至推动全球化,③ 规避其负面影响和风险,才能不断做大经济和社会的"蛋糕",逐步缓和、解决上述失衡与冲突。

如果历史可以简单地呈线性发展,曾经来势汹涌的经济全球化大潮仍足以托起中国和拉美发展航船的话,那么下面关于"中拉发展战略对接"的讨论就全无必要了。问题在于世界总是在矛盾累积之后发生巨变,旧的

---

① 习近平:《共担时代责任 共促全球发展——在世界经济论坛 2017 年年会开幕式上的主旨演讲》,新华网,2017 年 1 月 18 日,http://news.xinhuanet.com/2017-01/18/c_1120331545.htm。
② 世界银行数据库,https://data.worldbank.org.cn/;苏振兴主编:《拉美国家社会转型期的困惑》,中国社会科学出版社 2015 年版,第 5、249 页。
③ 图里奥·霍尔珀林·唐伊:《两个世纪以来南美对拉美和美国之间发展差距的反思》,载弗朗西斯·福山编著《落后之源——诠释拉美和美国的发展鸿沟》,中信出版社 2015 年版,第 30—37 页。

全球合作秩序因失衡和危机已被（至少是部分地）打破，而新的秩序需要通过新的力量、新的模式的再度构建。作为全球最大的发展中国家和全球最大的发展中地区之一，中国与拉丁美洲必须正视百年未见的历史变局，直面未来全球化的挑战与机遇，并借此强化合作，才能完成各自的发展使命。

首先，外部发展环境发生深刻调整和变化，全球化的列车不再由发达国家来单独牵引，"南南合作"将成为新的动力源，中国和拉美须积极顺应这一全新趋势。2008年爆发于美、欧的次债危机和债务危机，揭示了战后70年来全球资本和技术的持续扩张已造成严重的体系性失衡和治理危机。一方面，主要发达国家经济与社会的结构性矛盾积重难返，内部改革举步维艰，保护主义、孤立主义思潮兴起，对外开放和引领全球化的信心衰减；[1] 另一方面，发达国家的逆动也为新兴经济体和发展中国家腾让出合作的机遇和空间，近年来一种"更多地由东方而非西方领导"，"通过南南合作而非南北合作"的新型全球化呈加速之势。南方国家之间的商品贸易在全球总额中的占比已从1980年的8%上升到2011年的26%，直接投资已超过全球总额的1/3。[2]

目前，新型全球化进程所呈现的特征已经显著，一是新兴市场带动全球实体经济和新型贸易、投资的基本流向，为发达国家、发展中国家的资金、技术、人力要素流动提供主要的价值空间，这是经济规律使然，也是生产力发展的客观要求所决定的。以亚洲基础设施投资银行为例，自2015年12月成立至今，已有全球五大洲77个国家成为其正式成员国，其中包括联合国安理会常任理事国4个，7国集团成员国5个以及20国集团成员国15个。二是"南北合作""南南合作"交错并重，后者则因"舒适度"更高而为新兴经济体和发展中国家所偏好。随着新自由主义的破产，后发国家要全面完成现代化使命，必须开辟符合国情的非西方发展道路，同时也要创新相互间包容性合作模式，通过"南南合作"渠道获取外生动力和发展资源，从而有效地巩固多边贸易体制，给复苏乏力的世

---

[1] 张蕴岭：《反思全球化》，《新华文摘》2017年第12期，第1—5页；周方银：《当前西方国家思潮的演变趋势与深层动因》，《学术前沿》2017年第2期，第45—51、69页。

[2] 阿米塔·阿查亚：《"美国世界秩序的终结"与"复合世界"的来临》，《世界经济与政治》2017年第6期，第20页。

界经济注入新的活力。以金砖国家合作机制为例,经过10年来的团结与协作,五个成员国成功地抵御了外部系统性风险冲击和经济下行压力,取得远高于世界经济平均增速和吸引外国直接投资远高于7国集团的不俗成就。2017年9月金砖国家领导人厦门峰会期间,首度举行的新兴经济体与发展中国家对话会议弘扬"开放、包容、合作、共赢"精神,充分回应广大发展中国家的关切和需求,彰显了引领世界经济增长,特别是带动广大发展中国家"沿着全球发展阶梯向上攀登"的"领头羊"效应。[1] 三是全球治理的权力再分配不可避免。新兴市场和发展中国家占全球人口、陆地面积均达70%以上,经济占全球经济总量的比重已超过发达经济体,对世界经济增长的贡献率达80%,[2] 却一直难以获得有效参与全球性规则制定的合理权益,不仅造成全球治理体系失衡的延宕,也构成对所有国际社会成员发展安全的根本制约。事实表明,联合国、世界银行、国际货币基金组织等传统治理架构,乃至《2030年可持续发展议程》《联合国气候变化框架公约》等新的全球治理方案,离开广大发展中国家有效参与和建设是根本无法实现的,而发展中国家只能通过强化彼此之间的团结协作才能争取应有的治理权益。

其次,发展"外源性"造成经济脆弱性,而应对之道是推进经济模式转换和产业结构调整,中拉在破解难题中必然走得更近。金融危机重创了全球需求和国际贸易,特别是对于大多"以出口为导向"的发展中经济体造成极大的冲击,迫使各经济体纷纷转向结构性改革,使全球治理进入最深刻也最关键的"改革竞争期"。有学者指出,经济"新常态"意味着"一种'创造性破坏'",未来中国经济增长将更多地依赖产业结构的优化,逐步放弃和退出低端产业链,由传统制造业为主转向以创新为引领的高端制造业和高端服务业为主,增长的动力"更多地依赖内需而非外需,更多地依赖全要素生产率的提升而非要素规模的单纯扩张"将是中国经济进一步发展的必然选择。[3] 拉美各国经济体量、资源禀赋、产业结构和发展速率等与中国差别较大,但面临同样因

---

[1] 季思:《金砖合作价值何在?》,《当代世界》2017年第9期,第1页。

[2] 乐玉成:《为全球治理体系改革和建设不断贡献中国智慧和力量》,载《党的十九大报告辅导读本》,人民出版社2017年版,第413页。

[3] 李扬、张晓晶:《论新常态》,人民出版社2015年版,第113、116页。

外部需求萎缩而产生的改革压力,为此不少国家已开始规划和出台经济结构调整的方案。① 这一趋势在客观上形成中拉发展战略对接的重要机遇。一方面,中国即将退出的产业、剩余产能及其相关技术可以为部分拉美国家所利用,有助于后者由资源密集型经济转入劳动密集型制造业经济形态,从而改变其在全球价值链中的传统定位。正如李克强总理所指出,"中拉加强基础设施与产能互动合作,是当前形势下各国加强合作共同应对经济下行压力的有效途径,有助于减少贸易保护主义,促进世界经济转型与和平发展……长远看,拉美不能止步于初级产品的'全球供应商',中国也不能总是充当廉价产品的'世界工厂',以一般工业消费品交换能矿产品为主的贸易结构不可持续,双方都要推动工业化升级和调整转型。拉美发展资源加工业有助于改变单一经济结构,中国壮大装备制造业并参与国际市场平等竞争是产业优化升级的方向"。② 另一方面,转向内需驱动后的中国经济将释放巨大的市场容量,为未来拉美各类产品提供广阔的竞争和发展空间。尽管目前缺乏系统性的研究和预测,但可以推定的是,随着中国城镇化、工业化和人口老龄化三大趋势加速,以及人均收入水平提升和消费结构的变化,中国进口需求必将呈现大幅度增长,对拉美产品的进口将不再局限于能矿和大宗农副产品等少数几类,大量"拉美制造"的有竞争力产品有望在庞大的中国市场占据相应份额。据全球支线飞机制造业巨擘巴西航空工业公司分析,2014—2033年,中国民用航空市场年均增速预计为6.8%,仅次于中东地区,为全球第二,对70—130座支线飞机的交货需求将从2013年的90架增至2033年的1020架,超过欧洲同期需求。③

再次且重要的是,近20年来跨越式增长的务实合作,让中国和拉丁美洲深受其益,增强了各自的发展实力。然而,随着时间的推移,中拉合

---

① 例如,巴西官方先后推出"工业强国计划""基础设施项目特许经营计划"等系列产业政策,力图扭转长期以来过度依赖资源类产品专业化生产和出口的增长模式。参见张勇《巴西经济增长及其转型的结构视角》,《当代世界》2015年第10期,第56—58页。

② 李克强:《推动中巴合作升级 引领中拉共同发展——在中巴工商界峰会闭幕式上的致辞》,新华网,2015年5月21日,http://news.xinhuanet.com/politics/2015-05/21/c_111535 3757.htm。

③ EMBRAER, *China Market Outlook* 2014-2033, http://www.embraer.com.cn/FocusOnChina/Outlook/Market_ Outlook_ English.pdf。

作的结构、模式和参与群体渐显落后，难以适应双方发展的新变化、新动力、新要求，也造成中拉合作关系新的不平衡、不充分局面。中国和拉美要全面提升合作水平，实现跨越太平洋的经贸、金融、产能、资源、基础设施、科技、航天及海洋等领域的互联互通，共同发展，已不能再局限于对单一合作领域进行政策和市场的"再平衡"，而必须共持新的合作理念，共商新的开放型战略构想，共建深入融合的改革与发展战略，形成制度性融合与深层互动，对市场、企业等经济主体作出及时回应，以促进各类生产要素的充分流动。从更大意义上说，中拉能否与时俱进地调整合作取向和范围，提升合作质量，也是对双方改革与开放意志和国家治理能力的考验，更是对创建新型"南南合作"典范以及改进全球治理的直接回应。因此，中方提出的"一带一路"倡议，或是"中拉产能合作 3×3"新模式，都强调基础设施建设与工业制造能力对全球经济复苏和一体化进程的重要意义，"这实际上是对中国改革开放经验的一种拓展"，目的是"通过国内治理方式在（国际）体系层次的社会化"而促进地区乃至全球治理体系的合理化。① 从拉美和其他发展中国家、地区的反应上看，中国方案不附加政治条件，与本国现阶段发展目标和规划形成衔接和互补，不仅更具有可行性，而且提供了可以借鉴的经验。②

总之，"发展是硬道理"。无论是从各自内情和发展利益出发，还是就双方对参与世界经济循环的路径依赖而言，中国和拉美各国的现实选择都必然高度重合。当下世界政治经济不确定性凸显以及内外关系转型压力的叠加，中拉合作迎来提质升级的新阶段。在新一轮经济全球化悄然启动的历史时刻，双方不仅是"南南合作"的核心推动者以及全球治理体系改革的基础力量，同时也成为影响彼此发展的重要外部资源的提供者。上述因素和趋势在促进中拉迈向更高层次合作的同时，也将创新合作制度与机制

---

① 付宇珩、李一平：《资本主义世界体系结构性危机中的"一带一路"倡议》，《当代亚太》2017年第4期，第34页。
② 经济合作与发展组织、联合国拉丁美洲和加勒比经济委员会、拉丁美洲开发银行在其《拉美经济展望（2016）——发展与中国的新型合作伙伴关系》研究报告中指出：中国实施的广泛发展战略，将为当前拉美在基础设施融资、创新性生产发展、教育和科技创新、金融、区域贸易协议和平台构建等一系列发展战略上提供经验，倒逼拉美国家采取具体的改革措施，进而增强双方的互利性。具体见 OECD, ECLAC, CAF, *Latin American Economic Outlook* 2016: *TOWARDS A NEW PARTNERSHIP WITH CHINA*, December 2015, pp. 17 – 18。

问题提上了日程，实行双方发展战略对接已成为不可回避的现实议题。

三 中拉发展战略对接的现实条件

对于中拉发展战略对接的可能性，应至少从以下三个方面加以分析。一是双方务实合作的深厚基础；二是双方深化务实合作应具备的市场条件；三是双方合作能力的变动情况。

（一）对接的动力（因篇幅所限，仅列贸易、基础设施二例）

贸易 中拉双边贸易额以年均 20% 以上的惊人速度持续增长。2016年，中拉贸易总额相当于 2000 年的近 16 倍。目前，拉美已是中国第七大贸易伙伴，中国已成为拉美地区主要出口产品的重要市场和诸多拉美国家的第一大贸易伙伴。

图 1 1995—2015 年拉美地区进、出口贸易中的中国份额

资料来源：作者根据联合国贸易和发展会议（United Nations Conference on Trade and Development，UNCTAD）计算而制。

国际贸易理论认为，贸易是一国商品、技术、服务的生产和交换国际化的表现，直接受国际分工的影响，而各国之间的劳动分工则是由生产力、生产关系、自然条件等因素，按相应的比较竞争力作出的市场安排。

中国是全球第一制造业大国，也是最大的发展中国家，城乡一体化、信息化、社会服务均等化等诸多发展目标远未完成，对资源性产品的进口需求将是长期而强劲的，从而构成拉美能源矿产、农业、畜牧等优势产品的巨大外部市场。以农产品为例，中国虽是农业大国，但由于耕地面积有限、人均消费水平的上升和国内主要粮食品种价格高于国际市场等综合因素，大量进口之势不可逆转。而粮食、棉花、油料、糖等农产品是经过耕地资源直接或间接生产出来的，因此含有相应的耕地资源，学术界将此称为"虚拟耕地资源"进口。2016年，中国大宗农产品虚拟耕地资源对外依存度已达30.5%，其中对巴西的依存度高达11.3%。在中国大宗农产品虚拟耕地净进口10大来源国中，巴西、阿根廷、乌拉圭分列第1、3、9位。① 从国际贸易商品标准分类（SITC）来看，中国在轻工、日用品、电子、机械设备等30种产品上具有明显的国际比较优势，而拉美市场对上述产品的输入份额则分居全球前三位。②

基础设施 如同亚洲、非洲和世界其他发展中国家集中的地区一样，拉丁美洲的经济社会发展和国家治理能力均处于欠发达水平，交通、能源产业的各类基础设施建设缺口较大。CAF-拉美开发银行、经济合作组织（OECD）、联合国拉美和加勒比经委会等多边机构以及区内国家均将此列为制约拉美国家的主要发展瓶颈之一，强调基础设施建设对提升生产效率、改善营商环境、培育综合竞争力及增强社会包容性方面的重要作用。③ 2015年世界经济论坛公布的"全球竞争力指数"中基础设施表现得分指标④显示，巴西、墨西哥等国与（其他）金砖国家和东亚地区新兴市场经济体相比，基础设施建设发展明显落后（见表1）。

---

① 刘爱民等：《我国大宗农产品贸易格局及对外依存度研究——基于虚拟耕地资源的分析和评价》，《自然资源学报》2017年第6期，第915—926页。
② 吴白乙等：《转型中的机遇：中拉合作前景的多视角分析》，经济管理出版社2013年版，第19页。
③ 有报道指出，根据经合组织测算，拉美的物流成本为产品价值的18%到35%，而经合组织成员国的平均成本仅为8%。赵晖：《中国道路对拉美的启示》，环球网，2016年9月2日，http://world.huanqiu.com/hot/2016-09/9394011.html。
④ 世界经济论坛将基础设施对全球竞争力的影响分为九项：基础设施总体质量、道路质量、铁路基础设施的质量、港口基础设施的质量、空运基础设施的质量、每千米航线里程可用的航空座位、电力供应的质量、移动电话、固定电话线路，其得分越高，排名越靠前，即表明该国或地区基础设施发展状况越优质，反之亦然。

表1　　　　2015—2016年度部分国家基础设施得分及排名

国家或地区	得分	排名	国家或地区	得分	排名
巴西	3.92	74	金砖国家	4.26	59
墨西哥	4.22	59	越南	3.84	46
阿根廷	3.58	87	韩国	5.82	13
智利	4.6	45	印度尼西亚	4.19	62
委内瑞拉	2.63	119	马来西亚	5.51	24
秘鲁	3.49	89	新加坡	6.49	2
哥伦比亚	3.67	84	泰国	4.62	44
平均	3.73	80	平均	4.96	36

资料来源：World Economic Forum, *the Global Competitiveness Report* 2015 – 2016, Geneva, 2015, pp. 10 – 11。

补上基础设施建设短板，关键在于解决自身投资不足之困。拉丁美洲开发银行发布的《能源：拉美和加勒比地区面临的挑战和机遇展望》研究报告指出，未来20年拉美地区基建投资规模约2万亿美元，其中48%将用于改善地区交通基础设施，25%将用于投资能源领域基建，20%将用于改造电信行业设施，7%将用于建设水利设施。目前，拉美国家对基础设施的投资率仅占国内生产总值的2.7%，不足目标值的一半。①

"一带一路"合作倡议提出后，其影响已深达拉美腹地。智利、秘鲁、厄瓜多尔、阿根廷、哥斯达黎加、巴拿马等国领导人公开表达对"一带一路"倡议的坚定支持和加入意愿，巴西、秘鲁、委内瑞拉、玻利维亚和智利等国先后加入亚洲基础设施投资银行。各国政府还通过双边关系渠道积极探讨各类对华融资计划，希望借助中国推动和引领新一轮国际经济合作的有利机遇，改善基础设施建设，实现自身经济发展多元化，加快工业化进程。中国则可利用自身在资金、技术、设备、施工能力等方面的优势，通过投资和工程承包等方式参与拉美地区的基础设施建设，帮助

---

① 崔守军、张政：《经济外交视角下的中国对拉美基础设施建设》，《拉丁美洲研究》2017年第3期，第11页；王海林、姜波：《拉美基础建设缺口2万亿美元》，人民网，2013年11月11日，http://world.people.com.cn/n/2013/1111/c57507 - 23500440.html；《中国投资有助弥补拉美基础设施建设资金缺口》，人民网，2015年6月11日，http://world.people.com.cn/n/2015/0611/c1002 - 27141124.html。

拉美低成本、高起点地推进工业化进程，为其经济建设增加后劲。然而，大规模基础设施建设是一项多个产业参与的系统工程，投资回报期较长，涉及诸多部门间政策衔接与动态平衡，需要各级政府、私人投资机构，甚至社会组织的合力支持。因此，中拉基础设施建设合作的供需关系势必持续存在，有望形成促进双方利益互补、发展共享的新增长点。同时，要实现这一目标，无疑更需要双方超越既往的合作对话模式，打造新的制度层面和产业政策协调以及综合保障机制，达成各方参与者发展战略和长期收益的有机衔接。

（二）双方加速推进市场联动的基本条件

随着世界经济增速和增长极发生历史性的调整和变化，新兴经济体与发展中国家深化互利合作将构成全球发展的前沿和亮点，① 中国和拉美地区加速构建"政策沟通、设施联通、贸易畅通、资金融通、民心相通"的发展命运共同体乃大势所趋。具体而言，主要包括以下三个方面。

一是中拉全面战略伙伴关系日渐成熟，中国已前所未有地增强了与拉美各国及区域合作机制的合作力度，而拉美方面对华合作的态度也空前积极。至 2015 年年初中国—拉丁美洲和加勒比共同体论坛首届部长级会议召开，中拉之间已初步形成双边、多边和整体"三维一体"的合作新局面。强劲的双边合作是中拉整体合作机制的重要基础，新生的拉共体将扮演协调对华全面合作基本方向与一致立场的关键角色。而此前中国与里约集团（1990 年）、南方共同市场（1997 年）、安第斯共同体（1999 年）、太平洋联盟（2013 年）等区域一体化机构建立正式对话机制或成为观察员国，成为加勒比开发银行成员（1997 年），与加勒比共同体建立经贸合作论坛（2005 年），均在中拉由点及面，从局部到整体的合作过程中起到重要的助推和贯通作用，今后也必将更好地发挥衔接与扩散双边与整体合作效应的"枢纽"功能。进入新世纪以来，特别是随着美欧发达经济体的合作政策趋于保守消极，诸多拉美国家实施"转向太平洋"的对外战略，强化与亚太地区的经贸合作，尤其希望搭乘中国发展的快车，促进本国的贸易振兴和发展转型。此外，拉美国家选择加强与中国和其他新兴大

---

① 钟飞腾：《"一带一路"、新型全球化与大国关系》，《外交评论》2017 年第 3 期，第 11 页。

国的纽带，还基于增强其外交自主性，更好地维护自身发展和安全利益，在新的全球治理格局中占据有利位置等战略考量。①

二是双方市场潜力的相互吸引。经济的根本动力来自市场，而决定市场走向的基本面来自需求。中国和拉美地区共有近20亿人口，不断增长的消费需求，互为大市场的前提条件是刚性的。2016年11月，国家主席习近平在秘鲁国会发表演讲时表示，"未来五年，中国进口总额将达到8万亿美元，利用外资总额将达到6000亿美元，对外投资总额将达到7500亿美元，出境旅游将达到7亿人次。这将为包括拉美国家在内的世界各国提供更广阔的市场，更充足的资本，更丰富的产品，更宝贵的合作契机。"② 有数据显示，2017年，拉丁美洲智能手机保有量将达40%以上，直接带动区内电子商务市场的崛起。以巴西为例，其人口手机普及率为136%，网购群体达到0.51亿人，电子商务年增长率为17.6%。2011年，阿里巴巴集团进入巴西市场，现已拥有超过200万用户，是巴西第二大购物平台。③

三是双方既有合作制度探索创设了重要的前提条件。近年来，中国先后与智利（2005年）、秘鲁（2009年）、哥斯达黎加（2010年）签署自由贸易区协议，与哥伦比亚（2012年）签署启动双边自贸区协议官方联合可行性研究谅解备忘录。乌拉圭也显示对华开展自贸区合作的积极意愿。2017年8月，中国与巴西签署服务贸易合作谅解备忘录。根据这项为期两年的行动计划，双方将基于平等互利原则，致力于加强、推动和发展两国在建筑、工程咨询、工程建设、信息技术、电子商务和银行自动化、旅游、文化、中医药等领域的服务贸易合作。双方还将轮流召开服务贸易促进工作组会议，就相关合作内容加强沟通和互动。④2017年11月，中国与智利经过一年的谈判后签署了中智自贸区升级协议。

---

① 周志伟：《"特朗普冲击波"下的拉美政策应对》，《当代世界》2017年第4期，第24—27页。

② 习近平：《同舟共济、扬帆远航，共创中拉关系美好未来》，《学习》（活页文选）2016年第12期，第60页。

③ 李明玉：《巴西跨境电子商务与中国机遇》，《决策参考》2016年第6期，第67、69页。

④ 颜欢：《中国巴西产能合作基金正式启动》，人民网，2017年5月31日，http://world.people.com.cn/n1/2017/0601/c1002-29310173.html；缪璐：《中国与巴西签署服务贸易两年合作计划》，中国新闻网，2017年8月1日，http://finance.ifeng.com/a/20170801/15562759_0.shtml。

（三）合作能力的改进

经过近 40 年的改革和开放，中国综合国力有了长足的提升，对外经济合作能力发生显著变化，其标志是从以商品贸易、劳务输出等简单服务贸易为基础，转向商品、技术、服务贸易与对外投资并举，从以吸引利用外资为主转为资本输出量持续攀高。2014 年，中国首次成为资本净出口国。[①] 2015 年，中国对外投资创下 1456.7 亿美元的历史最高值，同比增长 18.3%，占全球流量的份额为 9.9%，对外直接投资量首次位列全球第二，存量超过 1 万亿美元。[②]

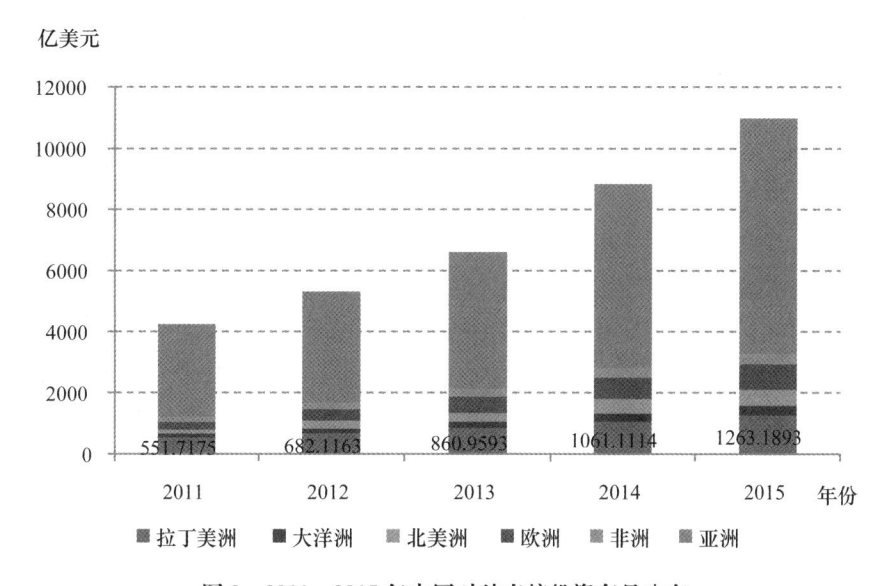

图 2　2011—2015 年中国对外直接投资存量分布

资料来源：《2015 年度中国对外直接投资统计公报》。

从图 2 看，中国对外直接投资存量从 2011 年的 4247.81 亿美元增至 2015 年的 10978.65 亿美元，年均增幅 26.79%。其中除在亚洲投资存量

---

① 李予阳：《2014 年我国实际对外投资已超过利用外资规模》，中国经济网，2015 年 1 月 26 日，http://www.ce.cn/xwzx/gnsz/gdxw/201501/26/t20150126_4426936.shtml。

② 中华人民共和国商务部、国家统计局、国家外汇管理局：《2015 年度中国对外直接投资统计公报》，中国统计出版社 2016 年版，第 4、6、15 页。

占绝大比重外，对拉直接投资存量明显高于其他地区，其增幅约为23%，拉丁美洲无疑已成为中国对外投资的一片热土。

2016年中国对拉美非金融类直接投资达298亿美元，较前一年增长39%。而据国家统计局数据，截至2009年，中国对拉美直接投资存量为306亿美元。换言之，2016年中国在拉美非金融直接投资已接近2009年之前中国对拉美直接投资存量的总和。① 以贸易带动投资，以投资促进贸易结构的优化已经成为中拉双方政府和企业界的共识。未来10年，中国对拉投资规模有望实现"翻番"，投资领域将更加宽泛，从能源矿产、农业向电力、交通、信息化等基础设施、制造业、金融业，以及现代物流、海洋经济等新兴领域转移、扩散。

应该承认的是，中国对外合作能力的基础是超大型经济体的强劲实力，而这一实力正在被有意识地转化为主动合作的意识、引导合作进程（包括创制、倡议、协调、实施、资源供给以及内部统筹和动员等）能力。过去五年中，这一意识和能力迅速提升、全面展现，最具代表性的正是开启对拉整体合作的新格局，进而实现中国与发展中国家伙伴关系及合作机制的全方位覆盖。

本节对拉美国家对华合作能力未能进行对应性评述，一是由于相关证据的匮乏，如拉美国家在华投资与技术合作不仅量少，而且难有可跟踪的长期统计数据；二是各国对华合作更多地基于双边立场，由于综合实力和制度权力的局限，难以保持合作规划的持续和能力生成；三是拉美地区各类多边合作机制仍处于内部建设的深化时期，即便是太平洋联盟等快速发展的次区域合作组织也尚未形成专门的对华合作政策，而像拉共体这样最具有整个地区代表性的组织，迄今仍难以有效落实2015年年初中拉论坛首届部长级会议所确认的机制化合作文件。

上述能力反差表明，中拉之间确有实力、制度和文化的深层差异，这既使推进中拉发展战略对接存在现实困难，也标示出下一步中拉合作提质升级所应着力之处。正视拉美国家的能力问题，需要深入分析和理解其成因。首先，现代拉美国家大多实行分权制民主政体，权力更替频繁，导致对外合作政策缺乏连贯性和系统规划性。为了防止个人专权和家族式统

---

① 高春雨：《财经观察：中国对拉美投资提质升级》，人民网，2017年2月22日，http://news.xinhuanet.com/fortune/2017-02/22/c_1120512433.htm。

治,有些国家采用十分严苛的政治选举制度。巴拿马宪法规定,总统不得连任,但可隔届竞选。墨西哥、哥伦比亚等国宪法均明文限定,已任总统者"终身不得再次参选"。① 严格的制度在减少权力滥用和政治腐败的同时,也存在制造"庸人政治"或催化"权力寻租"的负面影响,更使真正具有责任意识、担当精神和治理才华的政治家难以充分施展身手、推行重大国策。其次,拉美国家在大多数历史时期都奉行自由市场资本主义政策,较少采用国家主导型经济发展战略。从深层次看,拉美民族对个人主义价值观的普遍崇尚构成上述现象的心理基础,而复杂的社会利益结构与民粹主义的思想温床则加剧国家治理体系的松散化、碎片化,造成内部政治统合与组织能力弱化,难以形成对国家战略规划必要性的统一认识和呼应。② 最后,丰饶的自然资源禀赋和相对安全的地理区位,让拉美人民的文化意识多"自足"而少"忧患",顾"近前"而罔"长远",重"保护"而缺"竞争",对战略谋划缺乏持续的关注与兴趣。③

然而,历史并不会就此终结,拉丁美洲不会一成不变。近年来,拉美地区治国理政思想相应发生变化,越来越多的领导人重视加强发展规划性,统筹各方发展需求,主动地开拓、借重外部合作资源。2010年以来,秘鲁、阿根廷、乌拉圭、委内瑞拉、圭亚那、苏里南、古巴、哥斯达黎加等十多个拉美国家先后与中方机构合作,共同对这些国家经济社会发展作出综合规划,表明拉美合作伙伴已经从观念到行动上开始转变,并为下一步与中方进行发展战略对接提供了前提条件。近年来,巴西政府注重改革,其"在改革中求发展"的理念与中方趋于一致。2016年5月,巴颁布旨在有效吸引外国资本投资其基础设施的"投资伙伴计划"(Programa de Parcerias de Investimentos,PPI),该计划对指导原则、组织机构、投资方式、具体项目等作出明确规划。此后,巴西官方又连续提出财政开支、

---

① 外交部:《墨西哥国家概况》,最近更新时间:2017年8月,http://www.fmprc.gov.cn/web/gjhdq_ 676201/gj_ 676203/bmz_ 679954/1206_ 680604/1206x0_ 680606/;Tihomir Gligorevic: *Colimbian Congress Eliminates Presidential Re - Election*,2015年6月5日检索,https://inserbia.info/today/2015/06/colombian-congress-eliminates-presidential-re-election/。

② 袁东振:《理解拉美主要国家政治制度的变迁》,《世界经济与政治》2017年第10期,第25、32—35、41页;袁东振:《拉美民众主义的基本特性及思想文化根源》,《拉丁美洲研究》2017年第4期,第14页。

③ 韩琦主编:《拉丁美洲文化与现代化》,社会科学文献出版社2013年版,第30—31、45、105、108页。

养老金、劳工等改革法案，对国家政治体制和经济发展模式的弊端"动刀子"，"对于官僚系统运行低效，经济发展疲软，社会领域改革乏善可陈的巴西而言，（这些举措）意义重大"。①

随着上述变化，中拉合作关系正在迈入以"深耕细作"为标志的历史新阶段，它不再单纯追求数量的增长，而是更加注重品质的改良和提高，而衡量的标准就是制度性合作的力度和精度，这也意味着双方要根据充分释放生产要素的总体要求，对所涉生产关系各个方面和环节作出适应性调节和变革。这无疑是一项复杂的系统工程，必须加强顶层设计，综合施策，合力而为。这是一项开创性事业，不能走西方殖民者强加于人的老路，而要不断汲取、融汇双方有益经验与真知灼见，悉心接好本土"地气"，以确保其行稳致远。这也是对合作双方政治智慧与耐心的"大考"，既要在各种压力和干扰之下保持合作定力，也要及时调适行动策略，先易后难，循序推进。无论工程还是事业，其最终成效须见之于民，让中拉民众获得更直接、更显著的发展机遇感、个体收益感。因此，未来的中拉发展战略对接还应特别重视将合作政策的重心下沉，通过设立互惠性金融、信贷和创投基金等制度安排，吸引双方更多的中小企业、民营机构参与到这一事业中来。

推进中拉发展战略对接，中国是倡议者、主动方，势必应准备承担更多的责任和义务，提供相应的合作便利，以展现新兴大国的"义利观"与对发展中国家的合作诚意。另外，拉美地区并非"铁板一块"，区内各国经济体量、发展水平与合作能力参差不齐，因而不能盲目寻求齐头并进地实行战略对接。在现阶段，可考虑按以下排序选择行动：

（1）以巴西等地区大国为突破口，通过产能合作基金和服务贸易合作协议的有力落实，促进对接，以点带面，形成对周边经济体的辐射和影响。

（2）以"两洋铁路"项目为支点，加快与巴西、秘鲁两方共同规划沿路发展战略及三方合作行动计划，带动新一轮南美地区基础设施、物流、产业、安全网络建设。

（3）以智利、秘鲁、哥斯达黎加等自贸区合作伙伴为重点对象，通

---

① 谌华侨：《特梅尔政府"投资伙伴计划"及中国的应对》，中国拉丁美洲学会 2017 年度学术大会论文。

过打造自贸区协定升级版，生成产能合作园区、技术标准兼容、健康服务产业对接及设立中小企业合作基金等一批新的合作增长点和亮点。

（4）与区内经济一体化组织加强对话和沟通，视情况推动与其发展战略对接。通过构建"N+1"模式，既促进中方与其制度、规范、标准的同步发展，也将合作效应扩散到相关成员国家。

（5）对欠发展的少数小国、岛国，以"援助性开发为主，市场对接跟进"为原则做好必要的拓展和准备工作。

结　语

21世纪之初，有中国学者对于经济全球化及发展中国家的地位曾作出这样的评判："历经种种磨难后，发展中国家似乎已经认识到，它们难以突破不平等的国际经济秩序。如果违背这个秩序，一段时间内可以发展，长期却难以保存自我；如果顺应这个秩序，才有可能进入国际社会，但却需要在政治上向发达国家特别是美国效忠；不过，美国的利益总是以自我为中心的，其国际战略关系与对外经济发展策略时时调整，拉丁美洲国家、东亚国家和地区常常有被愚弄、被出卖的切肤之痛，发展中国家对发达国家和由后者主导的国际经济秩序，可以说是既恨又无奈，而且离不开。"[①]

世事沧桑，物转星移。今天我们再度回味，可以确信其言对错参半。马克思主义政治经济学承认，随着社会化大生产的不断升级和扩大，包括资本在内的各生产要素终究要超越既有的市场边界，在全球范围内寻求其最佳的配置条件，以实现更高的利润回报。这一生产力发展的基本要求和规律，不因制度体制、意识形态、经济体量和文化个性的差异而改变。相反，却对后者所构成的生产关系"上层建筑"发生程度不一、毁益不同的后果——"顺之者昌，逆之者亡"。世界经济的演进历程表明，任何国家或地区，必须参与国际经济交换与分工，在更深层次上利用外部资源并有效应对国际竞争的压力，才能实现自身经济发展，确保自身获得持久的发展和安全。当然，在这一过程中，制度改进能力和国内治理水平是一国

---

① 黄卫平、朱文晖：《走向全球化》，法律出版社2000年版，第8页。

能否对经济全球化作出趋利避害正确反应的关键所在。

如今，经济全球化正在达到新的临界点，即世界范围内生产力和生产关系再度进行调整和平衡，且力度超过以往历次。美国等发达经济体的引领作用明显下降，其发展政策客观上利他的一面更多地被利己的一面所遮蔽和代替，而发展中国家经济增长依赖外部需求和流动性的输入，其增长的脆弱性未能得到根本性改观。全球治理格局面临着新旧动能的艰难转换，以中国为代表的新兴经济体通过积极倡导新型合作理念，推进"一带一路""金砖+"等合作倡议，有力应对保护主义、孤立主义思潮的逆袭，带动大批发展中经济体专注内部改革和区域合作，新兴市场在未来全球发展中的锚定、支撑和引领作用将持续增大，而"南南合作"的兴盛之势与其互为因果。

中拉都处于向改革要生产力、要发展的关键时期，内在潜力有待进一步释放，仍需借助经济全球化之便迈向发展的彼岸。毋庸讳言，"入世"以来中国与拉美经贸合作在取得骄人成就的同时，也日益面临结构性失衡的难题。从根本上说，中拉关系所表现的最新挑战只是中国与外部世界合作发生由小到大，由浅入深，由单薄到厚重之后的具体镜像。它同样构成全球治理日程的一部分，因为"像中国这种建立在具有多元族群和文化的超大经济社会基础之上的超大国家，都自成一个世界体系"，其实力的跃升"不可避免地会触及西方国家的既得利益，同时与其他新兴大国形成竞争关系，并且引起中小国家的疑虑……中国要成功改革当前不可持续的国内政治经济结构，从而摆脱根深蒂固的国家脆弱性的束缚，最终必须依托于一个新的世界体系。'一带一路'倡议正是具有世界体系构建意义的中国现代国家构建战略……旨在将中国的内部变革与亚洲乃至世界的可持续发展要求整合起来，构建'命运共同体'"。[1]

推进中拉发展战略对接的理性来自这一历史和现实逻辑。在新一轮经济全球化悄然启动之时，任何阻滞生产力发展的制度"瓶颈"都将被内外竞争压力所突破。要及时抓住第四次工业革命兴起的战略机遇，国家、政府就必须率先改革，有效地提升内部治理水平，为市场主体提供更为便利的贸易和投资环境，最终也为对外合作关系的健康、可持续发展和全球

---

[1] 付宇珩、李一平：《资本主义世界体系结构性危机中的"一带一路"倡议》，《当代亚太》2017年第4期，第32、34页。

治理进程作出贡献。借助发展战略对接的压力传导，中拉双方可进一步清理各自内部不合理、不适时的制度，构建新型、多方参与的政策沟通平台，在更高水平上为扩大双方务实合作提供机制化保障，从而进一步释放合作效能，实现彼此经济社会发展目标、政策和资源配置的联通、兼容、共济。尽管双方合作能力的差异较大，实现发展战略对接存在一定的现实困难，但中拉唯有不懈努力，互谅互让，顺势而为，创制建约，求真务实，逐步化解体制、观念和文化上不对称性的"阿喀琉斯之踵"，才能最终确保双方同尽发展之势，共享发展之惠，并肩完成既定的发展使命。

中拉经济发展战略对接的潜力和路径选择

辛晓岱[*]

【内容提要】2015年年初召开的中拉论坛首届部长级会议为中拉关系和经贸合作确立了基本方针。然而,中拉之间相距遥远,加之历史文化背景和经济发展模式差异较大,因此中拉经济发展战略如何有效对接一直是摆在学界和政策决策者面前的一个重大课题。本文从20世纪60年代以来的较长跨度时间数据入手,对比分析了中拉经济发展历程和互补性特征,提供了双方经济发展战略对接的客观基础。鉴于拉美是一个具有相对先发优势的中等收入发展中地区,与亚非等传统发展中国家相比具有一定的特殊性,中国在与其合作过程中应充分尊重对方意愿和实际诉求,理性、稳步推进。在中拉双方均处于经济结构调整与转型的背景下,中拉经济发展战略对接面临难得的机遇和合作空间,贸易和投资作为实现对接的"双驱动"引擎将发挥重要作用;对接过程应坚持以市场化导向为主的运作理念,力求推动中拉合作向着理性、稳健和可持续方向发展。

【关键词】发展战略;中拉经贸合作;拉美投资;发展中国家

近年来,中拉经贸合作不断深化升级。作为推动中拉关系在更高水平上实现新发展的又一起点,2015年1月召开的中拉论坛首届部长级会议

---

[*] 辛晓岱,经济学博士,就职于中拉产能合作投资基金。本文仅为作者个人观点,不代表所供职单位的意见。

标志着双方整体合作的开始①。2016年11月第二份《中国对拉美和加勒比政策文件》的发布,进一步为中拉关系发展和经贸合作确立了基本方针。中拉之间优势互补,且双方均面临着经济社会发展和结构转型的迫切诉求,这些高度契合的共性为中拉经济发展战略对接奠定了客观基础。鉴于中拉之间相距遥远,双方相互了解程度有待提高,再加之历史文化背景和经济发展模式差异较大,如何顺利实现中拉经济发展战略的有效对接是摆在学界和政策决策者面前的一个重大课题。为此,有必要对中拉经济发展战略对接的基础、潜力和路径选择进行更深入细致的分析和理性判断。

当前,随着中国经济进入新常态以及拉美国家再工业化进程的推进,未来中拉合作基本方略和政策选项均需突破传统的思维模式,在对接方式和理念上与时俱进,包括从原有的主要依靠贸易渠道转为更多地通过贸易和投资"双驱动"模式,以及更加强调坚持市场化导向和商业化运作的可持续发展目标等。本文首先从20世纪60年代以来较长跨度时间数据入手,对比分析了中拉经济发展历程和互补性特征,考察了双方战略对接的客观基础。鉴于拉美为一个具有相对先发优势的中等收入发展中地区,与亚洲、非洲地区相对落后的传统发展中国家相比具有一定的特殊性,中国在与其合作过程中应充分尊重对方意愿和实际诉求,理性、稳步推进。本文阐明了中国经济结构转型和拉美国家再工业化进程为中拉经济发展战略对接带来的机遇和合作空间,分析了通过贸易和投资"双驱动"引擎实现对接的客观现实和可行性,得出中拉经济发展战略对接要实现理性、稳健和可持续发展目标,实际操作中必须坚持市场化导向和商业化运作原则。本文最后简要分析了中拉经贸合作的潜在风险,并提出了相关的政策建议。

一 中拉经济发展历程及其战略对接的基础

中拉经济发展战略对接首先要基于双方的国情。通过较长时间跨度的数据对比来分析双方经济发展的不同历程,可更清晰地理解和判断双方经济的差异和互补性特征。同时,这些差异化的互补性特征为中拉经济发展

---

① 吴白乙主编:《拉美黄皮书:拉丁美洲和加勒比发展报告(2014—2015)》,社会科学文献出版社2015年版,第2—3页。

战略对接提供了客观依据和基础。

一是中拉经济总量格局对比的变化,客观上要求中拉政治外交战略的调整并建立互信共赢的全面合作伙伴关系。

1960年以来中国和拉美地区及加勒比地区(以下统称"拉美地区")名义GDP的长期走势如图1所示。可以看出,中拉经济发展历程总体均呈增长态势,但相对变化趋势明显。1960—2009年期间整个拉美地区的名义GDP始终高于中国,但2009年后中国经济总量开始迅速超越拉美,并逐渐拉开差距。至2015年,中国的名义GDP已达到拉美经济总量的两倍,位居世界第二。中国经济的快速崛起,客观上要求政治外交战略也必须进行相应的调整,须更加重视与发展中国家的密切合作。在全球化背景下与拉美国家携手共建"命运共同体",建立政治上互信、经济上合作共赢的新格局,已成为中国全球战略目标调整的必然选择。同时,随着中国综合国力和国际影响力的提升以及中拉经贸关系的日益密切,与中国优先发展战略合作关系也成为拉美国家的共识。

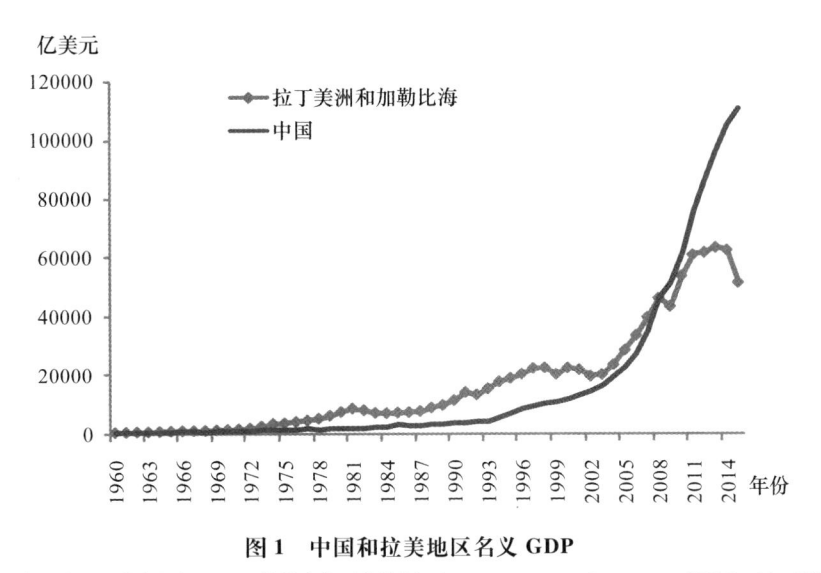

图1 中国和拉美地区名义GDP

资料来源:作者根据WIND数据库整理并绘制。http://www.wind.com.cn。[2017-04-01]

二是从人均收入变化的历史沿革看,拉美地区具有相对先发优势,中国则是后来居上者,中拉合作中需更加相互尊重彼此的意愿和关切,理性、有序地推进对接进程。

图 2 显示了 20 世纪 60 年代以来中国和拉美地区人均 GDP 的变动走势。长期以来，中国的人均收入水平一直远低于拉美地区。直到 20 世纪 70 年代，拉美曾长期被视为全球发展潜力巨大的地区；而当时包括中国在内的许多亚洲国家，由于人口众多和政策失调，还是世界上最贫困的地区之一，1978 年中国的人均 GDP 水平只有拉美平均水平的 1/10。但中国改革开放以来，特别是经历了近 10 年的持续快速发展后，中拉之间的差距得以缩小。2011 年拉美地区的人均 GDP 超过 10000 美元时，中国还不到 6000 美元。后由于拉美遭遇了多重内外部不利因素冲击，2015 年中国人均 GDP 才终于赶上拉美。作为一个起步较早的发展中地区，不同于亚非等传统欠发达地区，拉美早已成为中等收入地区，但之后又长期陷入"中等收入陷阱"。墨西哥和智利两个拉美大国已分别于 1994 年和 2010 年成为 OECD 成员，市场经济运行程度已达到相当水平；阿根廷 GDP 总量历史上也曾达到排名前 10，拉美最大国家巴西也具有较强的综合实力，这一特殊的发展背景值得我们予以关注。中拉之间相对发展地位的转化，特别是那些曾经的"富国"一夜之间变成曾经的"穷国"的投资接受方时，则须充分考虑对方的心理调适度，更加尊重对方的意愿和关切，避免因强行推进战略对接可能引发的猜疑，否则会延误双方长期合作的进程。

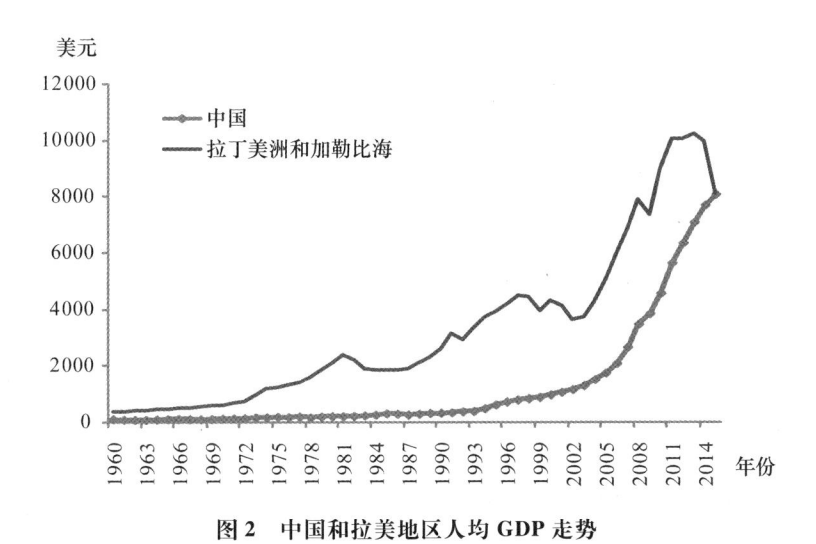

图 2　中国和拉美地区人均 GDP 走势

资料来源：作者根据 WIND 数据库整理并绘制。http://www.wind.com.cn。[2017 - 04 - 01]

三是中拉经济增速波动性明显，且近年来均有放缓迹象，双方均面临经济结构调整的重任。中拉经济发展战略对接有利于双方改善经济基本面的脆弱性并促进经济平稳增长。

从图3可以看出，中国改革开放以来的GDP增速一直高于拉美，1980年至今中国和拉美地区平均GDP增速分别为9.6%和2.6%；同时，中拉各自的GDP增速均呈明显波动性且近年来持续放缓。这表明，中拉经济基本面均存在一定程度的脆弱性。拉美地区经济发展经历了20世纪80年代的债务危机，1994—2001年间墨西哥、巴西和阿根廷的经济金融危机以及2008年国际金融危机，地区经济增长路径不断受挫。2014年以来，受大宗商品价格下跌周期的负面影响，拉美经济又一次陷入衰退。拉

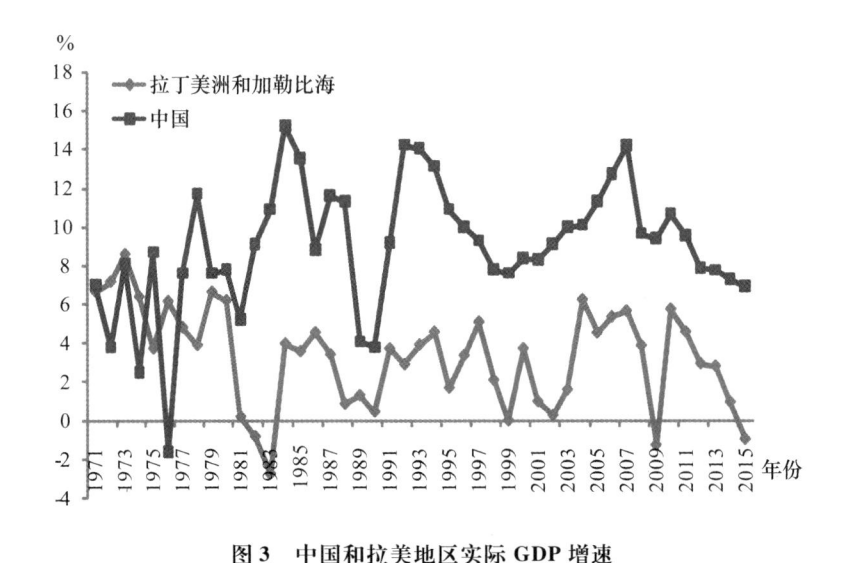

图3 中国和拉美地区实际GDP增速

资料来源：作者根据WIND数据库整理并绘制。http://www.wind.com.cn。[2017-04-11]

美经济波动性大的根源之一是其过度依赖大宗商品贸易的单一经济结构。据不完全统计，拉美国家的初级产品出口占其出口总额的比重平均为40%—50%，其中，智利、秘鲁和哥伦比亚大宗商品的出口比重均高达80%，巴西和阿根廷接近50%；而智利和秘鲁的出口中金属矿产（特别是铜）的占比超过60%，哥伦比亚的石油出口占比超过60%。拉美国家亟待调整经济结构，摆脱对单一产品的依赖，实现产业结构多元化。中国完善的产业链体系和产业转移战略恰好契合拉美的上述诉求，可助力其更

好地抵御外部冲击，实现可持续的内生性增长。

四是中国的储蓄率长期大幅高于拉美地区，且储蓄率明显大于投资率，而拉美地区则为投资率大于储蓄率。储蓄格局的反差为双方未来投融资合作提供了客观基础。

图4显示，中国储蓄率长期处于高位且呈增长态势，从20世纪80年代初的35%左右提高到近年来的50%左右。充裕的储蓄为中国持续的投资增长提供了稳定的内源资金，这也是几十年来中国经济快速发展的重要动因之一。20世纪90年代后，中国的储蓄率一直高于投资率，表明储蓄转化为投资后仍有盈余，这使中国长期成为资本输出国并最终成为全球名列前茅的债权国。而拉美地区储蓄率则长期保持在20%左右的较低水平，没有明显增长迹象，大部分时期投资率均高于储蓄率，表明拉美投资存在资金缺口，需依赖外国资金予以弥补。

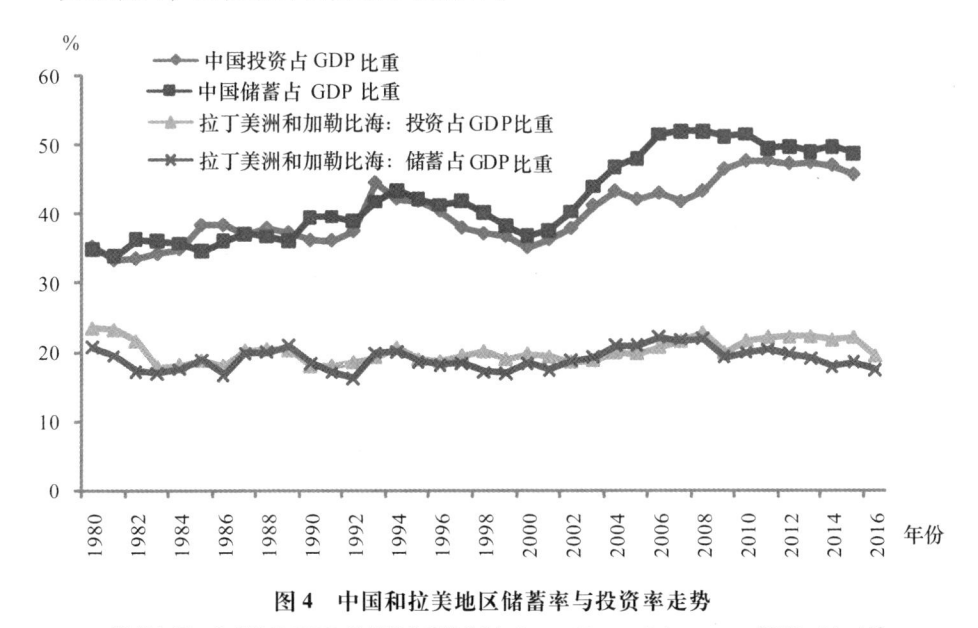

图4 中国和拉美地区储蓄率与投资率走势

资料来源：作者根据WIND数据库整理并绘制。http://www.wind.com.cn。[2017-04-11]

二 当前形势下中拉经济发展战略对接的潜力

目前，全球经济仍处在金融危机后的深度调整期，世界贸易低速增长，国际金融市场不断震荡。中国和拉美均根据自身的经济发展状况，有针对性地采取了经济结构调整措施，并实施发展战略转型。

面对经济进入中高速增长的新常态，中国不断优化经济结构，经济发展方式由要素和投资驱动转向创新驱动；同时，推进供给侧结构性改革，适度扩大总需求。2016 年发布的《中华人民共和国国民经济和社会发展第十三个五年规划纲要》（以下简称《纲要》）中提出，要统筹国内国际两个大局，牢固树立和贯彻落实创新、协调、绿色、开放和共享的新发展理念；用改革的办法推进结构改革，提高全要素生产率，实施创新驱动发展战略。[①]

拉美地区 GDP 占全球份额约为 9%，其人口占全球的份额也约为 9%。尽管人均 GDP 相对较高，但由于经济结构落后，许多拉美国家尚处于工业化的前期阶段，社会发展不均衡，有相当部分人口仍生活在贫困之中。联合国制定的《2030 年可持续发展纲要》提出将减贫作为拉美未来的重点任务。拉美各国由于其经济发展的差异性，缺乏明确、统一的长期经济发展战略。但总体看，在经历了多轮危机和大宗商品周期的冲击后，拉美国家迫切希望通过产业结构多元化和创新来不断提高劳动生产率和国际竞争力，增强抵御外部冲击的能力。

基于上述情况，笔者认为，当前中拉经济发展战略对接存在难得的机遇和较大潜力空间。

一是中国经济转向内需驱动战略，消费增长强劲，将为拉美产品出口提供新的市场增长点。

近年来，中拉双边贸易增速略有放缓，如图 5 所示，在 2003—2007 年经济高速增长期间，中国对拉美的自然资源（如巴西的铁矿石等）需求强劲，带动中拉双边贸易增速高达 42%，其中拉美对中国出口平均增速高达 45%。据笔者初步测算，金融危机后，中国经济增速与拉美对华出口增速和中拉总体贸易增速之间的相关系数分别为 0.75 和 0.73。当然，中拉贸易量的下滑还与全球大宗商品价格下跌、拉美政局动荡和经济持续衰退有较大关系。尽管如此，中国经济增速在全球主要经济体中仍位居前列，总量上仍是全球第二大经济体。2016 年中国对世界经济增长的

---

① 《中华人民共和国国民经济和社会发展第十三个五年规划纲要》，《人民日报》2016 年 3 月 18 日。

贡献率高达33.2%。未来出于经济持续增长和发展的需要，中国仍需从拉美大量进口各类商品和服务。中国的市场规模优势将是中拉贸易稳定的重要基础。图4中中国储蓄率和投资率近年来的下降态势表明，中国经济增长过度依赖投资的局面已开始有所改变。2016年，中国最终消费对经济增长的贡献率为64.6%，比上年提高4.9个百分点，高于投资22.4个百分点。同年全国居民人均可支配收入比上年实际增长6.3%，高于人均GDP增速0.2个百分点。

中国居民人均收入的提高和消费的较快增长，将为拉美出口提供新的市场机会。例如，随着消费迅速升级，中国消费者普遍偏爱高品质的海外商品和服务。拉美优越自然条件下出产的优质水果、肉类和其他农产品，以及得天独厚的旅游资源和丰富的文化服务产品，将越来越多地满足中国国内日益旺盛的高品质消费需求。可见，拉美对中国出口的潜力空间巨大。

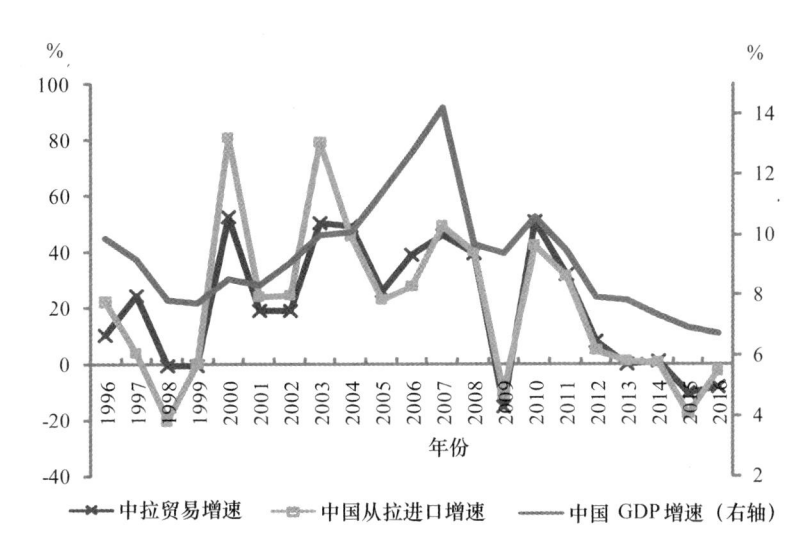

图5 中拉贸易增速与中国经济增速

资料来源：作者根据WIND数据库整理并绘制。http://www.wind.com.cn。[2017-04-11]

二是中国经济结构调整和供给侧改革将为拉美地区扩大产能和基础设施建设带来跨越式发展的重大历史机遇。

中国产业体系完备，有200多种工业产品产量位居世界第一。中国的电力行业，包括光伏和风电等新能源行业在内，均具有较强的国际竞争力，拥有良好的对外合作基础。近年来，随着中国供给侧结构性改革的深入，越来越多的大型国企及其优质产能开始"走出去"，积极参与国际市场竞争。相对而言，拉美的基础设施由于资金和技术瓶颈而发展滞后，许多目前使用的基础设施仍是20世纪六七十年代修建的，一些地区连基本的民用照明电也无法保障，投资需求非常迫切。拉美开发银行（CAF）最新发布的研究报告称，2008—2015年期间拉美在基础设施方面的投资占GDP的平均比重仅为2.8%，要想大幅提升该地区竞争力，未来每年需将上述指标至少提高到5%的水平才可实现。[1] 未来拉美对基础设施建设的巨大潜在需求，将很有可能对中国的电力、钢铁、水泥和玻璃等传统优势产业形成旺盛需求。中国无论在技术、设计、建设施工、劳务承包，还是运营维护和项目管理等环节均具有丰富经验，且近几年中国金融业支持中国企业"走出去"的力度也逐步加大。发挥上述综合优势，针对性地与拉美产业进行对接，既可满足拉美的实际需求和产业多元化的战略要求，也有利于中国产业转移和结构调整，并助推中国企业"走出去"实现国际化经营。例如，三峡集团近年来积极进行海外布局，大力开发拉美的清洁能源市场。2015年年底，在中拉产能合作基金的大力支持下，三峡集团成功地以138亿雷亚尔获得巴西伊利亚和朱比亚两座水电站的特许经营权，一跃成为巴西第二大私营发电运营商，为巴西电力产业发展和清洁能源建设作出了积极的贡献。这也是中国企业在国内结构调整背景下成功"走出去"并造福拉美人民的典型案例。

三是中国的创新驱动战略有利于拉美地区产品竞争力的提升。

联合国拉美经委会指出，拉美地区面临的最大挑战之一是亟待提高劳动生产率和增加研发投资。1990—2014年期间，拉美地区的专利申请数占全球的比重始终维持在2%左右，一直未有增长；而同期中国的专利申请数在全球的占比则从1%迅速增加至35%。[2] 拉美经委会还提出，拉美要保持经济增速，需激发更大的投资动能，并通过创新来提高劳动生产率，

---

[1] CAF, *Latin America Must Invest at Least 5 Percent per Year in Infrastructure to Make the Leap toward Competitiveness*, 11 May, 2017, http://www.caf.com/en/currently/news/2017/05. [2017-06-06]

[2] ECLAC, "Foreign Direct Investment can Contribute Achieving 2030 Agenda", 4 April, 2017, http://www.cepal.org/en/pressreleases. [2017-06-06]

包括开发新的产业,如数字产业等既能保持环境友好又能直接或间接地创造就业的高科技产业。随着互联网在消费和生产中日益发挥关键性作用,拉美各国数字化进程发展迅猛,目标是在次区域建立单一数字化市场,以共享信息化基础设施。而中国目前也提出了创新驱动战略,互联网经济继续快速发展。据中国国家统计局数据显示,2016年中国互联网普及率达到53.2%,移动互联网接入量93.6亿G,网上零售额同比增长26.2%,比社会消费品零售额增长速度快15.8个百分点。中拉之间共享互联网行业取得的创新成果,将会对拉美生产和消费及劳动生产率的提升起到积极的推动作用,未来合作潜力巨大。

三 中拉经济发展战略对接的路径选择

传统的国际经济学理论认为,商品和服务的跨境流动带来国际贸易,而劳动力和资金等要素的跨境流动则形成国际投资。由于国际投资比国际贸易更容易引起政治问题,如外国直接投资不仅转移了资源,而且获得了控制权,所以国际投资比国际贸易会受到更多的约束和管制[1]。因此,长期以来相对容易的商品和服务跨境流动即国际贸易,一直成为各国之间经贸合作的主要模式。

贸易方式一直是中拉之间经贸合作的主渠道。近20年来,中拉贸易呈跨越式发展。如图6所示,1995年中拉双边贸易额仅为61亿美元,2014年达到2635亿美元的峰值,较1995年增加约42倍。尽管2015年后受全球大宗商品价格下跌和中拉经济减速影响,双边贸易额有所下降,但中国仍是拉美地区最重要的贸易伙伴之一。如图所示,中拉双边贸易进出口基本平衡,近两年中国对拉美有100亿—200亿美元的贸易顺差。但相关研究也发现,巴西等主要拉美大国的贸易限制较多,中拉之间的贸易发展仍有较大拓展空间。[2]

---

[1] [美]保罗·克鲁格曼等著,海闻等译:《国际经济学》(第五版),中国人民大学出版社2002年版,第151—161页。

[2] 赵晨阳:《拉美国家贸易限制分析及中拉双边贸易限制》,《拉丁美洲研究》2017年第1期,第77页。

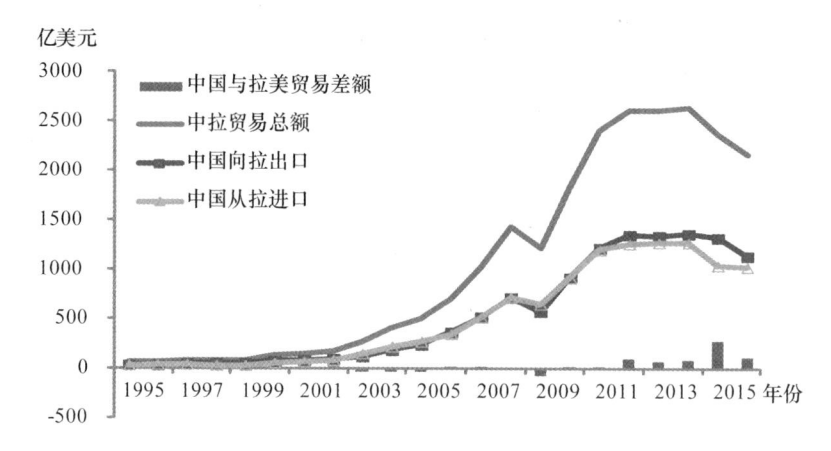

图 6 中拉贸易总额、进口、出口与贸易差额

资料来源：作者根据 WIND 数据库整理并绘制。http：//www.wind.com.cn。[2017-04-15]

近年来，面临经济持续下滑和再工业化进程中资金与技术严重匮乏的困境，拉美国家逐渐意识到引入外国直接投资对该地区可持续发展的重要性，于是纷纷减少管制，鼓励外国投资。例如，墨西哥2014年实施的能源部门改革措施和巴西2016年推出的基础设施投资伙伴计划等，都对外国投资者采取开放的态度。中国企业在相关领域拥有比较成熟的技术设备、丰富的国际承包工程经验和充裕的优质产能，在国内经济结构转型背景下"走出去"意愿较为强烈。同时，中国的银行和投资基金等也愿意为"走出去"企业提供资金支持，增加在拉美市场的资产配置。

图7显示，近年来中国在拉美的投资迅速增加。2003—2015年，中国对拉美直接投资流量从10.38亿美元上升至126.10亿美元的历史新高，增长约11倍。2015年中国对外直接投资流量创下1456.7亿美元的历史新高且超过日本成为全球第二大对外投资国，在此背景下，中国对拉美投资的份额仍保持在8.7%，比上年提高约0.1个百分点。从投资存量看，除2009年国际金融危机期间略有下滑外，中国对外直接投资一直保持稳步增长态势。2015年比2003年增长约26倍，累计达到1263亿美元的历史新高，中国成为拉美重要的投资来源地之一。同时，中国对拉美投资方式和投资主体日趋多元化，投资领域从传统的能源矿产、基础设施领域开始向金融、农业、制造业、信息产业、服务业、电子商务和航空运输等诸

多领域拓展。中国对拉美的直接投资有利于拉美地区开发战略性新兴产业，促进其基础设施、数字化和清洁能源等重要产业发展，也有助于其产业结构多元化、创新发展和增加就业。中国对拉美直接投资的增长，既能保持与拉美东道国之间战略目标利益的协调，又能促进中国国内产业结构调整，可谓具有高度战略契合性。

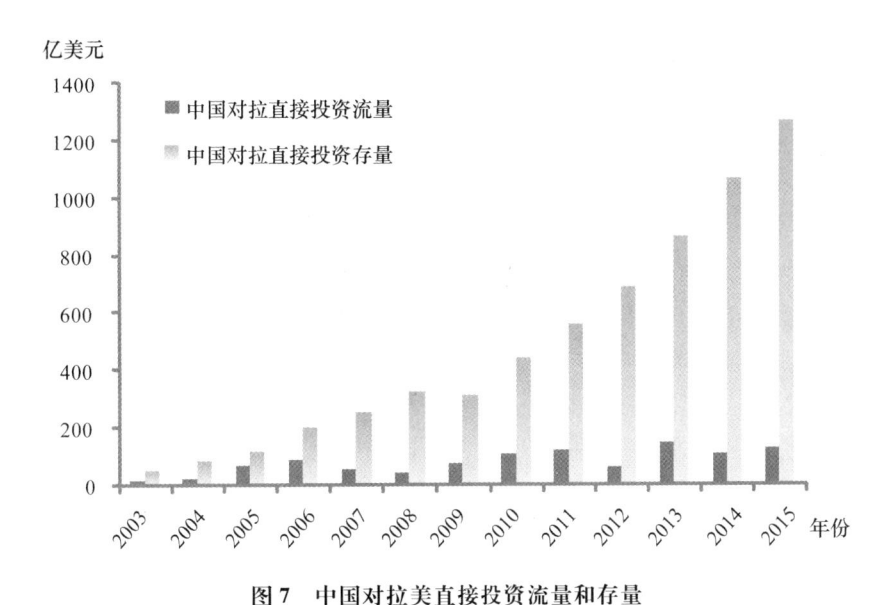

图7 中国对拉美直接投资流量和存量

资料来源：作者根据WIND数据库整理并绘制。http：//www.wind.com.cn。[2017-04-11]

未来，随着中国经济持续稳健运行和结构调整逐步到位、拉美经济增速由负转正，以及全球大宗商品价格企稳回升，中拉经贸合作由贸易和投资"双驱动"的特征会越来越明显。

所谓"对接"，是指双方通过相向而行和共同努力来实现利益连接。经济发展战略的对接是一项长期工程，并非一朝一夕之功，而且，仅靠任何一方的单方意愿均无法完成。正如"一带一路"倡议的核心理念是共商、共建和共享一样，中拉经济发展战略对接也需要依靠双方共同的合作目标、愿景以及价值的认同，最终通过互利共赢和促进双方经济共同可持续发展来实现。中拉经济发展战略对接的目标是互利共赢、实现可持续发展。要实现这一目标，在实际操作层面，应充分尊重各方意愿和诉求，以市场化为导向，按照商业原则进行运作。政府在其中主要扮演战略规划设计和营造良好营商环境的角色。

首先,从中拉各自走过的经济转型之路可以看出,市场化取向是双方国家自发的选择。中国改革开放最大的成果之一就是从计划经济体制转变为一个由市场发挥基础性作用的经济体制。拉美地区自20世纪80年代末开始的经济改革加快了市场化的进程。近年来,墨西哥和巴西等拉美大国分别在能源和基础设施等领域实行了放开管制的市场化改革;同时,在财政政策和货币政策等宏观调控领域采取了为政府财政支出设定上限以及持续调整利率等市场化措施,成功地抑制了长期高企的两位数通胀水平,并使之逐渐向中央银行制定的目标区间回归。这些改革措施为国内外投资者营造了日益向好的投资环境,实体经济抵御外部冲击的能力有所提高。联合国拉美经委会今年4月公布的预测显示,拉美地区经济将扭转连续两年下滑的局面,2017年经济增速将由负转正,预计GDP增速可达1.1%。

其次,市场化导向是实现互利共赢的可持续之路。如图2所示,中国的人均收入长期低于拉美平均水平,仅在近年内才刚刚赶上后者。中国国内目前也仍有大量需要资金投入的贫穷地区。如果过多地采取优于商业支持的单方面的减让式资金支持,中国有限的资源无法对外提供长期可持续的资金支持[1]。同时,从图4也可以看出,尽管中国目前储蓄率仍大于投资率,但差距已经在逐步缩小。鉴于中国近年来已成功地迈向内外部更加平衡的经济格局,中国的经常账户顺差与GDP之比已从2007年的10%左右下降至目前的不足2%。中国对拉美国家的投融资不宜为单方面让利的资金支持。必须有商业回报,才会有投资意愿。在对拉美的基础设施、电讯、能源和交通等领域投资时,中国应重点投向那些由需求拉动的、可带来生产率提高的项目,而不宜投向那些由供给推动或单纯由政府主导而缺乏商业可行性的项目。

再次,市场化取向有利于拉美地区将外部推力转化成内生增长动力,提升拉美的自主发展能力。只有遵循市场化原则,才可以减少资金接受方的依赖心理,避免道德风险,促使其充分发掘自身的资源禀赋潜力,实现更具有内源性增长动力的长期可持续发展。

---

[1] 周小川:《共商共建"一带一路"投融资合作体系》,《中国金融》2017年第9期,第6—8页。

四 中拉经济发展战略对接的潜在风险及相关建议

中拉经济发展战略对接过程将是一个长期过程,机遇与挑战并存。从当前面临的主要潜在风险看,主要包括以下几个方面。

一是拉美经济复苏的基础依然脆弱。拉美最大经济体巴西2015年和2016年更是出现-3.8%和-3.5%的历史性经济衰退,巴西央行预测其2017年增长率为0.5%—1%。拉美各国亟待通过有效的经济措施和制度创新减少经济的脆弱性和对外依赖性,走上经济自主发展道路。

二是拉美地区营商环境亟待改善。在世界银行最新公布的《营商环境报告》中,拉美平均营商环境排名为107。除了墨西哥、哥伦比亚和秘鲁分别位列47、53和54外,阿根廷和巴西仅分别位列116和123。巴西税收体系极其复杂,各州甚至各个城市税率均不一致,极大地增加了贸易成本,阻碍了正常的贸易和投资。

三是拉美地区与北美和欧洲地理和文化距离较近,具备多年形成的共同语言和相近的文化背景,美欧的跨国企业和相关机构很早就进入拉美市场并占据垄断地位,其中许多公司在拉美已有超过一百年的经营历史,中国企业再想进入这些市场领域,将面临较大困难。例如,拉美粮食行业的四大龙头跨国企业ADM、邦吉、嘉吉和路易达孚均为欧美企业。这些企业通过长期经营与当地客户和供应商建立了紧密的依赖关系,并通过高度一体化和全球化巩固其在拉美乃至全球市场的绝对垄断地位,其他国家企业一般难以轻易进入。

四是汇率风险较大且避险手段缺乏。历史上,拉美国家每次爆发危机必然带来汇率的剧烈波动。拉美国家货币汇率走势与大宗商品价格相关度非常高。图8显示了墨西哥、巴西和阿根廷货币对美元汇率的变动趋势,2014年后墨西哥比索、巴西雷亚尔和阿根廷比索兑美元均快速大幅贬值,都与本轮大宗商品价格暴跌周期密切相关。2016年墨西哥比索受美国大选影响,汇率突破了1美元兑20比索的高位,与土耳其货币里拉一道被视为2016年外汇市场上表现最差的货币。另外,鉴于拉美国家货币汇率波动性大且难以预测,过高的交易成本导致这些国家货币的中长期汇率避险产品在国际外汇市场上交易很不活跃。这些问题为外国投资者(特别

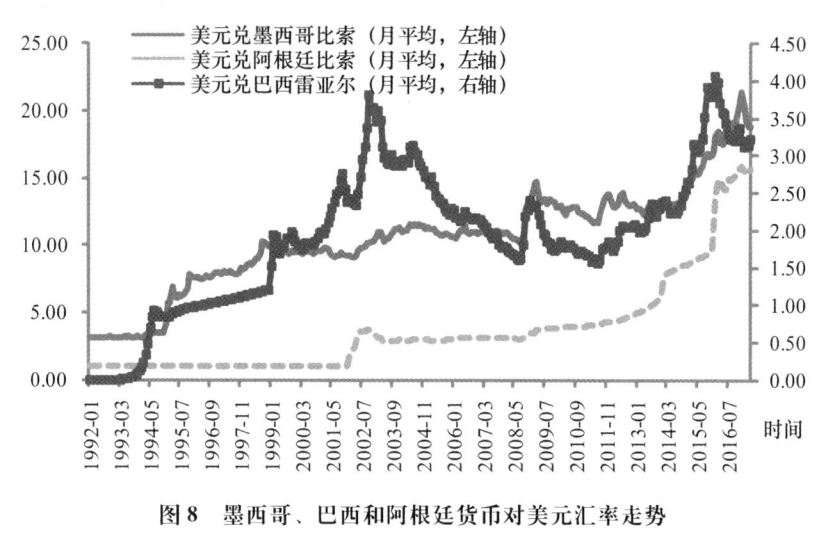

是中长期投资者）带来了较大的汇率风险。

图8 墨西哥、巴西和阿根廷货币对美元汇率走势

资料来源：作者根据 WIND 数据库整理并绘制。http：//www.wind.com.cn。［2017-05-11］

综上分析，在中拉经济发展战略对接的政策导向方面，可从宏观政策环境和微观主体等多层次推进，充分进行形势研判，权衡风险和收益，不断改善相关环境。具体可在以下几个方面予以关注。

一是大力推动中拉之间贸易和投资便利化，不断改善营商环境。近年来，中国已与智利、秘鲁和哥斯达黎加签署了《自由贸易协定》，自由贸易协定仍需扩大到拉美其他主要国家，实施更大范围的通关便利化，更大幅度地降低贸易成本。在投资领域，应敦促并帮助拉美国家尽快改善营商环境，包括完善税收体系改革，缩短企业在开办、员工签证以及办理施工许可证等方面所需时间，并在获得电力和信贷资格等基本经营条件方面给予便利和支持。

二是多渠道发挥金融支持中国企业"走出去"作用。当前，受拉美国家金融监管要求所限，中资银行在拉美多为子行，且资本金规模小，难以满足大型国企"走出去"的资金规模要求。在此情况下，一方面可协调各中资银行共同发挥规模效应；另一方面，也应更多地发挥其他非银行机构，如中长期开发投资基金的作用。通过股权、债权和基金等多种市场化投资方式，支持中国优势产业与拉美国家需求相契合，推进中拉产能和装备制造合作。在投资领域上，可重点围绕物流、电力、信息三大通道建设，行业上重点支持清洁能源、资源开发、基础设施、高端制造业、高新技术、农业和金融合作等。

三是中资企业在拉美投资过程中应学会与当地机构和国内财务投资者密切合作。起步阶段可先以合资形式为主，如与当地合作伙伴密切配合会较为容易进入一些已被垄断的领域；另外，也可引入中拉产能合作投资基金等专注于投资拉美的机构共同参与，共担风险。无论是经营独资企业还是合资企业，都需深入了解并且充分尊重当地的法律法规和文化习俗，严格依法办事，不能有侥幸心理。要逐步学会并适应属地化管理的模式，加快融入当地社会。同时，还应做好后续跟踪评估，包括项目投资是否对当地经济产生了正向溢出效应、是否提升了当地产品和服务质量、是否扩大了当地就业、是否有利于环境保护及产业链升级等，最大限度地兼顾投资接受国的切身利益，以实现长期互利共赢发展。

四是多渠道规避汇率风险。鉴于拉美国家的通胀很多情况下是汇率贬值导致的输入型通胀，在长期投资项目中将拉美货币计价的收益与当地通胀率挂钩是一种可行的避险做法；其次，在负债方币种组合中增加当地货币的比重，与当地币种计价的资产进行匹配，也可分担部分汇率贬值风险。当然，充分运用外汇市场汇率避险工具是根本之道。当前，中国银行间外汇市场已将墨西哥比索纳入每日与人民币直接交易的币种之中，但23种交易货币中仅有一种拉美货币尚远远不够，亟待将巴西雷亚尔等与中国贸易投资规模较大国家的货币纳入。另外，随着人民币国际化进程的进一步深化，尝试更多地使用人民币投资也是可选方式之一。

五是始终坚持互学互鉴的理念，从拉美国家学习相关先进经验、技术，包括市场经济运行管理的做法。拉美各国独立时间早于亚非地区国家，且长期以来从欧美发达国家学习并积累了较为先进的经验，特别是成熟的市场经营理念和做法。例如，拉美国家各种专业中介机构非常发达，政府将许多专业职能外包给这些机构，不仅缩小了政府规模和支出，同时培育并刺激了服务业的发展。据不完全统计，拉美地区服务业在GDP中的占比高达60%以上。另外，即使在拉美目前并不发达的基础设施领域，早前也有许多经验可以吸取。例如在20世纪六七十年代，拉美各国曾参与修建了许多大型基础设施，包括泛美高速公路（从墨西哥北部到智利南部）等。另外，巴西的支线飞机以及汽车制造业等一些细分领域均在世界上处于领先地位。作为后发优势的中国企业，在占据资金技术优势的背景下，应本着开放、平等的心态和长远的眼光来学习和借鉴拉美国家的先进技术、管理经验和市场运作方式等软实力优势，切实践行共商、共建和共享的合作发展理念，通过互利共赢促进中拉经贸合作的可持续发展。

经济外交视角下的中国对拉美基础设施建设

崔守军　张　政[*]

【内容提要】 随着中国"走出去"战略的推进和国际化水平的提高，中国与拉美地区的经济合作日益密切。在"新常态"背景下，拉美已成为中国经济外交的优先方向。贸易、投资和金融是驱动中拉关系蓬勃发展的三大动力，而基础设施建设是中拉合作的新领域和新增长点。对拉美而言，基础设施的存量不足和增量乏力成为制约其经济可持续发展的"瓶颈"，而中国在基础设施建设方面所积累的优势无疑能够帮助拉美弥合其困扰已久的"基础设施鸿沟"。本文以拉美基础设施匮乏和资金短缺的双重困境为逻辑起点，从经济外交的视角剖析中国对拉基础设施建设的路径，认为在中拉整体合作的框架下，中国应积极利用其资金盈余和技术优势在拉美基础设施建设中发挥建设性作用。PPP模式是中国企业参与拉美基础设施建设项目的新型模式，为中国对拉美的基础设施建设提供了新路径和新机遇，然而PPP模式本身的风险性和复杂性也意味着中国企业需要克服诸多困难和挑战。

【关键词】 经济外交；拉丁美洲；基础设施建设；中拉合作

---

[*] 崔守军，中国人民大学国际关系学院副教授、博士生导师，中国人民大学拉美研究中心主任；张政，中国人民大学国际关系学院硕士研究生。本文受到中国人民大学明德青年学者计划资助，是中国人民大学科学研究基金（中央高校基本科研业务费专项资金资助）的阶段性成果（编号：14XNJ005）。

近年来，中国计划在拉丁美洲和加勒比地区（以下简称"拉美"）进行大规模的基础设施建设，其中一些项目已经产生了重要的政治、经济与社会影响。中国对拉基础设施建设是中国经济外交总体战略的重要组成部分，不仅有利于中国国际化战略的推进，而且有利于加强中拉之间的互联互通和产能对接，增强双方合作的战略互信，对全面提升中拉战略合作伙伴关系具有重大意义。在中拉整体合作的框架下，基础设施建设日益成为中国对拉经济合作的新领域和新增长点，中国企业在迎来新机遇的同时也面临着新挑战。因而，在中国大力加强对拉基础设施投入的背景下，对这一问题的探讨具有重要的理论和现实意义，值得重点跟踪研究。

一 拉美成为中国经济外交的优先方向

冷战结束后，随着中国参与经济全球化程度的日益深入，经济外交在中国全局外交中的地位和作用不断上升。进入 21 世纪以来，中国企业"走出去"的战略步伐不断加快，国际化经营的水平日益提高，中拉经贸合作的深度、广度和高度不断增加，拉美成为中国经济外交的重要地区。2001 年中国加入世界贸易组织带来了中拉贸易的快速增长，开启了中拉经贸关系发展的新时代。中拉关系经历了从小规模、低层次到大规模、高层次交流的跃升。目前，中国已经是拉美第二大贸易伙伴国和第三大投资来源国。[①] 拉美广阔的地域空间、丰富的自然资源禀赋与文化开放性为中国经济的可持续增长提供了重要的战略性支撑，在中国经济外交布局中的重要性不断凸显。2013 年 9 月和 10 月，中国国家主席习近平提出共建"丝绸之路经济带"和"21 世纪海上丝绸之路"的重大倡议，"一带一路"的战略构想为中国经济的进一步全球化提供了重要指导，也为中国企业的国际化经营带来了新的发展机遇。尽管目前拉美国家尚未被纳入"一带一路"战略规划中，但其中加强互联互通、促进经济一体化的精神与理念同样适用于拉美地区，可以说拉美是中国"一带一路"倡议的自

---

① 崔守军：《中拉合作：惠本国而利天下》，中国日报网，2015 年 1 月 8 日，http://www.chinadaily.com.cn/hqgj/jryw/2015 – 01 – 08/content_ 13008347.html。［2017 – 04 – 04］

然延伸。① 中国是世界上最大的发展中国家，而拉美是发展中国家高度聚集的发展中地区，中拉经济合作对推动拉美地区经济的可持续增长和多元化提供了新契机。

经济外交是一国总体外交中的有机组成部分，是管理国家之间经济关系的活动。② 对经济外交现象的研究由来已久，现代社会对经济外交的学理研究最早可追溯到 20 世纪 50 年代初，是由日本政府最先倡导的。日本学者山本进认为，经济外交是日本政府通过促进对后进地区各国的经济合作、配置技术专家、缔结通商航海条约以实现开拓新市场目标的特殊政策。③ 当时的日本作为战后的非正常国家，经济几乎成为其外交中的唯一议题，因而日本学术界对经济外交的研究具有明显的局限性。随着国际经济交往的日益密切，20 世纪 80 年代欧美学界也开始加强对经济外交的探究。美国耶鲁大学教授戴安妮·昆兹（Diane Kunz）认为，经济外交是美国冷战时期维护国家安全和政治利益的手段，对欧洲实施马歇尔计划和对伊拉克萨达姆政权运用经济制裁都是美国实施经济外交手段的表现。④ 当时西方仍仅将经济外交视作实现大国战略利益和政治抱负的手段，对经济外交的理解过多地强调其"经济武器"的负面震慑作用，而忽视其促进国家间经济合作的正面推动作用，有失偏颇。

随着中国对国际体系融入的日渐加深，1993 年中国学者谢益显最早在《外交智慧与谋略》一书中提及经济外交，他认为经济外交是外交人员通过外交为本国经济服务的过程，并预测经济事务将会在对外关系中占据日益重要的地位。⑤ 中国学者跳出"经济武器"的窠臼，强调经济外交应更多地服务于经济发展的大局而并非仅是实现政治目标的工具与手段。周永生对经济外交的阐述则更为系统，他认为经济外交包含两个实质性的

---

① 谢文泽：《"一带一路"视角的中国—南美铁路合作》，《太平洋学报》2016 年第 10 期，第 48 页。

② Dejan Romih and Klavdij Logožar, "The Role of Economic Diplomacy in Increasing the Value of Exports to Mediterranean Countries -The Case of Slovenia", in *Academic Journal of Interdisciplinary Studies*, Vol. 3, No. 3, June 2014, p. 100.

③ 周永生：《近 50 年"经济外交"概念研究述评》，《杭州师范学院学报》2006 年第 3 期，第 28 页。

④ Diane B. Kunz, *Butter and Guns: America's Cold War Economic Diplomacy*, New York: the Free Press, 1997, p. 5.

⑤ 谢益显：《外交智慧与谋略》，河南人民出版社 1993 年版，第 173 页。

内容：其一，经济外交是由国家（国家间的国际组织）或其代表机构与人员以提升本国（或本组织）的经济利益或经济宗旨为目的，制定和进行的对外交往政策与行为；其二，它是由国家（国家间的国际组织）或其代表机构与人员以本国（本组织）经济力量为手段或依托，为实现和维护本国（本组织）战略目标或追求经济以外的利益，制定和进行的对外交往政策与行为。① 这与英国学者杰夫·贝里奇和艾伦·詹姆斯在《外交辞典》中对经济外交的定义不谋而合。他们认为，一方面经济外交是处理经济政策问题的外交，包括派遣代表团出席由世贸组织等机构组织的会议；另一方面，经济外交是使用经济资源进行的外交工作，包括援助或制裁等方式，目的在于实现某项外交政策目标，因而经济外交也被称作"经济治国术"（Economic Statecraft）。② 近年来，随着中国参与全球化程度的不断深入，对经济外交的研究逐渐由传统的国际政治学领域拓展到国际政治经济学领域。李巍从国际政治经济学的角度定义经济外交为一国政府及其所属具体职能部门围绕经济事务，针对他国政府、国际组织或者跨国公司而对外开展的官方交往活动。他认为经济外交是政府通过外交行为对国际经济关系所实施的一种干预行为，本质上是一种政治活动。③

综合上述定义，本文认为，经济外交是主权国家通过国家元首、政府首脑以及各个层级的机构或官方代表，围绕双边或多边经济事务而展开的对外交往活动，其出发点和落脚点是为了维护本国的经济、政治和战略利益。从构成要素上看，经济外交是经济与外交的有机结合。经济与外交两个要素既互为手段，又互为目标，这是经济外交最根本的特点。④ 具体来说，经济外交具有双重性：一是借助经济资源实现外交政策目标；二是通过外交活动获取经济利益。从性质上看，经济外交通常可分为三类：对外援助型、国际合作型以及经济制裁型。⑤ 其中，国际合作型经济外交是当今世界经济外交的主流，它具有如下两种主要功能。一是为提升双边或多

---

① 周永生：《经济外交》，中国青年出版社2004年版，第22页。
② G. R. Berridge and Alan James, *A Dictionary of Diplomacy*, London: Palgrave Macmillan, 2001, p. 81.
③ 李巍、孙忆：《理解中国经济外交》，《外交评论》2014年第4期，第3页。
④ 张军：《中国特色经济外交破浪前行》，《世界知识》2016年第4期，第26页。
⑤ 聂锐：《中国推进经济外交进程的路径探析——以"一带一路"为例》，《特区经济》2015年第7期，第19页。

边外交关系铺路架桥。当双边或多边的经济往来发展到一定程度后，经济外交主体和客体之间的经济相互依赖不断加深，主客体之间外交关系的升级便会水到渠成。二是为增进双边或多边战略合作奠定基石。当经济外交主体和客体之间的跨国经济合作密切到一定程度之后，主客体之间的战略互信随之跃升，双边或多边的战略互动便会越发密切。从国际经济合作的角度看，经济外交的实施与运用可以为本国和伙伴国同时带去更多的现实利益，实现互利共赢。

中国对拉经济外交之所以能取得卓越的成效，主要有赖于贸易、投资和金融三大驱动力的拉动。根据联合国拉美经委会（ECLAC）的统计数据，2014 年中拉双边贸易额达到 2600 亿美元，相较于 2000 年增长了 20 倍多，中国已成为巴西、智利等多个拉美国家的第一大贸易伙伴国；2014 年中国企业在拉美的直接投资存量首次突破 1000 亿美元，为驱动拉美国家的经济发展作出了重要贡献。[①] 按照中方规划，到 2025 年中拉贸易规模将达到 5000 亿美元，中国对拉美投资存量将达到 2500 亿美元。[②] 近年来，在全球经济呈现出"弱复苏"长周期的大背景下，中拉贸易的发展势头有所衰减。2015 年中拉贸易额比 2014 年下滑 10% 左右。[③] 究其原因，一是由于中国经济进入结构调整的"新常态"，增速放缓；二是大宗商品的需求和价格下跌导致拉美国家出口乏力。然而，令人振奋的是，2015 年中国对拉美非金融类直接投资流量达 215 亿美元，较 2014 年增长 67%[④]；2016 年中国对拉美非金融类直接投资流量达 298 亿美元，同比增长 39%[⑤]，拉美在中国的全球投资版图中的地位日益重要。在中拉"1+3+6"整体合作机制的框架下，金融合作成为驱动中拉贸易和投资合作的第三极。目前中方对拉美融资安排总额已超过 850 亿美元，包括 100 亿美元对拉美和加勒比国家优惠性质贷款、200 亿美元中拉基础设施专项

---

① ECLAC, *Latin America and the Caribbean and China: Towards a New Era in Economic Cooperation*, May 2015, The United Nations, p.59.
② 习近平：《共同谱写中拉全面合作伙伴关系新篇章——在中国拉共体论坛首届部长级会议开幕式上的致辞》，《人民日报》2015 年 1 月 9 日。
③ 中国国家统计局：《中国统计年鉴》，中国统计出版社 2016 年版，第 434 页。
④ 中国商务部、中国国家统计局、国家外汇管理局：《2015 年度中国对外直接投资统计公报》，中国统计出版社 2016 年版，第 13 页。
⑤ 陈效卫：《中国市场成为拉美对外贸易"稳定器"》，《人民日报》2017 年 4 月 13 日。

贷款、50亿美元中拉合作基金、300亿美元中拉产能合作投资基金、200亿美元中国巴西扩大产能合作基金等。①

从中拉经济合作的主要领域来看，基础设施已经成为拉动中拉经济合作的新增长点，而中拉多个专项基金的设立必将带来中拉基础设施领域合作的提速。从统计数据看，2015年中国企业在拉美承包工程签署合同额182亿美元，完成营业额164亿美元，与2014年相比分别增长10.3%和24.4%。② 近年来，中资企业在拉美积极开拓海外新市场，不断扩大业务规模，密集签约一批重点基建项目。例如，2013年8月葛洲坝集团中标阿根廷水电项目，2015年7月中国国家电网获巴西第二大水电项目美丽山水电站第二期高压输电线独家经营权，2015年11月中核电向阿根廷出口第三代"华龙一号"核电技术，2016年4月晶科能源中标墨西哥三个光伏太阳能电力项目等。新签合同为中国继续对拉基础设施建设提供了强劲动力。③ 2014年7月，中国国家主席习近平访问拉美期间，与巴西、秘鲁就开展连接大西洋和太平洋的"两洋铁路"合作共同发表声明，随后三国成立联合工作组并签署谅解备忘录。中国对拉美的贸易、投资和金融合作均呈现出蓬勃增长的态势，而基础设施与产能合作成为拉动中拉关系务实发展的新引擎。

中国当前发展的历史阶段、基本国情和战略目标决定了中国经济外交的首要目标是服务于国内经济社会发展和全面深化改革的大局。④ 现阶段中国对拉经济外交有自身特殊的诉求，主要体现在如下五个方面：第一，

---

① 郑青亭：《中拉产业园落户唐山　打造产能合作示范区》，《21世纪经济报道》2016年5月25日。

② 商务部新闻办公室：《2015年商务工作年终综述之十五：抓住机遇、加快推进中拉经贸合作提质升级》，2016年1月27日，http://www.mofcom.gov.cn/article/ae/ai/201601/20160101244377.shtml。[2017-04-02]

③ 参见《阿企：为与中企联合中标大型水电站项目感到骄傲》，人民网，2013年8月23日，http://world.people.com.cn/n/2013/0823/c157278-22672552.html [2017-03-16]；《国家电网公司成功中标巴西美丽山水电》，人民网，http://energy.people.com.cn/power/n/2015/0720/c71901-27329794.html [2017-03-26]；《中国中核集团签下阿根廷60亿美元核电大单》，人民网，2015年7月18日，http://chinese.people.com.cn/n/2015/1116/c42309-27819701.html [2017-04-14]；王骁波：《中企开拓墨西哥能源市场》，《人民日报》2016年4月21日。

④ 《开启中国外交新征程——王毅外长在"新起点，新理念，新实践——2013中国与世界"研讨会上的演讲》，《世界知识》2014年第1期，第29页。

对外转移优势产能，升级国内产业结构。在世界经济格局调整、国内经济结构转型的大背景下，通过对拉美投资推动国内产能饱和行业（如基础设施行业、制造业等）"出海"是践行企业"走出去"战略的重要途径，有利于开展国际产能合作。第二，提高中国企业跨国经营能力。中国企业积极向外寻找投资机会可以减少对国内市场的依赖，拉美作为"新兴市场"为中国资本盈余向外转移提供出路①，有利于提升中国企业的国际竞争力、国际化经营水平和跨国经营管理能力。第三，推动能源和资源获取的多元化。拉美地区幅员广阔、能源和资源禀赋充沛，中方通过对拉直接投资可以助力拉美国家自然资源和能源行业的开发，实现"增量资源共享"，既有利于拉动拉美国家经济增长，也有利于缓解困扰中国经济发展的资源"瓶颈"。第四，提升人民币的国际地位。当前在对拉投资和贸易中，利用人民币作为结算货币的比重不断上升，有利于推动人民币的国际化进程，提高中国货币政策的自主性，对冲欧美金融大国汇率波动的不利影响。第五，提高中国的国际影响力和软实力。约瑟夫·奈（Joseph Nye）认为，"一个成功的经济体是一种重要的吸引力来源"②，中国经济实力的向外投射必然产生较强的国际影响力和软实力。以经济外交为载体，中国日益提升的经济实力正在快速转化为新兴大国的外部影响力。

当前，拉美地区已经成为中国经济外交运用和施展的优先方向。基于中拉经济发展的战略互补性，中国对拉经济外交取得了卓越的成就，既向拉美和世界展示中国的经济水平和建设能力，又为中国经济的稳步快速发展创造了良好的国际环境，同时还扩大了中国在拉美地区的国际影响力。中国对拉美开展经济外交是中国全方位外交和新型"南南合作"中的重要一环，中拉合作对全球发展再平衡具有十分重大的意义。

---

① Matt Ferchen, "China Keeps the Peace: How Peaceful Development Helps and Hinders China", in *Foreign Affairs*, March 8, 2016, https://www.foreignaffairs.com/articles/china/2016-03-08/china-keeps-peace. [2017-04-04]

② Joseph S. Nye Jr, "Think Again: Soft Power", in *Foreign Policy*, February 23, 2006, http://foreignpolicy.com/2006/02/23/think-again-soft-power/. [2017-04-04]

二 拉美地区的基础设施建设"鸿沟"

一般认为，狭义的基础设施是指为社会生产和居民生活提供公共服务的物质工程设施，是一个国家和社会赖以生存和可持续发展的重要物质基础。① 杜克大学学者富尔默为基础设施下了一个简单的定义："由相互关联系统的物质部件提供保证与支持，提升社会条件的商品与服务质量。"② 主流经济学理论认为政府在基础设施产品的供应中负有不可推卸的责任。亚当·斯密最早在《国富论》中明确提出国家的第三个职能是"建设并维持某些公共事业及公共设施（即基础设施）"，"其建设与维持绝不是为某些极少数人的利益"。③ 一方面，基础设施能够有效地带动经济和社会发展，良好的基础设施是经济增长的"倍增器"。另一方面，基础设施与经济发展并不是简单的线性关系，当基础设施建设不足或滞后时，它就成为制约经济增长的"瓶颈"。④ 广义的基础设施则是实体、制度与人力资产的总和。其中，交通运输、邮电通信等物质资产、设备与设施直接参与生产过程，有益于提高社会生产能力进而加快经济增长速度；国防安全、环境保护等规范及规则在社会的长期发展过程中建立，是所有实物资产和社会生活条件的保障；科教文卫等基础设施水平的提高有利于市场经济中劳动力的数量及质量的提高，有利于形成人力资本、社会资本、文化资本等，是调整和优化经济结构、改善投资环境、推动经济发展的基础。⑤ 国际货币基金组织（IMF）表示，基础设施建设具有最大的"乘数效应"：

---

① Arthur O'sullivan and Steven M. Sheffrin, *Economics: Principles in Action*, New Jersey: Prentice Hall, 2003, p. 474.

② Jeffrey Fulmer, "What in the World Is Infrastructure?", in *PEI Infrastructure Investor*, July/August 2009, p. 30.

③ ［英］亚当·斯密著，贾拥民译：《国富论》，中国人民大学出版社2016年版，第456页。

④ Izabela Karpowicz, Troy Matheson and Svetlana Vtyurina, "Investing in Infrastructure in Latin America and the Caribbean", in *International Monetary Fund (IMF) Report*, June 9, 2016, p. 1, https://www.imf.org/external/np/blog/dialogo/060916.pdf. ［2017-04-07］

⑤ ［瑞士］芭芭拉·韦伯、［德］汉斯·威廉·阿尔芬著，罗桂连、孙世选译：《基础设施投资策略、项目融资与PPP》，机械工业出版社2016年版，第12—13页。

每1美元的基础设施支出能相应带来1.6美元的经济增长。① 因而，基础设施投资在一国（或地区）的经济和社会发展中发挥着关键作用。然而，对于多数欠发达的发展中国家及新兴经济体，"基础设施鸿沟"的存在使基础设施不但不能成为当地经济增长的驱动力，反而成为其经济发展的阻碍。拉美地区基础设施的投资需求庞大，但投资不足、维护不够等因素导致基础设施的需求与供给之间出现严重的不平衡，基础设施投资的需求与满足该需求能力的差距在不断扩大，形成了基础设施建设的"鸿沟"。

为衡量拉美地区的基础设施状况，本文采用世界经济论坛（WEF）②每年发布的《全球竞争力报告》中的基础设施质量指标，该指标衡量的基础设施质量包括港口、公路、铁路、航空以及电力供应的质量，是"全球竞争力指数"（GCI）的支柱项目之一。根据2016年发布的"全球竞争力指数"，与中国相比，拉美地区各主要经济体在基础设施领域的竞争力明显落后（见表1）。2016年中国全球竞争力指数得分为4.95分，比2015年高出0.06分，排名连续三年保持在第28位；而拉美国家在138个国家和地区中的平均排名为第82位，较中国落后54位，在全球范围内仅高于撒哈拉以南非洲地区。③

表1　部分拉美国家与中国基础设施竞争力情况（2016—2017年）

国家	分数	排名
中国	4.95	28
智利	4.64	33
墨西哥	4.41	51
哥伦比亚	4.31	61
秘鲁	4.23	67
巴西	4.06	81
阿根廷	3.81	104

---

① Wenyi Shen, Shu-Chun S. Yang, and Luis-Felipe Zanna, "Government Spending Effects in Low-income Countries", in *IMF Working Paper*, No. 15/286, 2015, p. 23.
② 又称"达沃斯论坛"。
③ World Economic Forum, *The Global Competitiveness Report* 2016 – 2017, Geneva, 2016, pp. 32 – 33.

续表

国家	分数	排名
委内瑞拉	3.27	130

注：总分为7分，得分越高表示竞争力越强。

资料来源：World Economic Forum, *The Global Competitiveness Report* 2016 – 2017, Geneva, 2016。

　　拉美基础设施质量指标的不足首先表现在发电和电力传输方面。2012年，拉美国家一个月内平均断电2.8次，平均每次持续1.4小时；而中国仅断电0.1次，每次仅持续0.5小时。① 2013年，拉美国家人均耗电21.18万千瓦时，中国人均耗电37.62万千瓦时，比拉美高出近45%。② 拉美国家电力供应不足、供应中断等问题对企业的生产产生了消极影响。拉美有36.9%的企业认为电力供应问题是制约其发展的主要因素，而中国只有1.8%的企业认为其存在电力制约。③ 其次，拉美公路运输的质量也落后于发达国家和其他发展中地区。2012年拉美地区每100平方公里的平均公路密度为17.2公里，不仅低于中国公路的平均密度，更远低于经合组织（OECD）国家的平均水平（见图1）。在港口和机场质量方面同样如此。2014年，拉美港口总容量为4945.7万个标准集装箱④，而中国港口总容量为18163.5万个标准集装箱，拉美的港口容量仅为中国的1/4。⑤ 2015年，整个拉美地区出发的航班次数为285.9万次，少于中国的361.6万次。⑥ 另外，在铁路基础设施质量的指标方面，拉美地区的世界排名更加靠后。

---

① World Bank, Infrastructure Database, http://www.enterprisesurveys.org/data/exploretopics/infrastructure. [2017 – 04 – 04]

② World Bank, Infrastructure Database, http://data.worldbank.org/topic/infrastructure?end = 2013&locations = ZJ – CN&start = 2012. [2017 – 04 – 04]

③ World Bank, Infrastructure Database, http://www.enterprisesurveys.org/data/exploretopics/infrastructure. [2017 – 04 – 17]

④ TEU是标准集装箱的标准单位，指20英尺当量单位或20英尺长的集装箱。

⑤ World Bank, Infrastructure Database, http://data.worldbank.org/topic/infrastructure?end = 2014&locations = ZJ – CN&start = 2012. [2017 – 04 – 14]

⑥ Ibid..

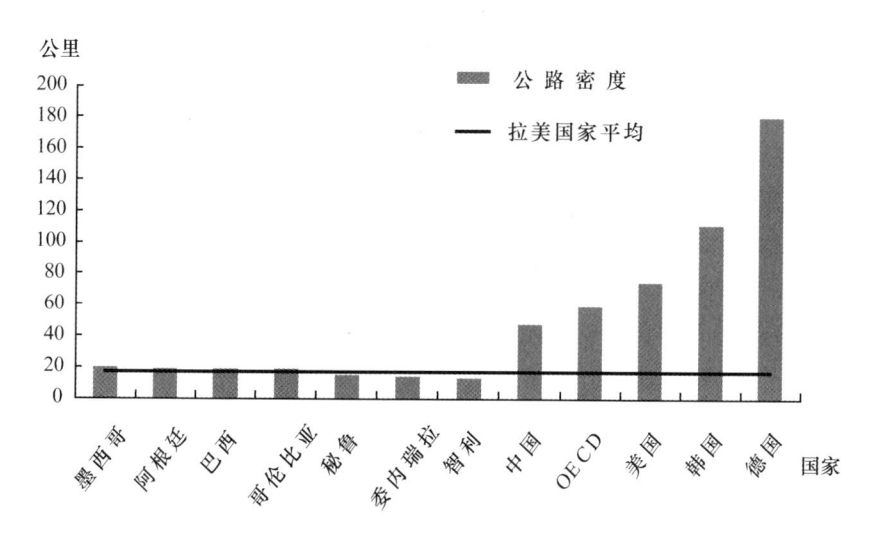

图 1 拉美国家、中国与经合组织国家的公路密度对比（2012 年）

注：公路密度是按每 100 平方公里的公路公里数计算。

资料来源：ECLAC，"Economic Survey of Latin America and the Caribbean 2015"，http://repositorio.cepal.org/bitstream/handle/11362/38715/111/S1500732_en.pdf.［2017-04-14］

在基础设施方面，拉美不仅与中国和世界其他地区差距较大，而且地区内部基础设施不同指标也表现出差异性。该地区的几大主要经济体都存在严重的基础设施建设"赤字"。如巴西作为拉美第一大经济体，占全国运输总量 61% 的公路因长期失修而质量严重恶化，政府因缺乏资金不得不出让了从里约热内卢到圣保罗的高速公路等五大国道的管理权；铁路运输效能低，2012 年仅占全国运输总量的 20.7%，平均时速仅为 25 公里，远低于全球 75 公里的平均时速。[①] 南美最早拥有铁路的秘鲁，受地理、经济等因素制约并没有建成系统的交通网络，又由于长期疏于维护和维修，铁路设备老化严重，行驶速度很慢[②]；电力消费主要靠本国发电。据预测，至 2025 年秘鲁电力需求将达到 12270 兆瓦的峰值，如不增加电力

---

① 中国驻巴西大使馆经济商务参赞处：《对外投资合作国别（地区）指南——巴西（2016年版）》，第 33 页。

② 同上书，第 25—28 页。

投资，将会出现"电力供应赤字"。① 即便是基础设施相对发达的阿根廷，其陈旧的基础设施也已跟不上经济发展的趋势。阿根廷曾在相当长的一段时间内跻身世界铁路运输业较发达国家之列，但由于经营不善，连年亏损，加之缺乏投资，许多铁路设备及 2/3 的线路老化，造成大部分路段停运。② 直到 2003 年，阿政府才下决心加大对铁路等基础设施的投入，计划新建、改造多条铁路线路。2014 年阿铁路共运送旅客 2.66 亿人次，货物 1665 万吨。③ 布宜诺斯艾利斯是世界上最早开通地铁的城市之一，首条地铁线已开通 100 余年，现运力已无法满足城市发展需要，出现了交通拥堵问题。④ 很显然，薄弱的基础设施已经严重阻碍了拉美的经济发展。

转型中的拉美国家进行基础设施建设，面临着政策、技术、资金、社会、环境等多重压力，其中资金匮乏是最大的制约因素。从整体来看，拉美国家年均对基础设施的投资仅占 GDP 的 2%—3%。要跨越基础设施供需的"鸿沟"，年均投资需要达到 GDP 的 5%，这意味着每年的资金缺口大约在 1800 亿美元。⑤ 一般来说，基础设施建设的资金主要源自本国财政、多边国际金融机构、他国借贷以及私人投资。拉美国家普遍存在财政困难的现象，国内储蓄和资本积累严重不足，难以独立承担起基础设施建设的重任，于是各国转向多边组织或西方发达国家寻求融资，结果却不尽如人意。一是因为基础设施项目建设周期长、资金投入大、沉没成本高、需求弹性小，发放长期基础设施建设贷款的风险较高、投资动力不足；二是拉美国家不良的主权信用评级使许多基础设施项目无缘吸引外资。例如，自 2016 年年初开始，由于巴西、委内瑞拉等拉美多个国家在经济衰退中公共债务问题持续恶化，国际评级机构穆迪将上述国家的主权债务评

---

① APEC, *APEC Energy Supply and Demand Outlook*, 6th edition, 2016, p. 7, http://aperc.ieej.or.jp/publications/reports/outlook.php. [2017-04-16]

② "The Tragedy of Argentina: A Century of Decline", in *The Economist*, February 14, 2014.

③ World Bank, "Railways, Goods Transported Data", http://data.worldbank.org/indicator. [2017-04-16]

④ 中国驻阿根廷大使馆经济商务参赞处：《对外投资合作国别（地区）指南——阿根廷（2016 年版）》，第 19 页。

⑤ Eduardo Leite, "How can Latin America Close Its Infrastructure Gap?", World Economic Forum, May 6, 2015, https://www.weforum.org/agenda/2015/05/how-can-latin-america-close-its-infrastructure-gap/. [2017-04-07]

级下调至"垃圾级",展望为负面①,这也就意味着拉美国家同时面临着基础设施不足与资金短缺的双重窘境。

拉美各国意识到自身发展受到基础设施建设的掣肘,纷纷制订了基础设施发展规划,旨在推动本国基础设施建设,提振国家经济。规划将众多基础设施项目提上议事日程,计划加大对基础设施的投资。例如,在巴西前总统卢拉和罗塞夫执政期间,巴西已两次宣布大规模投资计划,2007年1月宣布第一个经济加速发展计划(PAC),投资总规模约2600亿美元;2010年3月宣布第二个经济加速发展计划(PAC2),投资总规模为2800亿美元。② 但由于种种原因,两个计划的执行比例不到1/4,未能达到预期效果。2015年,巴西政府宣布实施新一轮改善交通基础设施投资计划,拟投资新建和更新改造一批大型物流项目,计划投资总额1984亿雷亚尔(约合661亿美元),其中公路项目16个、机场11个、铁路6个、港口137个,分布在巴西20个州130多个城市。③ 按照秘鲁国家战略规划中心(CEPLAN)颁布的《2010—2021年秘鲁国家发展战略规划》,未来五年,秘鲁年均国内生产总值增长率不低于6%,用于基础设施建设的投资将达69亿美元,主要分布于交通运输、电信、能源电力及市政工程等领域。秘鲁将加快实施大型基础设施项目,主要包括对码头和机场进行改造,对国家公路网络全部进行铺设,启动瓦乔—利马—伊卡的铁路运输线建设,以及建设一条长3万公里的光纤网络。④ 阿根廷于2016年7月出台《2016—2019年交通基础设施建设计划》,该计划共包含224个涉及公路、铁路、机场、港口等领域的招标项目,到马里克政府任期届满拟投资

---

① 截至2017年3月31日,穆迪对巴西的主权信用评级为Ba2,展望为负面。参见穆迪(Moody)官网, https://www.moodys.com/credit-ratings/Brazil-Government-of-credit-rating-114650, [2017-04-14];截至2017年3月31日,穆迪对委内瑞拉的主权信用评级为Caa3,展望为负面,参见穆迪(Moody)官网, https://www.moodys.com/credit-ratings/Venezuela-Government-of-credit-rating-800876。[2017-04-14]

② Trade and Investment Guide of Brazil, "Growth Acceleration Program, Invest & Export Brazil", http://www.investexportbrasil.gov.br/pac? l = en. [2017-04-17]

③ Mercedes Garcia-Escribano, Carlos Goes, and Izabela Karpowicz, "Filling the Gap: Infrastructure Investment in Brazil", in *IMF Working Paper*, No. 15/180, 2015, p. 12.

④ 中国驻秘鲁大使馆经济商务参赞处:《对外投资合作国别(地区)指南——秘鲁(2016年版)》,第29页。

332.25 亿美元用于交通基础设施领域的建设。① 截至 2016 年 7 月 20 日,阿根廷的基础设施建设计划已确定了 90 亿美元的资金来源,其中约 40 亿美元为国际组织融资,50 亿美元为中国贷款。② 这些计划的核心都是加大基础设施投资,然而由于目前拉美国家债务上升、税基不足,对基础设施投资的能力十分有限。③

从经济发展的一般性规律来看,基础设施的改善会给发展中国家的经济增长注入巨大的活力。当前拉美国家正处于加快推进工业化和城市化进程的新阶段,加大对基础设施建设的投资将对推动拉美国家经济转型起到重要的拉动作用,而中国在基础设施建设方面的资本、技术、装备、工程优势无疑会受到拉美国家的青睐,未来中拉基础设施合作的空间巨大。

三 中国在拉美基础设施建设中的角色

中国经济"新常态"下,经济外交在中国整体外交布局中的作用愈加突出,而拉美地区已成为中国经济外交布局中的优先方向。"基建鸿沟"的存在使基础设施建设成为拉美国家发展战略中的重要日程和优先取向,相应地,积极参与拉美的基础设施建设也就成为中国对拉经济外交的重要内容之一。中国的经济外交框架突出金融、基础设施、能源三大领域,其中基础设施建设独占一席,是推进区域"互联互通"战略的中心任务之一。④

中拉基础设施合作对实现中国经济外交的多重目标而言具有重要的战略意义。维护本国的经济、政治和战略利益是经济外交的出发点和落脚点,中国参与拉美基础设施建设,有利于上述国家利益的实现。第一,有

---

① Argentinean Minister of Transportation, "Present and Future of Transportation and Logistics in Argentina", Argentina Business & Investment Forum, 2016, p. 3, https://www.argentinaforum2016.com/sites/default/files/file_media_coverage/Transporation_FINAL.pdf. [2017 – 04 – 17]

② 中国驻阿根廷经济商务参赞处:《阿根廷政府出台大规模交通基础设施建设计划》, http://ar.mofcom.gov.cn/article/jmxw/201607/20160701362146.shtml. [2017 – 04 – 18]

③ 《汇聚思想共识,助推中拉务实合作——习主席访拉成果总结暨新〈中国对拉美和加勒比政策文件〉的发布意义》,《拉丁美洲研究》2016 年第 6 期,第 5 页。

④ 赵长峰、聂锐:《十八大以来中国经济外交探析》,《社会主义研究》2016 年第 1 期,第 27 页。

利于推动中拉产能合作，拓展中国经济增长的外部空间。拉美地区基础设施的改善将会释放显著的经济效应，既能为当地提供强劲的发展动力，又能拉动参与建设国家的经济增长。中国参与拉美的基础设施建设，在为拉美创造就业岗位的同时，还可以带动本国劳务输出，缓解国内就业压力；在扩大技术装备出口的同时，可以消耗饱和产能，转移优势产能。对拉基础设施建设有助于培养一批优秀的"走出去"企业，打造出国际化经营的生力军。第二，有利于提升中拉之间的政治互信，加强中拉在双边与多边国际事务中的战略合作。面对世界政治、经济等全方位变化带来的新挑战，中拉关系不进则退，亟须加快升级步伐。中国参与拉美基础设施建设，为中拉整体合作提供新动能，既可以加快"南南合作"的步伐，减少后发国家对发达国家的不对称依赖，又可以提升中拉之间的政治互信，加强在国际事务中的密切合作。第三，有利于扩大中国在拉美的影响力，提升中国的"软实力"。中国是世界上最大的发展中国家，拉美是世界上发展最快的地区之一，相似的历史经历让中拉人民对共同发展、共同繁荣有迫切的期望。中国对拉美的基础设施投资与建设完全是在相互尊重、平等互利的基础上开展的，没有附加任何政治条件，在给拉美国家提供公共产品、带来经济发展机遇的同时，也必然会提升中国在拉美地区的"软实力"和国际形象[1]，让拉美国家认可中国经济崛起带来的"外溢"效应。因此，在中国大力开展经济外交的当下，中拉基础设施合作正当其时。

对拉基础设施建设是中国运筹经济外交、构建"中拉命运共同体"的一个重要抓手。中国以中拉论坛机制为平台，以中拉整体合作为框架，以企业为主体，以投融资为驱动，积极参与拉美基础设施建设。这不仅可以推动中国经济的国际化，提升中拉之间的产能合作水平，还可以填补拉美地区的基础设施"赤字"，拉动拉美国家的经济复苏。依托中拉基础设施专项基金的融资平台，通过参与开发一批拉美地区的铁路、公路、港口、机场、电信等建设和改造项目，中方在追求自身经济利益的过程中同时也为拉美国家的经济发展作出贡献。推动拉美国家之间、中拉之间互联互通，既可以增强双方对整体合作的信心，也将改善双方在其他产业领域

---

[1] 张幼文、刘曙光主编：《中国经济外交论丛2009》，经济科学出版社2009年版，第123—126页。

的合作条件。① 基础设施是《中国与拉美和加勒比国家合作规划（2015—2019）》规定的六大重点合作领域之一。2016年11月最新出台的《中国对拉美和加勒比政策文件》又对基础设施领域的合作作了进一步的细化，文件指出："加强双方在交通运输、商贸物流、仓储设施、信息通信技术、能源电力、水利工程、住房和城市建设等领域的技术咨询、建设施工、装备制造、运营管理合作。鼓励和支持有实力的中国企业、金融机构积极参与拉美国家物流、电力、信息三大通道规划与建设，积极探索政府和社会资本合作（PPP）模式等新的合作方式，促进拉美基础设施互联互通。"②

从中国对拉经济外交运筹和谋划的角度看，在基础设施合作领域，中国政府是中国对拉美基础设施合作的顶层设计者，中国企业尤其是国有企业是具体实施基础设施项目的建设者，而中国的开发性银行、商业银行和各专项基金则是融资提供者。在经验和技术上，改革开放近40年来中国基础设施建设蓬勃发展所积累的宝贵经验，以及中国在援建和参与国际基础设施建设中积累的技术和工程能力，都无疑极大地提升了中国企业在大型基础设施建设领域的国际竞争力。在投资能力上，自2014年成为资本净输出国以来，中国已成为亚洲、非洲和拉丁美洲地区的主要外资来源地，中国国家开发银行和中国进出口银行在拉美的投资超过了世界银行和美洲开发银行的总和。③ 目前，中国的外汇储备超过3万亿美元，银行存款超过15万亿美元。在世界银行、美洲开发银行、拉美开发银行等西方多边开发银行对拉美的贷款规模不断下降之时，中国向拉美提供贷款的金额不降反升④，成为拉美国家基建项目融资的主要来源。例如，2009年10月，中国水电集团承建厄瓜多尔科卡科多—辛克雷水电站，中国进出口银行向其提供了85%的买方信贷；2013年8月，中国葛洲坝集团和两

---

① 吴白乙主编：《拉美黄皮书：拉丁美洲和加勒比发展报告（2014—2015）》，社会科学文献出版社2015年版，第1页。

② 中华人民共和国外交部：《中国对拉美和加勒比政策文件》，2016年11月24日。

③ Kenvin Rafferty, "U. S. Forfeiting Its Leadership in Global Finance to China", in *The Japan Times*, March 23, 2015, http://www.japantimes.co.jp/opinion/2015/03/23/commentary/world-commentary. [2017－04－16]

④ Rebecca Ray, Kevin Gallagher, and Rudy Sarmiento, *China-Latin America Economic Bulletin* 2016, Global Economic Governance Initiative (GEGI), March 2016, p. 4.

个阿根廷公司组成的财团获得阿根廷两份总额合计41亿美元的水电站建设合同，由国家开发银行和交通银行按照85∶15的比例全额融资；2015年11月，巴西OI电信公司与中国华为公司签订了战略合作协议，中国国家开发银行为其提供12亿美元贷款。① 此外，中国基建工程的高效率可以大幅缩短拉美发展基础设施的建造周期，为拉美的现代化进程提速。可见，"中国建造"的优势和能力与拉美存在的巨大需求相向而行，中拉基建合作空间广阔。

中拉基建合作的方式也日益多样化。随着项目融资的不断发展，中国企业作为社会资本参与拉美公共基础设施建设的方式实现了由传统的服务外包及管理外包、租赁合同到公私合营（Public-Private Partnership，PPP）的新兴模式的转变与升级。PPP模式是指公共部门将本应由自己负责的商品生产或服务提供转交由私营部门负责的机制，它包括合资公司合同、"建设—运营—移交"（BOT）合同和特许经营三种不同类型的公私合营模式。② PPP模式首先在20世纪90年代的欧洲流行起来，1994年由智利率先引入拉美地区，随后墨西哥、巴西、阿根廷、秘鲁、哥伦比亚等国也相继将PPP模式加以推广和应用。PPP模式在拉美主要运用在公路、铁路、学校等新建基础设施项目上，由社会资本承担设计、建设、运营和维护基础设施等主要工作，并获得合理的投资回报；由政府部门负责基础设施及公共服务的价格和质量监管，确保有效的风险共担与公共利益最大化，为拉美的基础设施建设提供了全新的思路。③ 其中，BOT合同模式④是最具代表性的一种PPP形式。BOT合同规定了建设—运营—移交的程序。首先，政府部门就某一新的基础设施项目与私营企业签订协议，由私营企业对该项目进行投资、融资、建设与维护。在协议规定的运营期内，

---

① 陶蕾、李因才：《2013—2015年中国对拉美经济外交与中拉经贸合作进展》，《太平洋学报》2016年10月，第74页。

② 广义的PPP模式还包括移交—运营—移交（TOT）、建设—拥有—运营—移交（BOOT）、购买—重建—运营—移交（PROT）等一系列具体操作模式。参见陈涛涛等编著《拉美基础设施PPP模式与中国企业投资能力》，清华大学出版社2016年版，第63—70页。

③ Jingfeng Yuan, Alex Yajun Zeng, Miroslaw J. Skibniewski, and Qiming Li, "Selection of Performance Objectives and Key Performance Indicators in Public-Private Partnership Projects to Achieve Value for Money", in Construction Management and Economics, Vol. 27, No. 3, 2009, pp. 253–255.

④ 广义的BOT合同模式包括建设—运营—移交（BOT）合同、设计—建设—融资—移交（DBFT）合同以及设计—建设—运营—移交（DBOT）合同。

政府许可私营企业在其监督下运营特定的基础设施,以收回成本并赚取利润。合同期满后,私营企业需将该工程移交给政府部门。BOT 模式已经由中国企业在拉美进行了积极的实践,并开始产生效益。例如,牙买加南北高速公路项目是中国企业在海外的第一个公路 BOT 项目。中国港湾工程有限责任公司(CHEC)对该项目投资共计 7.34 亿美元,公路全长 65 公里,已于 2016 年 3 月全线通车。① 此外,特许经营也是拉美国家推行公私合营的重要形式。特许经营强调的是政府将某一特定领域提供服务的责任和权力交给私营部门,其经营行为具有垄断性的特点。② 巴西在基础设施领域的特许经营项目众多,自 1995 年颁布《特许经营法》以来,累计吸引了 5000 多亿美元的境内外私人投资。③ 2017 年 3 月 7 日,巴西投资伙伴计划委员会(PPI)公布了"增长"计划第二批特许经营和私有化项目清单。加上 2016 年 9 月的第一批项目,"增长"计划已包含涉及公路、铁路、港口等在内的 55 个项目,预计吸引投资 450 亿雷亚尔。④ 规划中的"两洋铁路"巴西段也是特许经营的主要项目。

  一方面,新型的 PPP 模式为中国企业参与拉美基础设施建设提供了新路径和新机遇。在 PPP 模式下,拉美国家的基础设施项目融资将更多地吸纳私人资本与社会资本,以缓解拉美国家政府部门的资金缺口,这无疑为中国企业自带融资进入拉美基础设施建设市场提供了便利。此外,中国拥有高性价比的技术集成能力和工程装备能力,在基础设施项目的国际竞标中具有较强的比较优势。目前,已有中国企业率先运用 PPP 模式在拉美国家中标基建项目,这为更多中国企业进入拉美基础设施建设市场提供了宝贵的借鉴经验。2015 年 9 月,中国港湾以技术标、经济标总体满分的突出优势中标哥伦比亚的马道斯公路项目,总合同金额 8.7 亿美元,

---

① 郑青亭:《拉美大造基础设施 中国建设能力备受青睐》,《21 世纪经济报道》2016 年 10 月 24 日第 012 版,第 2 页。

② 陈涛涛等编著:《拉美基础设施 PPP 模式与中国企业投资能力》,清华大学出版社 2016 年版,第 78 页;北京大岳咨询有限责任公司、深圳市大岳基础设施研究院编著:《中国 PPP 示范项目报道》,经济日报出版社 2015 年版,第 411 页。

③ 谢文泽:《巴西特许经营模式与中巴基础设施合作》,《国际经济合作》2016 年第 6 期,第 69 页。

④ 中国驻巴西大使馆经济商务参赞处:《巴西政府公布新一轮特许经营招标项目》,2017 年 3 月 9 日,http://br.mofcom.gov.cn/article/jmxw/201703/20170302531139.shtml。[2017 - 04 - 18]

项目周期 25 年，这是中国企业"先行先试"的首次突破。① 对中国企业而言，通过 PPP 模式进入拉美市场，既延长了产能合作的产业链，又提高了项目的附加值和商业利润，对于推动中国企业转型升级、创新商业模式具有深远意义。

另一方面，中国企业积极依托 PPP 模式参与拉美基础设施建设也面临着新挑战。从 PPP 模式的准入标准看，PPP 项目具有投资规模大、执行期限长等特征，对项目承建公司而言，实施这种大规模、长期限的海外投资要求高，在运作过程中可能会遭遇不可预知的风险。一旦出现不可控的消极因素，可能会给项目带来建设或经营风险，从而导致经济损失甚至是项目失败。此外，中国利用 PPP 模式参与拉美基础设施领域的起步较晚，对相关流程和规则的熟悉程度有待加强。相较于西方国家，中国企业对 PPP 模式复杂性的了解与研究都不够深入，对具体运行规则的不熟悉容易导致中国企业"水土不服"，从而在实际操作过程中处于劣势。因而，首先，中方应加大对 PPP 模式的认知和研究，注重专业人才的培育。只有将 PPP 模式的理论与中国对拉美基建实践相结合，才能将此新模式灵活应用；而培养一批熟知国际规则、具有丰富经验的专家和复合型人才可以为中国企业在拉美从事基建项目提供智力支持。其次，在对 PPP 项目的前期评估中，重点着力预测、规避及应对可能发生的各项风险。政府职能部门和智库应加强对投资风险的预判，及时对企业发布预警，并对企业的投资偏好进行有效引导。最后，中国企业还应深化对拉美经济、文化、法律、社会组织、风俗习惯、宗教信仰等各方面的了解，因时因地制宜，积极承担起企业的社会责任，树立良好的企业形象。

四 结语

拉美是全球经济版图中的重要板块，也是中国经济外交布局中的重要地区。在"走出去"战略升级和国际产能合作的大背景下，拉美各国成为中国对外基础设施合作的重点对象。拉美国家基础设施的存量不足和增

---

① 向楠：《中国港湾获中企在美洲基建 PPP 首单》，交通建设新闻网，2015 年 10 月 15 日，http://www.cccnews.cn/zjxw/gsyw/201510/t20151015_42014.html。[2017 - 04 - 18]

量乏力成为制约其经济可持续发展的"瓶颈",而中国在基础设施建设方面所积累的优势无疑能够帮助拉美弥合其困扰已久的"基础设施鸿沟",中拉的结构性优势互补为中拉基础设施合作奠定了坚实的基础。随着中国政府和金融机构对企业支持力度的加大,以及中国企业国际竞争力的不断增强,中拉之间将迎来新一轮的国际基础设施合作机遇,中国有能力、有意愿在拉美基础设施建设中发挥建设性作用。新型的 PPP 模式为中国参与拉美基础设施建设提供了新思路,开启了新机遇,但同时也带来了新挑战。为此,中方应加强对 PPP 模式的认知和研究,防范项目运作过程中可能出现的各类风险,积极探索"南南合作"的新范式。

抓住拉美经济转型期的历史机遇 深化中拉合作关系

沈 安[*]

【内容提要】 进入后金融危机时代，国际政治经济形势发生了对拉美经济不利的重要变化。世界经济将长期低增长，贸易增长低迷，大宗商品价格回升缓慢，外资流入减少，拉美地区经济由于动力不足而面临低增长的困难阶段。随着西方发达国家极右势力兴起，反全球化和反自由贸易的极端保守主义和贸易保护主义盛行，给世界政治经济带来巨大挑战。拉美国家为继续实施宏观经济调整和改革战略，实现经济转型和持续增长，把发展与中国的合作关系作为重要的战略选择。如何抓住拉美经济进入新转型期的历史机遇，让中拉合作关系迈上一个新台阶，是我们面临的重要课题。中国应抓住这个战略机遇，开拓思路，采取恰当措施，有步骤地扩大中拉合作关系。坚持既定方针政策和已有合作机制，按照既定规划，继续落实双方已达成的合作项目，并正确处理"一带一路"与中拉现有合作机制之间的关系。鉴于拉美地区风险较大，中方无论是政府还是企业，在推进与拉美国家合作时，都应采取积极、稳妥、慎重的态度，对风险要有充分的评估。

【关键词】 拉美；经济转型；中拉合作；反全球化；新右派；自由贸易；风险防范

---

[*] 沈安，新华社世界问题研究中心研究员，高级编辑。本文是作者根据在中国拉丁美洲学会2017年年会上提交的论文进行修改的成果。

进入后金融危机时代，国际政治经济形势发生新的重要变化，拉美地区经济由于动力不足而面临低增长的困难阶段。在此背景下，拉美国家为继续实施宏观经济调整和改革战略，实现经济转型和持续增长，把发展与中国的合作关系作为重要的战略选择。如何抓住拉美经济进入新转型期的历史机遇，让中拉合作关系迈上一个新台阶，是中拉双方共同面临的重要课题。

一　国际环境的不利变化

要了解拉美经济未来的趋势，首先必须认识国际政治经济环境已经和即将发生的变化及未来趋势，认识拉美地区政治经济形势的变化及其面临的困难，以及拉美国家已经和可能作出的战略选择。拉美经济对国际政治经济环境的依赖度极大，因而受国际经济环境变化的影响极大。近年来，拉美经济虽然有了较大增长，但对外依赖度不仅没有减少，反而有所增大。这是拉美经济在21世纪获得十年"黄金增长"后再度陷入危机的主要原因之一。国际金融危机过后，国际政治、经济和贸易环境发生的巨大变化已成为拉美经济未来发展的不利因素。其中主要有：世界经济进入长期低增长时期，世界贸易增速低缓，拉美出口的大宗商品价格长期低迷，西方极右势力崛起导致国际形势不确定性增大。联合国拉美经委会认为，今后，拉美国家在宏观经济、技术发展和地缘政治方面面临严重挑战。

（一）世界经济进入长期低增长时期

世界经济增长是推动拉美经济的主要外部动力之一，国际经济受金融危机冲击而经历多年衰退，虽然目前已走出低谷，但恢复缓慢，导致世界经济进入长期低增长阶段。至于这个阶段持续时间长短，专家学者及国际机构普遍都不乐观，认为世界经济可能进入一个持续多年的漫长的低增长时期。世界银行2017年经济预测报告指出，随着发达经济体和新兴经济体经济复苏，2017年世界经济增长率将温和回升到2.7%。但未来两年仍低于3%。对拉美地区经济影响较大的美国和欧洲经济增长率低于世界平均水平。美国2017年、2018年和2019年的预期增长率分别为1.8%、

1.8%、1.7%；欧元区略高，但也仅为2.2%、2.1%、1.9%；新兴市场和发展中经济体平均增长率为4.2%、4.6%、4.7%。然而，拉美地区预期增速却大大低于新兴市场和发展中经济体平均值，分别为1.2%、2.3%和2.6%。导致新兴市场和发展中经济体增长率偏低的主要原因是投资增速低缓，未能恢复到危机前的水平。世界银行报告认为，新兴市场和发展中经济体的GDP总和占全球的1/3，人口占世界总人口的3/4左右，但投资增长率从2010年的平均10%降至2015年的3.4%，2016年增幅可能还会下降0.5个百分点。①

（二）世界贸易高速增长短期内难以重现

影响拉美经济的另一个主要因素是世界贸易。受世界经济增长低迷的影响，世界贸易随之进入低增长期。2012—2016年世界贸易陷入衰退，增速由过去的两位数下降到一位数。从目前的表现看，这种低迷状态可能还会持续多年。世界贸易组织（WTO）2017年4月9日发布的《2016年全球贸易报告》指出，世界贸易连续五年持续低迷，增长率低于3%。全球贸易额2015年下降14%，2016年增长2.8%，其中货物贸易仅增长1.7%。预计2017年世界贸易将增长3.6%，仍为低增长状态，且预计今后几年内不会出现大幅增长。②

值得指出的是，即使在全球贸易低速增长的情况下，拉美地区对外贸易增速仍落后于全球平均水平和发展中国家平均水平。世界贸易组织的报告预计，按地区经济体划分，2016年发达国家和发展中国家的出口增长速度大体相同，而南美洲和中美洲等地区无论是出口还是进口的增速都明显低于发达国家和其他发展中国家。2017年拉美地区贸易形势有所好转，增速高于预期，但出口额增长的主要原因是拉美出口的大宗商品价格上涨，而不是由对外贸易结构变化带来的。③

---

① World Bank Group, *Global Economic Prospects*, January 2017: *Weak Investment in Uncertain Times*, January 2017, https://openknowledge.worldbank.org/bitstream/handle/10986/25823. [2017-10-03]

② WTO, *World Trade Report 2016: Levelling the Trading Field for SMEs*, https://www.wto.org/english/res_e/publications_e/wtr16_e.htm. [2017-10-05]

③ CEPAL, *Perspectivas del Comercio Internacional de América Latina y el Caribe*, Santiago de Chile, 2017.

(三) 大宗商品贸易前景不容乐观

受经济和贸易形势影响,国际市场大宗商品出口价格回升缓慢,导致拉美贸易额持续下降,引发经济衰退,而且还会产生持续性影响。据 2017 年 4 月 26 日世界银行发布的《大宗商品市场展望》报告预测,2017 年原油价格每桶 55 美元,预计 2018 年将涨至平均每桶 60 美元。油价在连续多年负增长后,2017 年大幅度回升 28.2%,此后两年预计分别增长 8.4% 和 4.6%。在石油输出国组织(欧佩克)和非欧佩克国家减产的支持下,油价上涨将会使市场逐渐实现再平衡。但若美国页岩油产量回升幅度大于预期,预计油价仍有下行趋势。非能源类大宗商品(包括农产品、化肥和金属矿产在内)预计 2017 年价格出现五年来首次上涨。金属价格预计上涨 16%,而贵金属价格预计 2017—2018 年将下降 1%。谷物降价的影响将被油料和粗粉及原材料价格上涨所抵消,因而农产品价格指数预计 2017 年总体上保持稳定;咖啡、可可和茶叶等产品由于供应量大于预期,预计 2017 年价格降幅将超过 6%。[①]

(四) 国际政治经济前景不确定性加大

近年来西方政局发生很大变化,其中最突出的事态是极右势力和民粹主义在西方发达国家崛起,美国特朗普上台执政,英国脱欧,部分欧盟国家极右势力不断壮大。随着极右势力增强,反全球化和反自由贸易的极端保守主义和贸易保护主义盛行,给世界政治经济带来巨大挑战。西方国家各派政治力量对全球化、地区一体化、经济自由主义和贸易自由化等经济体制的反思和争论以及由此产生的政策调整,对世界经济具有极大影响,反全球化成为一种新的世界性趋势,使世界经济面临巨大的不确定性。

拉美对外关系中,美拉关系是居第一位的,美国内外政策的变化对拉美国家会产生直接或间接的重大影响。特朗普上台以后宣布的政策调整直接涉及拉美国家的利益,特别是修建美墨边境墙、限制移民、重新谈判自由贸易协定等政策对拉美国家冲击最大。正如拉美经委会执行秘书巴尔塞纳所说,"美国优先"理念不利于全球贸易发展,如果美国退出北美自由

---

① World Bank Group, *Commodity Markets Outlook*, April 2017, Washington, D. C.: World Bank, https://openknowledge.worldbank.org/handle/10986/26457. [2017 – 10 – 01]

贸易协定，将给墨西哥带来巨大冲击。① 特朗普的新政已经开始改变美国与西半球其他国家的关系，从而导致战后形成的由美国主导的西半球体制走向不确定的未来。这种形势必将对拉美地区的政治、经济和国际关系格局产生巨大影响，甚至可能导致拉美地区出现整体上反美的国际关系态势。

二 拉美地区内部政治经济形势的变化

国际金融危机爆发后的最初几年，拉美经济没有受到太大冲击，直到2013年仍能保持较高的增长。但随着大宗商品价格暴跌，拉美陷入新一轮危机，至今仍没有完全复苏。受世界经济不景气的影响，拉美经济的黄金增长期宣告结束，今后可能进入长期低速增长状态。换言之，未来几年对拉美地区而言可能是一个资金短缺、技术落后、增长动力不足的困难阶段。同时，地区政治形势也在发生变化，左右两派力量斗争激烈，部分国家出现政党轮替，中右派再度崛起，地区政治版图随之改变。但是，中右派与中左派的政策趋同性是不可忽视的重要特点，政策上的务实主义有可能成为今后一个时期的主流。也就是说，今后虽然存在左右翼政党轮替的可能性，但发展政策方面不会发生太大的极端性改变，而是回归更加务实的方向。这些因素将决定拉美地区今后一个时期的政治和经济形势以及对外关系的发展方向。

（一）新右派重新崛起

近年来，右派政党在拉美政坛东山再起，左派转向低落，特别是激进左派遭到很大挫折。今后一个时期内，拉美地区的政治版图有可能走向左右并立，甚至左弱右强或中右派居主导地位的态势。新右派力量的领军人物多为20世纪90年代崛起的青年一代，他们总结历史经验，提出新的思想与策略，形成了新的右派社会思潮，被拉美学术界称为新保守主义。新右派的意识形态或政治主张与传统右派有很大不同，与欧美的极右派也不

---

① CEPAL, *China y América Latina y el Caribe Refuerzan sus Lazos Comerciales: Exportaciones Crecerán 23% en 2017*, Santiago de Chile, 2017.

同，属于走中间路线的右派政治力量，政策上比较强调务实主义。新右派与中左派的一个共同特点是，意识形态色彩比较淡薄，更注重选民关注的政治、经济和社会问题，为与左派争夺选民而提出了许多顺应当前需要的新思想和政策主张。

总体来看，21世纪拉美新右派属于中右派范畴，政策取向上偏向中间派。相比较而言，新右派的政治经济主张更加务实，符合当今世界全球化的潮流。政治上坚持民主制度，意识形态上主张多元化，不像传统右派那样有强烈的意识形态色彩，因此能与各种不同意识形态的党派组成竞选或执政联盟。经济上主张开放的自由市场经济，反对过度的国家干预，但不强调新自由主义，甚至有意与其划清界限，而是更多地强调务实主义。赞成改革和调整经济结构，加强基础设施建设。在经济社会发展战略与政策方面，新右派与中左派的主张日益接近，而与激进左派的政策有很大差别，特别是反对激进左派对国家经济的过度控制和国有化政策等。所以新右派的竞选纲领与中左派差别不大，但与激进左派差别很大。在外交政策方面，新右派仍坚持对外关系多元化和独立自主，但在对美关系方面主张与美国保持或发展良好关系。这是拉美右派与左派之间在政策主张上的最主要区别。在对外经济贸易领域，新右派接受全球化安排，主张对外开放和自由贸易，这与发达国家极右派的反全球化、贸易保护主义主张完全不同。在地区一体化方面，新右派更倾向于太平洋联盟等持贸易自由化立场的一体化组织。

总体来看，新右派政权的政策取向比较务实，比较有利于经济发展。为争取中下收入阶层选民和不同意识形态盟友的支持，新右派在制定政策主张时也必须兼顾他们的利益诉求，平衡社会各阶层的利益，并且要从本国的实际情况出发，不再走90年代新自由主义改革时期脱离社会实际的老路。这就导致新右派政策主张的中间化，与中左派政策日益趋同。对外政策方面更注重实际利益，强调平衡外交，温和务实，反对偏激。在对华关系方面，拉美中右派政府都注重发展与中国的经济贸易合作，发展中拉友好关系。

（二）经济进入低速增长期

在经济领域，拉美地区经历了由高速增长到危机和衰退的过程，有可能进入一个新的增长周期——低速增长期。经济周期性变化直接影响拉美对外关系的前景,为中拉关系的发展创造了新的条件。

1. 拉美经济渡过新一轮危机周期

拉美经济经历了高速增长的"黄金十年"后,自 2011 年起增速持续走低,2015 年全地区整体呈负增长,进入新的衰退周期。2015 年和 2016 年,巴西、阿根廷等主要国家陷入衰退,预计 2017 年可能缓慢复苏。2017 年后拉美经济可能走出这一轮危机周期,开始全面复苏,但预计仍难以恢复到以往的高速增长状态,而是处于低增长状态。拉美新的经济衰退周期的主要特点有以下两方面。

第一,衰退周期相对较长,经济增长率多年持续下降,短期内难以触底反弹。拉美"黄金增长"期的转折点是 2011 年,当年全地区 GDP 增长率由前一年的 5.9% 下降到 4.3%。此后连续三年减速,2012 年降到 3.1%,2013 年又降到 2.7%,2014 年再降到 1.1%,2015 年和 2016 年则连续两年负增长,分别为 -0.4% 和 -1.1%。这标志着拉美经济从 2003 年开始的初级产品出口繁荣期结束,进入一个新的衰退期。地区主要经济体陷入衰退,拖累了全地区的经济增长。2015 年,委内瑞拉、巴西、阿根廷和厄瓜多尔等主要国家陷入衰退,其中,委内瑞拉衰退最严重,2015 年下降 6.7%,2016 年下降 7%;巴西次之,2015 年下降 2.8%,2016 年下降 1%。阿根廷虽然好于预期,但仍处于衰退状态。墨西哥、秘鲁、智利和哥伦比亚等国经济增速也明显减缓。

拉美经济当前经历的衰退期会持续多久,各国际机构看法不同。有的观点认为,由于国际市场大宗商品需求形势近期内难以明显回升,加上受美国提高利率的影响,国际资本流动不利于新兴国家,拉美经济短期内难以复苏,衰退的形势还会持续下去,有些拉美国家的形势甚至还会进一步恶化。也有观点认为,2016 年以后拉美经济会走出谷底、开始复苏。如拉美经委会 2017 年 10 月发布的《拉丁美洲与加勒比经济研究报告 2017》预测说,2017 年拉美地区经济将走出衰退,开始缓慢复苏,实现 1.2% 的正增长;2018 年将继续保持低速增长势头,增长率达到 2% 以上;中期内可能恢复到 3% 以上的增长率。[①] 但从整个世界经济形势的走向来看,也许还要更长时间拉美经济才能走出低谷。

第二,金融市场持续动荡。近年来,拉美主要国家金融市场动荡不

---

① CEPAL, *Estudio Económico de América Latina y el Caribe*, Santiago de Chile, 2017.

断,直接影响到实体经济的增长。其主要表现是资金外流、货币贬值、股市汇市波动。据墨西哥北方银行集团报告,2013年5月至2015年9月从新兴国家流出的资金达770.92亿美元,其中从拉美流出的资金占29%,达227.27亿美元。仅2015年上半年从拉美股市流出的资金就达65.16亿美元。2015年墨西哥股市流失的外国投资达189.5亿美元,这意味着外国投资者在墨股市的持股总额减少了12.37%。① 2015年阿根廷外流资金达79亿美元,前八年累计外流820亿美元。马克里上台后调整外汇政策,但仍未能遏制资金外流的势头。据阿根廷官方统计,2016年前11个月累计流失146.6亿美元,为上年同期的近两倍。② 受资金外流影响,拉美货币贬值加速。巴西雷亚尔2015年前11个月累计贬值38%,同期墨西哥比索累计贬值14%,智利比索累计贬值17%。

2. 复苏缓慢,低增长将成常态

第一,拉美经济今后几年仍将保持低增长状态,并在一段时间内可能成为常态。世界银行2017年经济预测报告指出,今后三年拉美地区经济将处于极低增长状态,预计拉美地区2017年、2018年和2019年的增长率分别为1.2%、2.3%和2.6%,显著低于世界平均水平及新兴市场和发展中经济体平均水平。造成拉美地区经济整体低迷的主要因素是巴西、墨西哥和阿根廷三大经济体增长率过低,从2017年开始未来三年内巴西的预期增长率分别为0.5%、1.8%、2.2%,墨西哥为1.8%、2.5%、2.8%,阿根廷为2.7%、3.2%、3.2%。拉美经委会的估计同样不乐观,其2017年4月发布的年度经济增长预测报告把2017年地区增长率再次调低0.1个百分点,降为1.1%。其中,南美洲地区由原来预期的0.9%降到0.6%,中美洲地区由原来预期的3.7%降到3.6%。各国增长率预期分别为:委内瑞拉下降7.2%,巴西回升到0.4%,阿根廷增长2%,智利增长1.5%,墨西哥增长1.9%,增长率最高的是巴拿马(5.2%)和多米尼加共和国(5.3%),古巴增长1%。③

---

① "En 2015, Fuga de Capitales Extranjeros de Casi 19 mil", http://www.jornada.unam.mx/ultimas/2016/01/13.htm. [2017-10-05]

② "La Fuga de Capitales en Argentina se Duplico Durante el 2016", http://www.elcomahueonline.com.ar. [2017-10-10]

③ CEPAL, "América Latina y el Caribe Retomará Tenue Crecimiento en 2017 en Medio de Incertidumbres Sobre la Economía Mundial", Santiago de Chile, April 24, 2017.

第二,贸易形势难以好转,影响经济增长。如前所述,世界经济和贸易未来几年将持续处于低迷状态,拉美出口的主要大宗商品价格难以迅速回升,受此影响,拉美地区对外贸易形势短时间内仍将难以好转。2013 年开始地区出口连续四年负增长,地区进口从 2014 年起连续三年负增长。2015 年和 2016 年下降幅度最大,其中出口分别同比下降 15% 和 7.6%,进口下降 10% 左右。2017—2020 年期间贸易将依然为低增长状态,预计这四年进出口年平均增长率分别仅为 3.1% 和 2.9%,与 2011 年(出口增长 23%,进口增长 30%)和 2012 年(出口增长 27%,进口增长 20%)的大幅增长形成鲜明对照。受上述形势影响,拉美地区在世界贸易总额中占比全面下降,显示出拉美在世界贸易中的影响和地位正在下降。据拉美经委会 2015 年报告,拉美地区货物出口总额占世界货物出口总额的占比从 2000 年的 5.7% 下降到 2015 年的 5.5%,同期高技术出口占比从 8% 下降到 5%,服务出口占比从 4.1% 下降到 3.4%,现代服务(即其他服务类)出口占比从 2.4% 下降到 1.9%。①

第三,投资不足仍是制约增长的因素。拉美经委会 2017 年 4 月的报告认为,拉美地区需要投入 3 万亿—4 万亿美元用于基础设施、生态环境和能源,才能实现联合国 2030 年可持续发展目标(ODS)。② 该机构的另一项报告认为,拉美每年在基础设施建设方面的投资应占 GDP 的 6.2%,但过去 10 年中仅为 2.7%;估计 2012—2020 年总共需要 3200 亿美元用于基础设施建设。按此计算,拉美基础设施建设投资缺口应为 56%。③ 拉美各国 2012 年开始新一轮宏观经济改革和结构调整,其重点是加强基础设施建设,但由于国内储蓄率低,外资流入不足,很多计划项目无法落实。投资不足是拉美基础设施建设发展缓慢的主要原因之一。受历史条件影响,拉美地区对外国投资的需求仍然很大,外资对拉美地区经济的发展具有不可替代的重要作用。但近年来受经济危机影响,流入拉美的外资减少,加上内部储蓄率低下,造成总投资不足,严重制约拉美经济增长。

---

① CEPAL, "El Panorama de la Inserción Internacional de América Latina y el Caribe", Santiago de Chile, 2016.

② CEPAL, "Agenda 2030 y los Objetivos de Desarrollo Sostenible: Una Oportunidad para América Latina y el Caribe", Santiago de Chile, Abril 2017.

③ CEPAL, "La Inversión en Infraestructura en América Latina y el Caribe", Santiago de Chile, 2014.

2003年以来拉美的外资流入经历了由升转降的过程：2003—2013年流入拉美的外国直接投资呈持续上升趋势，从469亿美元增长到1899.5亿美元的创纪录水平（2006年和2009年除外）；但2014年这种趋势发生逆转，2014年同比下降16%，2015年下降9.1%，2016年下降8%。[1] 外资流入减少使拉美国家财政更加困难，严重制约了基础设施建设计划的实施。资金短缺和对外资的需求，为中国投资进入拉美提供了客观的有利条件。

三 加强与中国的合作是拉美的战略选择

当前拉美国家面临着两大任务：一是推动经济复苏，尽快走出危机；二是继续实施经济调整和改革战略，以实现国家经济社会发展战略的转型，进而实现联合国2030年可持续发展目标。[2] 从2012年起拉美各国就开始了新一轮的经济改革和结构调整，制订了大规模的基础设施建设规划，但这一轮改革开始不久即遭遇长达五年的经济衰退和危机。受此影响，改革进程放缓，但各国仍在坚持推行原定的改革与调整计划。不过，可以预计的是，在世界经济形势不利的环境下，拉美地区可能要经历一个相对比较漫长的发展模式转型期。

对拉美国家来说，推动经济改革，走向可持续发展，外部动力是必不可少的。在国际经济和贸易低迷、外资流入下降等因素导致外部动力不足的情况下，拉美国家必须扩大国际合作，寻求更加可靠的国际支持，扩大外部市场，拓展资金来源。这就需要强化多元化外交，加强与世界其他国家或地区的国际合作。中国所在的亚太地区是全球经济增长最快的板块，也是世界经济增长的一个主要引擎；而中国作为世界第二大经济体，在带动世界经济增长方面发挥日益重要的作用。发展与中国和其他亚洲国家的合作关系，是多年来拉美为实现对外关系多元化而推

---

[1] CEPAL, "La Inversión Extranjera Directa en América Latina y el Caribe", Santiago de Chile, 2016.

[2] CEPAL, "Agenda 2030 para el Desarrollo Sostenible", Santiago de Chile, 2017.

行的国际战略之一。如果说过去这样做是为了实现外交独立，摆脱对美国的过分依赖，那么今天这样做则更多的是为了实现经济可持续发展，是放眼未来发展的战略布局。可以说，加强与中国的合作关系是拉美国家重要的战略选择。

事实上，近几年来，拉美国家特别是地区大国，都在不断加强与中国的合作关系。这里有两个现象特别值得指出：一是一些国家在政权更迭、左右翼政党轮替后，其与中国的关系不仅没有削弱，相反还有所增强；二是一些国家主动要求把与中国的合作纳入"一带一路"倡议的战略合作范畴，使中拉合作关系的发展迈上一个新的台阶。拉美国家把加强与中国的合作作为其战略选择是主客观形势的要求，也是历史发展的必然。换言之，在内外部不利因素短期内无法改变的条件下，加强与中国的合作是拉美国家的一个优先选项。

第一，在西方极右势力抬头、贸易保护主义兴起的情况下，中国坚持对外开放、维护自由贸易，积极推动全球化，主张建立人类命运共同体。拉美国家希望通过加强与中国的经济贸易合作，推动本国经济复苏和可持续增长。一些主张自由贸易的拉美国家则把中国看作是维护全球化和贸易自由化的旗帜，希望中国能够带领世界各国继续走全球化的道路。它们把中国倡议的"一带一路"看作是推动全球化、带动本国经济增长和吸引中国投资的一个机会。

第二，经过几十年的发展，中拉合作关系已具备坚实的基础。众所周知，过去几十年来，中国已与拉美国家建立了密切的经济贸易关系，成为其重要的经贸合作伙伴。拉美部分国家已经成为中国和亚太地区产业链的组成部分。在过去几年经济衰退和贸易停滞不前的形势下，中国在拉美对外贸易中的地位和占比仍居前列。中拉双方已经建立了行之有效的双边和多边合作机制，这些机制对中拉经贸合作已经和正在发挥积极的作用。这种紧密的经贸合作关系为中拉合作未来的发展奠定了坚实的基础。金融合作方面，为支持中拉产能合作项目，2015 年中国宣布设立 300 亿美元的中拉产能合作专项基金。中国还与巴西共同宣布设立 200 亿美元规模的中巴扩大产能合作基金。在中方倡导的"1+3+6"中拉务实合作框架内，其中 200 亿美元中拉基础设施专项贷款、100 亿美元优惠性质贷款和 50 亿美元中拉合作基金已经或即将开始运行。中国在智利和阿根廷分别设立了人民币结算中心。① 为推动中国与拉美的全面合作，2008 年和 2016 年中国政府先后发表了两个对拉美政策文件，全面确立了完善的对拉美政策，中拉关系已经形成良好的态势和合作机制。中国政府不仅与拉美多数国家和次地区建立了政府间合作机制，还在多边合作框架内提出了"1+3+6"务实合作框架和"3×3"中拉产能合作模式，成为中拉多边和整体合作机制与平台，达成了一系列合作计划与项目。

第三，对世界和拉美经济来说，中国是不可替代的巨大市场。在国际经济持续低增长、世界贸易不景气的国际环境下，处于调整过程中的中国经济增长速度虽然有所放缓，但仍保持较高的稳定增长，对世界经济增长的贡献不断增加。中国无论是对全世界还是拉美国家都是不可忽视的巨大市场。在当前世界经济不景气的情况下，发展与中国关系对拉美经济发展的重要性更加明显。2017 年上半年拉美对外贸易出现复苏，而其对中国出口的大幅增长再次证实了中国对拉美出口的重要性。据拉美经委会 2017 年 10 月发布的《2017 年拉美和加勒比国际贸易展望》指出，2017 年中国对拉美地区出口的重要性继续上升，预计 2017 年度拉美地区出口将增长 10%，其中对中国出口将增长 23%，大大高于全球平均水平和对拉美加勒比地区（10%）、亚洲（17%）、美国（9%）和欧盟（6%）等其他地区和国家的出口增长水平。② 正是由于上述原因，拉美国家也日益重视发展与中国的经济贸易关系。

第四，"一带一路"倡议的提出与实施，不仅为中国周边国家带来了巨大机遇，对拉美国家也具有极大吸引力。一些拉美国家要求将与中国的合作关系纳入"一带一路"的合作框架。阿根廷和智利两国总统都出席了 2017 年在中国举行的"一带一路"国际高峰论坛。阿根廷总统马克里 2017 年 5 月出席这次峰会后对中国进行了国事访问。访问结束后，中阿两国政府发表联合声明称，"双方将在'一带一路'框架内加强发展战略对接，推进互联互通和联动发展，为实现世界经济稳定、持续、平衡和包

---

① 中国商务部：《2015 年商务工作年终综述之十五：抓住机遇　加快推进中拉经贸合作提质升级》，2016 年 1 月 27 日，http://www.mofcom.gov.cn/article/ae/ai/201601/20160101244377.shtml。[2017-10-10]

② CEPAL, *Perspectivas del Comercio Internacional de América Latina y el Caribe*, Santiago de Chile, 2017.

容发展作出贡献"①。其他一些拉美国家也表示了加入"一带一路"计划的愿望，拉美已经成为"一带一路"自然延伸的地区。"一带一路"倡议在拉美的延伸将为中拉合作提供一个新的平台和机制，也将促进拉美地区与中国建立更加广泛、密切的联系。

正是由于上述原因，拉美经委会执行秘书巴尔塞纳多次强调，拉美应加强与中国的合作，吸引中国企业前来投资；希望中国企业能在拉美加工农产品，刺激拉美制造业发展。拉美经委会国际贸易与一体化司负责人希莫利指出："现在是一个历史性时刻，中国和拉美加勒比地区应深化对话，在新的全球框架内解读中拉关系，共同应对宏观经济、技术和地缘政治不确定因素带来的挑战。要加强多边主义，相互尊重发展模式多样化。"②

四 开拓思路扩大中拉合作关系

拉美地区面临的新形势和作出的战略选择，为中拉关系的发展提供了新的历史性机遇。中国应抓住这个战略机遇，正确处理相关问题，开拓思路，采取恰当措施，有步骤地扩大中拉合作关系。

第一，坚持既定方针政策和已有合作机制，按照既定规划，继续落实双方已达成的合作项目。2008年和2016年中国政府发布的两个对拉美政策文件全面确立了完善的对拉美政策，中国应继续坚定不移地执行两个文件中规定的对拉美政策。中拉关系已经形成良好的态势和合作机制，建立了双边、多边和整体合作机制与平台，达成了一系列合作计划与项目。我们应继续按照既定规划，继续积极落实双方已经达成的合作项目。

第二，正确处理"一带一路"倡议与中拉现有合作机制之间的关系。"一带一路"倡议提出后得到各国普遍响应，拉美一些国家也寄予极大希望，"一带一路"倡议的合作范围实际上已经扩大到原来设想的中国周边

---

① 《中华人民共和国和阿根廷共和国联合声明》，2017年5月18日，http://www.fmprc.gov.cn/web/zyxw/t1462819.shtml.［2017-10-15］

② CEPAL, "China y América Latina y el Caribe Refuerzan sus Lazos Comerciales: Exportaciones Crecerán 23% en 2017", Santiago de Chile, 2017.

国家和地区之外。但是笔者认为,"一带一路"倡议是中国国际合作战略的组成部分而不是全部,不应该把它变成包罗万象的"大箩筐"。此外,鉴于中国实际能力和各国的具体情况,"一带一路"倡议也不可能包办一切,而应从中国实际能力出发,有针对性地实施。因此,中国政府仍应继续坚持"一带一路"原定适用范围,不宜无限度扩张;也不应把已有合作机制和项目全部放在"一带一路"倡议内,更不要用"一带一路"取代已经实施并已被证明确有成效的合作机制,如中非合作机制和中拉合作机制。考虑到拉美国家加入"一带一路"合作的愿望,也可以在具体做法上灵活处理,把"一带一路"适当地扩大到这些国家的某些项目。要特别强调的是,中国对自己的能力和目标要保持清醒的头脑。无论"一带一路"合作还是中拉合作,都是双方之间平等的经济贸易合作,是商业性合作,而非中国对外援助计划。

第三,要有清醒的风险意识和成本意识。要清醒地认识到,拉美地区是一个风险较大的地区,无论政治经济社会风险,还是自然灾害和环境风险,在该地区都是客观存在的。这些风险并没有因为部分国家政局的变化而缩小,也不会因为对外合作意愿的增强而消失。不仅如此,在实施新的合作项目后,还会产生意想不到的新的风险。对此,必须有清醒的认识。中方无论政府还是企业,在推进与拉美国家合作时,都应采取积极、稳妥、慎重的态度,对风险要有充分的评估,在前景不明朗的情况下,不应轻易扩大合作规模,不要上新项目。对一些时局可能发生变化、前景不明或风险增大的国家,应及时采取适当的预防对策,对一些可能发生的事态提前准备预案,以规避风险,减少损失。对在一些国家已经遭遇风险和损失的,应采取一切措施把损失降到最低程度,并为今后弥补损失留有余地。

第四,坚持独立自主的外交政策,发展与拉美各国的正常外交关系,不以意识形态画线。对拉美政策是中国全球战略的重要组成部分,是从中国长远战略利益出发而制定的,不应因相关国家政局变化或政权更迭而发生动摇。在与拉美国家政府或执政党交往的同时,也应加强与反对党和其他社会团体的交往,扩大公共外交。在进一步保持高层外交、政治和经济贸易交流的同时,还应继续加强人文交流,增加民间往来。

扩大中拉合作关系,还需要应对如下几方面的挑战。一是如何扭转双边贸易持续走低的形势,实现习近平主席 2015 年提出的"实现

10年内中拉贸易规模达到5000亿美元、中国在拉美地区直接投资存量达到2500亿美元的目标"。从近几年双方贸易和投资情况来看，要实现这个目标，贸易方面有一定困难，投资领域可能困难小一些。中拉贸易经过10年高速增长，2012年增速开始降低，2013年零增长，2015年和2016年连续两年出现大幅度下降，表明中拉贸易进入深度调整期。根据中国商务部数据，2016年中国对拉美贸易总额为2166亿美元，低于2013年。要在今后八年实现贸易总额翻一番的目标，仍面临不小的挑战。

二是如何解决贸易不平衡问题。贸易不平衡是制约中拉合作发展的主要问题，表现在三个方面：其一是贸易集中在少数几个国家，其二是商品进出口结构不平衡，其三是贸易差额不平衡。在大宗商品需求和价格低迷的条件下，如果这些问题不解决，中拉双边贸易难以有大的增长。中拉贸易结构是由双方经济结构决定的，贸易不平衡问题不是一纸贸易协定就能够解决的。必须指出的是，中拉贸易结构存在的问题主要是拉美国家的经济结构所致，2017年上半年拉美出口增长的主要原因是出口价格上涨，这种对大宗商品出口过度依赖的状态在短时间内难以改变。另据中国商务部数据，中国对拉美进出口的结构正在发生改变，但如果拉美经济结构不变，其进出口的结构仍难以发生根本变化。

三是如何大力推动自贸协定的签署。拉美左派政府大多拒绝与其他国家签署自贸协定，而中拉贸易机制的滞后现象是导致双边贸易结构不合理、贸易额难以增长的重要原因。事实证明，自贸协定的签署有助于拉动双边贸易的增长，如2016年智利和秘鲁对华传统商品出口出现较大幅度逆势上涨，就是得益于双方签署了自由贸易协定。一些国家的中右派政党掌权后对自贸协定的政策可能改变，成为中拉之间签署自贸协定的机会。

四是如何进一步扩大投资领域，改变投资结构，提高投资效益。相对而言，中国在拉美直接投资在数量上似乎不难实现上述目标，但在改进投资结构和提升投资效益方面还存在困难。中国在拉美直接投资主要集中在少数几个国家的能源、矿业和农业等少数领域。目前这方面已经有所改观。据中国商务部统计数字，2016年中国对拉美非金融类直接投资298亿美元，同比增长39%；除企业并购外，投资领域开始从传统的能源矿产、基础设施领域向农业、制造业、信息产业、服务业、电子商务、航空运输等诸多领域扩展。① 为推动中国企业在拉美投资,中国政府提供了巨大的融资支持。据中国商务部数据,中国未来几年对拉美融资资金安排达880亿美元,主要用于中拉产能合作、基础设施建设和优惠性贷款等。② 但要提升投资效益,中方应进一步促进投资领域和投资方式多样化,积极参与拉美国家经济结构调整,分散投资风险。

---

① 《中拉贸易:"一带一路"建设发挥积极作用》,2017 年 4 月 13 日,http://www.china.com.cn/news/world/2017-04/13/content_40615564.htm。[2017-10-15]
② 《中国对拉美合作资金安排规模达 880 亿美元》,2016 年 4 月 20 日,http://www.yicai.com/news/5005672.html。[2017-10-15]

"软实力"与中拉合作的可持续性:文化产业合作的意义与优先选项

贺双荣[*]

【内容提要】 进入新世纪以来,中拉经贸合作取得了跨越式发展,但中国在拉美的软实力存在赤字。提升中国在拉美的软实力,是中拉关系实现可持续发展的重要条件。而中拉文化产业合作是提升中国在拉美软实力的有效路径之一。

【关键词】 "软实力";中拉合作;人文交流;文化产业

一 中国在拉美软实力评估

新世纪以来,中国的软实力水平,特别是在亚洲、非洲和拉美的软实力有了很大提升。但总体上看,中国的软实力与欧美相比,仍有很大差距。美国学者约瑟夫·奈(Joseph Nye)在2012年曾撰文指出:"过去10多年,中国经济和军事实力取得了令人难忘的增长,但中国仍存在软实力赤字。"[①] 阎学通等学者认为,中国软实力总体上处于美国的1/3上下[②]。沈大伟则明确指出:"中国的软实力屈指可数,即便有也不值得其他国家

---

[*] 贺双荣,中国社会科学院拉丁美洲研究所研究员。
[①] Joseph Nye, "China's soft power deficit", *The Wall Street Journal* (Hong Kong), 10 May 2012.
[②] 阎学通、徐进:《中美软实力比较》,《现代国际关系》2008年第1期,第24—29页。

仿效。"① 中国在拉美的软实力赤字具体表现在以下几个方面。

(一) 中拉人文交流水平较低，相互认知存在巨大差距

人文交流是提升软实力的重要手段。"人文交流"包含三个层面的交流，即人员交流、思想交流和文化交流，其目的是促进国家之间人民的相互了解与认识，从而塑造区域文化认同、价值认同，最后达成区域政治合法性的支持。② 但目前，中拉人文交流水平较低，影响了中拉之间的相互认知和了解，不仅影响中国在拉美软实力的提升，也影响中拉的政治经济合作。中拉人文交流水平较低，具体体现在以下两个方面：

1. 与中拉经贸关系水平相比，人员和文化交流水平仍处在较低的水平

进入新世纪后，特别是中国加入 WTO 后，中国与拉美国家的经贸关系取得了跨越式发展，但中拉人文交流的水平仍然较低。从中拉贸易占中国对外贸易的比重以及入境中国的拉美旅客人数占比的差距，可以看出人员交流的赤字。

在贸易上，拉美成为中国重要的出口市场和资源及能源的重要来源，中拉双边贸易在 2000—2014 年，从 125.95 亿美元增加到 2634.61 亿美元，增长近 20 倍。同期，拉美占中国对外贸易总额的比重从 2.66% 上升到 6.12%。同期，中拉人文交流水平也在提升，但是与贸易关系相比，人员交流水平仍保持在较低水平。入境中国的拉美游客人数占入境中国游客总数的比重虽然有提升，从 2002 年的 0.72% 上升到 1.35%（见表 1），但占比很低。

表 1　　　　　中拉贸易及入境中国的拉美游客占比情况　　　　单位：%

年份	2002	2003	2004	2005	2006	2007	2008	2009	2010	2011	2012	2013	2014	2015
贸易	2.87	3.15	3.46	3.55	3.99	4.72	5.59	5.52	6.17	6.63	6.76	6.29	6.12	6
游客	0.72	0.70	0.78	0.79	0.88	0.93	1.07	1.05	1.15	1.24	1.30	1.35	1.31	1.35

资料来源：根据历年《中国统计年鉴》计算得出。

---

① David Shambaugh, *China goes Global*, Vol. 111, Oxford: Oxford University Press, 2013, pp. 6, 8, 转引自崔玉军《近年来海外中国软实力研究述评》，《国外社会科学》2016 年第 5 期，第 28 页。
② 许利平：《中国与周边国家的人文交流：路径与机制》，《新视野》2014 年第 5 期，第 119 页。

2. 与其他国家和地区相比,中拉人文交流的水平居于落后的水平

由于发展水平、历史及文化距离等原因,中国与拉美的文化交流水平远远低于中国与欧美等发达国家的水平。2014 年 6 月 30 日,文化部长蔡武在墨西哥首都墨西哥城接受中墨记者联合采访时表示:"中国和拉美地区国家的文化交流,同中国与周边国家、欧亚大陆以及世界上其他一些地区国家之间的交流比起来规模相对不大,并且存在一些障碍。"①

拉美国家也把人文交流的重心放在欧美。以墨西哥为例,2007 年,墨西哥外交部共向国外学生、学者和研究人员提供了 992 个奖学金名额,其中,向包括中国在内的亚太、非洲和中东国家提供的奖学金名额只有 83 个。②

(二) 中国在拉美的国家形象仍待提升

"国家形象与软实力密切关联,是国际社会对一国感知的综合性评价。国家形象不仅基于国家的实力状况,同时取决于国际社会对一国的分析和评价。"③ 根据美国皮尤调查中心(PEW)2015 年的调查数据,近年,中国在拉美的国家形象有很大提升(见表 2)。除非洲外,相对其他地区要高。但拉美人对美国的好感率远超过中国,美国为 65%,中国为 49%。

表 2　　　　　　　　拉美人对中国有好感的比率　　　　　　　单位:%

年份	2007	2008	2009	2010	2011	2012	2013	2014	2015
阿根廷	32	34	42	45	—	—	54	40	53
巴西				52	49	50	65	44	55
智利	62						62	60	66
墨西哥	43	38	39	39	39	40	45	43	47
秘鲁	56							56	60

---

① 蔡武:《中国将加强同拉美地区的文化交流》,《中国文化报》2014 年 7 月 2 日。
② César Villanueva Rivas, "Crónica De UN Declive Anunciado: La Diplomacia Cul Tural De México En El Sexenio De Felipe Calderón", ForoInternacional, Vol. 53, No. 3/4 (213 – 214), Julio – Diciembre, 2013, p.854.
③ 冉继军:《中国在拉丁美洲的软实力建设》,《拉丁美洲研究》2014 年第 3 期,第 38 页。

续表

年份	2007	2008	2009	2010	2011	2012	2013	2014	2015
委内瑞拉							71	67	58

资料来源：PEW, "China Image—Latin America: Percent responding Favorable, all years measured", http://www.pewglobal.org/database/indicator/24/group/2, 2016 年 12 月 10 日下载。

（三）中国在拉美软实力的基础仍不稳定

中国在拉美国家形象的提升，主要是由中国的崛起以及中拉关系的发展等硬实力因素促成的。制度及文化因素对中国家形象的提升作用并不明显。根据美国皮尤调查中心 2015 年的调查，拉美人在政治自由等问题上对中国的积极看法从时间跨度上看没有大的改变。拉美国家对于中国发展模式的认同度也较低，平均只有 19.6%。巴西是中拉经贸关系最密切的国家，尽管巴西人对中国的影响力持积极看法，但巴西人认为中国的发展模式不是他们的首选类型，对中国发展模式的认同率只有 22%[①]。

文化是软实力最重要的因素。"与美国文化的全球影响相比，中国文化毋庸置疑是中国软实力在拉美影响力最弱的……虽然一些中国文化已传播到拉美主流社会，但在拉丁美洲的认知通常是有限的、肤浅的，有时是基于媒体的报道，或生活在这些国家的华人的经验。这些认知往往混乱。"[②] 此外，近年，拉美国家学习汉语的人数增加，但除了少数人是受中国文化吸引力的驱动，更多的人学习汉语是出于实用主义目的。

二 软实力与中拉关系的可持续发展

随着中拉关系进入发展阶段，中拉双方都认识到，必须通过提升软实

---

① Armony, Ariel C., and Nicolás G. Velásquez, "A Honeymoon With China? Public Perceptions in Latin America and Brazil", *Revista Tempo do Mundo*, Volume 2, Número 2, Julho 2016, p. 25.

② Ellis, R. Evan, "Chinese Soft Power in Latin America A Case Study", Joint Force Quarterly, 2011 1st Quarter, Issue 60, p. 89.

力才能促进中拉关系的可持续发展。

(一) 通过提升软实力，加强文明互鉴，促进共同发展

不同文明之间的相互交往、借鉴是促进人类历史发展的重要动力。历史上，马尼拉大帆船曾将中国的丝绸、瓷器等商品运往美洲，把美洲玉米、甘薯、西红柿、花生、辣椒、花生和烟草等农作物传入中国，丰富了中国的粮食品种和产量，对中国的救灾救荒和经济发展起到了巨大作用。随着全球化的发展，各国间相互依存加深，不同文明之间交流扩大。其中，发展借鉴也成为不同文明互相借鉴的重要内容。拉美国家的现代化进程早于中国，很多发展经验值得中国学习。近年，中国经济的快速发展引起世界关注。虽然中国承认每个国家有自身的国情和发展特点，每个国家都有选择符合自身特点的发展道路的权力。但中国的一些发展经验可以给拉美国家提供一些借鉴和参考。中国经济的快速发展，"拉美决策者对中国模式表现出极大的兴趣。拉美左翼工会领导人，巴西总统卢拉派研究团队到中国，学习中国的经验①。"在对外发展上，拉美国家是最早融入全球化并参与国际组织的发展中国家，它参与全球治理的经验也值得中国借鉴。

党的十八大以来，中国的政治经济及对外关系进入发展新阶段。2012年11月29日，习近平主席在率领中国新一代领导集体参观《复兴之路》展览时提出了中华民族伟大复兴"中国梦"的两个百年发展目标：到中国共产党成立100年时全面建成小康社会；到新中国成立100年时建成富强民主文明和谐的社会主义现代化国家。在对外发展中，习近平主席提出构建中国特色的大国外交，推动建立人类命运共同体。加强文明之间的相互学习与借鉴，促进共同发展是发展新阶段中国与拉美共同的诉求。因此，习近平主席在访问拉美时，在多个场合提出，中拉要加强文明对话和文化交流，不仅"各美其美"，而且"美人之美，美美与共"，成为不同文明和谐共处、相互促进的典范。

---

① Joshua Cooper Ramo, "Beijing Consensus", Londn: Foregn Policy Centre, 2004, p.43, 转引自 Bates Gill and Yanzhong Huang, "Sources and limits of Chinese 'soft power'", *Survival*, Vol.48, No.2, 2006, p.20。

(二) 加强软实力是进入新阶段后中拉经贸关系可持续发展的内在需要

随着中国日益融入全球化以及中拉经贸关系相互依存度的上升,中国的发展越来越离不开世界。随着中拉经贸关系日益密切,推动中拉经贸关系可持续发展是实现中国两个百年目标的重要战略依托。与此同时,随着中拉经贸关系进入发展新阶段,中拉经贸关系正在从贸易向投资和金融合作的三轮驱动迈进。中国对拉美的投资在2008年国际金融危机之后快速增长,中国对拉美的投资流量从2008年的36.77亿美元增加到2016年的298.4亿美元,同期中国对拉美的投资存量从322.4亿美元增加到1000亿美元以上。拉美国家已成为中国对外金融合作及人民币国际化的重要伙伴。2008年以后,中国对拉美贷款快速增加,贷款额超过世界银行和美洲开发银行对拉美地区贷款的总和。其中,中国国家开发银行至今已累计放贷1000多亿美元,支持了拉美200多个项目,涉及拉美18个国家和地区。与此同时,2015年和2016年,中国与拉美地区国家新签承包工程合同额分别为181.6亿美元和191.2亿美元,同比分别增长10.3%和5.3%。①

中拉经贸关系的新发展,对中国在拉美的软实力提出了新要求。因为,贸易往往是在两国间的贸易公司之间进行,对双方的人员往来需求没有那么大,与法律、文化等商业环境的关联度也没有那么大。相反,投资、金融以及工程承包则与贸易有很大不同。这就需要双方加强文化的理解和沟通,促进文化的认同,才能促进合作,降低风险。有学者对美洲晴雨表数据的分析表明,沟通、法律/政治、文化或就业问题是巴西对中国在巴西的企业持负面看法的主要问题。②

(三) 文化软实力是推动中拉经贸结构转型,促进经贸可持续发展的重要推手

中拉经贸结构不平衡是困扰中拉关系的重要问题。一是中拉经贸关系

---

① 《第三届中国—拉美和加勒比国家基础设施合作论坛在澳门举行》,http://news.xinhuanet.com/fortune/2017-06/05/c_129624984.htm,2017年6月5日。

② Armony, Ariel C., and Nicolás G. Velásquez, "A Honeymoon With China? Public Perceptions in Latin America and Brazil", *Revista Tempo do Mundo*, Volume 2, Número 2, Julho 2016, p.30.

的初级产品化。过去10多年,拉美对中国的出口主要以大宗初级产品为主,占拉美对中国出口的80%以上。中国对拉美投资也主要集中在石油和矿产等初级产品部门。中拉贸易和投资的初级产品化是导致拉美国家对中拉经贸关系负面看法的主要因素,认为中拉经贸关系是南北关系,不是南南关系,对拉美的长期发展不利,导致拉美国家"再初级产品化"和"去工业化",是"新殖民主义"。二是拉美对中国有巨额贸易逆差。近年,拉美大多数国家对中国有逆差。以2015年为例,只有巴西、智利、委内瑞拉、秘鲁和乌拉圭五个国家对中国有顺差,其他国家都是逆差。2008年国际金融危机以及国际大宗商品价格大幅下跌,中国与拉美的经济发展以及中拉经贸关系都面临结构性转型的压力。

文化产业被称为"绿色产业""朝阳产业",是最有活力的产业,被称为现代经济的支柱。中国和拉美,近年都把文化产业作为支柱产业。美洲开发银行(IDB)、美洲国家组织(OAS)、拉美一体化体系(SELA)和巴西Itaú文化基金会(Itaú Cultural Foundation)等机构相继发出报告,提出拉美国家应把文化产业作为未来拉美经济增长的新引擎。[1] 美洲开发银行于2010年9月28日召开拉美国家文化部长会议,拉美国家达成共识,提出文化是投资,而不是支出[2]。进入新世纪后,中国对文化产业的认识和重视不断加深。2002年党的十六大报告指出:"发展文化产业是市场经济条件下繁荣社会主义文化、满足人民群众精神文化需求的重要途径。"2009年9月26日发布了新中国成立60年来第一部文化产业专项规划——《文化产业振兴规划》,并将文化产业提升到国家战略性产业的高度。2010年2月初,胡锦涛总书记在一次讲话中把加快发展文化产业作为加快经济发展方式转变的八项重点工作之一。2011年10月18日党的十七届六中全会通过了《中共中央关于深化文化体制改革推动社会主义文化大发展大繁荣若干重大问题的决定》,从全局和战略高度明确提出建设社会主义文化强国,并将"推动文化产业成为国民经济支柱性产业"作为我国文化体制改革的主要目标。2016年11月4日,以习近平主席为

---

[1] SELA, "Promotion of cultural and creative industries in Latin America and the Caribbean", 9 to 21 October 2011, 1SP/CL/XXXVI. O/Di No 9 – 11.

[2] Ministers call for more financial and institutional support for culture industries in Latin America and the Caribbean, October 19, 2010, http://www.iadb.org/en/news/webstories/2010 – 10 – 19/idb-ministers-of-culture-from-latin-america-and-the-caribbean8259.html.

组长的"中央全面深化改革领导小组"审议通过了《关于进一步加强和改进中华文化走出去工作的指导意见》。与此同时，中国从对外文化交流及对外产业合作的角度，在 2002 年 7 月全国文化厅局长座谈会上第一次明确提出了文化"走出去"的战略。时任文化部部长助理丁伟认为，从体制改革和机制创新的高度，大力发展对外文化贸易，已成为我国发展文化事业、增强文化实力、提高国际竞争力的一个新的战略突破口和历史性机遇。[①] 2011 年中共十七届六中全会通过了《中共中央关于深化文化体制改革推动社会主义文化大发展大繁荣若干重大问题的决定》，明确提出"文化走出去"工程："实施文化走出去工程……加强海外中国文化中心和孔子学院建设，鼓励代表国家水平的各类学术团体、艺术机构在相应国际组织中发挥建设性作用，组织对外翻译优秀学术成果和文化精品。" 2014 年 3 月，国务院印发了《关于加快发展对外文化贸易的意见》，支持鼓励发展文化贸易。

文化产业特殊的经济、文化及政治属性，不仅可以提升国家的软实力，也可以促进中拉经济的结构性转型，培育新的经济增长点，同时也可以改善中拉经贸结构。

（四）文化软实力促进政治上理解和认同，是构建中国特色大国外交战略的需要

周恩来同志曾形象地把外交、外贸和对外文化交流比喻为一架飞机，外交是机身，外贸和对外文化交流是飞机的两翼。随着全球化的发展，人文交流的扩大，软实力受到国际社会的重视，日益被看作是一个国家综合实力的重要组成部分，是大国崛起的重要条件。由于与西方国家在文化、政治制度及意识形态上存在差异，提升软实力和国家形象，对中国显得尤为重要。所以，新千年以来，提升软实力和国家形象被摆到了国家发展的战略高度。2007 年 10 月 15 日，胡锦涛总书记在中国共产党第十七次全国代表大会上作报告指出，中国共产党必须"提高国家文化软实力，使人民基本文化权益得到更好的保障"。"文化越来越成为民族凝聚力和创

[①] 丁伟：《发展中国对外文化贸易的历史机遇》，《光明日报》2004 年 9 月 22 日。

造力的重要源泉、越来越成为综合国力竞争的重要因素"①。2010 年 8 月 6 日,中国开拍国家形象宣传片并通过 BBC 等全球播出,2011 年 1 月胡锦涛访美期间中国国家形象片亮相美国纽约时报广场。十八大报告就明确指出"实现中华民族伟大复兴,必须推动社会主义文化大发展大繁荣,兴起社会主义文化建设新高潮,提高国家文化软实力"②。

十八大以来,中国外交战略出现重大调整,从过去的韬光养晦向积极的有所作为的战略转变,而提升软实力成为构建中国特色大国外交的关键所在。2014 年 11 月 28—29 日,习近平主席在中央外事工作会议上明确提出要构建中国特色的大国外交。中国特色的大国外交有两层含义:一是大国外交。这意味着中国准备在世界上发挥更大的影响力和承担更大的国际责任。具体地说,在处理国际事务,对待国际体系和国际制度改革问题上,中国将从"接受者""应对者"的角色向"建设者""塑造者"的角色转变。③ 二是中国特色。习主席表示:"中国必须有自己特色的大国外交。我们要在总结实践经验的基础上,丰富和发展对外工作理念,使我国对外工作有鲜明的中国特色、中国风格、中国气派。"④ 从某种意义上说,中国特色是中国的软实力的另一种表达。近年来,中国通过提出合作共赢、命运共同体等理念以及包容发展的"一带一路"战略,展现了一个和平崛起的中国形象。

拉美作为中国外交的一部分,成为践行中国特色大国外交的重要外交阵地。在拉美,中国大力推动中国与拉美国家的文化交流及文明对话。2014 年 7 月 17 日,习近平主席访问巴西,在与拉美和加勒比国家领导人会晤时提出,构建中拉关系五位一体新格局,将人文上互学互鉴摆到了与政治、经贸和外交等方面同等重要的位置。习近平主席在访问拉美时多次指出,"人之相知,贵在知心","以心相交,方能成其久远"。2015 年 5

---

① 胡锦涛:《高举中国特色社会主义伟大旗帜 为夺取全面建设小康社会新胜利而奋斗——在中国共产党第十七次全国代表大会上的报告》,人民出版社 2007 年版,第 33 页。
② 胡锦涛:《坚定不移沿着中国特色社会主义道路前进,为全面建成小康社会而奋斗——在中国共产党第十八次全国代表大会上的报告》,《人民日报》2012 年 11 月 18 日第 2 版。
③ 赵可金:《中国外交 3.0 版:十八大后的中国外交新走向》,《社会科学》2013 年第 7 期,第 8 页。
④ 《习近平出席中央外事工作会议并发表重要讲话》,新华网,http://news.xinhuanet.com/ttgg/2014-11/29/c_1113457723.htm,2014 年 11 月 29 日。

月李克强总理访问哥伦比亚和秘鲁时推动与两国开展文明对话。通过2016年中拉文化交流年,大力开展中拉文化交流活动。这些事例表明,中国正在把提升文化软实力摆到中国对拉战略的重要位置。

(五)中拉文化产业合作可以促进文化的多元化

在全球化时代,各国文化交流和文化产品贸易不断扩大。其中,在全球化竞争格局下,强势文化加速扩张。由于文化交流和文化产品贸易对于人们的思想、价值观等方面的影响巨大,各国都比较注重文化安全,注重对本国文化的保护与传承。中拉文化都不属于强势文化。以2013年各国和地区文化产品出口占文化产品出口总额的比重,北美和欧洲占49.1%,拉美和加勒比国家只占1.4%。中国文化产品的出口竞争力也比较弱。2014年,中国文化商品出口仍为技术含量低、资源型和劳动密集型的初级文化产品。以影视媒介、音乐媒介、出版物及版权、文化休闲娱乐服务等知识技术密集型的核心文化产品和服务所占比重太小,国际竞争力非常弱。[①] 此外,中拉都属包容性文化,主张尊重文化的多元性。这也为中拉加强文化交流,促进文化产业合作提供了可能,并有利于文化多元性的发展。

三 中拉文化产业合作对提升中国在拉美软实力的意义

一个国家的软实力主要依赖于三种资源:文化(吸引别人的地方)、政治价值观(当它在国内外 lives up to)和外交政策(当它们被视为合法并具有道德权威)。[②] 而文化是软权力的核心要素。因为文化所特有的辐射力和渗透力,足以影响和改变人们的观念和价值取向,从而获取对方对自己的理解和认同。联邦德国总统特奥多尔·豪伊斯(1949—1959)曾经说过:"政治无法造就文化,而文化或可成就政治。"[③] 约瑟夫·奈也指出:"一个国家文化的全球普及性和它为主宰国际行为规范而建立有利于

[①] 王志宏:《文化的认同与创新:中国对外文化贸易发展的必然选择》,《北方经济》2015年11期,第75页。

[②] Joseph S. Nye, Jr, "Public Diplomacy and Soft Power", *The Annals of the American Academy of Political and Social Science*, Vol. 616, 2008, p. 96.

[③] 转引自鲍超佚《德国的对外文化政策》,《德国研究》1998年第2期,第43页。

自己的准则与制度的能力,都是它重要的力量来源。"①

构建文化软实力的路径主要有两个:一是以推动人文交流为主的文化外交和公共外交;二是文化产业合作。两者的行为主体、受众、传播内容和方式各有不同,互为补充。

表3　　　　　　　　　　构建文化软实力的路径

	主体	受众	内容	方式	影响
文化外交	政府	精英+大众	高雅艺术	主观性	小
文化产业	市场	大众+精英	流行艺术	客观性	大

目前,中国构建软实力的举措主要以政府主导的公共外交和文化外交为主。其中,最具代表性以及投入最多的是在世界各地以教授语文和传播中国文化为宗旨的孔子学院。截至2016年12月31日,中国在全球140个国家(地区)建立512所孔子学院和1073个孔子课堂。其中,在拉美20个国家建立了39所孔子学院和18个孔子课堂②。相比之下,中拉产业合作相对滞后。

根据联合国教科文组织的定义,文化产品和服务是具有象征意义、美学、艺术或文化价值的特殊商品③。所谓特殊性,是指文化产品既有文化属性,也有经济属性,还有政治属性。文化产业的这种特殊属性,使它可以成为体现意识形态的载体和传播工具④。文化产业则是"以精神产品的生产、交换和消费为主要特征的产业系统"⑤。文化产品通过贸易交易和投资,得到广泛的传播,进而形成群体认同并影响人们的认同及行为。因此,文化产业合作在提升国家软实力,塑造和传播国家形象中发挥着重要的补充且不可替代的作用。不仅如此,在某些情况下,文化产业合作无论

---

① [美]约瑟夫·奈著,何小东、盖玉云译:《美国定能领导世界吗》,军事译文出版社1992年版。

② 国家汉办:《孔子学院/孔子课堂》,http://www.hanban.edu.cn/confuciousinstitutes/node_10961.htm,2017年5月21日下载。

③ Unesco, "The Globalisation of CulturalL Trade: A Shift in Consumption-International flows of cultural goods and services 2004 – 2013", 2016 by: Unesco Institute for Statistics, p. 15.

④ 叶雪:《国家文化产业安全的法律思考》,《出版科学》2015年第2期,第21—22页。

⑤ 胡惠林:《文化产业发展与国家文化安全》,学林出版社2001年版,第124页。

从内容的多样性，文化内涵的表达方式、传播方式，还是受众接受的程度等方面看，比政府主导的文化外交和公共外交在提升国家软实力和国家形象方面发挥更大的作用。

（一）文化产品内容的丰富性

"文化软实力的核心是思想、观念、原则等价值理念，它的载体是文化产品、文化交流活动、文化教育和信息传播媒介。"[①] 面对众多的文化产品、多种传播方式和传播媒介，更要政府、社团以及企业等更多主体来参与，仅靠政府是不够的。其中，作为市场主体的文化企业能够承担起包括文化产品生产及传播的更大责任。

（二）文化产品有多样化的表现形式

"软实力不仅依赖于文化和理念的普适性，还依赖于一国拥有的传播渠道，因为它能够对如何解释问题拥有影响力"[②]，由于"文化软权力的力量来自于其扩散性和渗透力，只有当一种文化广泛传播并对他国政府或国民产生影响且乐于效仿时，才会产生软权力"。[③] 在这方面，文化产品以其产品的多样化表现形式更易于让公众接受其产品中蕴含的国家形象。以影视作品为例，"电影的表意符号具有一种相对简易的世界通用性，因而人们往往通过一个国家的电影来客观地了解和认识这一国家、民族或者文化的历史和现实"[④]。在这方面最成功的例子是美国。"美国通过好莱坞电影的输出，不仅给美国带来了滚滚财源，也全方位地提升了美国在全球的竞争优势[⑤]"。

（三）文化产品的传播方式更易于被公众接受

政府主导的各种文化教育交流活动带有强烈的官方色彩，其动机、传

---

① 刘鹏：《文化软实力竞争与我国文化软实力建设的路径选择》，《中共浙江省委党校学报》2011 年第 5 期，第 102 页。
② [美] 约瑟夫·奈：《硬权力与软权力》，门洪华译，北京大学出版社 2005 年版，第 153 页。
③ 谢雪屏：《论文化软权力与中国国家形象的塑造》，《山西师大学报》（社会科学版）2009 年第 5 期，第 42 页。
④ 尹鸿：《国家化语境中的当前中国电影》，《电视艺术研究》1996 年第 6 期，第 28 页。
⑤ 饶曙光：《国家形象与电影的文化自觉》，《当代电影》2009 年第 2 期，第 12 页。

播内容的公正性和客观性受到质疑和误解,常常被看作是一国对另一国的文化渗透。美国几所大学相继关闭孔子学院即是一个例证。阿根廷有学者也对中国在阿设立孔子学院对当地汉语教师的冲击以及孔子学院与当地大学合作办学的合法性等问题提出了质疑。相比较而言,优秀的文化产品通过潜移默化的方式所表达的国家软实力的内涵更易于被公众接受。

(四) 文化产业特有的活力及影响力

国家形象塑造及软实力的提升不是一蹴而就的事,是一个潜移默化,需要长期累积的过程。政府主导的文化外交及教育交流活动,因受资金限制,规模有限,受众面狭窄,影响传播效果。而市场主导的文化产业合作,面向大众,形式灵活多样,传播内容以流行文化为主,可以避免这些问题。

四 中拉文化产业合作的优先选项

文化产品的种类众多。国际组织和世界各国都没有一个统一的划分标准。联合国教科文组织(UNESCO)、世界贸发会(UNCTAD)、世界产权组织(WIPO)和美洲开发银行都有不同的分类。2007年美洲开发银行对文化产业的分类有三种:常规类(包括图书、出版业、印刷业、期刊、杂志、报纸、文学、图书馆、视听、电影、摄影、家庭视频、表音文字、唱片、电台)、其他类(视觉和表现艺术、音乐会和表演、博物馆和画廊、剧院、乐团、电视、舞蹈、歌剧、工艺、设计、时尚、文化旅游、建筑、美食、典型产品、生态旅游、体育)和新文化产品(新多媒体、广告、软件、视频游戏、媒体支持产业)。有中国学者从文化内涵的角度把文化产品和服务分为核心层、外围层和相关层。

表4　　　　　　　　文化产品和贸易的分类

核心层	新闻服务	期刊、报纸等
	出版发行和版权服务	图书、电子出版物等
	广播电视电影服务	电影、电视剧等
	文化艺术服务	文艺演出、艺术品出口

续表

外围层	网络文化服务	网络游戏等
	文化休闲娱乐服务	文化展览等
	其他文化服务	设计、广告等
相关层	文化用品、设备及相关文化产品的生产和销售	玩具、游戏或运动用品及其零附件、乐器及其零件、附件，印象设备及其零附件、LED 设备，干冰、灯光设备及附件，等等

资料来源：向勇：《中国对外文化贸易的发展与特点》，载张晓明编《中国文化产业发展报告（2012—2013）》，社会科学文献出版社 2013 年版，第 89 页。

面对如此众多的文化行业、产品，确定中拉文化产业合作的优先选项应基于以下几个原则：第一，文化软实力内涵较丰富的核心文化产品；第二，经济与文化结合最为紧张的行业和产品；第三，中拉双方都具有竞争性的行业和产品。基于这三项原则，中拉双方通过双边或多边对话和磋商确定优先选项。随后，中拉政府给予推动，依据市场进行运作。

根据上述合作原则及中拉双方的诉求，影视文化、旅游业、出版业应成为中拉文化产业合作的优先选项。2017 年 2 月 22 日，巴西文化部行政秘书若昂·巴蒂斯塔·安德拉德（João Batista de Andrade）与中国文化部副部长杨至今会谈时提出，希望双方在文化经济、文学、音像等方面进行更多的交流。

旅游业是颇具活力的经济部门。国际旅游者人数逐步增加。对经济的拉动作用明显。2016 年旅行和旅游业给世界带来 7.6 万亿元收入，占世界 GDP 的 10.2%；创造了 2.92 亿个就业机会，占世界就业人数的 1/10；占全球出口的 6.6%，全球服务业出口的 30%[①]。其中，对拉美和加勒比国家 GDP 的直接贡献为 1389 亿美元，总贡献为 3746 亿美元。对 GDP 的贡献率为：拉美国家为 3.2%，加勒比国家为 4.7%，为世界最高。阿根廷旅游部长桑托斯（Gustavo Santos）在采访时说，"旅游业对阿根廷的经济发展至关重要，产生直接和间接的就业"，是阿根廷新的"品牌"，目标是在 2019 年年底前吸引 900 万国际游客到阿根廷。每年吸引 95000 名

---

① "Travel & Tourism Economic Impact 2017: Latin America", https://www.wttc.org/-/media/files/reports/economic-impact-research/regions-2017/latinamerica2017.pdf, 2017 年 6 月 1 日下载。

新游客，创造7000万美元和约8000个新工作岗位，使"阿根廷成为一个非常有吸引力的旅游品牌"①。多米尼加2016年接待了600万旅游者，目标是在2020年达到1000万②。

中拉双方都为推动旅游合作采取了许多便利化措施。一是签署旅游合作协议。古巴是第一个被中国政府认定为旅游目的地的拉美国家。随后，先后有牙买加、巴西、墨西哥、秘鲁、巴巴多斯、安提瓜和巴布达（2005年）、巴哈马和格拉纳达（2006年）、阿根廷和委内瑞拉（2007年）、厄瓜多尔和多米尼克（2009年）和哥伦比亚（2012年）被认定为中国旅游目的地国家。二是直航。中国与墨西哥、巴西和古巴先后实现了直航。三是签证便利化。如2017年5月，马克里总统访问中国时，给予中国公民10年多次入境签证。一些对发展中拉旅游业合作有强烈诉求的拉美国家，采取单方面措施，放宽对中国游客的签证。此外，很多国家改善服务质量，吸引中国游客。墨西哥旅游部长（Francisco Maass Pena）在2016年2月接受采访时表示，墨西哥将开展"Close to China"项目，让旅行社、旅馆、饭店等旅游服务机构改进服务质量。③

---

① Shellie Karabell, "Argentina's Future: Malbec, Macri, And Moet Henessy", https://www.forbes.com/sites/shelliekarabell/2017/05/21/argentinas-future-malbec-macri-and-moet-henessy/#65ecc30f29c2, May 21, 2017.

② "Dominican Republic, Kazakhstan Sign Tourism Cooperation Agreement", http://laht.com/article.asp?ArticleId=2438008&CategoryId=14092, June 9, 2017.

③ Edna Alcantara, Mao Pengfei, "Interview: Mexico strives to attract more Chinese tourists", Xinhua, 2016-02-23, http://news.xinhuanet.com/english/2016-02/23/c_135123227.htm.

对拉整体合作的合理路径：有效对接现有多边和双边合作机制

牛海彬[*]

【内容提要】 中国—拉共体论坛（中拉论坛）的成立被普遍视为中拉关系迈入整体合作新时期的重要标志。大体上，中拉整体合作意味着合作领域的全面性、合作对象的区域整体性以及合作水平的战略性与高度协调性。然而，与中拉整体合作的上述高水平预期相比，无论是中拉论坛还是其他次区域对话机制乃至双边合作机制都有待进一步发展完善，才能适应中拉整体合作规划的高标准。鉴于拉美和加勒比地区的多样性、主要地区性大国在发展模式和执政理念上差异性的增大、次区域合作机制发展的参差不齐以及主要国家财政能力下降等现实困境，中拉合作的路径在强调双边关系与整体合作相互促进的同时，中方在理念、机制和资金等多方面需提供更为有效的公共产品供给，加强对中拉整体合作的宏观引领与市场激励，建立起以发展战略对接、市场与社会参与、利益与风险共担为主要内涵的整体合作格局。

【关键词】 中国；拉美；整体合作；路径；双边；多边

进入新世纪以来，拉美成为中国全球外交特别是对发展中地区外交成长最为迅速的板块。2014 年，中拉论坛宣布建立标志着中国对发展中地

---

[*] 牛海彬，法学博士，上海国际问题研究院美洲研究中心副主任，国际战略研究所所长助理，副研究员。

区整体合作外交布局的完成。2016年，中国政府发布第二份《中国对拉美和加勒比政策文件》，明确了中拉关系进入整体合作的新阶段。对于如何推进新阶段中拉整体合作，中方的战略与政策突出了提升伙伴关系、注重共同发展、明确优先领域、培育全面关系和重视机制建设等特色。这些颇具特色的政策和战略展现出中国对拉美地区了解的不断加深以及试图引领中拉未来合作的战略抱负，是一份具有战略意义的路线图。

值得注意的是，中拉整体合作是经济全球化进程中的阶段性产物，也是中拉双方战略合作与辛勤培育的结晶，其未来发展离不开经济全球化的持续推进和双方致力于共同发展的战略共识的不断巩固。当前，中拉整体合作的环境和条件都发生了很大的变化，拉美国家在维系发展对华更紧密关系的共识之余，也在努力在地区层面上对中国新时期对拉美政策作出战略回应，经济全球化也进入新一轮的调整，拉美国家在发展道路上、在迷失中努力探寻新路，中国国内经济进入新常态、对外经济战略围绕"一带一路"倡议也在进行深刻调整，如何在经济全球化迂回调整与中拉都在进行结构性转型的历史进程中推进中拉整体合作成为学术界关心的重要议题。

一 中国全球外交视野下的中拉整体合作

根据2016年《中国对拉美和加勒比政策文件》的表述，在中国的全球外交布局中，拉美国家的定位是新兴经济体和发展中国家的重要组成部分，是维护世界和平与发展的重要力量，是国际格局中不断崛起的一支重要力量。[1] 中国主管拉美事务的官员在2015年中拉论坛首届部长级会议后，指出本次会议标志着中国与发展中国家整体合作机制实现了全覆盖，显示了拉美和加勒比地区在中国外交格局中的重要地位。[2] 中国学者也认为中拉整体合作的成功源于中拉双方高度认同在当前国际体系深刻调整的背景下，深化南南合作有助于增强自身实力和自主发展能力，为后国际金

---

[1] 新华网：《中国对拉美和加勒比政策文件》，2016年11月24日，http://news.xinhuanet.com/world/2016-11/24/c_1119980472.htm。[2017-06-02]

[2] 祝青桥：《中拉整体合作扬帆启程》，《人民日报》2016年1月29日第3版。

融危机时期的世界经济注入新的动力。①由此可见，拉美是中国构建全球外交和完善外交格局的重要组成部分，是南南合作和国际秩序转型的重要力量。

中拉整体合作的上述定位与中国对新兴经济体和发展中地区的外交思路有较高的一致性，是对党的十八大以来中国外交新思想的落实与深化，也是对中国此前与其他地区整体合作实践的继承与发展。有学者指出，中非整体合作的成功先例激发了中国和拉美开展类似合作的兴趣和意愿，中方提出了成立中拉论坛的倡议；而对拉美来说，中拉整体合作有利于其搭乘中国经济发展的"快车"，也有利于在地缘政治博弈中拓展战略回旋余地，是其实现持续稳定发展的一种理想的选择。②中方借助中拉整体合作提升中拉关系，将中拉论坛培育成深化中拉全面合作伙伴关系的重要平台，完善对新兴市场与发展中地区外交布局的战略意图非常明显。

鉴于上述战略意图，中拉整体合作表现出全方位、注重机制和培育社会基础等特色，涉及政治互信、对话机制、利益交融、中拉友好以及共同发展等多个方面。在机制设计上，除加强原有的双边战略伙伴关系和中拉农业部长论坛、中拉企业家高峰会、中拉智库论坛、中拉青年政治家论坛等原有论坛之外，中方设立中国政府拉美事务特别代表以便与拉方保持沟通协调，新设立基础设施、科技创新和政党交流等论坛，加强与联合国拉美经委会和拉美开发银行等多边机构合作。在战略规划上，中拉论坛首届部长级会议通过中拉合作五年规划和中方350亿美元对拉融资安排，升级和拓展中拉在双边层面上的自贸安排，加大向拉美农产品开放国内市场力度，加强人民币结算等金融和投资合作，探讨区域型基础设施的可行性研究，加强发展战略规划的协调与对接。在中拉友好上，提出建立中拉文明对话机制等新倡议和中拉文化交流年等机制，加强对中拉青年科学家和学生交流的支持力度，增加中拉直航线路以及签证便利化安排等。

---

① 吴白乙：《中拉整体合作的成功之源》，人民网，2015年1月11日，http://world.people.com.cn/n/2015/0111/c1002-26361992.html。[2017-5-1]

② 参阅王友明《构建中拉整体合作机制：机遇、挑战及思路》，《国际问题研究》2014年第3期，第105—117页。

二 中拉整体合作内外环境的变化与延续

正如一些研究成果指出的，中拉整体合作酝酿与启动阶段的内外环境较为优越。这些有利的环境条件包括拉共体作为涵盖33个国家的区域组织的创立、中非整体合作的成功经验、中拉关系的快速提升以及拉美左翼政权的崛起。[①] 此外，在中拉整体合作的酝酿阶段，虽然世界正在经受2008年后金融危机的冲击，但经济全球化、自由贸易和开放发展仍然是世界的主要共识；美拉关系因美国放弃"门罗主义"和美古关系正常化而整体上处于缓和进程，拉美对外部伙伴的吸引力较大；中国因素因拉美国家较为平稳地应对了2008年金融危机而受到肯定。总之，中拉整体合作在这种较为有利的内外环境中得以顺利启动。

近年来，中拉整体合作的上述环境虽然总的积极趋势保持了延续的势头，但内外环境还是出现了不小的变化，这对新阶段加强中拉整体合作提出了新的机遇和挑战。比如，随着中拉经贸关系的深化以及拉美当前遭遇的增长困难，拉美国家日益关注如何受益于中国的经济成长，特别是改变主要依靠原材料出口产业格局，进而构建中拉可持续的发展伙伴关系成为拉美国家发展对华关系的普遍期待。可以说，一些新的发展对华整体合作的思考和共识正逐渐在拉美地区出现，一些大的环境变化也要求在中拉整体合作进程中予以回应。

变化之一是世界经济环境发生以部分发达经济体奉行"逆全球化"和经济民族主义理念的重大消极变化。新世纪以来中拉经济关系的快速发展是在经济全球化和自由贸易享有全球共识的环境下取得的。今天这种全球共识在英国脱欧、美国出现反对既往多边自由贸易体系和追求公平贸易为导向的新政府的情况下遭遇深刻挑战，反对贸易保护主义在20国集团内部因美国的反对而难以达成共识。美国市场的开放度和对经济全球化的立场成为中国与拉美共同关注的内容，中拉寻求发展可持续关系的国际环境在一定程度上有所恶化。中美拉围绕美国新政府退出跨太平洋伙伴关系

---

① 参阅吴白乙《中拉整体合作的成功之源》，人民网，2015年1月11日；王友明《构建中拉整体合作机制：机遇、挑战及思路》，《国际问题研究》2014年第3期，第105—117页。

协定（TPP）后的微妙互动、中拉对于中方"一带一路"倡议的互动都反映了中拉双方对新时期国际经济环境的关注与塑造意愿。

变化之二是讨论整体合作中中拉经济关系可持续性所处的增长周期发生了变化，外部经济环境变差，内部需要寻求新的增长动力。以巴西罗塞夫政府时期为代表，拉方最初提出超越互补性和去工业化关注之时，中国与拉美的经济合作正处在世界经济景气、原材料价格超级周期的蜜月状态。新阶段讨论中拉经济关系可持续性合作的背景发生了很大变化，中国经济进入新常态和结构转型，拉美经济由于依赖原材料出口的巴西、阿根廷和委内瑞拉等南美大国表现欠佳而出现区域性衰退。中拉双方都在寻求通过艰难的国内改革和结构性调整来寻求更稳健和可持续的增长道路，中拉经济合作的议程和导向也受到国内改革进程和产业优先政策的影响。

变化之三是中拉经济关系的结构发生了积极的变化。中拉整体合作酝酿之初，中拉经济关系的成绩主要体现在贸易领域的单向度快速增长，引发的"去工业化"担忧主要体现在拉美国家对中拉经贸关系某种程度上"南北关系"色彩的关注，即原材料换制成品。实际上，当时中拉经济交往层次整体上更具有南南关系色彩，因为无论中国的制成品还是拉美的原材料，其附加值受制于科技含量和廉价人力因而都极为有限。现阶段的中拉经济关系结构更多基于中方的优势产能，实现了贸易、投资和金融多引擎驱动，而且投资的重要性有超越贸易的迹象，经济交往开始较多体现出资本、技术和管理的较深层次的互动，这更有利于中拉经济关系可持续性的培育。

变化之四是中拉整体合作的区域政治环境发生了变化。新世纪以来，尽管中国与拉美的建交国都保持了关系的稳步推进，但中拉全面合作在双边层面最显著的进步，主要体现在中国与中左翼执政的拉美国家的关系之上。拉美左翼政权在对外关系中优先推进地区一体化和南南合作进程，这为中拉整体合作的成功启动起到了历史性的推动作用。当前，拉美的政治环境出现了很大的变化，更加关注社会福利、地区整合和南南合作的中左翼执政力量逐渐让位于更关注如何实现增长和修复与美欧关系的中右翼执政力量。这种政治环境的变化促使市场、社会主体和国际竞争在中拉经济关系中扮演更大的角色，促使中拉整体合作的路径进行相应的调适。

三 中拉整体合作面临三重挑战

拉方期待借助中拉经济合作的提质升级,力促中国在拉美经济多元化和可持续发展中发挥更大作用。拉方积极肯定中国"1+3+6"的经济合作框架和目标,期盼该战略能够得到良好实施。除对华贸易赤字、中方对拉投资不足之外,拉方认为双方贸易关系到了更多出口高附加值产品的阶段,期待与中国加强经济信息分享和发展战略规划上的合作,帮助拉美改变其"过度依赖资源出口"的单一经济结构。拉方尤其期待中国在基础设施、工业化、环境保护和灾害应对上提供帮助。拉方也普遍关注其如何从中国的"一带一路"战略中受益。

拉方期望构建更全面均衡的中拉关系,因此与中国交流治国理政经验、加强文化交往成为拉美新的对华战略需求。拉方精英对中国的治国理政与发展经验有着浓厚兴趣,这有望成为超越左右的地区性需求。中拉均面临突破"中等收入陷阱"、实现可持续发展的任务,中国的长期规划能力、利用外资经验、平衡国家与市场关系、培育创新能力、渐进式改革等都是拉美国家感兴趣的方面。此外,拉方对于加强中拉文化交往抱有强烈意愿,包括媒体、智库、教育领域的深度交流与合作。

拉方对中拉双边与整体合作并举的战略效应的看法存在矛盾,担忧中国的战略规划与执行能力会伤及拉美一体化进程。一方面担忧中国过于强调双边关系,造成拉美国家在对华关系上各自为政和对华依赖程度加深,导致拉美难以形成对华整体战略和降低一体化市场的影响力。另一方面认为中拉论坛有利于拉美国家推进地区合作与协调酝酿对华整体战略的共识。这两种观点的差异显示出中拉关系深度发展后呈现出的复杂性,显现了中拉加强战略对话、构筑战略认知和信任的重要性,要求中国更好地平衡双边和整体两条合作路径。

四 变局之下中拉整体合作的路径思考

首先,构建可持续性的经济关系应是推进整体合作路径的核心原则,中拉整体合作的特色正是在于其南南合作的定位与谋求共同发展的追求。在上述变局之下，中方发表的第二份对拉政策文件广受关注，中拉如何在新的发展阶段将整体合作建立在更具可持续性的基础上成为重要的命题。经济合作与发展组织（OECD）、联合国拉美经委会和拉美发展银行已经连续两年发布报告研究中拉经济关系的走向，世界银行也在研究拉美如何受益于新兴经济体的成长。① 在中国迈入中等收入水平阶段之后，中拉在各自发展阶段上更为接近，都面临如何平衡内需与外需、消费与投资、增长与分配等关系，如何走出中等收入阶段、迈入高收入国家的类似挑战，双方互学互鉴和共同发展的空间更大。这也是近年来中国提出知识合作、加强治国理政、发展经验交流的重要原因。

综观第二份对拉政策文件，经贸领域着墨最多、规划最为细致和深入。可见，在中拉关系更为注重全面和整体合作的新时期，经贸合作仍将维持其优先性。中拉均面临着结构性改革、应对贸易保护主义升温的内外挑战，需要创新思路予以应对，中国第二份对拉政策文件的出台恰逢其时。针对拉美国家关切的中拉贸易结构存在工业制成品换原材料、中国对拉投资集中在少数国家以及侧重能源矿产等问题，新的政策文件强调互利合作与共同发展，推动中拉经贸合作加快提质升级。在经贸合作领域，新政策文件明确了包括贸易、产业投资及产能合作、金融、能源矿产、基础设施、制造业、农业、科技创新、航天、海洋、海关质检、贸易投资促进和经济技术援助等13个重点，并提出各自的配套政策。

新政策文件的经贸合作议程具有下述鲜明特点。第一，该议程颇具综合性与广泛性，显示出新时期中拉经济关系的全面性。在传统的贸易之外，投资和金融作为新的引擎将在未来的中拉经济关系中扮演更为重要的角色。第二，该议程富含许多新的经济合作理念，显示出新时期中拉经济关系的前瞻性。比如，在贸易上注重平衡发展与结构多元化；注重提升拉美国家自主发展能力；坚持企业主导、市场运作、义利并举、合作共赢原则；注重科技创新的联合研发；注重生态环境保护等。第三，该议程包含诸多政策工具和制度安排，显示出新时期中拉经济关系的创新性。政府与

---

① OECD, UN, CAF, *Latin American Economic Outlook* 2016: *Towards a New Partnership with China*, 2015, http://www.oecd.org/dev/Overview_%20LEO2016_Chinese.pdf.［2017 - 05 - 06］

社会资本合作（PPP）模式、强化服务贸易和电子商务、商讨贸易便利化安排以及经济技术援助注重发展规划和经济政策咨询等软性环境建设，从而为中拉经济关系发展提供更好保障。在经济合作上更强调市场行为体的主体作用，特别是最新关于"一带一路"倡议的实现途径更强调风险和利益的共享，而不是单边的援助，这也会体现在中拉整体合作的未来发展上。比如，最近启动的中巴产能合作基金就是中巴按照3∶1比例出资、共同决策的机制，这样不仅可以撬动更多资金，而且将收益与风险绑定有利于培育利益攸关方的合作精神。

其次，发挥以中拉论坛为代表的多边平台的理念、机制与政策引领作用，塑造双边层面合作对象国的国内治理进程和优化投资环境。创立中拉论坛的本意在于管理和引导日趋复杂、庞大的中拉合作议程，减少交易成本和增加交往行为中的可预期性，而中方在传统的双边议程中并不习惯进行干涉他国的内政与政策，这就赋予了多边平台重要的构筑共识、协调理念与政策的功能。与美洲国家组织、欧盟与南共市正在谈判的自贸协定相比，中拉论坛在机制化程度上还处于起步阶段，国家间关系主要还是通过平等协商和构筑共识来处理，而不是依据一定的组织原则或特定理念来处理彼此关系。中拉论坛这种灵活性部分来源于中拉对合作经验还没有上升到理论、政策或机制的程度，但也为讨论具体挑战的应对方案提供了足够的协商空间。

学术界在分析多边主义与双边主义的区别时，并不否认各种双边主义累加后对三个国家以上关系的协调作用，但多边主义的核心是一种在广义的行动原则基础上协调三个或者更多国家之间关系的制度形式，即这些原则是规定哪些行动是合适的，并不考虑在任何特定事件下各方特殊的利益或者战略紧急情况。[①] 美洲国家组织在政治上具备这种多边主义的特征，最近委内瑞拉马杜罗政府试图退出该组织正是迫于该组织的政治干涉压力。美国在尝试构建美洲自由贸易区这样一个带有多边主义性质的制度安排时失败了，原因是巴西、委内瑞拉等南美大国出于经济主权的担忧予以拒绝。值得注意的是，虽然中拉论坛是一个多边舞台，但它远远没有发展到上述机制奉行的多边主义的程度，它主要奉行平等相待和协商议事的精

---

① 约翰·鲁杰：《对作为制度的多边主义的剖析》，载约翰·鲁杰主编，苏长和等译《多边主义》，浙江人民出版社2003年版，第12页。

神，作为一个持续存在的论坛可以供不同成员国的代表在此会商，并有可能拟定一套行动原则和解决问题的规则与程序，促进有希望的合作行为发生。

中拉论坛从形式上看，更符合国际社会中"走向制度的运动"的趋势，即多边论坛开始越来越多地出现在议题背景和国际会议上，促进国际会议外交的进行；多边外交凭借其本身的权利或能力包含了程序性的规范含义，从而在有些情况下获得其他手段所不具有的合法性支持。[①] 中拉论坛作为一个多边场合或机制性安排显然要奉行一定的原则处理论坛成员间关系或者行为准则。比如，在中拉论坛框架下的拟议项目应符合以下原则：适合双方同意的重点领域；有助于区域一体化和可持续合作；项目设计上对中国和拉共体成员国产生"乘积效应"；可推广至其他有意参与的拉共体成员国以及充分利用拉共体成员国的生产能力。这些在项目上的原则具有很高的规范性，对于中拉在双边或者区域项目上的合作具有指导价值，通过提供信息和提升行为预期达到降低交易成本的目的。

再次，鉴于拉共体偏重政治和行动力较弱、次地区机制林立缺乏整合以及地区国家意识形态和发展道路缺乏共识的情况，在保持中拉论坛为代表的多边路径之余，要发挥好中方的自主贡献与双边战略伙伴关系的引领作用。拉共体的成立与新世纪以来拉美左翼政权在拉美大国的崛起息息相关，注重社会公平和南南合作的拉美新一代领导人增强了联合自强的意识，拉共体应运而生。而今，由于拉美地区近年来陷入经济衰退的窘境，南美的主要大国中间偏右力量重新执掌政权，更具政治意义的拉共体面临重聚领导动能的考验。考察当今世界主要的区域性组织，少数国家的领导与贡献至关重要。巴西与阿根廷在新政府的领导下更加注重内部改革和吸引国际投资与金融的议程，其主要的跨国公司也在收缩地区业务转而聚焦国内，巴西更是显著减少了其在亚投行的认缴股份额度，南共市与太平洋联盟出现竞争与合流并存的态势，拉共体因缺少实质性的财政支持和公共物品供给处于边缘化的位置。因意识形态和治国理念的分歧，委内瑞拉在南共市的成员国资格迟迟得不到巴西国会的批准，而且委内瑞拉马杜罗政府与阿根廷、巴西和秘鲁的新政府也出现了矛盾，这些大国之间的分歧可

[①] 约翰·鲁杰：《对作为制度的多边主义的剖析》，载约翰·鲁杰主编，苏长和等译《多边主义》，浙江人民出版社2003年版，第26页。

能会对拉共体的团结产生消极影响。

在上述情势下，中拉论坛框架下中国设立的诸多融资计划显得尤为重要，加上无论左右翼执政，拉美国家在发展对华关系上都抱有共识，中拉论坛反而成为拉共体维系自身影响力的重要支撑因素。展望未来，中拉论坛将在很大程度上依赖于中国的自主贡献以及中国在拉美的战略伙伴国的引领。中拉论坛首届部长级会议的影响力与中国贡献的诸多融资安排不无关系。第二届中拉论坛部长级会议将在智利举行，而智利是中国在拉美的主要贸易伙伴，也是在自由贸易和战略伙伴等多方面开拓对华关系的先行者。可以预见，中国及其在拉美的战略伙伴将是推动中拉论坛走向深入的关键力量。在这个意义上，中国的"一带一路"倡议向拉美地区开放既顺应了拉美国家加入该倡议的愿望，也有助于增进中国在推动中拉整体合作中的自主贡献。

本着整体合作与双边合作相互促进的精神，中方要主动用好双边战略伙伴的引领作用，通过双边层面的早期收获和示范效应推动整体合作走向深入。尽管中方在追求中拉全面合作伙伴关系中不以国家大小、意识形态画线，但战略伙伴不同于一般性的伙伴关系，而是超出双边范畴，更具地区影响和全球意涵。目前，中国在拉美的战略伙伴有九个，其中有七个全面战略伙伴关系。这些战略伙伴多是拉美地区或次地区有影响力的国家，在塑造地区议程和中拉论坛中发挥着中坚力量的作用，可以减少许多国际集体行动问题。中国与巴西、秘鲁、智利等国的双边战略伙伴关系近年来发展较好，不仅形成了较为全面和长期的规划，而且在国内投资环境塑造和发展战略对接上进展较好。中国与智利、秘鲁关于自贸协定升级的谈判也将对未来中国与拉美国家的新的类似协定产生示范效应。在巴西国内财政状况紧张的情况下，中巴扩大产能合作基金也于2017年5月底顺利启动，反映了巴西各界发展对华关系的战略共识。中国在用好这些战略伙伴关系的同时，还需要在拉美开拓新的战略伙伴，例如国内和平进程取得巨大进展的哥伦比亚。

又次，推动中拉整体合作的有效路径须包含政治与社会两个轨道的推进，做到发展中拉关系享有政治与社会共识，倡导中拉互为发展机遇论，防止义利不能兼顾的消极情形出现。在政治层面处理好与不同政治理念的政权的关系、协调好中国与拉共体和其他次级区域组织的关系，在社会层面加强与区域性的拉美经委会、拉美发展银行以及拉美智库、媒体的关系。中拉双方需要加强政策沟通与协调，为市场主体提供更好参与的制度与环境。

在近年来拉美政治出现右转的迹象后，一度引发中拉关系良好发展局面将会受损的担忧。事实上，有过丰富的在美国工作经历的秘鲁总统库琴斯基当选后，选择中国而不是美国作为首访目的地。特梅尔政府在巴西推动了包括开放石油业、重要基础设施给外国投资者的一系列举措，包括该政府正在推动的劳工法等改革措施都有利于提升巴西的投资吸引力，有可能为包括中国在内的外国投资者创造了更大的投资巴西的战略空间。中巴两国很快解决了2017年3月的劣质牛肉危机，为此特梅尔总统还单独发表声明致谢中国。在阿根廷重返国际金融市场后，马克里政府仍然视发展对华关系为优先选项，在2017年5月赴华出席"一带一路"国际合作高峰论坛和对华国事访问。中国与拉美新政权的整体合作能够维持动能，根本原因在于拉美国家有着左右翼政治力量生存的土壤，而无论左右翼力量执政中国都是可以信赖的发展伙伴，中国也对拉美国家民众和政治家选择的发展道路表示尊重。

当前，在维护好中拉论坛框架下整体合作的同时，也要密切关注次区域组织之间互动趋势，做好与加勒比共同体、南方共同市场与太平洋联盟的有效沟通，与拉美经委会、拉美发展银行和南美国家联盟等服务拉美发展的专门性国际机构发展好合作关系，避免中拉整体合作的前景完全依赖拉共体而产生脆弱性。次区域组织相对规模较小，凝聚力较强，容易与外部伙伴发展出实质性的合作成果。欧盟与拉美在保持峰会之余，目前最主要的议程是欧盟与南共市的自贸协定谈判。中国可以借鉴这种模式，发挥好整体合作在理念沟通、政策协调和资源互通上优势的同时，着力与次区域组织发展包括区域性自贸协定在内的更为机制化的合作。拉美经委会等专门性的国际机制具有丰富的知识与人才储备，是中拉整体合作中可资利用的重要外脑。"两洋铁路"等区域性的基础设施项目的推动也可借助南美国家联盟等地区机制的协调与规划能力。

中拉整体合作中近年来被学术界相对忽视的是在社会层面的互动。与大幅依赖美欧文献研究拉美的阶段相比，近年来中拉学术界的直接互动在参与者的范围、讨论议题的广度以及机制化的程度都是史无前例的。这种社会层面的互动不同于孔子学院等文化语言培训交流机构，也不同于互派留学生的交流，而是中拉双方的智库与研究机构就影响中拉整体合作中的深层次问题的理论与实证研究的深入开展，进而影响到中拉双方的政策制定。除已经召开了三届的中拉智库论坛之外，中拉双方的智库有更多的机会深入对方社会开展实地调查或开展联合研究，这为中拉整体合作提供了制度与资源之外的智力支撑，是开展发展战略对接和开拓合作新机遇的重要社会基础。正是有了越来越多当局者的观察与思考，中拉互为发展机遇的论点才能够真正在双方的媒体和公共舆论上体现出来。

整体合作与全面合作息息相关，经贸合作离不开政治与社会的支撑。政治领域中拉进一步加强在发展领域的经验交流，中方将设立国际发展知识中心，中拉政府间对话与合作机制包含经贸混委会的设置，这有利于双方在更了解彼此的商业文化和发展理念的情景下开展经贸合作。社会领域加强社会治理、社会发展、环保气变与减灾、减贫与卫生等方面的合作，这有利于拉美改进中企较为担忧的社会治安因素，同时降低环保、灾害和疫情对经济活动的消极影响。人文领域注重教育与人力资源培训、媒体交流和旅游合作，特别是探讨更多直航与消费者保护等政策，这些举措有助于为企业活动提供符合要求的人力资源和互联互通支持。

最后，坚持从世界历史性变革、优化全球治理和加强新兴经济体合作的视野出发推动中拉整体合作，协调统筹利用好中拉论坛之外的多边机制性安排。值得注意的是，中国第二份对拉政策文件是从当今世界历史性变革的高度看待中拉关系。文件特别强调了多极化和全球化深入发展、新兴市场国家和发展中国家崛起的时代背景，视拉美和加勒比整体为国际格局中不断崛起的一支重要力量。因此，中拉整体合作需要从国际体系转型和优化全球治理的角度予以审视，并从以下方面作出回应。

强调中拉参与全球经济治理的重要性，包括G20、金砖合作机制和亚洲基础设施投资银行（亚投行）等国际经济金融组织和机制中的协调配合，推动APEC和亚太区域经济一体化，增加拉美新兴市场国家在全球经济治理机制中的代表性，推动覆盖拉美的全球金融安全网建设等。2017年5月，包括智利总统巴切莱特和阿根廷总统马克里在内，共计约20位拉美部长级以上代表出席"一带一路"论坛。亚投行也吸收了巴西、智利和玻利维亚等五名拉美成员。在未来推进亚太自贸区的进程中，可能有更多的拉美太平洋沿岸国家有望与中国一道参与其中。

把落实2030年可持续发展议程作为中拉整体合作的重要内容，中方表达了为拉美推进落实2030年可持续发展议程提供支持与帮助的意愿。

中拉经贸关系的可持续发展也需要从区域和全球经济治理的高度予以引导和保障。中拉经济关系重点发展的六个优先领域是更具可持续性的领域，但也是国际可持续发展合作最难以实现的领域，比如周期较长、环保压力和盈利压力较大的基础设施领域；创新合作虽然经由政府提供的奖学金项目和合作性研究项目能够得到部分推动，但如何实现涉及企业研发投入与回报的技术转移等则需要更为细致的政策安排和市场主体的理解与参与。在这方面，中拉整体合作需要借鉴拉美经委会、拉美发展银行和经济合作与发展组织的推广经验与专门知识。

中拉整体合作是一个开放的过程，中方愿在尊重拉美国家意愿的基础上同域外国家、国际组织和相关方开展三方合作。中国可继续发挥好中国拉美事务磋商机制，保持中国对拉美政策的透明度，可以起到帮助相关国家战略释疑的作用。中方坚持中拉经济关系的发展并不排斥第三方，实际上中方企业已经在开发拉美市场上与国际同行和拉美当地企业构建了较好的伙伴关系，中方愿与相关方共同致力于改善拉美的营商环境和治理品质，这符合各方的利益。对于北美自由贸易区以及可能达成的欧盟—南共市自贸协定，如果能够从更加广阔的视角来看待，这些都是有利于中拉整体合作的机制。比如，有学者在分析中颇有见地地指出，北美自由贸易区由于特朗普政府坚持重新谈判带来了不确定性，这种不确定性不仅冲击墨西哥对美出口和影响其吸引外国投资，而且会对中墨双边经贸关系的发展产生消极影响。[①]与欧美市场更紧密的联系不仅有利于拉美更好地融入世界经济价值链中去，而且有助于吸引中国投资者进入拉美以服务于更加广阔的全球市场，特别是考虑到拉美的劳动力价格已经低于中国的情况时更是如此。

五 结语

自2008年中国对拉政策白皮书发表以来，特别是在以习近平同志为核心的新一届领导集体的关怀下，以中拉论坛成立为标志，中拉整体合作

---

① 刘学东：《北美自贸区前景与中墨双边经贸关系展望》，《拉丁美洲研究》2017年第2期，第46—59页。

取得重大进展。当前,受世界经济环境和国内经济脆弱性、治理不善的影响,拉美多国出现左降右升、探寻新路的政治局面,但加强对华关系仍然是超越左右和朝野的战略共识,拉美政坛新老力量颇为关切如何从对华整体合作中受益。拉美期望中国分享发展理念、经验与机遇,助推其经济多元化,实现中拉关系更加全面均衡发展。

中拉整体合作已经呈现出以合作共赢为导向、以地缘经济联系为纽带、以地区多边机制为平台的新格局。与此同时,拉美地区在经济发展和文化上的多样性比较突出,地区性基础设施和价值链融合较差,地区国家的政治与社会环境存在一些因转型产生的不稳定性,中国推动中拉整体合作的战略设计宜更加着眼未来和巩固社会基础。

拓宽和增强双方在治国理政、发展经验和战略规划等方面的交流与协作。中拉可借助高层交往、政党交流、战略对话和智库论坛等机制性管道,建设互学互鉴战略伙伴,达到提升拉美对中国发展模式认可度、塑造拉美投资环境和维护中国在拉美利益的战略效应。此外,中方可加强与中青年一代拉美政治家、地方政府层面的合作,鼓励相关部委和智库与拉方对接,就国家发展规划和中拉合作议程开展政策磋商。

全方位加强人文交流,鼓励传统文明的现代对话,抓好人文领域的"基础设施"建设。除传统的文化交流项目之外,中方可在中拉论坛设立专项资金和制定交流机制,培育智库战略伙伴,鼓励实地调研和联合研究,加大拉美理工科留学生奖学金名额,强化教育和媒体合作。增加中国文化典籍、当代文学精品和中国发展研究成果的拉美市场供给,培育电影、餐饮、体育、大众文化产品、旅游等新合作点。

将中拉整体与双边的合作议程相互嵌入,避免相互割裂,力争双边与整体合作并行不悖。鉴于拉共体偏重政治议程,在中拉论坛框架下中国可重点推动与南美国家联盟、太平洋联盟、拉美经委会等机制的经济合作议程,特别是在地区性基础设施建设等方面取得合作。在双边层面,选择中秘、中乌、中巴等几对战略伙伴作为样板,引领和推动中拉整体合作。

重视环境、科技和人文在下阶段中拉整体合作中的引领作用,提升中拉经济合作的社会效益,加强在2030年议程和环境保护领域的合作力度。中拉需要善用双方新发展理念的相似性,构建创新和可持续发展方面的伙伴关系。针对智利、秘鲁等国提出保护生态系统和文化多样性的关注,中国可以表达在南极科考和亚马孙雨林保护上的合作意愿，加强相关政策性银行对企业在拉美绿色投资的引导，利用中国在太空和信息领域的技术优势，加强中拉防疫减灾合作，把保护和开发生态系统培育成新的合作点，彰显中拉重视人类福祉的共同价值观。

进入"构建发展"阶段的中拉关系

赵重阳 谌园庭*

【内容提要】 在经历了自发发展、自主发展两个阶段之后,当前中拉关系已经进入一个"构建发展"的新阶段。中国是双方关系"构建发展"的主要推动力量。"构建发展"关系的内涵包括以规划未来中拉关系新格局、打造中拉命运共同体为战略目标,以构建新的中拉合作框架和模式为战略路径,以协商共赢、不针对第三方为合作原则。进入"构建发展"阶段的中拉关系在政治、经济、人文交流和多边合作等领域取得了显著的成效。但由于国际形势的不确定性,中国经济转型具有复杂性且拉美转型道路艰难,中拉合作仍面临诸多挑战。中国与拉美要顺利推动转型时代的战略关系,有几对主要矛盾需要解决:其一是合作机制的逐步完善与预期成果之间的差距;其二是中国持续的战略投入与拉美国家承接能力之间的矛盾;其三是双方对发展关系的迫切需要与相互认知的显著欠缺。双方不仅要从战略高度对中拉关系未来的发展理念、发展方向和合作路径进行构建和规划,还需构建和塑造同属中拉人民的价值观和认知理念。

【关键词】 中拉关系;构建发展;命运共同体;新阶段

---

* 赵重阳,中国社会科学院拉丁美洲研究所助理研究员;谌园庭,法学博士,中国社会科学院拉丁美洲研究所副研究员。本文是国家社会科学基金2015年重大项目(第一批)"中拉关系与对拉战略研究"(项目编号:ZDA067)的阶段性成果。

2015年以来,"新阶段论"成为国内外研究中拉关系的一个新的、重要的视角。有中国学者认为,2014年7月习近平主席访问拉美四国,标志着中拉关系进入"全面发展新阶段"。因为,此次访问不是一般意义上的首脑外交,而是带有中国对拉美政策宣示的意义。习近平主席在此次访问中提出的一系列合作倡议及合作框架,不仅提升了中拉关系的目标定位,而且制定了实现这一目标的详尽路线图。① 也有学者认为,中国—拉共体论坛首届部长级会议的召开,说明中拉关系正在"升级换代"。② 以中拉论坛为起点,中拉双方将突破原有的双边合作模式,在区域性、整体性、全面性的新水平上展开各自资源优势的互补与互助。中拉整体合作标志着中国完成与各发展中国家和地区整体性合作的全方位覆盖。③ 还有学者将2016年习近平主席第三次访问拉美、中国政府发布第二个对拉政策文件视为中拉关系进入"升级换代季"。④

国外学者虽然不像国内学者将某一事件的发生作为中拉关系进入"新阶段"的标志,但也同样敏感地捕捉到双方关系已经进入一个新的发展阶段。墨西哥国立自治大学中墨中心主任恩里克·杜赛尔教授认为,进入21世纪后的中拉关系分成两个阶段:第一个阶段是贸易和投资繁荣阶段;第二个阶段表现为文化交流不断增加、中国向拉美移民的增长、旅游的兴起及中拉跨区域对话机制的建立等,但这些新的发展趋势并没有引起足够的重视。⑤ 当前中拉关系已经进入第二个阶段。经济合作与发展组织(OECD)、拉丁美洲开发银行和联合国拉美经委会也联合发布报告,认为由于中国主导的财富转移现象即将进入一个新的阶段并影响全球经济,拉

---

① 贺双荣主编:《中国与拉丁美洲和加勒比国家关系史》,中国社会科学出版社2016年版,第419页。
② 吴洪英:《中拉关系正在"升级换代"》,《现代国际关系》2015年第5期,第19页。
③ 吴白乙:《中拉整体合作的三重解读》,《中国投资》2015年第2期,第60页。
④ 沈丁立:《中拉关系进入升级换代季》,《人民日报(海外版)》2016年11月18日第001版。
⑤ Enrique Dussel Peters and Ariel C. Armony (coord.), *Beyond Raw Materials: Who are the Actors in the Latin America and Caribbean-China Relationship?* Buenos Aires: Nueva Sociedad, December 2015, p. 9.

丁美洲和中国必须在一个共同议程的基础上深化动态、长期的战略合作关系。① 还有学者认为，中国与很多发展中国家的关系都已过了蜜月期，一些原料出口国尤为担忧中国经济的放缓。现在，中国应该与这些地区建立起更为成熟、更为复杂的关系。②

尽管关注重点不尽一致，但中拉关系已经迈入一个新的发展阶段，国内外学者对此是有共识的。那么，进入新阶段的中拉关系是一种什么性质的关系？面临什么样的问题和挑战？未来发展前景如何？本文试图从中拉双方外交战略转型的视角来考察中拉关系的发展，提出自1949年中华人民共和国成立以来，中国和拉丁美洲国家关系从一片空白发展到现在，在经历了自发发展、自主发展两个阶段之后，当前已经进入一个"构建发展"的新阶段，并阐述其内涵与取得的成效，分析其面临的挑战，进而对中拉关系的可持续发展提出建议。

一 进入"构建发展"阶段的中拉关系：内涵

"构建发展"这个创新性概念不仅有助于解释当前中拉关系的特点，也有助于理解在国际关系转型的大背景下，中拉双方共同的战略诉求以及未来的合作前景。

（一）中拉关系回顾：从自发发展到自主发展

自1949年中华人民共和国成立以来，中国与拉美地区的关系已走过近70年的发展历程。在这近70年中，受国际形势变化和中拉双方对外战略转变的影响，中拉关系发展的驱动力、发展方向和发展成就也有所改变，形成了中拉关系史上不同的发展阶段。

从1949年新中国成立到20世纪80年代末的40年中，中拉关系处于自发发展的阶段。这一时期，全球处于冷战格局之中，中国与拉美地区国

---

① "Latin American Economic Outlook 2016: Towards a New Partnership with China", http://www.oecd-ilibrary.org/deliver/4115081e.pdf? itemId =/content/book/9789264246218-en&mimeType = application/pdf. [2017-07-10]

② 陈懋修：《开放了三十年中国对非洲拉美还几乎一无所知》，http://blog.caijing.com.cn/mattferchen。[2017-07-10]

家总体而言分属两个敌对的阵营，双方的对外战略都受到意识形态的强烈影响。首先，冷战格局导致双方发展关系的驱动力不强。尽管双方都意识到应该发展相互关系，但当时的国际大背景和各自国内政局等因素却制约了这一可能。此外，由于相距遥远、历史上几乎没有直接交往等因素，中拉之间缺乏相互了解，一些拉美国家政府出于意识形态等方面的原因甚至敌视中国政府。这些都导致双方发展关系的意愿不强，特别是拉美国家；另外，发展关系的渠道也十分有限。其次，中国和拉美国家都视苏联和美国为其对外关系的重中之重，中拉关系在双方对外战略中只处于边缘和从属地位。如中国与古巴的关系完全随中苏关系的变化而变化；中国与拉美其他大部分国家的关系则随中美关系的发展而发展。因此，这一时期中拉关系发展的进程和节奏可说是双方对苏、对美关系的自发性延伸，驱动力相对不足。最后，正因为缺乏驱动力，这一时期的中拉关系发展缓慢，主要成就仅仅是实现了双方关系的正常化。

从20世纪80年代末冷战终结到2012年年底中共十八大之前，中拉关系进入了自主发展的阶段。在这一时期，世界政治多极化和经济全球化加速，新兴国家群体性崛起。中拉双方都将发展作为第一要务，致力于建立国际政治经济新秩序。为了服务于国家发展战略，中拉双方都更加强调多元化外交，寻求加强与发展中国家的关系和合作。在此背景下，中拉相互的战略重要性不断提高，合作的意愿更加强烈，推进中拉关系发展的驱动力增大。这些驱动力既来自提升双方国际地位的政治需要，也来自实现各自快速发展的经济需要。其次，中拉关系发展的自主性和独立性增强。中国积极加强与拉美地区的政治经济关系，拉美国家在对华关系上也不再唯美国马首是瞻。如20世纪80年代末90年代初中国面临美国等西方国家的经济制裁和外交孤立时，主动将外交工作重心转向拉美等发展中国家；拉美大部分国家也没有跟随美国制裁中国，而是对中国表示理解，有五个拉美国家还邀请中国国家主席前往访问。进入21世纪后，随着中国经济的快速腾飞，拉美左右翼政府都视中国为主要合作伙伴，更加积极主动地密切与中国的关系。最后，正因为双方合作的意愿、自主性和独立性都大大增加，双方经济的快速发展和国际地位的不断提高，中拉关系在这一时期实现全面、快速和深入发展，为构建中拉全面合作伙伴关系奠定坚实基础。

(二) 进入"构建发展"阶段的中拉关系：战略共识与内涵

经过之前两个阶段的发展，中拉关系已经建立了比较全面的联系网络，并具备良好的发展态势。鉴于中拉关系在各自对外关系中的全局性和战略性日益突出，中拉双方都深感应将中拉关系提升到更高的水平和层次，以确保其能够在未来持续良好发展，并助推各自发展战略的实现。在这一背景下，中拉关系进入了"构建发展"的新阶段。"构建"一词的中文直观含义包括"构成、建立、设置"等，多用于通过主观能动性营造一个良好的氛围。在本文中，"构建发展"是指中拉关系发展到一定阶段，双方领导人统揽全局，有意识地从战略高度设计和规划彼此关系的发展，包括战略目标、战略路径和合作原则等方面内容，以推动双方关系稳定健康发展。

1. "构建发展"逐渐成为中拉双方的战略共识

中拉关系具有显著的"后发展"特征。这里的"后发展"是指相比较于中国与大国关系、与周边国家关系，甚至与非洲国家关系，中国和拉丁美洲国家关系无论是在政治、经济还是人文等领域的发展都相对滞后，还有很多空间需要填补。但"后发展"恰恰为中拉关系进入"构建发展"新阶段提供了有益的条件。首先，中拉关系的"后发展"在很大程度上是由于距离遥远造成的。遥远的距离虽然在一定程度上阻碍了双方关系的发展，但也为彼此的友好交往奠定了特殊的基础，那就是双方没有历史积怨，没有发生过战争等能够在深层次影响彼此关系发展的事件，这使中拉关系能够在平和以及平等的基础上发展。其次，当双方关系发展到一个新的阶段，需要"升级换代"之时，"后发展"的关系反而能够提供更多的空间，便于双方按照共同的意愿进行规划和构建，从而实现一个跨越式发展。

中国是中拉关系"构建发展"的主要推动力量。经过改革开放以来持续30多年的高速增长，中国已成为世界第一贸易大国和第二大经济体，在国际事务中发挥着越来越重要的影响力。中国国力的提升带来国家利益的拓展及国际地位的变化，需要重塑自己的角色和对外关系。2012年年底以来，以习近平总书记为核心的中国新一届领导集体提出"实现中华民族伟大复兴"的中国梦，中国外交开启了"中国特色大国外交新征程"①。与之前相比，中国特色大国外交的特别之处主要体现在几个方面：一是变"反应式"外交为"主动筹划型"外交②，从战略高度规划和统筹中国外交；二是提出构建以"合作共赢"为核心的新型国际关系，打造"人类命运共同体"等战略性理念；三是实行全方位外交，地缘上更注重全球平衡，具体层次上更注重多领域的交流与合作，中国还提出"政经并举和利义兼顾，有时甚至要义先于利"的新义利观③指导中国与发展中国家的关系；四是更加注重人文外交，以向世界传递中国的价值追求，使"中国梦"与世界各国人民的美好梦想相联通。

中国视拉美地区为构建新型国际关系的建设性力量。其一，拉美地区是中国伙伴外交战略的重要基础。1993年中国与巴西战略伙伴关系的建立开创了中国伙伴外交的先河，此后，中国相继与拉美国家建立了从"合作伙伴"到"战略伙伴""全面战略伙伴"等不同水平的伙伴关系，取得了积极成效。其二，拉美地区是中国推动南南合作的关键因素。作为世界最大的发展中地区之一，拉美在中国全球外交布局中的地位不断上升。中国对拉战略不是要占领、霸占、主导，而是平等相待、超越互补，寻找中国和拉美各国利益契合点，共谋发展。其三，拉美地区是中国走和平发展道路的同路人，建立和平、发展、合作、共赢的新型国际关系是中拉双方共同的理念和愿望。基于以上判断，中国在推动新型国际关系的过程中，拉美成为中国"构建发展"战略的优先对象。

拉美国家在"被动接受"的过程中逐渐认可这种关系模式。目前，加强与中国的关系已经成为拉美的地区性共识，但拉美国家在发展对华关系中面临以下问题。其一，拉美地区无论单个国家还是整个地区，都缺乏清晰的对华战略。其二，不同的拉美国家在发展对华关系尤其是经贸关系中受益程度不同，因而发展对华关系的意愿存在差异。由于与中国贸易存在竞争性和不平衡性等问题，墨西哥国内利益集团对发展对华关系意愿不足，但现任培尼亚·涅托政府充分认识到发展对华关系的重要性，致力于推动两国的务实合作。阿根廷、巴西等国在政权发生更迭后一度出现对外

---

① 中共中央宣传部：《习近平总书记系列重要讲话读本》（2016年版），学习出版社、人民出版社2016年版，第260页。
② 杨洁勉：《站在新起点的中国外交战略调整》，《国际展望》2014年第1期，第6页。
③ 同上书，第10页。

政策的微调，但最终选择了加强与中国的全面合作。而智利、秘鲁等与中国签订了自贸协定的国家发展对华关系的意愿更为强烈。其三，拉美国家推动本国对外发展战略的能力不足。随着国际大宗商品价格下降、国际贸易陷入低迷，拉美经济遭受重创，2015年和2016年甚至出现负增长。与此同时，政治动荡加剧了经济萎靡的态势。拉美国家希望通过多元化的对外战略来推动国内经济转型和复苏，但美欧等传统的经贸伙伴经济复苏乏力、自顾不暇，作为世界第二大经济体的中国则积极主动推进对拉关系，自然而然成为拉美国家重要的战略选择。拉美地区对华关系的现状决定了在新阶段，中国成为推动双方关系发展的主动方和主导方。

2. "构建发展"关系的内涵

在之前的两个发展阶段，中拉关系多是顺应历史的潮流和各自发展利益的需求向前推进的，并没有十分明确的发展规划和目标，因此可以说是一种"反应式"的关系模式。但中国与拉美对双方关系发展将不仅仅满足于顺势而为，而是要有所作为，从战略和全局的高度对其未来发展加以规划和构建。中拉关系开始向"主动筹划型"也即"构建发展"模式转变。

战略目标：规划未来中拉关系新格局，打造中拉命运共同体。进入"构建发展"阶段后，双方有了明确的战略目标。2014年，中国国家主席习近平在访问拉美时提出，中拉在未来应努力构建政治上真诚互信、经贸上合作共赢、人文上互学互鉴、国际事务中密切协作、整体合作和双边关系相互促进的中拉关系五位一体新格局，打造中拉携手共进的命运共同体。这一倡议标志着中拉关系进入了"构建发展"的新阶段。这一倡议得到拉美国家的认同。乌拉圭总统穆希卡表示，这是中拉合作的纲领性文件。[①] 打造"中拉命运共同体"理念的提出，标志着中拉关系迈入一个新的高度，并成为构建未来中拉关系发展的战略目标。

战略路径：构建新的中拉合作框架和模式。为了实现打造中拉命运共同体的战略目标，中国与拉美国家在2015年1月举行的中国—拉共体论坛首届部长级会议上通过了《中国与拉美和加勒比国家合作规划（2015—2019）》。"合作规划"确定了此后五年的中拉合作领域和合作路

---

① 《新的"中拉时间"开始了——记习近平主席访问拉美四国并出席中拉领导人会晤》，《人民日报》2014年7月28日第002版。

径。制订阶段性合作规划应成为未来中拉合作的重要举措，为其提供指导和依据。经贸合作是推进中拉关系发展的主要驱动力。为了巩固中拉经贸合作的增长态势，双方需要寻找和拓展新的发展空间，创建新的合作框架和模式。2014年习近平主席访问拉美期间，提出中拉共同构建"1+3+6"务实合作新框架的倡议，即以实现包容性增长和可持续发展为目标；以贸易、投资、金融合作"三大引擎"为动力，推动中拉务实合作的全面发展；以能源资源、基础设施建设、农业、制造业、科技创新、信息技术"六大领域"为合作重点，推进中拉产业对接。这一新合作框架得到拉美国家的一致支持。厄瓜多尔总统科雷亚表示，"1+3+6"是尊重拉美的务实举措。2015年，李克强总理访问拉美期间，提出中拉合作"3×3"新模式，即共建拉美物流、电力、信息三大通道，实现企业、社会、政府三者良性互动，拓展基金、信贷、保险三条融资渠道。这些新的合作框架和模式将推动中拉合作加快提质升级。

合作原则：协商共赢，不针对第三方。中国与拉美国家都是发展中国家，"独立""自主""和平""多元化"是双方共同遵循的外交政策原则。在当前阶段，实现国家发展、建立更加公平合理的国际政治经济新秩序是双方的共同诉求。中拉无论在发展阶段、发展理念和模式还是资源禀赋等方面都有很强的互补性和相互借鉴之处。因此，中拉合作是"以平等互利为基础，以共同发展为目标，不针对、不排斥任何第三方"[1]。《中国与拉美和加勒比国家合作规划（2015—2019）》第十四条也明确规定，规划"所述合作领域为提示性且不具排他性"，"将根据各自国内政策和法规，按照灵活和自愿参与原则予以实施，并且不影响任何已经达成一致的双边合作项目，也不替代各方已经达成一致的双边协定、决定或承诺"。正如中国外交部长王毅所阐述的，中国同拉美和加勒比国家间的合作是南南合作，是发展中国家间的相互支持，不会影响也不会取代各自与其他国家、其他地区间已有的交往与合作；中拉合作基于相互需求和共同利益，不针对第三方；中拉合作秉持开放、包容和平衡理念，不排斥第三方。[2]

---

[1] 《中国对拉美和加勒比文件》，《人民日报》2016年11月25日第001版。
[2] 《王毅：中拉合作不针对、不排斥第三方》，新华网，http://news.xinhuanet.com/world/2015-01/09/c_1113944290.htm。[2017-07-01]

二 进入"构建发展"阶段的中拉关系:成效

进入"构建发展"阶段的中拉关系在政治、经济、人文交流和多边合作等领域有了长足的发展,取得了显著成效。

(一) 政治领域

其一,首脑外交成为新时期中拉政治关系的新亮点。中共十八大以来四年多的时间里,习近平主席已经分别于2013年、2014年和2016年三次访问拉美,李克强总理也于2015年访问拉美。中国国家主席或政府首脑每年都访问拉美,凸显对中拉关系的高度重视。拉美各国领导人也纷纷来华访问,无论是左翼或是右翼政府执政,都将发展对华关系作为其对外关系的重点。如从2013年至今,阿根廷总统已经三次到访中国。其中左翼总统克里斯蒂娜于2015年访华;右翼总统马克里分别于2016年和2017年访华,并参加由中国主办的20国集团领导人峰会和"一带一路"国际合作高峰论坛。这充分说明,加强中拉关系已经成为拉美社会各界、各政治派别的共识。中拉领导人还利用各种多边场合(如在联合国大会、亚太经合组织、金砖国家组织、20国集团、核安全峰会等)举行会晤,加强彼此间的沟通和了解。

其二,中拉领导人的会晤呈现大规模、集体会晤的特点。如2013年习主席访问拉美时,与加勒比八国领导人集体会晤;2014年习主席再次访问拉美时,与拉共体"四驾马车"和其他12个拉美国家的元首和政府首脑或特别代表举行了中国—拉美和加勒比国家领导人会晤,并发表《中国—拉美和加勒比国家领导人巴西利亚会晤联合声明》。可以说在那两年的时间里,中国就已基本实现对拉美元首外交的全覆盖。拉美各国政府和社会各界都高度评价习主席的访问。其中习主席2013年对加勒比国家特立尼达和多巴哥的访问是历史性的,是中国全方位外交的具体展示。巴哈马和多米尼克总理均表示,中国是加勒比地区的一个积极的伙伴,中国对加勒比地区兴趣增加是"非常有建设性的"。

其三,中国与拉美国家的伙伴外交也继续得到推进。伙伴关系已经成为中国外交的一个重要标志①。中国与拉美国家的伙伴关系也得到大幅提升。自2013年以来，中国先后更新与秘鲁、墨西哥、阿根廷、委内瑞拉、厄瓜多尔和智利的关系并确立"全面战略伙伴关系"，与哥斯达黎加和乌拉圭等国建立了战略伙伴关系。在五年的时间内，中国与八个拉美国家（包括2012年建立全面战略伙伴关系的巴西）的关系层级得到提升，基本涵盖了中国在这一地区主要的交往国家和经贸伙伴，对中拉关系的稳固和深化发展起到积极推进作用。这些国家也高度评价与中国建立的伙伴关系。如墨西哥总统培尼亚曾表示，中墨关系提升为全面战略伙伴关系为双方经贸合作开辟了广阔前景；双方完全可以寻求合作新领域、新方式，变相互竞争为优势互补，促进双边贸易平衡增长，实现互利共赢。

（二）经济领域

中拉经贸合作更加多元化。虽然中拉贸易额增长放缓，但中国对拉美的投资快速增长。2015年和2016年，中国对拉美非金融类直接投资分别为214.6亿美元和298亿美元，同比增幅为67%和39%。中国对拉美投资的方式和投资主体日趋多元，投资领域也更加宽广，从传统的能源矿产、基础设施领域开始向金融、农业、制造业、信息产业、服务业、电子商务、航空运输等诸多领域扩展。中国在拉美的工程承包业务在总体平稳的基础上不断创新合作方式。2015年，中国企业在拉美签署承包工程合同额181.6亿美元，完成164亿美元，同比分别增长10.3%和24.4%。2016年，中国新签191.2亿美元，完成160.3亿美元，同比分别增长5.3%和－2.3%。中国与拉美国家在基础设施建设领域的合作模式除传统的工程总承包（EPC）模式外，也开始尝试建造运营转让（BOT）等方式。此外，中国近年来宣布实施的系列金融合作举措也取得积极进展。至2016年，中拉合作基金、优惠性贷款、中拉基础设施专项贷款项下有多个项目在有序推进，中拉产能合作基金项下中国企业已成功中标巴西两座水电站的特许经营权。这些项目的落实和推进工作促进了中拉双方在基础设施建设、资源能源开发、电力、农业合作、制造业、海工装备、生物技

---

① 王毅：《共建伙伴关系共谋和平发展》，《学习时报》2017年3月29日第001版。

术等领域的合作①。长期的贸易往来和更为密切的关系,使许多拉美国家第二次有了拥抱中国的想法。②

设立或实施新的合作机制和举措。习近平主席在2014年访拉期间提出,中国将实施100亿美元中拉基础设施专项贷款,并在这一基础上将专项贷款额度增至200亿美元;向拉美和加勒比国家提供100亿美元的优惠性贷款,全面启动中拉合作基金并承诺出资50亿美元;实施5000万美元的中拉农业合作专项资金,设立"中拉科技伙伴计划"和"中拉青年科学家交流计划",适时举办首届中拉科技创新论坛。李克强总理2015年访问拉美时也提出,中方将设立300亿美元中拉产能合作基金。这些合作机制和举措为中拉未来进行更加深化、全面的经贸合作,落实各合作项目提供了坚实有力的保障。此外,中拉自贸区建设合作也取得很大进展。目前,中国已与智利、秘鲁、哥斯达黎加分别签署了自贸协定,实施情况良好。中国、智利还于2016年11月宣布启动开展中智自贸协定升级谈判和中秘自贸协定升级联合研究工作。此外,中国与哥伦比亚的自贸协定可行性联合研究工作也在积极推进中,乌拉圭也提出要与中国开展自贸区合作。

(三) 人文交流领域

中国与拉美不仅远隔重洋,而且在政治制度、文化传统、思维方式和语言等方面存在巨大差异。美国等西方国家媒体对中国的不实报道在拉美也有很大的影响。因此,缺乏相互了解成为阻碍中拉关系进一步深化发展的重要因素。在中国不断崛起和中拉关系日趋紧密的情形下,"中国威胁论""新殖民主义"等论调以及恐惧中国的心态在拉美仍有较大"市场"。

鉴于此,中国加大了与拉美国家进行人文领域交流与合作的力度,以增进中拉相互认知和了解,推动文明互鉴和交流,提升中国在拉美的国家形象。2014年7月16日,习近平主席在巴西国会演讲时表示,实现中华

---

① 中国商务部:《2016年商务工作年终综述之二十九:中国与拉美国家经贸合作保持平稳发展》,http://www.mofcom.gov.cn/article/ae/ai/201702/20170202513555.shtml。[2017 - 07 - 02]

② "A Golden Opportunity: China's President Ventures into Donald Trump's Backyard", https://www.economist.com/news/americas。[2017 - 07 - 02]

民族伟大复兴的中国梦与实现团结协作、发展振兴的拉美梦息息相通。7月17日，习主席在中国—拉美和加勒比国家领导人会晤时提出，要加强中拉在教育、文化、体育、新闻、旅游等领域的交流合作，并提出中方将在未来五年内向拉美国家提供6000个政府奖学金名额、6000个赴华培训名额以及400个在职硕士名额，邀请1000名拉美和加勒比国家政党领导人赴华访问交流。中拉还于2015年启动为期10年的"未来之桥"中拉青年领导人千人培训计划，在2016年举行"中拉文化交流年"。2016年11月，中国政府发布第二份《中国对拉美和加勒比政策文件》，其中将人文合作单独列为一个中拉未来需要加强的合作领域，而并非如第一份"政策文件"那样将人文与社会视为一个合作领域，足见中国政府对加强中拉人文领域合作的重视程度。

（四）多边合作领域

随着中国对国际体系的融入程度越来越深，中国开始更加积极地践行多边主义，认为多边主义是维护和平、促进发展的有效路径。[①] 拉丁美洲一直努力寻求在全球事务中取得领导地位[②]，在这一背景下，中拉多边合作也取得重大成就。

中拉开启整体合作。自20世纪90年代以来，中国与拉美地区的多边合作虽然取得了很大进展，但多是与拉美不同属性的地区或次地区组织进行往来，并没有针对整个拉美地区的整体合作机制。2011年年底成立的拉共体为中拉整体合作创造了条件。拉共体刚成立不久，中国就提出建立中拉合作论坛的倡议，得到拉美国家的积极响应。2014年1月，拉共体第二届峰会通过《关于支持建立中国—拉共体论坛的特别声明》，对论坛的成立表示支持。2014年7月习主席访问拉美期间，与拉美国家领导人共同宣布成立中拉合作论坛。2015年1月，中国—拉共体首届部长级会议在北京举行。其衍生出的一系列中拉经贸合作新机制将使中拉在政治、经贸、人文和国际事务等领域展开全方位的整体合作，使中拉合作形成一个

---

① 习近平：《共同构建人类命运共同体——在联合国日内瓦总部的演讲》，《人民日报》2017年1月20日第002版。

② Benjamin Creutzfeldt, "China and the U. S. in Latin America", in *Revista Científica General José María Córdova*, Bogotá, Colombia, Vol. 14, No. 17, enero – junio, 2016, pp. 23 – 40.

立体的网络格局,推动中拉共同构建"携手共进的命运共同体"。拉美国家高度认可中拉论坛的重要意义。时任拉共体轮值主席国哥斯达黎加总统索利斯表示,中拉论坛是一条拉近拉丁美洲和中国距离的纽带,它将为中国与拉共体之间新型的、有效的战略关系发挥积极作用;中拉论坛的建立表明拉共体自 2011 年成立以来取得了很多丰硕的成果。[1]

中拉在国际多边机制领域的合作也迈上新台阶,双方不仅加强了在现有多边机制内的合作,还共同参与创建新的多边合作机制。2013 年以来,中国陆续提出并创建"一带一路"战略设想和经济区、金砖国家新开发银行(以下简称"金砖银行")以及亚洲基础设施投资银行等多边合作机制,以对现有国际经济秩序进行有益的补充和完善。拉美国家对此进行了积极响应和参与。如巴西既是金砖银行的创始成员,也是亚投行的创始成员国。目前,已有五个拉美国家成为亚投行的成员国,阿根廷也于 2017 年 5 月申请加入。此外,拉美国家对中国提出的"一带一路"战略构想十分关注,秘鲁、智利、厄瓜多尔和阿根廷等太平洋国家公开表达出对"一带一路"倡议的坚定支持和加入意愿。阿根廷和智利总统还参加了 2017 年 5 月在中国举行的"一带一路"国际合作高峰论坛。

三 进入"构建发展"阶段的中拉关系:挑战

新阶段也意味着新挑战,在某种程度上,中拉关系已经涉入"深水区"。有学者认为中拉关系的发展不会一帆风顺。[2] 事实上,进入"构建发展"阶段的中国和拉美不仅需要直面双方关系面临的显性和深层次矛盾,还需要对此给予主动回应,并在双方主动筹划中给出解题思路和方案。

(一) 国际形势的不确定性

不确定性是当前以及未来相当长时期内国际形势的一个基本特点。最

---

[1] 《哥斯达黎加总统:中拉论坛将助力拉美基建融资》,http://news.china.com.cn/2015-01/08/content_ 34511668.htm.[2017-07-11]

[2] 江时学:《中拉关系发展不会一帆风顺》,《世界知识》2015 年第 1 期,第 27—28 页。

近一段时期以来，国际政治中"黑天鹅事件"频频发生，"不确定性"成为当今国际关系的重要特征。英国脱欧、特朗普"反建制"的施政、欧洲此起彼伏的恐怖主义袭击，是这一特征的有力例证。与此同时，国际事务中的矛盾和问题层出不穷：在国际和平、地区安全、领土纠纷以及经济增长、自由贸易、投资便利化等国际政治的传统议题尚未找到有效解决方案的同时，包括恐怖主义袭击、气候变化、生态环境恶化等问题在内的新型国际问题和国际热点问题却不断涌现。这些现象表明，人类正处在大变革大调整的历史时期。世界面临的一系列现实困境，迫切需要当代人类能够尽快提出切实可行的解决方案或者解题思路。[1] 然而，美国特朗普政府一直强调"美国优先"，在对外政策上向内看，甚至有时采取自相矛盾的策略，加剧了国际关系的不确定性。

中拉关系的发展不能游离于世界之外，也难免受到这种不确定性的影响。中国在寻求安抚世界和拉美。2016 年 5 月 19 日，外交部部长王毅与来访的阿根廷外长马尔科拉会谈后，对媒体表达了中国在拉美形势发生变化的情况下，中国对拉政策立场的三个"没有变"：对拉美发展前景的信心没有变，中拉互为机遇的格局没有变，中国加强同拉美国家合作的政策没有变。[2]

（二）中拉各自转型的复杂性

在安抚世界的同时，中国自身也面临着经济转型复杂性。中国现阶段既要立足于当前，解决一些突出的矛盾及问题，又要立足于长远，构建完善的机制体制以助推中国经济的转型升级。这种持续的经济转型对传统的中拉经贸关系将产生一些影响。一方面，中国经济转型对高度依赖原材料出口的拉美国家难免造成冲击；另一方面，中国的投资受所在国投资政策不稳定、有效需求不足等因素的影响，难以在短期内帮助拉美国家推动工业化发展。

拉美发展模式转型还很艰难。拉美国家主要作为大宗商品供应者而成

---

[1] 谌园庭、冯峰：《以中国智慧贡献思想产品》，《中国社会科学报》2017 年 7 月 13 日第 004 版。
[2] 《王毅谈中拉关系：三个"没有变"》，http：//www.fmprc.gov.cn/web/wjbzhd/t1364828.shtml。[2017 - 07 - 12]

为世界经济体系的一链，处于被动和边缘地位。世界经济增速放缓后，拉美受到的冲击尤为严重。当前，拉美政局出现动荡，政府治理能力下降，无论是左翼还是右翼都难以稳住局面。究其原因，政治文明的主体性始终没有解决、先天不足的民主制度、域外霸权的长期控制或干涉、传统生存文化流失而新的发展观没有形成等，使拉丁美洲"危机频发"。[①] 打破这一恶性循环之链，关键不仅在国家、社会和民众之间建立"持续转型"的包容性共识，也在于跟域外大国之间争取平等的对话能力。

拉美国家对发展道路的不同选择将继续体现在其外交战略取向及政策的次序安排上，因此，未来拉美国家对外关系的多样性、多向性、多重性特征依然相当突出。是跟着大国走还是坚持独立自主的原则，是注重经济发展还是强调意识形态，是坚持贸易保护还是着眼于自由贸易，在这些问题上存在巨大差异的事实背后是拉美不同国家民族性格和历史命运的结合。这些差异在进步中共存，在挫折中相互渗透与磨合，又在外部环境的压力下产生新的变量。中国在对拉美地区求同存异、共同发展存有美好期待的同时，还应更加深入地理解和包容其显存的政策特性，非此则难以客观和耐心地把握这个地区大家庭所发生的诸多变化。

（三）中拉亟须解决的几对主要矛盾

中国与拉美要顺利推动转型时代的战略关系，有几对主要矛盾需要解决：其一是合作机制的逐步完善与预期成果之间的差距；其二是中国持续的战略投入与拉美国家承接能力之间的矛盾；其三是双方对发展关系的迫切需要与相互认知的显著欠缺。

需要指出的是，中国国际影响力的迅速发展已经远远超出中国政府和智库对于世界的认知程度，尤其是对中国疆土之外的国家和地区层面。尽管双方关系发展迅速，但中拉之间缺乏的依然是了解，你不知我真正所想，我也不知你真正所需，由此才有疑虑、猜忌。中国与拉美国家在历史、文化、制度和传统等方面存在明显差异，因此，在一些问题上双方的看法不可避免地存在一些差异，甚至会有一定的分歧。必须强调的是，由于中国对拉美国家的影响并非都是积极的，拉美地区仍然存在对中国政策

---

① 吴白乙：《拉丁美洲"转型"艰难的深层原因》，《人民论坛》2016年第16期，第31页。

与做法的担忧与疑虑。在中拉合作不断深化的过程中，拉美社会特别是媒体的涉华负面舆论也时有抬头，其主要原因如下：一是拉美方面对中国期望过高，对现有的合作成果不满。二是拉美国家对中国存有担心和疑虑，抱怨中国产品大量进入拉美将冲击当地企业的发展，认为中国从拉美进口初级产品、对拉美出口制成品的贸易结构与拉美与欧美发达国家之间的中心—外围结构相似，甚至认为中国与拉美的关系不再属于"南南关系"，而是已转变成一种"南北关系"。三是拉美民众对中国缺乏理解和信任，拉美民众中存在的资源民族主义思维与"中国威胁论"相结合，对中国产生了排斥、抵制情绪。阿根廷总统马克里2016年7月在美国爱达荷州太阳谷会议上指出，外国投资是一种"来自世界各地的投资。但如果一切投资都来自中国，将造成不平衡。中国一直很积极，已经准备好我们需投入的所有资金来购买我们的公司。但我需要在国内保持一种平衡，包括处理好与美国、欧盟的关系。我们主要是欧洲人的后裔，与欧洲打交道比亚洲更容易"。① 因此，中拉双方必须切实地站在对方角度上看待问题，只有这样才能够赢得更多的理解和尊重并实现自身的利益。

结　语

总之，自中共十八大以来，在中国外交战略整体调整和中拉关系快速稳定发展的大背景下，中拉关系也转为构建式发展。在此前的60余年间，中拉关系从以发展政治外交关系为主，到经济关系成为主要驱动力，都是顺应了国际形势和各自发展的需要，也可以说是应对式的发展模式。随着世界政治多极化和经济全球化的不断发展，当今世界正处在前所未有的历史性变革之中，中国与拉美国家也都处于经济、社会转型的重要时期。相应地，中拉关系也进入转型阶段，一些问题和挑战日益突出。除了中拉贸易结构等长期存在的问题外，中拉双方在世界观、价值观和相互认知等方面的差异乃至冲突越发凸显。这种差异产生于中拉双方在历史文化传统、思维方式、社会制度和发展态势等方面的不同，并随着双方政治、经济关

---

① "Sun Valley Conference：Argentine President Macri Explains Economic Turnaround"，http：//www.cnbc.com/2016/07/07.［2017－07－12］

系的日益密切和利益的不断交融而越来越突出，将会对未来中拉合作的广度和深度产生重要影响。在这样的情况下，中拉关系转向构建式发展模式势在必行。双方不仅要从战略高度对中拉关系未来的发展理念、发展方向和合作路径进行构建和规划，还需要对双方社会和民众对对方的认知和常识体系进行构建。毕竟政治互信和务实合作是中拉关系未来发展的保障和驱动力，而构建和塑造同属中拉人民的价值观和认知理念则将是中拉关系未来能够持续、健康、全面深入发展的根基所在。

中拉经贸关系发展的新常态及前景展望

卢国正[*]

【内容提要】 本文依据翔实数据，对进入新世纪后的中拉经贸关系进行深入分析，认为经过10年的高速发展，从2012年起中拉经贸关系已进入新常态，其特点是货物贸易增速放慢，与此同时中国对拉美投资方兴未艾，双方合作意愿空前高涨。展望前景，中拉贸易面临结构调整和转型升级的艰巨任务，经济合作前景广阔，但挑战重重。为实现中拉经贸关系的包容共赢和健康持续发展，针对存在的问题，本文在进一步加强经贸制度性建设、促进货物和服务贸易、深化经济合作等方面，提出可操作性较强的政策建议。

【关键词】 中拉经贸；新常态；可持续发展

进入21世纪以来，中国同拉丁美洲和加勒比地区（以下简称拉美）的经贸关系经过10年高速增长，现正处在新常态增长期。2015年1月，中国—拉美和加勒比国家共同体论坛成立，中拉整体合作顺利起航。依据大量数据，本文对中拉经贸关系的现状及前景进行客观分析，并为促进中拉经贸关系实现平等互利、开放包容、共享共赢和可持续发展，提出政策建议。

---

[*] 卢国正，中国国际贸易学会常务理事，中国拉丁美洲学会理事，中国社科院拉丁美洲研究所墨西哥研究中心顾问，《今日中国》杂志社顾问，《国际贸易论坛》季刊主编。曾在中国驻赤道几内亚、墨西哥、阿根廷和西班牙大使馆工作，历任商务随员、二等秘书、一等秘书和经济商务参赞。

一 中拉经贸经历高速发展后进入新常态

考虑到国际经济形势和中国经济发展的大背景,以及中国对拉美贸易和投资总量及增长速度等因素,本文将 21 世纪以来中拉经贸发展划分为高速增长期(2002—2011 年)和新常态期(2012 年—现在)两个阶段,并试作如下分析。

(一)中拉贸易经历 10 年高速发展

从 2002 年起,全球经济在中国经济快速增长和美国经济复苏的拉动下,经历了持续 7 年(2002—2008 年)的增长周期。发达国家经济保持适度增长,发展中国家经济运行良好,特别是以亚洲为首的发展中国家经济增长速度大大领先发达国家,"金砖国家"成为全球这一轮经济增长的明星。虽然时间不长,但它将经济全球化推向空前高的水平,给人留下深刻印象。由美国次贷危机引发的全球金融危机重创世界经济,国际贸易首当其冲,但中拉贸易依然以两位数的惯性速度增长到 2011 年。

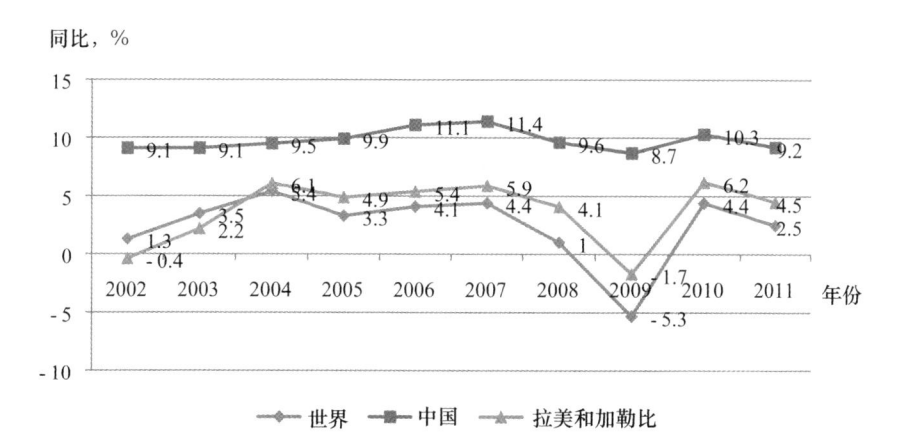

图 1 世界中国拉美经济增长走势(2002—2011 年)

资料来源:联合国拉美和加勒比经济委员会(CEPAL),中国国家统计局。

在 2002—2011 年间,世界经济年均增长率为 2.4%,而中国经济则保持年均增长9.8%,为全球经济年均增长率的3.9倍。拉美经济在这一期间表现不俗,年均增长率达3.7%,比全球平均水平高1.3个百分点;特别是在2003—2008年间拉美经济连续6年保持正增长,年均增长率达4.8%。

10年间,国际贸易也出现罕见的高增长,世界出口贸易年均增长率高达10.9%,比世界经济年均增长率(2.5%)高3.4倍;而中国出口贸易的年均增长速度则达到22.7%,比世界出口贸易年均增长率(10.8%)高1.1倍。

同期,中国对拉美出口贸易年均增长率高达33.2%,比同期中国对外贸易年均增长率高10.5个百分点。其中除2009年受全球金融危机的影响出现负增长外,其余9年增长率均为两位数字,有5年增长率达到或超过40%,其中2004年和2006年超过50%,2011年高达61%。

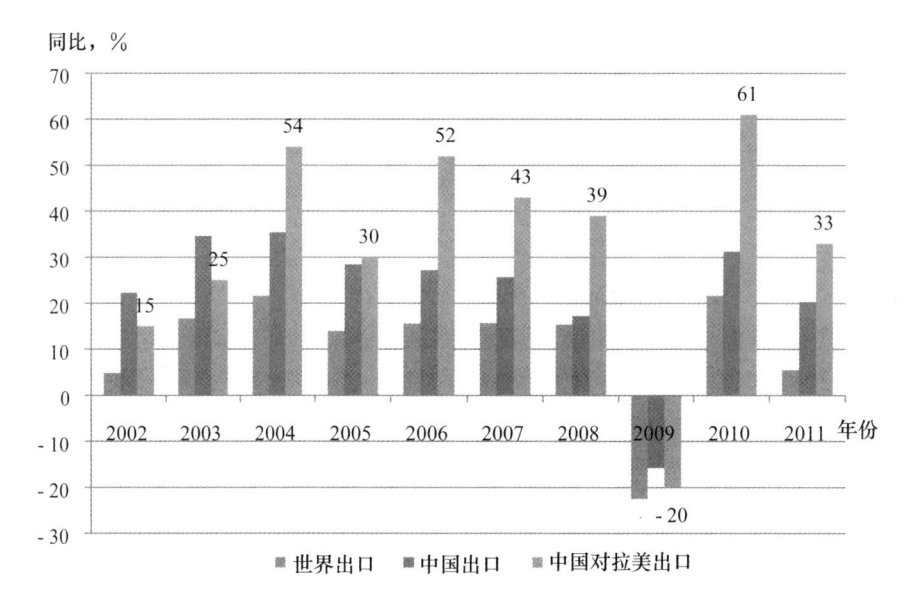

图2 中拉贸易高速增长期发展走势(2002—2011年)

资料来源:世界贸易组织,中国海关统计。

拉美和加勒比地区是中国增长最快的出口市场。2002—2011年间,中国对拉美出口年均增长率达33.7%,比同期中国出口贸易增长率高10.3个百分点。除金融危机后2009年出现负增长(-20%)外,其余年份年增长率均超过10%，其中有3年的增长率超过50%（2004年增长54%，2006年增长52%，2010年增长61%）。从出口金额来看，2002年还没有突破百亿美元大关，10年后已突破1200亿美元大关（2011年），年均出口金额接近493亿美元，10年间中国对拉美出口增长了11.8倍，年均出口额达493亿美元。

这10年间，中国自拉美和加勒比的进口贸易年均增长率也高达35%，比同期中国进口贸易年均增长率（22.6%）高12.4个百分点。2002年中国自拉美进口金额才80多亿美元，到2011年已达到1197亿美元，增长了13.4倍，年均进口额将近504亿美元。

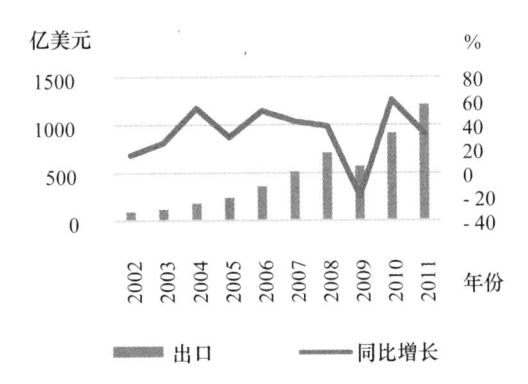

图3　高速增长期的中国对拉美出口贸易增长走势（2002—2011年）
资料来源：中国海关统计数字。

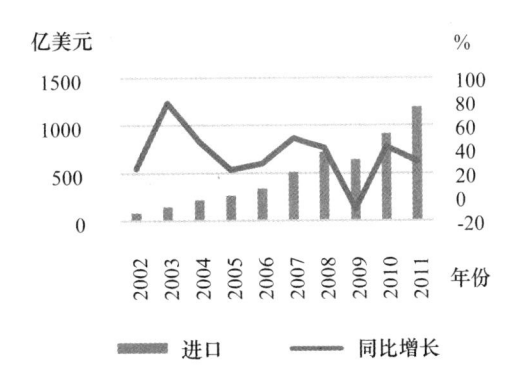

图4　高速增长期的中国自拉美进口贸易增长走势（2002—2011年）
资料来源：中国海关统计数字。

中拉贸易是在低水平上取得高速增长的。1995年之前，中拉贸易从未超过50亿美元/年，2000年之前没有突破百亿美元/年大关。中国对拉美出口和自拉美进口在2003年前都从来没有达到百亿美元大关。但从2002年起，中拉贸易突飞猛进，节节高升。2002年中拉贸易额接近200亿美元，2008年达到1434亿美元，2010年增至1830亿美元，到2011年已破2400亿美元大关。10年间，中拉贸易增长了12.6倍，年均贸易额达到997亿美元，年均增长率为34%，比同期中国对外贸易年均增长幅度多11.4个百分点。这一期间，中国对拉美贸易有少量逆差（年均逆差11亿美元）。

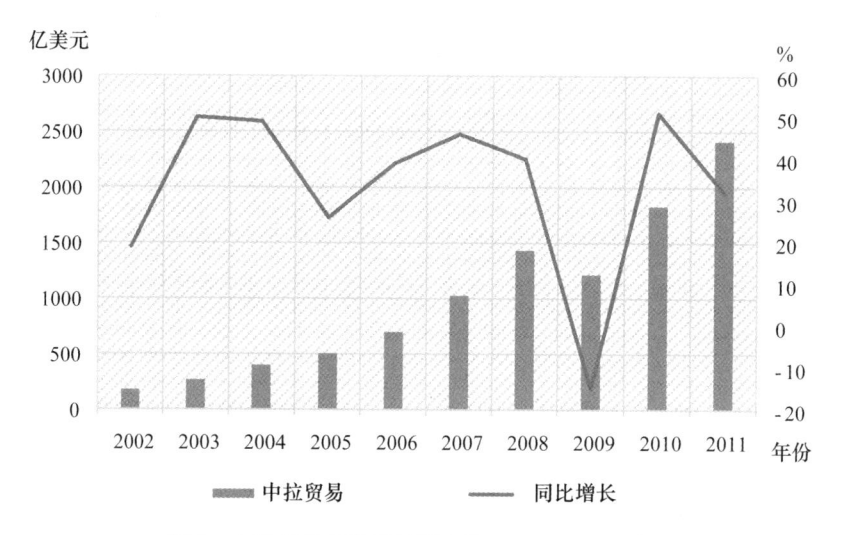

图5 中拉贸易高速增长期走势（2002—2011年）

资料来源：据中国海关统计数字。

中拉贸易高速发展的主要原因是：得益于中国和美国两架发动机推动下的全球经济复苏；拉美和加勒比地区经过20世纪末"失去的5年"后，经济进入增长期；中国加入世界贸易组织，对外开放加大，贸易发展提速；中拉经济互补性极高，拉美充足的原材料产品供应，可满足中国经济快速发展的巨大需求；中国百姓生活水平迅速提高，对拉美粮油产品、水产品、鲜果、葡萄酒和其他消费品的需求日益增加，等等。中拉贸易高速发展的势头在金融危机爆发后依然惯性地持续到2011年，2012年终于进入新常态发展期。

(二) 中拉贸易发展进入新常态

中拉贸易发展的新常态与世界经济和中国经济新常态具有一致性。所谓新常态，就是经济增长后的再平衡，或曰再调整。经济贸易高速增长必然造成结构性失衡及诸多相关问题（本文后面再作详细分析），新常态就是对高速增长期发生的结构性失衡及其相关问题加以调整和解决。迄今为止，新常态最主要特征之一就是国际贸易增速急剧放慢，而中国对外贸易甚至出现负增长。

金融危机爆发后，由于全球主要国家及时采取预防措施，世界经济在2009年暴跌5.3%之后迅即出现了反弹（2010年增长4.4%），但此后一直低速增长。2012—2016年间，世界经济年均增长率为2.6%，比2002—2011年间的年均增长率高0.1个百分点；同期，中国经济增长速度也放慢，年增长率为7.3%，比中国经济高速增长期低2.5个百分点。

国际贸易受金融危机影响最为明显。2002—2011年间，世界出口贸易年均增长率比同期世界经济年均增长率高8.4个百分点；而在2012—2015年间，世界出口贸易年均增长率仅为2.9%，比前10年间的年均增长率（10.9%）低10个百分点，比同期世界经济年均增长率只高0.4个百分点。

中国对外贸易受负面影响更加严重。2012—2016年间，中国外贸年均增长率只有0.4%，比前10年的水平低22.2个百分点；同期，中拉贸易年均增长率为-2.7%，与前10年相比，减少36.4个百分点。

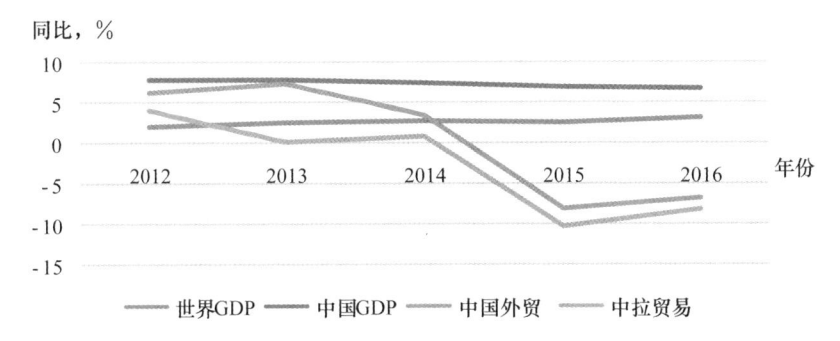

图6 世界和中国经济贸易增长趋势（2012—2016年）

资料来源：世界贸易组织，中国海关统计。

5年间，中拉贸易年均增长率为-3%，2016年比2012年下降了

17%，但年均贸易额仍保持在 2479 亿美元的水平，仍超过前 10 年最高年份（2011 年，2414 亿美元）。

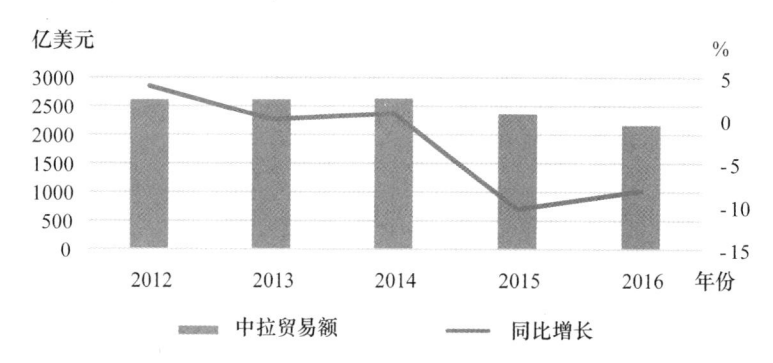

图 7 中拉贸易增长趋势（2012—2016 年）

资料来源：据中国海关统计数字。

从中国对拉美出口看，2012—2016 年里，有 3 年负增长（2013 年，-0.7%；2015 年，-2.9%；2016 年，-13.8%），年均增长率为 -2%。但年均贸易额保持在 1304 亿美元的高水平，仍超过中拉贸易高速增长期最高水平（2011 年，1217 亿美元）。

同期，中国自拉美进口年均增长率为 -1%，从 2013 年起连续 3 年出现负增长，特别是 2015 年下跌幅度达 -18.1%，超过 2009 年下降幅度 8.1 个百分点，2016 年比 2012 年下降了 19%。从金额看，中国年均进口额达到 1175 亿美元，比高速增长期最高年份（2011 年，1197 亿美元）略有减少。

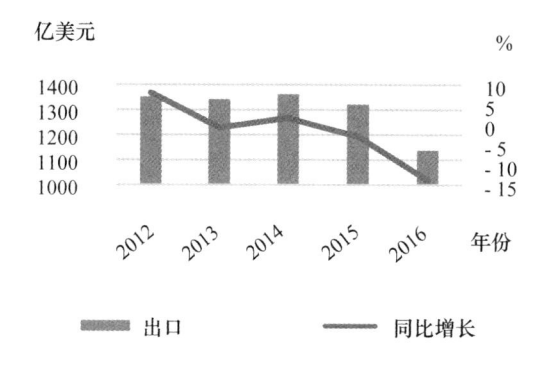

图 8 中国对拉美出口增长趋势（2012—2016 年）

资料来源：据中国海关统计数字。

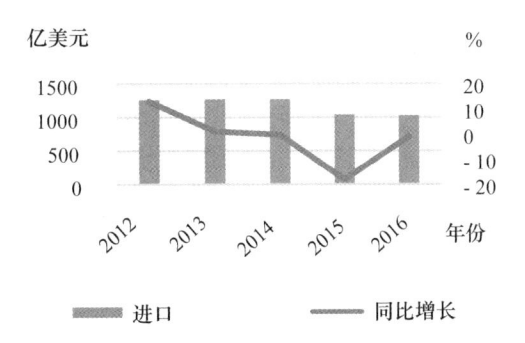

图 9 中国自拉美进口增长趋势（2012—2016 年）

资料来源：据中国海关统计数字。

（三）中拉经济合作出现新局面

在投资和经济合作领域，直到金融危机爆发之前中拉双方的发展步伐仍不快。金融危机爆发之后，中拉双边贸易虽然增长乏力，但中国对拉美投资却成为新亮点。中拉双方政府和企业界越来越注重以贸易带动投资，以投资促进贸易结构的优化，并提出加强国际产能合作新理念，从而使中拉经济合作出现新局面。

据中国商务部业务统计，截止到 2010 年年底，中国对拉美地区非金融类直接投资存量仅为 110.87 亿美元，而到 2014 年年底，中方在拉美地区各类直接投资存量已达 1061 亿美元。仅仅在 2014 年当年，中国对拉美直接投资为 105 亿美元，占当年中国对全球直接投资的 8.5%。

中国对拉美投资的规模不断扩大，项目金额从几百万到几千万、上亿美元，甚至几十亿美元；投资类型从单一型贸易公司，到加工组装厂和工业园、研发中心等。投资领域从石油、矿产、农业到制造业、电力、交通和金融等合作。中国企业到拉美投资注重本地化经营原则，积极履行社会责任，为投资目的国创造了大量就业机会和税收收入，同时还注重对当地员工的培训和技术转让，在力所能及的情况下改善项目所在社区的教育、医疗、交通等设施。

进入 21 世纪后，中国企业在进入拉美和加勒比地区承包工程项目和劳务市场方面也取得进展，项目规模和业务范围有较大突破，技术水平不断提高，合作领域日益拓展。

据商务部公布的数据，2007 年，中国企业在拉美国家新签承包工程劳务合作合同为 581 份，合同金额 31.5 亿美元，完成营业额 29.2 亿美元，年末在拉美的人员为 1.78 万人；而到 2015 年，中国企业在拉美 16 个国家新签工程承包合同共 628 个，合同金额 171.56 亿美元，完成营业额 153.32 亿美元，当年在这些国家的人员达 27421 人。

表1　　　　　　　2015 年中国与拉美工程承包合作统计

	新签工程承包合同（份）	合同金额（亿美元）	完成营业额（亿美元）	当年在该国劳务人员（人数）
厄瓜多尔	44	12.18	32.88	8048
委内瑞拉	136	50.97	49.4	7472
秘鲁	96	5.7	6.3	5130
阿根廷	97	9.1	21.7	1847
特立尼达和多巴哥	5	8.2	2.25	1314
玻利维亚	14	15	2.65	908
巴西	80	33.71	20.2	474
墨西哥	50	18.1	9.02	393
哥斯达黎加	12	2.5	0.7	364
哥伦比亚	36	11.7	4	361
圭亚那	5	0.49	0.9	347
智利	30	1.93	1.96	315
古巴	15	1.8	0.9	256
苏里南	1	0.02	0.26	176
巴拉圭	7	0.16	0.16	—
洪都拉斯	—	—	0.04	16

资料来源：中国驻拉美国家大使馆经商处。

据不完全资料，截至 2015 年年底，中国企业在拉美主要国家进行投资和开展经济合作的情况如下：

委内瑞拉　委内瑞拉是中国在拉美最主要的石油供应国和最大的工程承包市场，现有中资公司 50 多家。两国企业在能源、电力、农业、冶金、矿业、基础设施、住房、电信、高科技、组装加工、金融等领域开展广泛合作。

厄瓜多尔 有90余家中资公司在该国能源、矿产、基础设施（水电、桥梁、水坝、粮仓）、电讯、金融服务、海洋捕捞和农业技术合作等领域投资合作。到2015年年底，中资公司雇佣当地劳工1.2万余人。

秘鲁 有170多家中资公司，涉及秘鲁能源矿产勘探开发、贸易、工程承包、渔业、林业、金融、物流等领域，水利电力、交通基础设施和房地产开发等行业。中石油、首钢秘铁、中铝、五矿等公司成为秘鲁矿业和油气业重要的外资来源。

阿根廷 有50家中资公司，涉及该国石油天然气、铁矿、金融、通信设备、远洋渔业、农业、房地产、制造业和水产品加工等行业，在阿根廷创造1.1万个直接就业岗位和3万个间接就业岗位。

玻利维亚 有中石化、中信国安、华为、中兴、中工国际、中航技等40多家中资公司，在玻利维亚油气服务、通讯制造、工程承包、航空航天、矿业开发等行业开展业务。中国长城公司承包玻利维亚的通信卫星设计、制造和发射项目，中石化公司承包油气勘探服务，中工国际、中水建设、中水对外、中国中铁、中铁建等公司都有工程承包项目。

巴西 中国企业通过兼并、收购、独资、合资方式在巴西能源、矿产、基础设施、制造业、农业和服务业等领域投资，2015年中国对巴西直接投资存量达199.4亿美元。在巴西的中资企业已超过100家。同年，巴西对华投资存量达22.75亿美元，主要在支线客机、客车零部件、压缩机、无烟煤、房地产和水电站等领域。

墨西哥 墨西哥是中国企业在拉美重点投资的国家之一，有中资公司80多家，主要涉及能源、基础设施、制造业矿业、金融等领域。

中国还向拉美和加勒比一些国家和次地区组织提供各类经济技术援助。

（四）金融合作取得可喜进展

随着相互投资和经济合作的开展，中拉在金融服务领域的合作取得可喜进展。中国一些大银行企业在主要拉美国家成立了分支机构，建立起金融服务网点，开展了卓有成效的服务活动，有力地支持了中资公司对相关国家的投资和业务活动。

阿根廷　中国工商银行建立 100 多个营业网点，为 600 多家大企业、3 万多家中小企业和近 100 万个人提供服务。国家开发银行和中国进出口银行也在阿根廷设立工作组，为中资企业在阿投资和开展经济合作提供支持。

巴西　中国工商银行、中国银行和中国建设银行均在巴西设有分支机构，中国国家开发银行设有工作组。中国国家开发银行提供贷款，支持中石化承建卡塞内天然气管道项目、收购西班牙雷普索公司 40% 的股权、收购葡萄牙石油和天然气公司 30% 资产。国家电网通过国际银团贷款融资，与巴西公司合作，中标巴西美丽山水电站项目。烟台来福士公司利用工商行融资租赁，为巴西沙茵集团建造两座石油钻井平台。与此同时，巴西桑托斯银行、国家银行和巴西期货交易所均在上海设立代表处。

墨西哥　2016 年 6 月，中国工商银行（墨西哥）有限公司在墨西哥正式开业，这是在墨西哥的首家中国银行，此外中国银行正在申办设立子行的手续。中国国家开发银行在墨西哥设有中心工作组，并监管哥斯达黎加等国的业务。

秘鲁　2014 年 4 月，中国工商银行（秘鲁）有限公司在秘鲁正式开业，这是在秘鲁的首家中国和亚洲银行，此外中国银行设有代表处，中国国家开发银行设有工作组（代管玻利维亚的业务）。

古巴　中国国家开发银行（甘肃分行）在古巴有工作组。

在货币互换协议方面中国同拉美国家也取得开创性进展。2014 年 7 月，中国人民银行和阿根廷中央银行签署 700 亿元人民币（合 110 亿美元）货币互换协议。2016 年 3 月，中国和巴西签署 1900 亿元人民币兑 600 亿雷亚尔的货币互换协议。

（五）中拉命运共同体已形成

进入 21 世纪以来，中国和拉美经贸关系已形成优势互补、相辅相成、互惠互利、共赢共享的全面战略伙伴关系和命运共同体。

据 CEPAL 的数据，中国是拉美和加勒比地区的第三大出口市场，排在美国和欧盟之后，与欧盟非常接近。2015 年拉美对华出口占拉美出口总额的 10%，而 21 世纪之初仅占 1%。中国从 2010 年起就成为拉美第二大进口市场，排在美国之后。2015 年，拉美从中国进口的商品占拉美进口商品的 18%，而在 21 世纪之初仅为 2%。

中拉贸易在中国对外贸易中所占的份额有了明显的提升。2002—2011

年间，中拉贸易所占份额从不到 2.9% 增加到 6.6%；其中中国对拉美出口金额占中国出口总额的比重从 2.9% 提高到 6.4%；中国自拉美进口金额占中国进口总额的比重从 2.8% 提高到 6.9%。进入新常态后（2012—2016 年），中拉贸易在中国对外贸易中的比重平均保持在 6.2% 的水平，其中中国对拉美出口年均占比为 5.9%，中国自拉美进口为 6.5%。

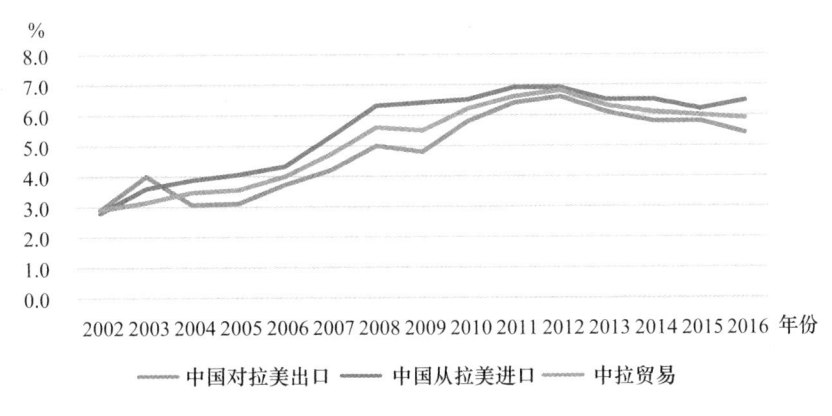

图 10　中拉贸易在中国对外贸易中的比重（2002—2016 年）

资料来源：中国海关统计。

中国与拉美已互为最重要的贸易伙伴之一。中国和拉美主要国家之间的经贸关系空前密切，形成了优势互补相互依靠和互利双赢的伙伴关系。

二　中拉经贸关系存在结构性失衡

中拉经贸关系高速增长期成绩巨大，但也积累了一些结构性失衡问题，使高速增长不可持续。结构性失衡主要表现如下：

（一）商品结构严重失衡

拉美对华出口商品结构单一，据 CEPAL 公布的数据，除墨西哥和哥斯达黎加等几个国家外，其他拉美国家对华出口的商品 70% 以上是矿产品和农产品等四大类初级产品。

表2　　　　　　　　2015年拉美国家对华出口产品构成　　　　　　　单位:%

	第一类	第二类	第三类	第四类	小计
委内瑞拉	原油,73.9	其他原油,21.7	铁矿石及精矿,4.1	铁镍合金,0.2	99.9
古巴*	甘蔗糖,45	镍锍、氧化镍烧结等中间产品,36	原油,15	钴矿砂及其精矿,3	99
哥伦比亚	原油,79.4	铁镍合金,9.4	废杂铜,5.9	煤炭,0.6	95
萨尔瓦多	原糖,84.5	纸或纸板,4.9	—	—	89
巴拿马	废杂铜,37	鱼粉,30.8	热带木材,10.2	废碎铝料,8.6	87
危地马拉	甘蔗糖,58.9	铁镍合金,28			86.9
厄瓜多尔*	原油,54	海鲜,13	肉、食用杂碎、鱼或甲壳类动物,11	废杂铜,7	85
洪都拉斯	铁的氧化物和氢氧化物；染色土,68	贵金属矿砂及其精矿,7	其他地方未列名或包括的矿物质,5	锌矿砂及其精矿,5	85
尼加拉瓜	花生粗油,37.4	热带木材,27.6	其他花生油,10.9	废杂铜,7.1	83
巴拉圭	废杂铜,29.2	皮革等,34.9	芝麻籽,7.4	锯木,11.3	82.8
阿根廷	大豆,68.4	原油,7	大豆油,3.3	烟草,3.3	82
智利	精炼铜及铜合金,41.9	铜矿砂及其精矿,30.1	未精炼铜、电解精炼阳极铜,5.2	木浆,4.2	81
秘鲁	铜矿砂及精矿,49.5	鱼粉,11.9	精炼铜等,10.8	铅矿砂及其精矿,5.3	77.5
巴西	大豆,44.4	铁矿石及其精矿,16.2	原油,11.6	蔗糖等,4.6	77
玻利维亚	贵金属矿砂及其精矿,25.7	锡锭,20.9	锌矿砂及其精矿,19.9	铅矿砂及其精矿,9.6	76.1
乌拉圭	大豆,26.4	去骨冻牛肉,38.5	带骨冻牛肉,6.3	精梳过的羊毛,4.7	75.9
厄瓜多尔	海鲜,25.8	原油,21.7	香蕉,17.6	废旧贵重金属,8.4	74

续表

	第一类	第二类	第三类	第四类	小计
多米尼加	铜矿砂及精矿,25.3	铝矿石及其精矿,22.5	废杂铜,13.1	医疗器械,8.5	69.4
哥斯达黎加	去骨冻牛肉,11.1	设备开关,20.8	皮革生皮,13.4	废杂铜,7.3	53
墨西哥	铜矿砂及精矿,16.7	汽车和其他机动车辆,16.7	变速箱,6.2	废杂铜,4.8	44.4

资料来源：据CEPAL资料整理；*为2013年数据。

农产品贸易情况更典型。拉美是中国农产品进口的重要来源地，2015年拉美对华出口农产品占中国进口农产品的27%，超过美国和加拿大农产品对华出口的总和（占26%），远超东盟（占15%）和澳大利亚及新西兰（占11%）等其他农产品对华出口国。但是，拉美农产品对华出口几乎集中在南美几个国家，其中巴西农产品对华出口占拉美农产品对华出口的68%，阿根廷、乌拉圭和智利各占17%、6%和5%，这四个对华出口国的农产品占拉美农产品对华出口的96%。

拉美农产品对华出口的品种单一，大部分是大豆，其次为粗榨豆油、原糖、烟叶、冻鸡、鲜果等。

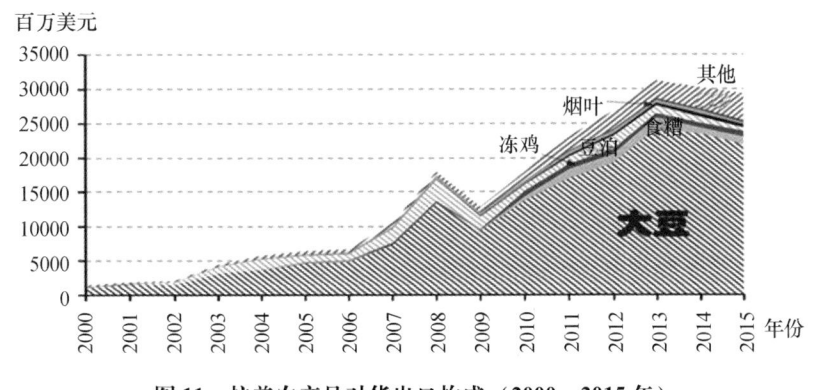

图11 拉美农产品对华出口构成（2000—2015年）

资料来源：CEPAL据联合国商品贸易统计数据库（COMTRADE）数据制作。

此外，拉美农产品基本上以原料形态对华出口，经过加工的农产品比重很小。比如 2004 年拉美大豆油在中国进口大豆油中曾占 25%，到 2015 年下降到 2%。

据 CEPAL 的资料，从中拉贸易的商品结构看，中国出口基本上是工业制成品，进口主要是初级产品。2006 年，中国对拉美出口制成品中 10 大类产品占出口总额的 36.4%，进口拉美产品中初级产品占 67%。到了 2010 年，情况基本没有改变。2015 年拉美对华出口的 70% 是能源产品、金属及矿产品和农产品等初级产品，而拉美这些初级产品对世界其他国家和地区的出口仅占 34%。同年，拉美对华出口中，低中高技术含量制成品仅占 8%，而对世界其他国家和地区出口中，这类制成品占比高达 49%。2015 年，拉美从中国进口的各种技术含量的制成品占 91%，而从世界其他国家和地区的进口中，这类产品的占比则为 72%。CEPAL 认为，"拉中贸易仍然纯粹是初级产品换制成品的行业间贸易"（el comercio entre América Latina y el Caribe y China sigue siendo netamente interindustrial: materias primas por manufacturas）。

商品结构的另一个问题是中国进口拉美初级产品占比逐年增加，而且种类很单一。2000 年，拉美五大类产品（全部是初级产品）对华出口的占比为 45%，到 2015 年增至 69%。CEPAL 专家认为，这是强劲的"再初级产品化"（reprimarización）过程。

（二）进出口贸易失衡

据中国海关的统计，在中拉贸易高增长期（2002—2011 年），中方对拉美有 5 年出现逆差，10 年里贸易逆差累计为 114 亿美元，年均逆差 11.4 亿美元。但进入新常态之后，中方对拉美贸易每年出现顺差，5 年间顺差累计达 642 亿美元，年均顺差 128 亿美元。

据 CEPAL 的数字，中拉贸易中，中方顺差更大。从 2010 年起，中国对拉美的顺差保持了快速增长的势头，特别是 2013 年之后，由于墨西哥、智利和巴西（该三个国家对华出口占拉美及加勒比地区对华出口总额的 70%）对华出口大幅下跌，拉美贸易逆差到 2015 年已高达约 800 亿美元，约占当年中拉贸易总额的 30%。这一情况已引起拉美国家关注。

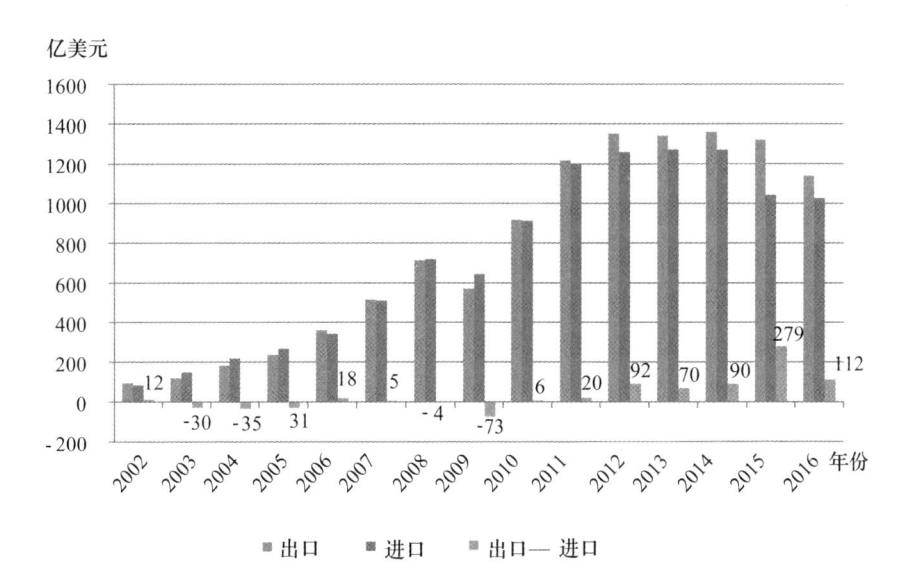

图12 中拉贸易平衡统计（2002—2015年）

资料来源：中国海关统计。

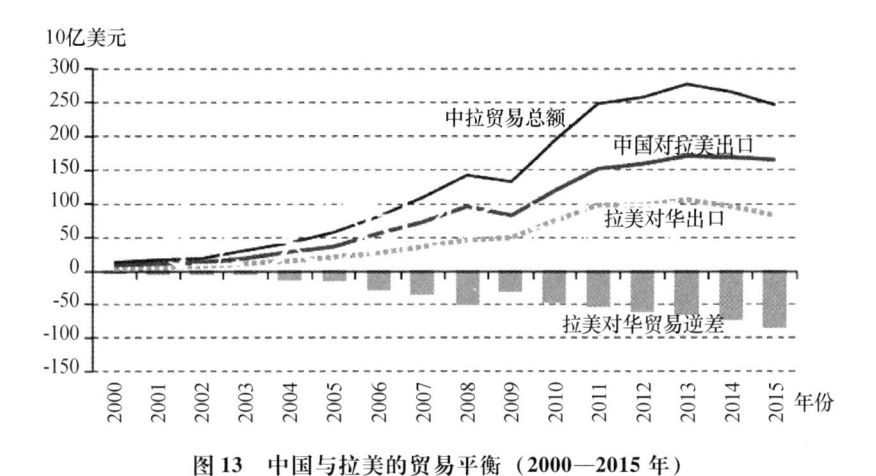

图13 中国与拉美的贸易平衡（2000—2015年）

资料来源：CEPAL据联合国COMTRADE数据库数据制作。

在对华贸易中，墨西哥贸易逆差最大，且长期居高不下。根据CEPAL的数字，2015年主要有14个拉美国家对华贸易出现逆差，总金额达969.6亿美元，其中墨西哥对华逆差高达651.2亿美元，占全部逆差的67%。

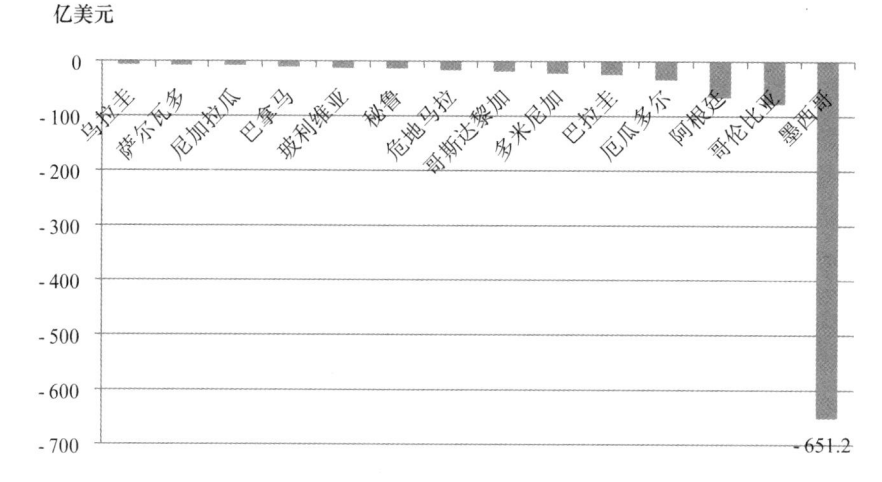

图 14　2015 年中国与拉美国家的贸易平衡

资料来源：CEPAL，据联合国 COMTRADE 数据库。

（三）中国企业经济效益不高

在中拉贸易高速发展期间，国际市场初级产品价格一路飙升，几年间中国大量进口的农产品和金属矿产品价格上涨了数倍。初级产品价格上涨对于南美国家是有利的，但对中国来说情况正相反。特别是原油价格从 2008 年上半年开始狂涨，一度涨至 150 美元/桶的高价。受油价飙升影响，运费也水涨船高，出现中国买得越多，商品价格涨得越高的恶性循环，其原因既有中国需求大、握有定价权的外国大公司强行提价的因素，也有中国公司竞相抢购和少数公司投机囤积的推波助澜。同期，中国出口的制成品价格却呈现走低趋势，更加影响了中国外贸企业的经济效益。

这种形势对那些以经营劳动密集型和技术含量低的制成品出口的中国企业影响最大。中国企业经济效益普遍低下，成为制约中拉贸易可持续发展的潜在因素之一。

由于拉美一些国家国内经济形势恶化，商业信誉下降，结汇风险增大，使一些中国企业蒙受经济损失。如某中国石油设备出口公司因缺乏专业的国际贸易自我保护意识，被对方拖欠天文数字的货款，公司最后被接管。虽然这是个别极端案例，但教训深刻，值得吸取。

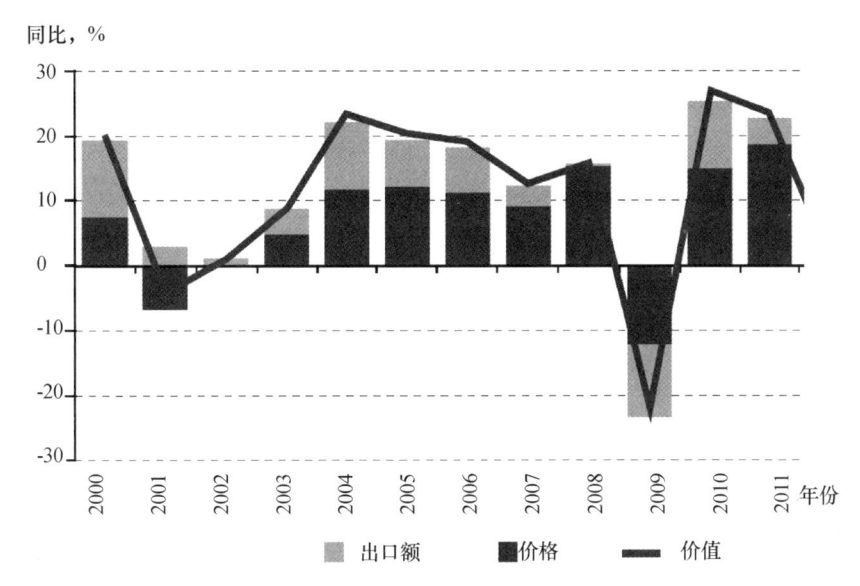

图 15 拉美和加勒比地区出口增长变化（2000—2011 年）

资料来源：CEPAL 制作。

（四）贸易争端频发

贸易争端的表现形式是反倾销调查和其他贸易救济措施。由于大量进口商品对相关国家的相关产业可能产生冲击，根据世界贸易组织的规定，有关国家可根据本国企业的申诉来决定是否启动反倾销调查，并依调查结果决定是否采取反倾销措施。这客观上有贸易保护主义的意味。拉美国家在金融危机爆发之前（1995 年 1 月 1 日至 2008 年 12 月 31 日），共启动 678 项反倾销调查，年均 60.5 项；采取反倾销措施共 447 项，年均 71 项。金融危机之后（2009 年 1 月 1 日—2015 年 12 月 31 日）启动的反倾销调查共 544 项，年均 77.7 项；采取的反倾销措施共 272 项，年均 38.8 项。可见在金融危机之后，拉美国家反倾销调查的力度有所加大。

中拉经贸关系快速发展的同时，自然也会伴随贸易争端和摩擦。据世贸组织统计，1995—2016 年上半年，阿根廷、巴西、墨西哥等拉美国家对中国产品展开的反倾销调查案件共达 195 项，占中国遭遇的反倾销调查案件总数的 23.6%；同期，拉美国家对中国商品采取的反倾销措施共 208 项，占对中国采取反倾销措施总数的 25.2%。

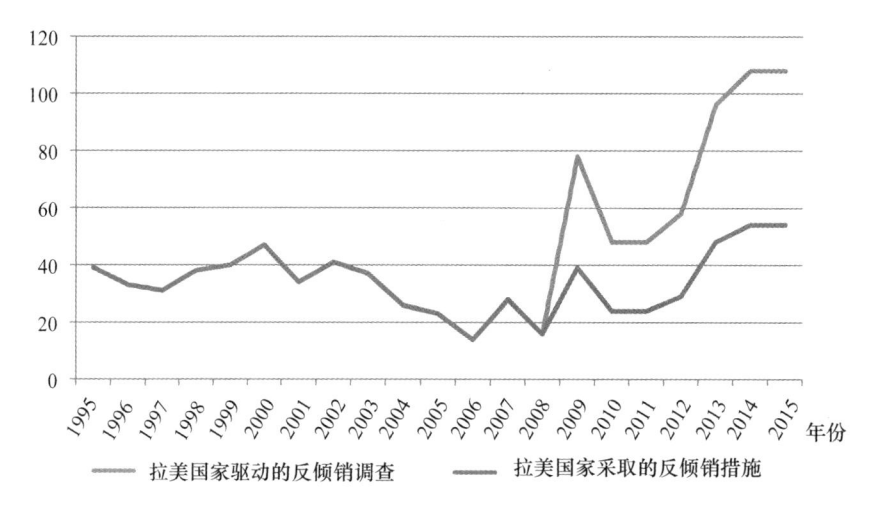

```
120
100
 80
 60
 40
 20
  0
    1995 1996 1997 1998 1999 2000 2001 2002 2003 2004 2005 2006 2007 2008 2009 2010 2011 2012 2013 2014 2015  年份
```
—— 拉美国家驱动的反倾销调查　　—— 拉美国家采取的反倾销措施

图16　拉美国家反倾销情况（1995年1月1日—2015年12月31日）

资料来源：世界贸易组织。

表3　　　　　　拉美对华反倾销调查和反倾销措施一览
（1995年1月1日—2016年6月30日）

	对华启动反倾销调查	对华实施反倾销措施
阿根廷	85	75
巴西	48	64
墨西哥	30	35
秘鲁	19	17
委内瑞拉	9	11
特立尼达和多巴哥	2	3
智利	1	1
牙买加	1	1
乌拉圭	—	1
合计	195	208

资料来源：世界贸易组织。

中国加入世贸组织后，尽管巴西、阿根廷、秘鲁等拉美国家先后承认中国的市场经济地位，但对华反倾销调查和措施有增无减，且增加了反补贴、特保等其他新措施。金融危机爆发后，这些国家对中国产品启动的反倾销调查和采取的措施猛然增多，其中包括临时性措施和长期措施。

应该指出,拉美对华反倾销案件虽然数量较多,但涉案金额并不太大,且大多是附加价值较低、技术含量不高的商品。以巴西为例,涉案中国产品大多是与巴西当地竞争的轻工纺织、五金化工等产品。这些产品价值低,运费高、薄利甚至赔本,而且大量对巴西低价销售,冲击了当地市场,引起巴西同业者强烈不满,影响当地的就业,实在是损人不利己。

表4　　　　　　　　巴西对华反倾销等贸易保护案件统计

序号	调查产品名称	调查类型	立案日期	终裁时间	终裁结果	有效期
1	钢丝网	反倾销	2001-6-4			
2	草甘膦	反倾销	2001-8-30			
3	镁粉	反倾销	2003-4-29	2004-10-11	最终反倾销税0.99美元/公斤	2015-10-7
4	圆珠笔	复审	2008-10-30	2010-04-29	14.52美元/公斤	2015-04-29
5	鞋类产品	反倾销	2008-12-31	2010-03-05	13.85美元/双	2015-03-05
6	合成纤维毯	反倾销	2009-5-5	2010-04-29	5.22美元/公斤	2015-04-29
7	桌面玻璃器	反倾销	2009-10-29	2011-3-1	1.7美元/公斤	2016-3-1
8	合纤针织布	反倾销	2009-11-04	2011-4-8	4.1美元/公斤	2016-4-7
9	暖水瓶	复审	2010-07-19	2011-7-12	47%从价税	2016-7-11
10	无缝碳钢管	反倾销	2010-12-21	2011-9-8	743美元/吨	2016-9-7
11	柠檬酸及柠檬酸盐	反倾销	2011-4-7	2012-7-25	每吨835.32至861.5美元	2017-7-25
12	合成纤维毯	反规避	2011-5-16	2012-2-14	乌拉圭和巴拉圭(毯)5.22美元/公斤,中国(面料)96.6从价税	
13	聚二苯甲烷二异氰酸酯	反倾销	2011-6-8	2012-10-31	终裁:619.27—1079.68美元/吨	
14	鞋	反规避	2011-10-4			
15	不锈钢焊管	反倾销	2012-3-7			
16	不锈钢冷轧板	反倾销	2012-4-13	2013-10-04	235.59—853.46美元/吨	2018-10-04
17	平轧硅钢	反倾销	2012-4-19	2013-7-4	132.5—567.16美元/吨	2018-7
18	平扎钢板	反倾销	2012-5-3	2013-10-3	211.56美元/吨	2018-10-03
19	无缝碳钢管	反倾销	2012-6-21	2013-11-4	78.99至835.47美元/吨	2018-11

续表

序号	调查产品名称	调查类型	立案日期	终裁时间	终裁结果	有效期
20	摩托车轮胎	反倾销	2012-6-25	2013-12-19	2.21—7.4 美元/公斤	2018-12
21	尼龙线	反倾销	2012-7-9	2013-12-27	334.78—2409.11 美元/吨	2018-12
22	碱性耐火材料		2012-7-2	2013-12-19	536.52 美元/吨	2018-12
23	台式电风扇	复审	2012-8-6			
24	手拉葫芦	复审	2012-8-21			
25	客车轮胎	复审	2012-8-24			
26	自行车整体曲轴连杆	复审	2012-10-05	2013-10-01	1.56 美元/公斤	2018-10
27	铝制预涂感光平板	复审	2012-10-05			
28	眼镜架	复审	2012-10-05	2013-10-1	11.44 美元/副	2018-10
29	二氧化硅沉淀物	反倾销	2012-10-26	2014-4-23	63.39—594.41 美元/吨	2019-04
30	还原靛蓝产品	反倾销	2012-10-30	2013-12-27	1717.91 美元/吨	2018-12
31	大蒜	复审	2012-11-12	2013-10-04	0.78 美元/千克	2018-10
32	挂锁	复审	2012-11-14			
33	发梳	复审	2012-12-12	2013-11-25	12.55—15.67 美元/千克	2018-11
34	扬声器	复审	2012-12-12	2013-11-29	2.35 美元/千克	2018-11
35	搅拌机	反倾销	2012-12-13			
36	餐桌用具	反倾销	2012-12-27	2014-1-16	1.84 至 5.14 美元/公斤	2019-01
37	制冷家电安全玻璃	反倾销	2013-1-9	2014-07-03	2.74—5.45 美元/平方米	2019-07
38	技术瓷未上釉瓷砖	反倾销	2013-7-8	2014-7-3	临时反倾销税 3.01—5.73 美元/平方米	2015-01
39	耐火陶瓷过滤器	反倾销	2013-7-29	2014-07-04	6.06 美元/公斤	2019-07-04
40	PVC 树脂	复审	2013-8-29	2014-8-15	21.6%	2019-8
41	塑料真空采血管	反倾销	2013-11-1	2015-04-30	49.5%—638.1%	2020-04-30
42	无缝钢管	反倾销	2013-11-14	2014-10-30	908.59 美元/吨	2019-10-30
43	自行车轮胎	反倾销	2013-10-12	2014-2-19	0.28—3.85 美元/公斤	2019-02

续表

序号	调查产品名称	调查类型	立案日期	终裁时间	终裁结果	有效期
44	无色平板玻璃	反倾销	2013-11-4			
45	己二酸	反倾销	2013-12-16	2015-04-04	321.05 美元/吨	2019-04-01
46	螺纹铜管	反倾销	2013-12-23	2015-03-05	1853.69—2129.08 美元/吨	2020-03-05
47	铝制预涂感光平板	反倾销	2014-2-25	2015-03-05	终裁 2.09—5.86 美元/千克	2020-03-05
48	平扎钢板（72）	复审	2014-4-24			
49	炉用碳棒	复审	2014-4-10	2015-1-28	2259.46 美元/吨	2020-1-28
50	环形磁铁	反倾销	2014-6-13	2015-5-4	1987.45—3382.6 美元/吨	2020-5-4
51	修甲钳	反倾销	2014-12-08			
52	卡车轮胎	复审	2014-6-17	2015-5-4	1.12—2.59 美元/千克	2020-5-4
53	PET 薄膜	反倾销	2014-11-6	2015-5-22	946.36 美元/吨	2020-5-22
54	一次性注射器	复审	2014-9-17	2015-6-22	4.55 美元/公斤	2020-6-22
55	未锻轮金属镁	复审	2014-12-8			
56	鞋	复审	2015-03-04			
57	PVC 涂料布	反倾销	2015-3-23			
58	玻璃镜	反倾销	2015-3-23			
59	合成纤维毯	复审	2015-4-28			
60	圆珠笔	复审	2015-4-28			
61	陶瓷磁铁	复审	2015-5-28			
62	厚板	反规避复审	2015-6-15			
63	PET 树脂	反倾销	2015-6-22			
64	农机轮胎	反倾销	2015-6-29			
65	汽车玻璃	反倾销	2015-6-29			

资料来源：中国驻巴西使馆经商参赞处。

国内媒体曾一度渲染中国遭遇的反倾销调查，认为中国是最大的受害国，受到严重损害。这种观点很片面。从金额上来看，贸易摩擦是小枝节，中拉贸易主流并没有受到太大影响；从实际情况看，大多数贸易摩擦都是事出有因，并非完全是哪方面的过错，而作为出口大国的中国完全不必过度反应。在具体处理方面，如果反倾销属于政治化或不良动机，应坚决反对；如果我方确有倾销行为，应根据具体情况，实事求是地加以处理。

（五）投资结构失衡

中国和拉美在投资领域的结构也极不均衡。据 CEPAL 的数据，2010—2014 年间，中国企业对拉美的直接投资 90% 都集中在能源和矿产业等自然资源行业，仅在汽车等少数制造业有投资。而同期世界其他国家对拉美自然资源行业的直接投资仅占 25%。相对而言，中国对拉美的投资规模不大，而对中国企业来说，拉美国家投资环境较差。拉美国家虽然名义上鼓励外国直接投资，但实际上市场准入门槛很高，加上办事效率低、基础设施差、工会势力强、文化差异大等因素，中国企业进入拉美投资市场的难度非常大；与此同时，中国企业"走出去"的能力还较弱，在人力、财力、管理等方面的实力还不够强，仍处于起步阶段。

在对华投资方面，拉美地区只有几家大型企业对华有投资，但规模小，局限于很少的行业里。而拉美许多有实力的中小企业还没有涉足中国的投资市场。

三　中拉经贸前景展望及相关政策建议

（一）中拉经贸关系可望保持长期稳定增长

2015 年 1 月在北京举行的中国—拉共体论坛（中拉论坛）首届部长级会议上制定的《中国与拉美和加勒比国家合作规划（2015—2019）》提出，争取在 2024 年使中拉贸易额达到 5000 亿美元、双方投资存量达到 2500 亿美元。

在当时背景下，实现贸易额翻番的目标是有可能的，因为 2014 年中拉贸易总量已达到 2635 亿美元，如之后 10 年能实现年均增长 6%，完全可能达到 5000 亿美元目标。

不过，自 2015 年起情况不太好，中拉贸易连续两年负增长，如果今后若干年内国际经济和贸易形势仍不好转，中拉贸易 5000 亿美元的目标可能需更长时间才能实现。

依据中国海关统计，用二元回归方程对中拉贸易中长期（2011—

2035年）增长趋势进行计算，5000亿美元的目标可能要到2035年才能达到。这当然是保守的理论计算，今后不确定性会很多，如世界经贸形势在不太长的时间后转入新增长期，中拉经贸合作进展又比较顺利，则中拉贸易在更短时间内实现2015年规划的目标也很有可能。

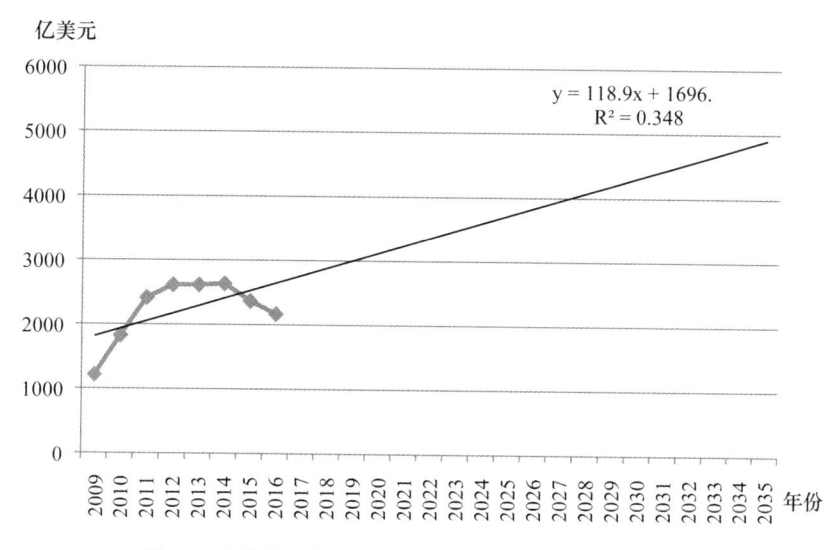

亿美元

$y = 118.9x + 1696.$
$R^2 = 0.348$

图17 中拉贸易中长期增长趋势预测（2009—2035年）

资料来源：中国海关统计。

在投资方面，鉴于双方投资存量本来就低（约1100亿美元），其中包括中资公司在南美能源领域的几项金额巨大的并购投资，且拉美经贸形势严峻、投资环境较差、投资结构面临调整的巨大压力、存在许多变数和不确定性，2025年实现双方投资存量超过2500亿美元的目标似不容乐观。但是，如果今后中拉在两洋铁路等超级基础设施建设项目上取得实质性突破，中拉国际产能合作进展顺利，必将有力地推进中拉双方在贸易和投资方面的重大发展，因此中拉投资翻番的目标在2025年前后实现也是有可能的。

目前，中拉经贸面临许多需要解决的问题和挑战，在可以预见的将来，中拉贸易不可能再次出现两位数字的增长，但如果双方努力应对当前的挑战、加快实现结构调整和转型升级，中拉经贸关系完全可以保持长期稳定增长。

中拉经贸关系保持长期稳定增长的有利条件和根本保证在于：双方业已建立的战略伙伴关系或全面战略伙伴关系；与智利、秘鲁和哥斯达黎加已建立自由贸易区；中拉双方高层交往加强，更加重视发展同各自对方的经贸关系；中国—拉美国家共同体论坛机制建立，并制定《中国与拉美和加勒比国家合作规划（2015—2019）》，涵盖政治与安全、贸易投资、金融、基础设施建设、能源资源、工业、农业、科技、人文等部门和领域；中国政府公布第二个《中国对拉丁美洲和加勒比政策文件》，等等。

中拉合作规划可用"1＋3＋6"和"3×3"概括。前者的内涵是：1项旨在可持续和包容性发展的总体规划，3个推动力（贸易、投资和金融合作），6个优先发展的领域（能源和自然资源、基础设施建设、农业、工业、科技创新和信息技术领域）。后者的内涵是：3大通道（物流、电力、信息），3者互动（企业、社会、政府）和3条渠道（基金、信贷、保险）。

中拉经贸合作的顶层设计紧密结合中拉双方各自的经济发展规划，可操作性强，具有推动和深化双边经贸关系的广阔前景和巨大操作空间，但需要双方进一步完善和细化相关的制度及政策安排，特别是要求企业家抓住机遇，努力践行，稳步推进，逐步落实各国政府制定的大中小合作项目。

（二）促进中拉经贸关系稳定和可持续发展的政策建议

1. 进一步扩大中拉自由贸易区建设

自由贸易协定是扩大双边或多边贸易便利化和投资便利化的不错选择。21世纪头10年，中国与智利、秘鲁和哥斯达黎加三个拉美国家顺利建立自贸区，双边经贸关系得到明显促进。但在新形势下，应考虑进一步完善这些自贸区机制，并与时俱进地进行升级，为今后中拉自贸区扩建树立更高标杆。

理论上讲，中拉自贸区下一步建设应优先考虑巴西、墨西哥、阿根廷等与中国关系更紧密、经济总量更大的国家。比如墨西哥，它是拉美自由贸易协定签署最多的国家之一，对外开放度很高，而且同中国有大量的贸易逆差，如果签署自贸协定，将有利于对华出口，缩小贸易逆差。但这三个国家都因各种原因不愿同中国谈判自贸协定，短期内可能不具备同它们举行谈判的条件。

在当前全球贸易保护主义甚嚣尘上的形势下，扩大中拉自贸区建设的难度加大。因此，中国对拉美下一轮自贸协定谈判对象只能考虑其他经济总量较小、初步具备条件的国家。中国—哥伦比亚自贸协定可行性研究工作已启动多年，因而应首先加快可行性研究，尽快启动谈判并达成中哥自贸协定。与此同时，还可选择厄瓜多尔、玻利维亚、乌拉圭等其他与中国保持良好经贸关系的国家，启动自贸协定谈判并达成协定。

2. 加强同太平洋联盟合作，纳入"一带一路"框架

中国同拉共体已建立合作关系，还需要同拉美次区域组织加强合作，才能更好地实现贸易和投资便利化目的。拉美次地区组织很多，应选择条件好的次地区组织加强合作，其中太平洋联盟是最佳选择。太平洋联盟是由智利、秘鲁、墨西哥、哥伦比亚和哥斯达黎加五国组成的次区域经贸合作组织，其主要目标是加深成员国经济一体化，大力推动彼此之间在货物、服务、资金和人员的自由流动，实现自由贸易，加强与亚太地区的联系。中国在拉美建立的三个自贸区都是该组织成员，正在与中国进行自贸协定可行性研究的哥伦比亚也是它的成员。

建议有关部门将中国同太平洋联盟合作纳入"一带一路"倡议框架。国内主流媒体和专家学者将"一带一路"建设仅限于亚洲、欧洲和非洲的 65 个国家，这值得商榷。

众所周知，1565—1815 年间，从中国福建沿海经菲律宾马尼拉到现墨西哥阿卡普尔科之间有一条跨洋贸易航线，把中国丝绸瓷器及其他亚洲产品输送到太平洋彼岸，再通过陆路和海路转运到墨西哥内地和南美洲及欧洲。同时，也将美洲出产的白银及其他物产运送到中国和亚洲其他国家。这条贸易航线历时两个半世纪，横跨太平洋和大西洋、连接亚洲美洲和欧洲，它揭开了经济全球化的序幕，迎来了第一次工业革命的曙光，意义重大，影响深远，是历史上"海上丝绸之路"的辉煌绝唱。

据中国外交部发言人称，到 2017 年年初，"一带一路"倡议已得到全球 100 个国家和国际组织积极响应支持。这一数字大大超过之前主流媒体和专家学者的界定。"一带一路"倡议是中国与世界各经济体互联互通开放包容共享共赢的发展方向，将中国同太平洋联盟的经贸合作纳入"一带一路"建设框架，是合理而必要的，而包括美洲的"一带一路"建设，也必定会展现出更加广阔的运作空间。

3. 努力促进中拉贸易均衡发展

近年中拉贸易虽然暂时处于停滞状态，但中国对拉美出口和自拉美进

口都存在很大空间，只要双方共同努力，中拉贸易有可能上全新台阶，继续保持适度稳定增长。

出口 首要的任务是增加更多更高品质的中国商品出口，以满足拉美消费者的需求；同时，要减少高能耗、高材耗和低经济效益的产品出口，从而减少中拉贸易摩擦。

进口 要逐步实现进口产品多元化，有意识地减少初级产品进口，努力提高制成品进口比重。应该看到，中国增加拉美制成品进口的空间很大。据 CEPAL 的资料，2015 年中国从拉美国家（巴西和墨西哥除外）进口的产品种类，只占这些国家对拉美地区出口产品种类一成或以下。例如，阿根廷对本地区出口的商品共有 3200 多种，而对华出口产品只有不到 380 种，占阿对本地区出口种类的 11%；智利对本地区出口的产品有近 3600 种，对华出口的产品只有 369 种，仅占 10%；哥伦比亚对拉美出口的商品有近 3200 种，而对华出口的商品仅有 245 种，占 8%；危地马拉出口的商品有 3151 种，对华出口仅有 135 种，占 4%；秘鲁出口的商品有 2921 种，对华出口有 228 种，占 8%。就拿墨西哥和巴西来说，中国从这两个国家进口的产品（分别为 1346 种和 1400 种）也只占它们对拉美地区出口产品种类（均为 3700 多种）的 1/3，换句话说，还有 2000 多种产品可供中国选择。随着中国小康社会的建成、中国老百姓生活质量不断提高，对更多拉美产品的需求也会越来越多，中国自拉美进口潜力很大，可能性也是巨大的。

增加进口，特别是增加从同中方贸易逆差较大的国家的进口，对实现相对均衡的贸易发展意义重大，这对双方都有利。

中国同巴西等南美国家的贸易情况正相反，中方处于逆差地位。为了保证中国国内经济建设的需要，仍应积极扩大那些属于资源短缺的初级产品进口，同时有意识地增加农工制成品的进口比重，减少原材料的进口比重，优化进口结构，提高经济效益。

4. 积极拓展服务贸易空间

中拉服务贸易还处于起步阶段，发展空间广阔。中拉双方可以在金融、保险、航空客运、旅游、电商、物流等行业加强合作，使之成为中拉经贸关系发展的新动力，成为解决中拉经贸关系结构性问题和转型升级的突破口。

金融 应首先增加中国银行企业在拉美其他国家的设点和布局。金融服务可以有力地推动中拉经贸关系健康和可持续发展。与此同时，要加快同尚未签署货币互换协定的友好国家达成货币互换协定，以促进加快人民币国际化进程。

航空客运　近年中拉双方到对方国家旅游的人数增长很快，但中拉直达航班寥寥无几。近期内，应努力增加开通中拉直达航班，以方便中拉游客的出行，促进中拉旅游业大发展。

电商　中国互联网企业已具备走进拉美的条件，应加大拓展拉美电商市场力度。电商业的发展，对货物和服务贸易的稳定发展是很好的促进器，也可拉动航空运输的发展。

5. 努力实现投资多元化

中国对拉美投资主要集中在油田开发和铁矿铜矿等金属采掘业，基本上是在金融危机前中拉贸易高速增长期内投资的。现在看来，这些投资存在相当大的风险，付了不少"学费"。

从长远看，中国企业应该加大在制造业方面的投资。比如，中国对豆油的需求巨大，而国内受土地资源和水资源短缺的限制，必须从美洲进口大量的大豆，在国内榨制豆油，以满足市场的需求。如果中国企业以合资的方式在南美国家生产豆油，既可改变进口产品结构、减少价格波动风险、提高经济效益，又可获得稳定供应来源、增加所在国就业，对双方都有好处。在轻工纺织品服装等日常生活用品方面，中国企业如果到拉美投资，就地生产，不仅可以降低生产和营销费用，提高经济效益，帮助当地解决就业问题，而且可以减少被拉美国家反倾销等贸易制裁。

6. 创建专业的中拉经贸博览会

为了加强中拉经贸界人士的相互了解、促进经贸关系稳定健康发展，有必要创建一个专业的中拉经贸博览会，其功能与国内已有的知名博览会（例如南宁中国东盟博览会、成都中国西部国际博览会、厦门海峡两岸交易会、宁夏中国—阿拉伯博览会等）相似。建议将中拉经贸博览会会址设在珠海横琴自贸区。该区拥有促进同讲西班牙语和葡萄牙语国家地区对外经贸关系发展的地缘优势。中拉经贸博览会可以考虑同中国国际贸易促进会主办的中拉企业家峰会结合，每两年在横琴自贸区举办一次，重点是促进拉美产品和技术对中国的出口，以此形成该博览会的特色，同时推动中国新产品新技术对拉美地区出口。

中拉产业合作案例简析

——巴西电力、委内瑞拉石油、智利铜业案例简析

谢文泽[*]

【内容提要】产业合作是指两国之间某一产业的整体合作。中国与拉美国家之间的产业合作取得了显著成效,但仍处于起步阶段,有些合作还受到国内外的广泛关注,甚至备受指责和争议。本文选择中国与巴西的电力产业合作、中国与委内瑞拉的石油产业合作、中国与智利的铜业产业合作3个案例,简要分析3个案例中的合作成效,并针对如何推进中拉产业合作提出几点看法。选择这3个案例的主要原因是合作时间较长,规模较大,成效较为明显。

【关键词】中拉合作;产业合作;巴西;委内瑞拉;智利

一 中国与巴西电力产业合作

巴西是电力市场大国。在西半球,巴西是第三大电力生产国,位居美国和加拿大之后。2016年巴西发电设施的装机容量约1.37亿千瓦,年发电量约5600亿千瓦·时。在世界范围内,巴西是第二大水力发电国家,仅次于中国。巴西的水电装机容量约8700万千瓦,水力发电量约占发电

---

[*] 谢文泽,中国社会科学院拉丁美洲研究所经济研究室研究员。

总量的 70%。①

由于电力事关国计民生,因此,巴西的电力管理体制是国家所有,特许经营。自 20 世纪 90 年代中期以来,巴西以特许经营模式鼓励私人资本和外国资本投资电力领域,但联邦政府和地方政府的国有企业仍是主要电力运营主体。例如,巴西联邦政府所属的巴西电力公司(Electrobras)是巴西第一大电力运营企业,根据该公司官网②上的信息,截至 2015 年,该公司的发电设施装机容量约 4539 万千瓦,约占全国装机容量的 32%;年发电量约 1.66 亿千瓦·时,约占全国发电量的 1/3;电网总长度 6.1 万千米。圣保罗电力公司(Companhia Energética de São Paulo)是圣保罗州政府控股的电力企业,装机容量 165.5 万千瓦,等等。

中国与巴西的电力合作取得重大进展。2016 年 12 月三峡集团完成了杜克能源(Duke Energy)巴西公司 100% 股权的交割,收购金额 12 亿美元,使三峡集团在巴西合资或控股拥有的装机容量达到 827 万千瓦。2017 年 1 月国家电网巴西控股公司完成了巴西 CPFL 能源公司(CPFL Energia)54.64% 股权的交割,收购金额 141.9 亿雷亚尔(约 45 亿美元),在此之前该公司已在巴西先后收购 14 家拥有输电特许经营权的项目公司。

国家电网主营电网业务,该集团通过收购拥有输电线路特许经营权的项目公司进入巴西电力领域。2009 年 5 月国家电网的合资子公司——国网国际发展有限公司与西班牙 ACS 公司签订协议,拟收购后者在巴西的 7 个子公司,其 7 个子公司在巴西拥有 16 条 138—500 千伏输电线路的特许经营权,输电线路总长度 2792 千米,收购金额 10.5 亿雷亚尔(约 5.3 亿美元)。2010 年 12 月,国网国际发展有限公司在里约热内卢正式成立"国家电网巴西控股公司",并完成了与西班牙 ACS 公司的股权交割。2011 年以来,国家电网巴西控股公司投资和收购并举,迅速扩大业务规模。在投资方面,联合投资和独立投资并举,例如 2012 年 12 月国家电网巴西控股公司(51%)与两家巴西企业(合计 49%)组成联营体,成功中标巴西 2012 年 07 号输电特许权 G 标段项目,共同投资建设和运营 953 千米 500 千伏的输电线路,运营期 30 年。2014 年 2 月国家电网巴西控股

---

① U. S. Energy Information Administration,"Brazil has the third-largest electricity sector in the Americas",March 23,2017,https://www.eia.gov/todayinenergy/detail.php?id=30472.

② http://eletrobras.com/pt/Paginas/home.aspx.

公司（51%）与巴西国家电力公司（49%）组成联营体，成功中标巴西美丽山特高压输电线路Ⅰ期特许经营项目，共同投资建设和运营2092千米的输电线路，运营期30年。2016年4月国家电网巴西控股公司独立中标巴西特里斯皮尔斯水电送出Ⅱ期输电特许经营权项目，投资建设和运营1280千米的输电线路，运营期30年。在收购方面，对巴西CPFL能源公司控股性收购不仅是国家电网规模较大的一起海外并购业务，也使国家电网巴西控股公司在巴西电力领域的地位大幅度提升。根据巴西的法律规定，每个特许经营项目需设立一个项目公司。因此，截至2016年年底，国家电网巴西控股公司在巴西全资或控股拥有16家子公司。

三峡集团的主营业务是发电，该集团通过收购水电站项目公司的股权进入巴西电力领域。2011年12月三峡集团与葡萄牙电力公司（Energias de Portugal，EDP）签订战略伙伴关系协议，前者收购后者21.35%的股份，并约定双方开展全球范围的电力合作开发。2013年6月三峡集团的全资子公司——中水电国际投资有限公司与葡萄牙电力公司的控股子公司——葡萄牙电力巴西公司签订了谅解备忘录，前者收购后者在巴西两座水电站各50%的运营权，收购金额为7.84亿雷亚尔，两座水电站装机容量合计为59.2万千瓦。2013年10月中国三峡（巴西）有限公司成立，开启了大踏步的并购之路，除完成了前述两座水电站各50%运营权的收购外，2014年收购了葡萄牙电力巴西公司一座在建水电站33.3%的建设权，2015年收购了巴西Triunfo公司的两座水电站，等等。2016年中国三峡（巴西）有限公司不仅完成了巴西朱比亚水电站和伊利亚水电站30年特许经营权的收购交割，也完成了美国杜克能源巴西公司的收购，中国三峡（巴西）有限公司一跃成为巴西第二大电力生产企业。

二 中国与委内瑞拉石油产业合作

委内瑞拉是拉美地区的主要石油生产和出口国。该国已探明的石油储量超过3000亿桶，居世界第一位。石油出口收入占委内瑞拉商品出口总收入的95%以上。石油产业是委内瑞拉国民经济的关键基础，由委内瑞拉国家石油公司代表国家负责石油的勘探、开发、加工、销售等全产业链业务。

早在20世纪90年代初，中国的石油企业就已经与委内瑞拉在勘探、开采等业务环节开展合作，以提供勘探、开采等技术服务和劳务服务为主。

中国与委内瑞拉的"中国—委内瑞拉联合融资基金"（以下简称中委基金）开启了两国间的石油产业合作。中委基金自设立之初就备受关注。"中委基金"是以石油贸易为基础的，集"贸易、投资和金融合作"三大机制于一体的联合融资机制。通过中委基金，中方提供的融资资金流向委内瑞拉。如图1所示，中国政府与委内瑞拉政府签订的双边协议是中委基金的基础。根据协议，中国国家开发银行、委内瑞拉经济社会发展银行（以下简称委内瑞拉国开行）分别代表中国政府和委内瑞拉政府出资，共同设立中委基金。中委基金于2008年正式开始实施，起步期的资金规模为60亿美元，中国国家开发银行出资40亿美元，占基金总额的2/3；委内瑞拉国开行出资20亿美元，占总额的1/3，其作用相当于委方的自有资本金。委方利用中委基金投资本国经济、社会发展所需的工程和项目。

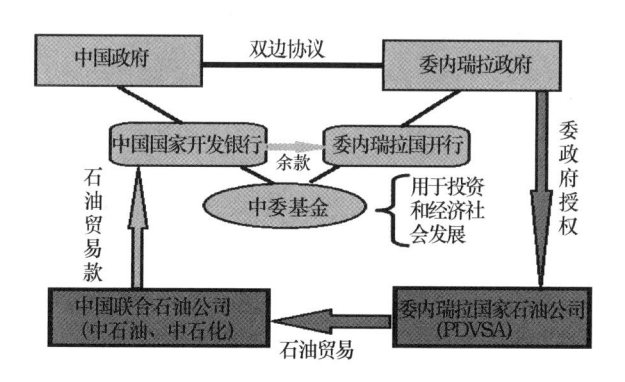

图1 中委基金结构示意

通过贸易机制，委方的石油流向中方的石油贸易公司。委内瑞拉政府授权委内瑞拉国家石油公司（PDVSA）与中方的石油贸易公司——中国联合石油公司安排石油贸易。贸易量根据石油的国际市场价格和偿还中方融资资金的需要来确定石油贸易量。当石油价格在100美元/桶以上时，日均石油贸易量仅数万桶；当石油价格下降时，日均石油贸易量就相应地增加。

中委基金分为三期，可分别称为"中委基金Ⅰ期"（2008年开始实施)、"中委基金Ⅱ期"（2009 年开始实施）和"中委基金Ⅲ期"（2013年开始实施）。每期 50 亿美元（Ⅰ期初始为 40 亿美元，后增至 50 亿美元），合作期限 15 年，3 年为一个滚动周期。如图 2 所示，在合作期内，第Ⅲ期的最后一个滚动周期为 2025—2027 年，因此，2017—2025 年中国每年可以向委内瑞拉提供 50 亿美元的融资，9 年内的融资总额可达 450 亿美元。

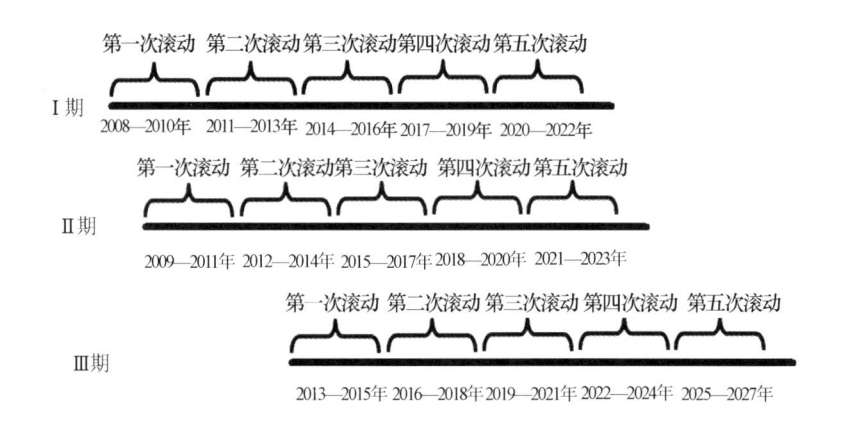

图 2　Ⅰ、Ⅱ、Ⅲ期中委基金的流动概况示意

中委基金带动了中、委两国的石油贸易。根据联合国商品贸易统计数据（UN COMTRADE Database），2009 年中国从委内瑞拉进口石油 527 万吨，2010 年增至 755 万吨，2010 年达到 1529 万吨，2016 年达到 2016 万吨。通过"中委基金"的金融合作，在石油价格高涨时，中国增加了一个较为稳定的原油进口来源；在石油价格下跌时，委内瑞拉有稳定的石油出口市场。到目前为止，基金运行良好，风险可控。只要委方不单方面终止合作，中方将愿意继续执行合作协议。

中委基金带动了中、委两国的石油产业合作，例如委内瑞拉 MPE3 油田开发项目（简称"MPE3 项目"）。MPE3 项目是委内瑞拉国家石油公司与中石油的一个合资项目，双方按 60∶40 的比例设立合资公司，中国国家开发银行提供项目贷款，贷款人为合资公司，委内瑞拉国家石油公司和中石油按照各自在合资公司的股份比例为贷款提供担保，中联油为合资公司油品的贸易商和采购方。为确保项目建设按期、按质完工，双方共同指定寰球公司为 EPC 承包商。MPE3 项目的设计产能超过 30 万桶/日，一期目标为 4 万桶/日。一期目标已经实现，双方正在向达产目标发展。近年来，由于委国内政治、经济、社会形势出现了一些不稳定因素，许多外国石油公司要么撤离委内瑞拉，要么减少在委的原油产量，甚至暂时停止原油生产。中国企业不仅没有撤离委内瑞拉，而且一直在努力扩大在委项目的生产能力。MPE3 项目预计于 2017 年实现产能目标，日产原油可达 30 万桶以上，对于中、委两国的合作具有重要意义。与此同时，中、委双方一直没有放弃在中国广东建立合资炼油厂的计划，计划年冶炼原油 2000 万吨以上。

中委基金在拉美地区产生了一定的示范效应。例如，2010 年巴西国家石油公司与中国国家开发银行签订了 20 亿美元的"贷款换石油"协议，当年巴西对华原油出口量增至 829 万吨，比 2009 年（384 万吨）增加了 445 万吨。2015 年中国国家开发银行与巴西国家石油公司就 100 亿美元"石油换贷款"达成协议，巴西对华原油出口量增至 1316 万吨，比 2014 年（558 万吨）增加了 758 万吨；2016 年对华原油出口量增至 1546 万吨[①]。

三 中国与智利的铜产业合作

智利是世界第一铜储量国，其铜储量预计超过 2 亿吨。2016 年智利铜精矿产量 555 万吨，为世界第一大铜精矿生产国，其产量远高于第二大国（秘鲁，237 万吨）和第三大国（中国，182 万吨）。同年，智利冶炼铜产量 261 万吨，居全球第二位，但远低于第一大国——中国（844 万吨）的产量。

铜业是智利的主要支柱产业，其占智利 GDP 的比重在 2006—2007 年高达 19.5%，2015 年降至 9% 左右。2006 年智利政府财政收入约有 12.1% 来自铜业（约 83 亿美元）。由于铜价下跌，2015 年铜业对智利政

---

① 根据联合国"UN Comtrade Database"统计数据计算。

府的财政贡献约为11亿美元,仅占财政收入的3.9%。① 铜业是智利的第一大出口产业,根据联合国商品贸易统计数据,2016年智利商品出口总额约599亿美元,其中冶炼铜127亿美元,粗铜21亿美元,铜精矿113亿美元,冶炼铜、粗铜、铜精矿合计261亿美元,占商品出口总额的44%。

中国不仅是智利的主要铜出口市场,而且也是智利主要的铜冶炼产能合作伙伴。中、智两国之间的冶炼铜贸易量较大,铜冶炼产能合作也形成了一定的规模。中智铜冶炼产能合作有助于两国铜产品贸易的快速增长。在出口额方面,2003—2015年智利铜业部门对华出口额由14亿美元增至128亿美元,占其出口总额的比重由18.4%提高至42.7%。② 在出口量方面,2003—2016年智利对华冶炼铜出口量由56万吨增至123万吨,铜精矿由23.9万吨增至126万吨;2010—2016年粗铜出口量由9万吨增至27万吨。③

以江西铜业为代表的中国企业和以智利国家铜业公司(CODELCO)为代表的智利企业之间形成了一定规模的铜冶炼产能合作,2016年的产能合作规模超过100万吨。据中国有色网网站消息,2015年年底江西铜业与智利国家铜业公司就铜加工费达成协议,2016年铜精矿长单加工费(TC/RCs)确定为97.35美元/吨和9.735美分/磅,比2015年的107美元/吨和10.7美分/磅下降了9%。④ 本文根据2010—2016年智利铜业部门对华出口的结构变化、智利国内冶炼铜生产结构和产量变化、智利国内冶炼铜产能缺口三方面的数据来估算中、智两国之间铜冶炼产能合作的规模。如表1所示,2010—2016年智利对华铜精矿出口量增加了75万吨,而对其他贸易伙伴的出口量减少了127万吨;粗铜对华出口增加了18万吨,对其他贸易伙伴减少了18万吨;冶炼铜对华出口增加了4万吨,对其他贸易伙伴出口减少了38万吨。同期,如表2所示,智利国内冶炼铜

---

① Comisión Chilena del Cobre, Anuario de Estadísticas del Cobre y otros Minerales 1996 – 2015, pp. 65, 71.

② Ibid., pp. 40, 41, 44, 45.

③ Comisión Chilena del Cobre, http://www.cochilco.cl:4040/boletin-web/pages/tabla23/buscar.jsf.

④ 中国有色网:《江西铜业与智利铜矿敲定明年铜加工费,国内进口铜精矿需求或继续放缓》,2015年12月16日, http://www.cnmn.com.cn/ShowNews1.aspx?id=334271。

年产量减少了63万吨。笔者假设,智利对华增加的75万吨铜精矿主要用于冶炼铜,同时,粗铜产能转移到中国。如图3所示,2016年智利国内冶炼铜产能缺口约37万吨,笔者估计约30万吨产能转移到中国。根据这三个方面的估算,2016年中、智两国之间铜产业的产能合作规模达到100万吨以上。

表1　　　　　2010年、2016年智利铜业部门对中国及其他贸易伙伴的出口　　　　单位：万吨

	中国			其他贸易伙伴		
	2010年	2016年	变化值	2010年	2016年	变化值
铜精矿	51	126	75	265	137	-127
粗铜	9	27	18	33	15	-18
冶炼铜	118	123	4	198	160	-38

资料来源：根据Comisión Chilena del Cobre（Cochilco）统计数据计算。

表2　　　　　2010年、2016年智利冶炼铜产量　　　　单位：万吨

	2010年	2016年	变化值
阴极铜	209	166	-43
电解铜	105	95	-10
火法铜	10	0	-10
合计	324	261	-63

资料来源：根据Comisión Chilena del Cobre（Cochilco）统计数据计算。

通过铜产业的产能合作,智利铜业企业降低了生产成本,提高了产品的国际竞争力,巩固了中国市场。根据智利国家铜业公司2015年年报数据,2015年该企业在智利国内生产冶炼铜189万吨,冶炼铜的平均成本为203美分/磅[1]；当年,江西铜业收取的加工费为9.735美分/磅,仅占智利国家铜业公司冶炼铜平均成本的4.8%。2010—2016年智利铜业部门对其他贸易伙伴的出口量出现了较大程度的减少,但对中国的出口保持增长。

---

[1] CODELCO, *Annual Report* 2015, pp.71, 73.

图 3　2003—2016 年智利国内冶炼铜产能缺口

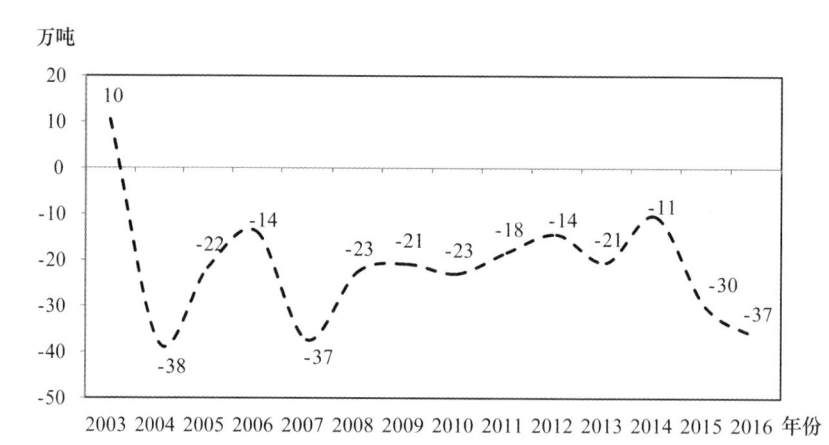

资料来源：根据 Comisión Chilena del Cobre（Cochilco）统计数据计算。

中国与智利的铜业产能合作在一定程度上可以修正人们对中拉贸易的传统认识，即中国从拉美国家进口初级商品不是传统意义上的、单纯的初级产品进口，而是具有产能合作的内容和性质。在中国与智利的铜业产业合作这一案例中，从表面上看，中国从智利进口的铜精矿这一初级产品大幅度增加，但实际上，大部分进口增加量主要用于产能合作。与此同时，智利铜业案例也反映出中拉产能合作是双向的，人们较多地强调中国向拉美地区转移产能，较少地关注拉美地区向中国转移产能。

四　案例简析

（一）中国对资源类商品的进口需求是拉动双边产业合作重要动力之一

中国虽然是一个资源大国，但也是资源消费大国，随着经济社会发展水平的提高，本土资源的供需矛盾日益突出，例如 2016—2020 年铁精矿供需缺口预计由 13.78 亿吨增至 17.87 亿吨，铜精矿供需缺口由 1259 万吨增至 1492 万吨，这些缺口主要通过进口来弥补①。拉美地区是中国进口大豆、铁矿石、铜精矿、原油等初级产品的重要来源地，根据经济合作与发展组织、拉美经委会、CAF－拉丁美洲开发银行的预测，2016—2020年部分拉美国家对华出口农产品、矿产品、原油的年均增长率分别为3.8%、5.8%和6.1%，2021—2030年分别为2.0%、2.8%和2.7%。②

（二）智利铜业案例主要以中国市场为导向

对于智利方面而言，中、智两国的铜业产业合作达到了稳固出口市场的首要目的。以中国市场为导向的中拉产业合作主要有农产品加工、矿产资源勘探开发与冶炼加工、石油天然气勘探开发与冶炼等，除智利外，其他重点合作对象国可以包括巴西、秘鲁、阿根廷、哥伦比亚、古巴等其他拉美国家，这些国家对华出口的商品以初级产品为主。例如，在农产品领域，中国是巴西、阿根廷两国的主要大豆出口市场，也是巴西、秘鲁、阿根廷、古巴的纸浆、蔗糖、鱼粉、水果等的主要或重要出口市场。在矿产品领域，中国是巴西、秘鲁的主要铁矿出口市场，是秘鲁的主要铜矿出口市场，是古巴的重要镍矿出口市场。在能源产品领域，中国是巴西、哥伦比亚的重要原油出口市场，等等。

（三）巴西电力案例主要以巴西本土市场为导向

中国国家电网的股权并购和合作经验可以向铁路、公路、港口等特许经营项目推广。巴西的法律规定，每个特许经营项目必须有一个项目公司，如巴西南北大铁路的特许经营权属于巴西铁路总公司（以下简称"巴铁"）的子公司——南北铁路公司。自2014年下半年以来，巴西经济陷入衰退，预计衰退将持续至2017年。经济衰退使许多基础设施特许经营项目的投资面临困境，尤其是资本金不足严重制约着项目融资；加之巴西货币雷亚尔大幅度贬值，股权等资产的美元价格大幅度下降，这些因素为中巴两国企业的股权并购和合作提供了机遇。

（1）主要目的是以较低的成本进入巴西市场，不必过于追求控股地

---

① 渠慎宁：《工业化中后期中国矿产资源供需预测研究》，《学习与探索》2016年第3期。
② OECD/ECLAC/CAF, *Latin America Economic Outlook 2016: Towards a New Partnership with China*, p.137, OECD Publishing, Paris, December 2015.

位。巴西的基础设施建设项目，其前期的基础研究和可行性研究需花费大量的投入和时间，因此，经济成本和时间成本均较高，潜在风险和不可控因素较多。与已有的特许经营项目进行合作，时间成本较低，风险和不可控因素也已基本暴露，便于风险识别和防控，因此，重点是经济可行性是否充分。

（2）中拉产能合作基金可优先支持基础设施特许经营项目的股权并购与合作。目前，中国企业参与巴西铁路、公路、港口等基础设施建设的方式以工程承包为主，属短期行为。产能基金的股权并购与合作不仅可以为中国企业创造更多的工程承包机会，而且有助于引导中国企业由"工程承包"短期行为向"项目投资和经营"长期行为转变。

（3）合资企业应由"法律共同体"向"利益共同体"转变。在中巴合资企业中，中方已经遇到"利润赚不多，责任担不完"的情况。欧、美、日等发达国家的企业在处理这一情况方面积累了大量经验，其中较为典型的经验是与合作方、利益相关方共同发展。以中国国家电网为例，如果将在巴西产生的利润用于再投资，借助输电线路网络建设农产品收储设施，不仅能够带动相关产业的发展，培育新用户和增加电力销售量，更能够将难以带走的利润转换化实物出口，在增加经济效益的同时，还可以规避汇率波动造成的损失，等等。

（4）优先考虑技术和管理输出，不必过于追求资本输出。巴西的国内储蓄不足，对外资的依赖程度较高。但是巴西政府部门和学术界对外部债务融资较为敏感，认为借外债搞基建是巴西最惨痛的历史教训之一。因此，巴西国家开发银行、巴西联邦储蓄银行（CAIXA）等金融机构以较低的利率、较长的期限向特许经营项目提供贷款，鼓励有关项目优先使用巴西国内的这些政策性贷款。许多特许经营项目无法获得巴西的政策性贷款，主要原因有两个：一是自有资本不足，一般情况下，自有资本占项目总投资的比例不低于30%；二是建设成本和运营成本超出预期，致使项目现金流不足，财务指标达不到政策性贷款的要求。中国企业可以充分发挥自身优势，降低建设成本和运营成本，提高项目的盈利能力和水平。在不追求控股地位的情况下，通过股权并购和合作输出的资本相对有限，例如对新建项目而言，这部分资本占项目投资的比重不超过15%。

(四) 委内瑞拉石油案例主要以第三方市场为导向

根据联合国商品贸易统计数据,中国是委内瑞拉第三大原油出口市场,其第一和第二大出口市场国分别为美国和印度,2016 年美国从委内瑞拉进口原油约 3770 万吨,印度进口 2307 万吨。根据石油输出国组织的估计,委内瑞拉原油产量有所下降,2015 年日均产量约 237.5 万桶,2016 年为 215.9 万桶,2017 年 5 月为 196.3 万桶[①]。原油价格低迷和产量、出口量的减少使委内瑞拉经济出现困难。因此,促进委内瑞拉原油增产是中委石油产业合作的重要目标之一。

五 几点认识

(一) 中拉产业合作需要政府间政策协调

尽管中拉产业合作快速发展,取得了显著成绩,但双方之间的产业合作仍处于起步阶段,产业合作需要双边或多边的政策协调与对接。例如,中国政府与委内瑞拉政府签订的双边合作协议为中委基金建立了坚实的基础,保障了中委两国石油产业的合作。巴西政府的电力产业政策改革和中国政府的鼓励与支持为中巴两国电力产业合作提供了机遇、动力和保障。中国与智利的良好双边关系和双边自由贸易协定等贸易便利化政策是两国铜冶炼产能合作迅猛发展的重要条件。

为进一步促进中拉产业合作,中国与有关拉美国家需要开展三方面的工作。第一,商签投资保护、避免双重征税等协定,为企业投资与合作创造良好环境。中国分别与巴哈马、哥斯达黎加、古巴、墨西哥、特立尼达和多巴哥、牙买加、巴巴多斯、阿根廷、秘鲁、玻利维亚、哥伦比亚、厄瓜多尔、圭亚那、智利 14 个拉美国家签订了双边投资保护协定,分别与古巴、墨西哥、特立尼达和多巴哥、牙买加、巴巴多斯、巴西、厄瓜多尔、智利、委内瑞拉 9 个拉美国家签订了双边避免双重征税协定。第二,签订包括自贸协定在内的各类贸易便利化安排。中国分别与智利、秘鲁和

---

① OPEC, *Monthly Oil Market Report*, 13 June 2017, p.53. 委内瑞拉官方统计数据为:2015 年 265.4 万桶/日,2016 年 237.3 万桶/日,2017 年 5 月 218.9 万桶/日。

哥斯达黎加签订了双边自由贸易协定，安提瓜和巴布达、巴哈马、多米尼克、哥斯达黎加、格林纳达、特立尼达和多巴哥、牙买加、巴巴多斯、圭亚那、苏里南、智利11个拉美国家承认中国完全市场经济地位。第三，签订双边产能合作框架协议，中国分别与哥伦比亚、巴西、古巴、乌拉圭4国签订了此类框架性文件。

（二）基础设施建设与产业合作相互促进

技术服务、工程承包在中委石油合作、中巴电力合作中发挥了重要作用。在产业合作开始以前，中国企业已通过技术服务、工程承包等方式与委内瑞拉、巴西开展了长期合作。产业合作也促进了工程承包业务，例如委内瑞拉MPE3项目，为了确保项目建设近期完工，由寰球公司作为EPC承建商；国家电网巴西公司的电网投资与建设也带动了中国企业在巴西的工程承包业务。

长期以来，中国与拉美国家的基础设施建设合作以中国企业的工程承包为主。根据中国国家统计局的统计数据和中国商务部公布的数据，2000—2016年中国企业在拉美地区承包工程完成营业额由1.7亿美元增至160.3亿美元。中国企业已在30个拉美国家开展工程承包业务，但绝大部分工程承包集中在委内瑞拉、厄瓜多尔、阿根廷、巴西4个拉美国家。根据国家统计局的统计数据，2009—2015年中国企业在这4个拉美国家工程承包完成营业额合计占中国企业对拉丁美洲承包工程完成营业额的74.0%。中国与委内瑞拉、厄瓜多尔、阿根廷的金融合作为促进中国企业在这3个国家的承包工程业务发挥了重要作用，例如中国与委内瑞拉的金融合作于2008年正式开始，支持委内瑞拉的住房、交通等基础设施项目建设，有力地带动了中国企业在委内瑞拉的工程承包业务，2009—2015年中国企业在委内瑞拉的工程承包营业额增加了25.5亿美元（由9.3亿美元增至34.8亿美元）。厄瓜多尔、阿根廷、牙买加、巴哈马等拉美国家也存在与委内瑞拉类似的情况。例如，在中国进出口银行、中国国家开发银行的支持下，厄瓜多尔建设了一批水电站、公路等基础设施项目，中国企业在该国的工程承包营业额由2010年的2.2亿美元增至2012年的16.1亿美元，2015年进一步增至32.9亿美元，等等。

在长期开展承包工程业务的基础上，2016年3月中国港湾工程有限责任公司（以下简称中国港湾）投资建设和运营的牙买加南北高速公路全线竣工通车,这不仅是中国港湾的首个境外公路 BOT 项目,也是中国企业在拉美地区的首个基础设施 BOT 项目。同月,中国路桥工程有限责任公司(以下简称中国路桥)与厄瓜多尔基多市正式签订基多市国际机场进城通道投资协议,这是中国路桥在拉美地区的首个 PPP 项目。中国港湾和中国路桥均为中国交通建设集团的合资子公司。

(三)围绕重点产业推进产业合作

绝大多数拉美国家长期受到财政赤字和国内储蓄不足的困扰,主要依赖外汇收入来平衡财政赤字,弥补国内储蓄缺口。净出口收入(商品和服务出口—商品和服务进口)、外国直接投资、外债是三大主要外汇来源。除这三大主要来源外,侨汇收入也是部分拉美国家的重要外汇收入来源。

作为外汇收入的两大主要来源,外国直接投资和外债在拉美各国之间没有明显差异,但各国在净出口收入来源方面存在较大差异。根据净出口收入的主要来源,可以将拉美国家分为 5 类。

第一类为以多种初级产品为商品净出口主要来源的国家,主要有巴西、智利、秘鲁、阿根廷 4 国,巴西和智利两国的商品净出口收入主要来源于初级农产品和矿产品、农产品加工产品以及矿产品加工产品,秘鲁和阿根廷的主要来源为初级农产品和矿产品以及矿产品加工产品。对于这一类国家,以面向中国市场为主的初级产品加工产业和以面向本土市场的基础设施领域可作为重点合作产业。

第二类以单一产品为商品净出口收入主要来源的国家,主要有委内瑞拉、哥伦比亚、厄瓜多尔、玻利维亚、特立尼达和多巴哥、巴拉圭、乌拉圭 7 国,石油是委内瑞拉、哥伦比亚、厄瓜多尔 3 国商品净出口的主要来源,天然气是玻利维亚、特立尼达和多巴哥 2 国商品净出口的主要来源,初级农产品是巴拉圭、乌拉圭 2 国商品净出口的主要来源。石油天然气产业及其相关配套产业(基础设施等)可作为重点合作产业。

第三类是以墨西哥为代表的国家,其商品净出口收入主要来源于少数几种工业制成品和初级产品,例如墨西哥以机动车和石油为主要来源;危地马拉、洪都拉斯、尼加拉瓜 3 国以初级农产品以及服装、鞋等劳动力密集型产品为其主要来源,哥斯达黎加以初级农产品、(芯片等)电子产品为主要来源,萨尔瓦多以纺织品、服装、鞋等劳动力密集型产品为主要来源。以面向第三方市场（主要是美国市场）为主的出口加工业可作为重点合作产业，例如家电、手机、计算机、服装等行业。

第四类为旅游业和航运业并重的国家，如巴拿马、多米尼加等国家，2013—2015 年巴拿马旅游业和航运业出口净收入占 GDP 的比重年均分别为 5.9% 和 6.4%，多米尼加的这两个比重分别为 9.2% 和 2.8%。[①]

第五类为以旅游业为主要来源的国家，如圣卢西亚、巴哈马、安提瓜和巴布达、巴巴多斯、伯利兹、牙买加、格林纳达、圣基茨和尼维斯、圣文森特和格林纳丁斯 9 个加勒比地区国家，其旅游业出口净收入占 GDP 的 10%—25%。

---

① 根据联合国拉美经委会（CEPAL）"Anuario Estadístico de América Latina y El Caribe, 2016, Versión electronic"中的有关统计数据计算。

浅析蔡英文执政后台湾与拉美"邦交国"关系走向

钟厚涛*

【内容提要】蔡英文上台后完全摒弃马英九时期的"外交休兵"策略，以"踏实外交"为名，实质上重启陈水扁时期的"金元外交"，通过高层互访和经贸往来等方式，不断强化台湾与拉美"邦交国"的利益关联，减少这些国家与台湾"断交"的意愿。在积极"固邦护盘"的同时，蔡英文还酝酿谋划"开拓新邦"，意图在拉美地区与中国大陆展开对抗。蔡英文此举将给两岸关系带来巨大变数，两岸"外交烽火战"有可能被重新激活。另外，美国长期视拉美地区为自家"后院"，因而对于中国大陆在拉美地区日益增长的影响力抱有较高的戒备心理，未来美国或将协助台湾巩固"邦交国"，压缩中国大陆在拉美地区的发展空间。中国大陆应该加强三重防范：一是防范蔡英文当局挟美自重，背靠美国进一步强化与拉美"邦交国"的关系；二是防止"台独"势力因为"断交潮"而铤而走险，彻底滑向"法理台独"；三是防范台湾的拉美"邦交国"在两岸之间左右逢源，坐收渔翁之利。

【关键词】台湾；拉美"邦交国"；"金元外交"；两岸关系；美国因素

---

* 钟厚涛，男，中国社会科学院台湾研究所助理研究员，首都师范大学文明区划中心研究员。课题资助：国家社科基金青年项目"美国对台湾民进党的影响与中国大陆的对策研究"，项目资助号：16CGJ015。本文完成于2017年6月，后来根据情况变化对全文略作调整。

截至 2018 年 5 月，台湾当局共有 19 个"邦交国"，而其在拉美地区的"邦交国"占据"半壁江山"以上，共有 10 个①，分别为中美洲的尼加拉瓜、洪都拉斯（台称宏都拉斯）、萨尔瓦多、危地马拉（台称瓜地马拉），加勒比地区的海地、圣基茨和尼维斯、圣卢西亚（台称圣露西亚）、圣文森特和格林纳丁斯（台称圣文森），以及南美洲的巴拉圭。显然，拉美是台湾当局"邦交国"的重镇和主战场，蔡英文上台后全力出击，竭力巩固与拉美"邦交国"的关系。到目前为止，蔡英文总共出访过三次，其中有两次是专门到拉美地区，分别是"英翔专案"和"英捷专案"，其对拉美"邦交国"的重视程度可见一斑。

一 蔡英文对与拉美"邦交国"关系的战略定位及战术规划

拉美"邦交国"在台湾当局整个对外关系布局中扮演着关键角色，因而台湾地区历任领导人都高度重视发展与拉美"邦交国"的关系，蔡英文也同样如此。事实上，在竞选期间，蔡英文就密集拜会过所有拉美"邦交国"驻台"大使"或"代表"，并承诺要与对方建立永续伙伴关系，未来将通过台湾当局、企业投资与民间团体的共同努力，继续深化与"邦交国"的友谊。

（一）蔡英文高度重视拉美"邦交国"的原因

蔡英文高度重视拉美"邦交国"的原因是为了维持台湾为"主权独立国家"的假象，利用"邦交国"增加台湾在国际社会的能见度，并为过境美国、强化对美关系寻找借口。

首先，维持台湾为"主权独立国家"的假象。蔡英文一直声称台湾为"主权独立"国家，既然如此，就需要有国际社会的认可和接受，否则就会陷入自说自话和自欺欺人的尴尬困境。而"邦交国"数量的多少则是衡量国际社会认可度的一个关键指标，因而为了维持台湾为"主权独立国家"这一假象，蔡英文自然需要维持与拉美"邦交国"的关系现

---

① 台湾另外 9 个"邦交国"的区域分布分别为：大洋洲 6 个，非洲 2 个，欧洲 1 个。

状。截至2018年5月台湾"邦交国"仅剩下19个,已跌至历史最低水平,如果有更多拉美"邦交国"与台湾"断交",那么台湾"邦交"版图将被重新撕裂,民进党自诩为"主权独立国家"的幻象也将被彻底打破。

其次,利用"邦交国"增加台湾在国际社会的能见度。长期以来,拉美"邦交国"在"台湾入联"提案中扮演了举足轻重的角色。近年来,台湾放弃了"入联"企图,但开始转向更具实质意义的国际或区域组织,如世界卫生大会(WHA)、国际民航组织(ICAO)等。在这一过程中,拉美"邦交国"积极为台湾站台拉票,是台湾重要的支持者和发声者,为台湾增加在国际社会的能见度提供了实质性支持。例如,2017年联合国大会总辩论期间,巴拉圭等共15个台湾"邦交国"呼吁国际社会应该接纳台湾,不应将台湾排除在联合国体系之外。蔡英文要想保留住这种支持台湾的声音,特别是借助"邦交国"力量为台湾加入联合国气候变化框架公约(UNFCCC)或国际刑警组织(Interpol)等预铺道路,就必须巩固与这些"邦交国"的关系,否则将会失去依托和着力点。

最后,为过境美国、强化对美关系寻找借口。强化对美关系一直是台湾当局对外关系的重中之重,蔡英文也不例外。由于台美早在1978年就已经"断交",为了提升对美关系,台湾当局不得不通过各种方式和途径向美国靠拢,在访问其他国家和地区时借道美国便是其首要选择。鉴于拉美地区与美国在地理位置上相互毗邻,因而访问拉美"邦交国"时过境美国便成为台湾强化对美关系的一个重要借口。蔡英文上台后的三次出访,每次都是过境美国。例如,2017年1月蔡英文展开"英捷专案",专门到洪都拉斯、萨尔瓦多、尼加拉瓜和危地马拉等国访问,但蔡英文访问的重心并不完全在拉美"邦交国",而主要是想借机强化与美国各界的关系,因而在经过休斯敦和旧金山期间,多次与美国政界和学界展开密切互动。

(二)蔡英文对与拉美"邦交国"关系的战略定位

虽然与其他前任一样,蔡英文也高度重视与拉美"邦交国"的关系,但蔡英文对于与拉美"邦交国"关系的整体定位呈现出一些新的特点,与马英九时期有显著的不同,主要体现在以下几方面。

第一,既中心又边缘的双重定位。从台湾所有"邦交国"的整体架构来看，拉美"邦交国"在其中占据着中心位置，这不仅因为在拉美的"邦交国"数量最为密集，而且与这些国家的"建交"时间也最为久远。例如，尼加拉瓜、危地马拉等国与"中华民国"的外交关系都可以追溯到20世纪30年代。后来蒋介石政权逃亡台湾后，这些国家并没有放弃与所谓"中华民国"的外交关系，并一直延续至今。也正是由于这些原因，台湾舆论才普遍认为，"台湾进不了世界卫生大会，日子还是照样过。可是，失去了拉美，社会的挫折与不安就会接踵而至。"① 然而，从蔡英文整个对外关系布局来观察，拉美的"邦交国"在其中只是占据着相对边缘的位置，因为蔡英文对于台湾对外关系的规划是"亲美、媚日"。优先处理好与美国和日本的关系才是蔡英文考虑的重心，而对于拉美以及其他地区的"邦交国"，只要能够维持现有的数量和态势，就基本达到目的。因而蔡英文不会将主要的对外资源和精力都投放到拉美的"邦交国"上面。② 这从台湾外事部门的人事安排上也可以看出端倪，例如，蔡当局"外交部"的4大主官分别是"部长"李大维、"政务次长"吴志中、"政务次长"章文梁和"常务次长"李澄然。这4人当中，除吴志中擅长法语之外，其他3位都是英语科班出身，无人精通西班牙语，这对于台湾当局与拉美"邦交国"的沟通和交流自然会带来一定不利因素。

第二，既"固邦"又"拓邦"的"烽火"战术。在马英九之前的"两蒋"、李登辉和陈水扁时期，台湾当局为了拓展国际活动空间，一直都在全力与大陆对抗，竭力在拉美寻求建立新的"邦交国"。但马英九上台以来，力图革故鼎新，主动放弃这一做法，提出"外交休兵"战术，即不再与大陆激烈对抗、互挖墙脚，也不寻求建立新的"邦交国"。马英九的这一做法被誉为台湾对外关系史上"最重大的'外交'转折"。③ 蔡英文上台后，完全放弃马英九的"外交休兵"战术，重新启用陈水扁时期的"烽火"战术和"攻防"战术，竭力维持既有"邦交国"数量。

---

① 《马"政府"守住中南美》，台北《联合报》2009年6月4日第1版。
② 蔡英文之所以不会将拉美"邦交国"放到台湾对外关系的中心位置，一个重要原因是台湾民众对于拉美"邦交国"的认知非常有限，基本上是"无感"。例如台湾政治大学国关中心美欧所研究员严震生就表示，台湾民众对于拉美"邦交国"缺乏"关心和了解"，连国际关系研究生也弄不清这些"友邦"的情况，认为它们是"黑、穷、小"。参见《从马"总统"出访看对友邦的认识》，台北《联合报》2014年7月11日第1版。
③ 《"外交休兵"内容没说清》，台北《联合报》2008年8月24日第6版。

2016年6月底蔡英文上台刚刚满月时，就紧急奔赴拉美展开"英翔专案"，访问巴拿马（当时还是台湾"邦交国"）和巴拉圭，力图巩固台湾与这两个国家的关系。除蔡英文自己亲自"出访"之外，台湾相关外事部门也积极运作。如2016年8月，台湾"外交部部长"李大维与"外交部政务次长"侯清山就到尼加拉瓜等国访问。不但意欲巩固已有的"邦交国"关系，蔡英文当局还试图挖大陆的墙脚，通过金钱援助等方式与中国大陆争抢"邦交国"。在陈水扁时期，两岸在拉美的"外交争夺战"异常激烈，不但两岸学者多有探讨，美国部分学者对此也高度关注。[①] 由于蔡英文有可能采用既"固邦"又"拓邦"的战术，大陆也只能被迫随之起舞，两岸有可能在拉美地区以及其他地区再次展开激烈角逐，对抗激烈程度可能不会亚于陈水扁时期。

第三，"邦交国"与非"邦交国"双轨并进的布局策略。蔡英文竭力维持与原有拉美"邦交国"的关系，同时也寻求在拉美地区建立新的"邦交国"。对于那些没有"邦交"关系的拉美国家，蔡英文也会通过经济贸易、文化交流、人员往来等方式，有意提升台湾与这些国家的实质关系。例如，2016年6月，台湾具有官方背景的"外贸协会"组团赴拉美，参加墨西哥机电及照明科技展。2016年8月，台湾推出"优质电视戏剧输出西语国家地区"推广计划，将台湾制作的《犀利人妻》和《16个夏天》等电视剧向危地马拉、洪都拉斯、巴拉圭、尼加拉瓜、萨尔瓦多、多米尼加、阿根廷、哥伦比亚、墨西哥等10国的13家电视台和卫星电视频道播出。这明显是要通过"文化搭台、政治唱戏"的方式，向拉美"邦交国"和整个拉美地区输出台湾的文化软实力。2017年2月，台湾纺织拓进会也专门组团赴拉美拓销纺织产品，但行销的对象却不是台湾的"邦交国"，而是墨西哥、秘鲁等非"邦交国"。[②] 蔡英文当局的这种做法，显然是要将与非"邦交国"关系和"邦交国"关系同步推进，整体提升与拉美国家的关系。

（三）蔡英文当局对与拉美"邦交国"关系的战术规划

为了有效落实对与拉美"邦交国"关系的战略定位，达到最初设定

[①] Daniel P. Prikson, "Latin America: Chinese Mainland Tries to Pick off Taiwan's Allies", in *The Miami Herald*, June 24, 2005.

[②] 《拉美采购力强　纺拓会重点行销》，《台湾新生报》2017年2月6日第3版。

的各项预期目标，蔡英文通过政治、经济、文化等多种手段，全力"固邦护盘"。

第一，重启"金元外交"（也称"支票外交"或"金援外交"），"以金钱换友谊"。李登辉、陈水扁时期，台湾当局大力奉行"金元外交"，直接向拉美"邦交国"政要撒钱。马英九上台后基本上摒弃了"金元外交"，而主要通过设置工程项目等方式对"邦交国"展开援助，马英九称其为"正义外交"。蔡英文上台后完全改变马英九的做法，再度开展"金元外交"，对拉美的"邦交国"提供高额援助甚至对部分重要政治人物进行私下贿赂，因为这种做法效率更高，效果也会更加明显。台"外交部次长"吴志中透露，台湾每年对拉美"邦交国"的金援数额高达80亿—90亿新台币。① 根据台最新公布的2018年"财政预算"中，"外交部"机密预算高达17.2亿新台币，是2017年预算的4倍，其中用于巩固拉美"邦交国"的金额为5.8亿新台币。②

第二，强化与拉美"邦交国"的高层互动。拉美地区是台湾历任领导人出访次数最多的地区，其目的就是强化与拉美"邦交国"的高层互信。例如，自2008年上台以来，马英九共对外出访11次，其中8次都是前往拉美地区，而且前4次都是访问拉美"邦交国"。事实上，近30年来，台湾历任地区领导人都曾遍访台湾在拉美的所有"邦交国"，无一遗漏。蔡英文完全延续了这一惯例，继续进行对拉美"邦交国"的访问。除主动赴拉美"邦交国"进行访问之外，蔡英文还积极邀请这些"邦交国"的高层官员到访台湾。2016年5月20日蔡英文就职当日，就邀请了巴拉圭、洪都拉斯和圣卢西亚3国总统出席其就职仪式。

第三，建立机制化合作方式。目前，台湾已经与危地马拉、尼加拉瓜、萨尔瓦多、洪都拉斯4个"邦交国"签订了自由贸易协定（FTA）。另外，台湾"监察院"与阿根廷、巴拉圭、尼加拉瓜、乌拉圭、伯利兹（台称贝里斯）等6国的人权保护检察官署签署了双边合作协定。此外，台湾还参与了由拉美"邦交国"主导的部分区域性国际组织，如中美洲

---

① 《吴志中：台每年金援近90亿 多用于拉丁美洲》，香港中评网，2017年5月15日，http://hk.crntt.com/crn-webapp/doc。[2017-09-23]
② 《"外交部"明年机密预算暴增4倍 巩固中南美洲"友邦"防"断交"》，台湾风传媒，2017年9月22日，http://www.storm.mg/article/334054。[2017-09-23]

银行、中美洲议会、中美洲一体化体系（台称中美洲统合体）、中美洲军事会议、中美洲暨加勒比国会议长论坛等。未来蔡英文当局会继续谋求与拉美"邦交国"签署协议或参与多边组织，以期巩固和深化双方的机制化合作态势。

第四，通过经贸往来、文化交流等方式强化与拉美"邦交国"的民间互动。除高层互访和直接对拉美"邦交国"进行项目援助之外，蔡英文还有意通过经贸往来与文化交流等方式进一步强化与拉美"邦交国"的关系，加深这些国家对台湾的依赖性。例如，台湾经济部门已经通过了"加强对中美洲地区经贸工作纲领草案""加强与中美洲国家经营合作方案"等重要文件，目的就是鼓励台湾企业进军拉美市场，强化双方的经济纽带关系，扩大双方的利益关联，消除拉美"邦交国"与台"断交"的意愿。2016年9月，台"经济部"下属的"贸协培训中心"专门举办了"如何与拉美客户谈贸易、做生意"的培训班，主要目的就是指导台湾企业赴拉美投资。此外，文化也是蔡当局强化与拉美"邦交国"关系的重要手段。2017年3月，台"驻厄瓜多尔代表"郑力城专门拜访拉美社会科学院（FLACSO）厄瓜多尔分院院长庞赛（Juan Ponce）等，向对方宣讲"台湾奖助金"，希望能够吸引更多的人到台湾留学。2017年5月，台"外交部"专门举行"2017年拉丁美洲及加勒比'友邦'台湾嘉年华"，表演台湾的拉美"友邦"国家的音乐及舞蹈。

二 蔡英文执政后台湾与拉美"邦交国"关系的未来走向

台湾与拉美"邦交国"的关系目前正面临着许多难以回避的困境，已经是举步维艰、进退两难。2017年6月，巴拿马在没有任何迹象的情况下，突然宣布与中国大陆建交，让蔡英文当局完全措手不及。从整体来看，由于台湾与拉美"邦交国"的关系已经"相当脆弱"[①]，未来或将出现一些新的变化，有可能爆发新一轮"断交"潮，甚至出现"崩盘"的连锁效应，主要原因如下。

---

① 严安林：《台湾对外关系大变局：2008—2010》，上海社会科学出版社2011年版，第156页。

(一) 拉美"邦交国"对台湾的离心力日益增强

目前中国大陆在拉美推行的是整体合作机制①,不但包括建交国,也包括未建交国(部分即为台湾的"邦交国")。整体来看,台湾在拉美地区的 10 个"邦交国"虽然与中国大陆没有正式的外交往来,但这些国家与中国大陆之间的经济贸易和人员交流却颇为密切,连马英九都坦承"这些国家与中国大陆的贸易,往往是与台湾的 10 倍、20 倍","台湾根本不可能在这方面跟大陆竞争"。② 由于大陆和这些未建交国的贸易往来日趋密切,双方自然需要通过正式的外交关系来进行巩固和深化。也就是说,台湾在拉美的这些"邦交国"已经对中国大陆产生了较强的向心力,存在"弃台就陆"的可能性和必要性。例如,2016 年 8 月,圣卢西亚总理查士纳(Allen Chastanet)就曾秘密访问北京。③ 2016 年 11 月,习近平再次出访拉美国家,第二份《中国对拉美和加勒比政策文件》正式出台,翻开了中拉双边关系的历史新篇章,为双边关系的发展带来了新契机,中拉关系由此进入全面合作的新阶段。

在这种背景下,台湾的很多"邦交国"开始对台湾"见异思迁",正如台"外交部部长"李大维透露,台在拉美的"邦交国"有"浮动生变"的迹象,有多个国家已经向台湾亮起黄灯。2017 年 11 月,巴拿马总统巴雷拉访问中国大陆时明确表示,"该国放弃台湾转而同中国大陆建立外交关系,可以成为其他国家效仿的榜样",这意味着未来可能有更多拉美国家加入"弃台就陆"的行列。

---

① 《习近平出席中国—拉美和加勒比国家领导人会晤并发表主旨讲话》,《人民日报》2014 年 7 月 19 日第 1 版。对于台湾与拉美"邦交国"关系未来走向的预测,必须将之放到中国大陆与拉美国家关系的宏观背景下考量。目前,中国大陆正在积极强化与拉美国家的关系。例如,2014 年习近平访问拉美 4 国,宣布中国将为拉美国家提供 200 亿美元基础建设贷款、100 亿美元优惠贷款及 50 亿美元合作基金,这些项目目前均已开始运作。在习近平的倡议下,2015 年 1 月中拉论坛在北京召开部长级会议,台湾的 12 个"邦交国"中有 8 个派员参加,另外有 4 个没有派员参加(伯利兹、圣基茨和尼维斯、圣文森特和格林纳丁斯、圣卢西亚)。在中拉论坛上,习近平宣布将于未来 5 年内提供 6000 个奖学金名额与 6000 名赴大陆培训名额,邀请拉美 1000 名政党干部访问大陆。2015 年 5 月,李克强赴拉美访问巴西、哥伦比亚、秘鲁、智利 4 国。

② 《援助"友邦",尽义务免不了》,《台湾新生报》2014 年 2 月 6 日第 2 版。

③ 《驻圣露(卢)西亚"大使"递"国书" 官员:全力巩固"邦交"》,台湾"中央广播电台","台湾广播电台",2017 年 3 月 24 日,http://cnnews.rti.org.tw/news/newsSubject/?recordId=1339。[2018-01-11]

（二）台湾与拉美"邦交国"的互信基础正在逐步瓦解

虽然台湾与拉美"邦交国"关系历史久远，但部分国家是"二度建交"的"不稳定友邦"①，互信基础本来就薄弱。即使是那些长期的"邦交国"，目前台湾与这些国家的关系也日益呈脆弱化态势，彼此之间的互信基础开始逐步瓦解。例如，台湾曾经为拉美"邦交国"提供大量贷款，但这些国家却久赖不还，让台湾当局对其信任感大幅下降。此外，蔡英文当局目前正在竭力推行"新南向"政策，但拉美"邦交国"对此有所不满，认为台湾的对外投资不应只关注东南亚和南亚地区，也应该关注拉美。例如，洪都拉斯"驻台大使"谢拉（Rafael Fernando Sierra）表示，蔡当局与其推"新南向"政策，不如多经营与"友邦"的关系，希望能有更多台湾企业到洪都拉斯投资。很多中美洲国家"驻台大使"也都这样认为。② 另外，台湾当局对于拉美"邦交国"的重要期望之一就是希望这些国家能够支持台湾参与国际组织，提升台湾的国际能见度，但这些国家的表现却让台湾深感不满。例如，在 2016 年联合国大会总辩论中，共有 8 个台湾"友邦"拒绝为台发声，包括布吉纳法索、圣多美和普林西比、多米尼加、萨尔瓦多、危地马拉、洪都拉斯及圣卢西亚等，其中有 7 个来自拉美。2017 年台湾参与世界卫生大会议题，台湾 21 个"友邦"中仅有 11 个为台湾"站台发声"，而其他 10 个其中包括多个拉美"友邦"都不愿为台湾发声。

（三）台湾当局对拉美"邦交国"的经营策略难以为继

李登辉、陈水扁时期，台湾主要实行"金元外交"。马英九虽然声称将停止"金元外交"，改为"活路外交"。但实际上拉美"邦交国"对台湾还是予取予求，台湾当局也只能被迫接受。也正是由于这种原因，台湾才有媒体以"马英九出访，钞票铺'活路'"为标题发文，嘲讽马英九的所谓"活路外交"在本质上仍然是"金元外交"。蔡英文上台后也别无选

---

① 尼加拉瓜和圣卢西亚分别在 1985—1990 年期间和 1997—2007 年期间与中国保持外交关系。

② 《台湾推新南向 宏国（洪都拉斯）"大使"：更应投资拉美"友邦"》，台湾《苹果日报》2017 年 1 月 6 日第 1 版。

择，只能延续"金元外交"，但在目前岛内财政吃紧、对外金援数额逐年下降的情况下，台湾还能有多大的经济实力继续对"邦交国"进行金钱援助，则让人怀疑。

台湾维持与拉美"邦交国"关系的另外一个重要手段就是强化双方的经贸往来，通过经济捆绑来减少这些国家与台湾"断交"的意愿。但近年来台湾与拉美"邦交国"贸易额明显回落，相关数据显示，2016年，台湾与拉美12个"邦交国"的贸易总额同比下降6.93%，其中台湾对其拉美"邦交国"的出口总额下降14.58%。2017年延续了这一势头，如2017年1—10月，台湾与拉美"邦交国"圣文森特和格林纳丁斯的贸易额下跌30.73%。① 显然，对于台湾而言，利用经济磁吸来减缓政治"断交"的做法已经岌岌可危，近乎难以为继。此外，由于拉美很多国家存在劳动力素质不高、市场不稳定等因素，很多台湾企业不愿到拉美投资。正是由于这种原因，虽然蔡英文多次呼吁台湾企业到拉美投资，但真正响应者寥寥无几，即使有去投资的企业也多是台湾公营企业，是迫于蔡当局的行政命令才不得已而为之。也正是由于这种原因，前国民党"立委"蔡正元称，蔡英文应该先带领自己的家族企业如正中企业、东道公司、富钛投资等赴拉美投资；如果蔡英文自己的家族企业都不愿意去，就不要让台湾公营企业去当冤大头，浪费纳税人的血汗钱。②

由于上述论及的种种原因，目前台湾与拉美"邦交国"关系已经出现了濒临崩解的先兆。马英九执政时期，台湾之所以能够维持既有的拉美"邦交国"版图，主要是因为两岸具有一定的互信基础。2008年以来，两岸关系逐渐进入大交流、大合作、大发展的新阶段，两岸政治互信逐步深化，在对外关系领域也达成了较好的默契，基本上做到了从"零和"走向"双赢"。从为了两岸关系和平发展的大局出发，大陆没有轻易与台湾展开对外关系争夺战。但蔡英文如果继续拒绝放弃"台独党纲"，拒绝接受以"一个中国"原则为基础的"九二共识"，继续延续陈水扁时期的"台独冲撞路线"，那么两岸在对外关系领域的博弈有可能再次上演，届

---

① 台湾"经济部国际贸易局"，http://cus93.trade.gov.tw/FSC3050F/FSC3050F。[2017-06-21]

② 《蔡吁企业投资拉美 蔡正元：自己家族带头去》，香港中评网，2017年1月16日，http://www.crntt.tw/doc/1045/4/5/3。[2017-09-23]

时台湾与拉美"邦交国"的关系也将危机重重。

三 台拉关系走向对于岛内政局和两岸关系的影响

蔡英文上台后采用多管齐下的战术,竭力维持与拉美"邦交国"的关系现状,这将给台湾财政带来巨大负担。而一旦台湾与拉美"邦交国"关系出现断裂甚至是崩盘,两岸关系也将随之受到猛烈冲击。蔡英文还会拉拢美国和日本一同向中国大陆施压,使大陆在拉美地区的战略布局遭受美、日、台的全方位挑战。

(一) 增加台湾的财政负担,影响岛内政局走向

近年来台湾经济持续低迷,2017 年台湾 GDP 增长率预估只有 2% 左右。由于经济整体发展态势萎靡,台湾当局财政负担日益加重。在财政吃紧情况下,台湾当局每年还得划拨数百亿新台币去维持与拉美"邦交国"等国家的关系[1],这势必导致台湾财政负担更趋恶化,并直接影响到岛内经济和台湾民众的福祉,阻碍台湾民众生活水平的提升。台湾媒体称,台湾对外援助是"高投入,无收益,把纳税人的血汗钱白白扔掉了"。[2]

某一国家和地区的对外关系往往是其内政的延续,台湾亦是如此。台湾与拉美"邦交国"的关系与岛内政局走向息息相关,不同政党上台执政所采取的对拉美"邦交国"的政策迥然相异。同样,台湾与拉美"邦交国"关系的发展走向也会对岛内政局产生巨大的反作用。如果台湾与某一或某些拉美"邦交国"的关系出现危机,台湾当局会力求稳住态势,确保不被"断交"。而在野势力则会借机炒作,向执政当局施压,朝野两种势力的对抗有可能在岛内引发政治风暴,并产生外溢效应,波及岛内经济、政治、社会等方方面面。

---

[1] 在过去 3 年中,台湾援外预算每年都会减少 5 亿—10 亿元新台币,2013 年对外援助预算仅剩 106 亿新台币。《援外预算缩水影响工作? "外交部":对"友邦"承诺不会改变》,台湾今日新闻网,2013 年 1 月 5 日,https://www.nownews.com/news/20130115/339809。[2018 - 01 - 11]

[2] 《台湾剩 20 个"邦交国",还要酬佣 10 个"公使"! 欠选举债,拿人民血汗钱来还》,台湾《中国时报》2000 年 7 月 12 日第 6 版。

(二) 台湾民众对于中国的认同度将会受到冲击

蔡英文执政后，如果台湾与拉美"邦交国"关系出现断裂，蔡英文势必会寻找一个借口来为自己开脱。在她看来，最好的方式就是抹黑中国大陆，将责任转嫁到大陆头上，声称是中国大陆的"蓄意所为"导致这些"邦交国"与台湾"断交"。① 在这种背景下，蔡英文还会进一步煽动台湾民众的"反陆、仇陆"情绪。由于多种特殊历史原因，岛内部分民众对大陆一直存在若隐若现的敌对心理，而在台湾与拉美"邦交国""断交"的情况下，如果民进党有意误导，宣称中国大陆是"幕后黑手"，许多不明真相的民众也会信以为真，从而进一步加剧对中国大陆的仇视和敌对情绪。

更让人感到担忧的是，台湾民众对"中华民国"（背后是中国）的认同度或许也会出现下降。许多台湾民众特别是深蓝民众认为，只有维持一定数量的"邦交国"，才能证明和凸显"中华民国"的事实存在和合法性。如果台湾"邦交国"数量下降甚至被归零，那么这些民众对"中华民国"的认同度将大打折扣，随之而来的是，台湾与中国大陆之间的"合法性纽带"也将更加脆弱，对于中国的认同度也将同步下降。② 台湾前"外交部部长"蒋孝严曾提出，如果"中华民国"的"邦交国"版图萎缩至20个以下，"中华民国"的"国际人格"将面临严重危机，就有可能为"台湾独立"找到合法理由。如此就出现了一个结构性悖论，台湾只是中国一部分，不具备维持"邦交国"的资格，与台湾"邦交国"

---

① 需要澄清的是，这种说法并不成立，因为不是中国大陆有意寻求与台湾的这些"邦交国"建交，而是这些"邦交国"主动寻求与中国大陆建立正式外交关系。

② 从历史来看，台湾"邦交国"数量呈现明显的下降态势，1969年高达68个，1971年为62个，1972年联合国恢复中华人民共和国的合法席位后，台湾"邦交国"的数量大幅下滑至42个，1987年为23个，1996年为30个，2008年为23个，现在为20个。这些国家大多面积狭小、人口较少且经济总量有限，因而台湾与这些"邦交国"的关系往往是象征意义大于实质意义。因而，如果民进党不加操作的话，台湾民众对于"邦交国"与其"断交"的问题应该不会反弹过大。因为很多台湾民众都认为，台湾的"邦交国"都是"黑、小、穷"，台湾与其维持"邦交"关系意义有限，反而经常被这些国家勒索绑架，因而不如与其直接"断交"，这样可以省去一大笔外援费用，以便更好地发展岛内的经济民生。但如果民进党刻意操作，台湾民众对于与"邦交国""断交"议题的关注度就会马上提升，而且在民进党的误导下，台湾民众会认为是大陆在挖台湾"邦交国"的墙脚，这自然会刺激其对大陆的不满情绪。

"断交"是大势所趋,也可以有效避免"台独"势力借机炒作;但这可能会进一步加剧台湾民众对中国人身份归属的深层危机。①

由于台湾民众对大陆的好感度可能出现下降,对中国的认同度也会有所下滑,这些外部条件无疑为"台独"势力进一步扩张提供了新的契机,至少潜在的民意基础会扩大。而在民意基础逐渐深厚的条件下,未来在拉美"邦交国"议题上如果稍有突发事件,"台独"势力就有可能借机出动,以之为借口朝"台独"方向发展。2002年瑙鲁与中国建交后不久,陈水扁就抛出了"一边一国论",对"一个中国"原则发动了公然挑衅。李义虎认为,大陆与瑙鲁建交至少是直接刺激"一边一国论出笼"的事态性因素之一。②未来蔡英文完全有可能仿效陈水扁,以某一"断交"事件为借口,重新凝聚深绿支持者,扩大"台独"势力的阵容。

(三)中美两国在拉美地区的战略博弈将进一步加剧

历史上,中国大陆在拉美面临的主要竞争对手是台湾,两岸为争取和拉拢"邦交国",曾展开多轮"生死肉搏战",拉美则被称为是"两岸外交竞争最激烈的区域"。③ 蔡英文当局延续了这一态势,继续加大与中国大陆的争抢力度。但由于目前台湾当局与中国大陆实力差距较大,台湾当局即使想向中国大陆发起挑战,估计也是有心无力。整体观察,在拉美地区,中美之间的竞争而非两岸之间的竞争已经成为外界最为关注的焦点。

长久以来,有部分美国学者认为,大陆强化与拉美国家关系的主要目的就是"孤立台湾",减少台湾"邦交国"数量,挤压台湾的国际活动空间。④ 但随着情势的变化,现在美国关注的已经不是两岸"争夺战",而

---

① 1997年9月,台"陆委会"民调显示,自我认同为"台湾人"的民众为36%,首次超过自我认同为"既是台湾人也是中国人"的比重(34.8%),此后台湾民众对于"台湾人"的认同比重逐渐拉高,随之而来的则是对"中国人"身份认同明显下跌。

② 李义虎:《台湾的"国际空间"问题》,《国际政治研究》2012年第2期,第67页。

③ 向骏:《台湾对拉丁美洲"外交关系"回顾与展望》,《全球政治评论》(台北)2004年第5期,第128页。

④ Stephen Johnson, "Balancing China's Growing Influence in Latin America", in *Backgrounder*, No. 1888, October 24, 2005; He Li, "Rivalry between Taiwan and the Chinese Mainland in Latin America", in *Journal of Chinese Political Science*, Vol. 10, Issue 2, September 2005.

是中美大国博弈。① 由于拉美与美国地理上毗邻，美国将拉美视为其"后院"，认为拉美对美国具有重要的地缘战略价值，严密防范其他国家在这一地区插手。近年来，中拉关系明显升温让很多美国人士担心，未来美国是否会被逐渐排挤出自己的"后院"即拉美地区。为了对冲中国大陆在拉美地区日渐增长的影响力，部分美国学者特别提出，美国政府应该积极拉拢台湾，以台湾为楔子，来压缩中国在拉美的影响范围。例如，2017年2月底，美国乔治·华盛顿大学专门举行"台湾与拉丁美洲关系"研讨会，泛美发展基金会（PADF）执行董事圣伯洛（John Sanbrailo）在会上提出，美国应该支持台湾继续保持在拉美地区的"邦交国"，而台湾自身也应该积极努力，并将台湾经济发展的成功经验传播到拉美地区。②

四　结语

所谓"外交"是指"国家以和平手段对外行使主权的活动"。③ 台湾作为中国领土不可分割的一部分，本来就不具有外交职能。因而，台湾与拉美"邦交国"的关系不具有任何合法性可言。从客观现实来看，台湾与拉美"邦交国"的关系本身已经岌岌可危，随时有可能出现重大突变。如果蔡英文拒不接受"一个中国"原则，则意味着两岸互信不复存在，台湾与其拉美"邦交国"的关系也可能随时断裂。从长远发展来看，随着中国综合实力的日益提升以及国际社会对"一个中国"原则的普遍接受，台湾与这些"邦交国""断交"乃是大势所趋，无可回避。与巴拿马"断交"只是开启一个先声而已，在多米诺骨牌效应的影响下，未来有可能爆发较大规模的"断交潮"。未来蔡英文若继续执迷不悟，无意调整两岸政策、接受"九二共识"及其核心意涵"一个中国"原则，反而继续死守"台独党纲"，并在"固邦"议题上动作频频、不断出击，中国也应

---

① Daniel P. Prikson and Janice Chen, "Chinese Mainland, Taiwan and the Battle for Latin America", in *World Affair*, Vol. 31, Issue 2, 2007.

② 《台湾与拉美关系　美机构建议战略聚焦》，台湾"中央通讯新闻社"，2017年2月24日，http://61.219.29.200/gb/www.cna.com.tw/news/aopl/201702240054-1.aspx.［2017-06-21］

③ 《中国大百科全书·政治卷》，中国大百科全书出版社1992年版，第366页。

作出坚决抵制。事实上，在蔡英文胜选之后，中国就宣布与台湾之前的"邦交国"冈比亚建交，2017年1月与台湾"邦交国"圣多美和普林西比建交，6月与巴拿马建交，给蔡英文当局带来当头一棒的震撼效应。未来中国宜继续出击，压缩台湾"邦交"版图，在国际社会强化"一个中国"框架对台湾的限制。

首先，全面评估台湾在拉美地区的"邦交国"现状，并重点关注多米尼加、圣卢西亚等国。未来中国应对这些国家进行全面评估，列出工作对象的优先顺序，积极准备"断交"牌，一旦蔡英文在国际社会上挑衅"一个中国"原则，则可以随时启用，对蔡当局形成反制。多米尼加（已于2018年5月1日与中国建交）、圣卢西亚和萨尔瓦多都已多次公开表示希望能与中国建交，而且这几个国家的领导人都相对克制，已经连续5年以上没有到台湾访问过。相较于台湾其他"邦交国"而言，这几个国家与中国建交的条件相对成熟，也值得重点考虑。但未来中国在运用"断交牌"时，手法和策略需要更加谨慎，既不给"台独"势力以可乘之机，又要防止蔡英文"狗急跳墙"，完全滑向"法理台独"方向。①

其次，弱化台湾"邦交国"在国际场合为台"帮腔"的意愿。岛内有消息称，蔡当局未来有可能重启参与联合国活动。辜宽敏称，蔡英文曾亲口对他表示"我们要加入联合国"。岛内媒体也披露，虽然蔡当局2016年和2017年相对低调，没有操作参与联合国议题，但随着两岸关系形势不断恶化，蔡英文有可能延续李登辉、陈水扁时期的路线，重启参与联合国活动，并通过"友邦"提案的方式来展开。除借助"友邦"来谋求加入联合国之外，蔡当局还会积极鼓动"邦交国"提案支持台以"台湾"名义参与政府间国际组织，包括世界卫生大会、国际民航组织、联合国气候变化框架公约等。未来中国对此应保持高度警惕，一方面要严防蔡英文当局寻衅滋事，另一方面也要强化与部分台湾"邦交国"的互动，打消它们为台湾发声的意愿。

最后，稳住美国，降低美国协助台湾"固邦"的意愿。拉美地区台湾"邦交国"问题绝不仅仅是两岸之间的竞争，它背后还有中美两个大国之间的战略博弈。蔡英文当局对此也有所观察，并图谋借力使力，将两

---

① 杨立宪：《新形势下如何处理涉台外交问题探讨》，《北京大学学报》2016年第6期。

岸在拉美的"外交争夺"向中美矛盾方向引导，主动拉拢美国来制衡中国，利用美国在拉美地区的影响力来稳住与"邦交国"的关系。蔡英文在对外宣传上，也有意凸显中国提升与拉美国家关系的目的是挺进美国"后院"。针对美国的质疑和蔡当局对美国的误导，中国应该积极与美国沟通，打消美方误解，让美国逐步意识到，拉美很多国家之所以愿意"弃台就陆"，完全是出于他们自身国家利益的需要。因而中国与拉美国家实现关系正常化完全是顺势而为，并不是为了与美国"争夺地盘"，更非为了"挺进美国'后院'"。中国无意与美国在拉美展开外交竞争，而愿意与美国深化友好合作，推动双方关系稳步前进，更好地造福两国人民。

微观视角的中拉媒体传播

——拉美社会的中国知识体系建构与传播效果的文本研究

万 戴[*]

【内容提要】 为从微观层面探究中国和拉美交往成果的媒体呈现，本文以智利为例，对于智利主流媒体《信使报》在2016年习近平访智期间的报道组稿进行了文本和受众层面的分析。同时，也以实地定性调研重构智利知识阶层有关中国的知识体系，对于智利媒体受众在涉华新闻的理解能力和解读方式进行考察。研究表明受众的中国常识体系以及媒体的语言体系和政治倾向，均会在一定程度上对于传媒产品的实际传播效果产生影响。而对于这种影响的追踪和改变，更需要以微观层面进行分众传播来实现。

【关键词】 中国；拉丁美洲；媒体传播；文本知识体系；《信使报》

自中国实行改革开放政策尤其是进入新世纪以来，中国和拉丁美洲的交往逐渐深入，无论在政治、经贸、科技、文化等宏观领域都有长足的进展。仅从双边经贸领域来看，1990年中拉贸易总额仅为23亿美元，2001

---

[*] 万戴，中国国际广播电台记者。

年达到149亿美元①，2016年达到2166亿美元②，达到了1990年的94倍。而政治上高层互访频繁、双边伙伴关系升级、地区一体化协议意向的达成，以及科技和文化上的积极交往也成为中拉关系飞速发展的明证。

需要看到的是，中拉宏观领域的交往成果，在转化成为微观领域的基本常识时，也许需要更加长期的过程。而在这个过程中，在各个微观层面，尤其是舆论层面上会展现出丰富而繁杂的现象。这些现象的成因复杂，而其体现则甚为多元。在一篇论文中对其进行穷举并不现实，然而我们可以从文本入手，管窥在新闻产品和受众反馈里每种叙事和评论方式的产生与内容。同宏观性的分析不同，这种研究不具有普遍性的统计学意义，然而可以在更具体层面上对于媒体产品和传播效果进行重构。

一 《信使报》对于2016年习近平访问智利报道文本例析

2016年11月17—23日，中国国家主席习近平在就任国家主席后第三次访问拉丁美洲，参加亚太经合组织（APEC）第二十四次领导人非正式会议，同时对厄瓜多尔、秘鲁和智利三国进行国事访问。

在整个访问时序中，习近平于11月22日、23日对智利进行正式国事访问。对于此次访问，智利媒体无论立场如何，均表示出了高度重视。而智利最大的平面媒体《信使报》（Mercurio）不仅访前在纸质报纸上全文刊登了习近平的署名文章《共同开创中国和智利关系更加美好的未来》（Crearjuntos un porvenir más espléndidoparalasrelaciones entre China y Chile），还对这次访问进行了较为立体的组稿报道，在48小时内发布了4篇不同角度的长篇报道、1篇专栏和1篇社论（不包括消息稿）。

---

① 万戴：《习近平再访拉美带去"中国信心"》，新民网，http://newsxmwb.xinmin.cn/world/2016/11/21/30618419.html。[2016-11-21]

② 中华人民共和国商务部：《2016年商务工作年终综述之二十九·中国与拉美国家经贸合作保持平稳发展》，中华人民共和国商务部网站，http://www.mofcom.gov.cn/article/ae/ai/201702/20170202513555.shtml。[2017-2-13]

表1　　　　　《信使报》习近平访智新闻报道序列

Xi Jinping en Chile: La visita que pretende consolidar las inversiones de China《习近平在智利：此次访问力求巩固中国投资》①
Xi Jinping, el Presidente chino conocido como el "nuevo Mao Zedong" quevisita Chile《习近平：被称为"新毛泽东"的中国领导人到访智利》②
Xi Jinping firma acuerdo bilaterales con Chile e invita a Bachelet realiza runa visita de Estado a China en 2017《习近平签署双边协议，并邀请巴切莱特访华》③
Visita de Xi Jinping a Chile: El detalle de los doceacuerdosque firmójunto a Bachelet《习近平访智：与巴切莱特签署的十二项协议细节》④
El liderazgo de China en acción《中国领导力在行动》⑤
Presidentes de China y Chile concuerdan en profundizar el Tratado de Libre Comercio《中智两国元首决定深化双边自贸协定》⑥

　　这六篇文章写作的侧重点非常明显，其中四篇涉及了在高访中中智双方签订的各项合作协议、中智贸易、中国在智利投资、中智自贸协定的升级谈判几乎两国间所有重要的经济议题。这种侧重点既是当今拉美国家在

---

①　Emol，"Xi Jinping en Chile: La visita que pretende consolidar las inversiones de China"，http://www.emol.com/noticias/Economia/2016/11/22/832276/Visita-de-Xi-Jinping-afianza-la-posicion-de-China-en-la-politica-economica-regional.html.［2016 - 11 - 12］

②　Emol，"Xi Jinping, el Presidente chino conocido como el 'nuevo Mao Zedong' que visita Chile"，http://www.emol.com/noticias/Internacional/2016/11/21/832137/Xi-Jinping-el-Presidente-chino-conocido-como-el-nuevo-Mao-Zedong-que-visita-Chile.html.［2016 - 11 - 21］

③　Fepile Vargas，"Xi Jinping firma acuerdo bilaterales con Chile e invita a Bachelet realizar una visita de Estado a China en 2017"，emol，http://www.emol.com/noticias/Nacional/2016/11/22/832408/Xi-Jingping-invita-a-Presidenta-Bachelet-a-realizar-una-visita-de-Estado-a-China-en-2017.html.［2016 - 11 - 22］

④　Felipe Vargas，"Visita de Xi Jinping a Chile: El detalle de los doce acuerdos que firmó junto a Bachelet"，emol，http://www.emol.com/noticias/Nacional/2016/11/22/832423/Visita-de-Xi-Jinping-a-Chile-El-detalle-de-los-doce-acuerdos-que-firmo-junto-a-Bachelet.html.［2016 - 11 - 22］

⑤　Editorial de Mercurio，"El liderazgo de China enacción"，el Mercurio，http://www.elmercurio.com/blogs/2016/11/22/46780/El-liderazgo-de-China-en-accion.aspx.［2016 - 11 - 22］

⑥　Cristían Cuevas，"Presidentes de China y Chile concuerdan en profundizar el Tratado de Libre Comercio"，el Mercurio，http://www.elmercurio.com/blogs/2016/11/23/46816/Presidentes-de-China-y-Chile-concuerdan-en-profundizar-el-Tratado-de-Libre-Comercio.aspx.［2016 - 11 - 23］

对华交往中的重点决定的，同时体现出的也是智利的国家特点和受众偏好。

智利是南美洲乃至整个拉丁美洲最为开放的经济体，不仅经济发展向好，经济也是其社会内部的主要议题。而同时由于70年代开始的军政府执政和政治高压，在一定程度上导致了经济议题成为更为稳妥的舆论话题。

而其余两篇则关注于中国领导人习近平的个人经历，以及在全球贸易保护主义和孤立主义盛行的情况下中国采取的积极应对举措。整体而言，六篇报道形成了一个较为立体的序列，无论是从时间排序上还是从内容排序上：

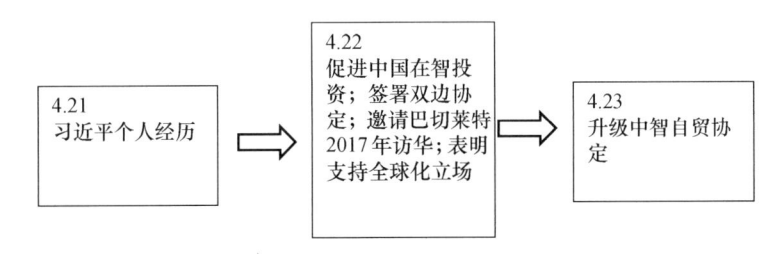

```
┌──────────┐      ┌──────────────┐      ┌──────────┐
│  4.21    │      │    4.22      │      │  4.23    │
│ 习近平个 │ ───▶ │ 促进中国在智 │ ───▶ │ 升级中智 │
│ 人经历   │      │ 投资；签署双 │      │ 自贸协定 │
│          │      │ 边协定；邀请 │      │          │
│          │      │ 巴切莱特2017 │      │          │
│          │      │ 年访华；表明 │      │          │
│          │      │ 支持全球化立场│      │          │
└──────────┘      └──────────────┘      └──────────┘
```

图1　《信使报》习近平来访报道时间与内容排序

而在文本的叙事方式上，《信使报》也体现出了一些独特的风格。尤其是在作为访问预热稿的、讲述中国国家主席习近平个人经历的《习近平：被称为"新毛泽东"的中国领导人到访智利》一文中其独特性体现得更为明显，可以作为明显的例证进行分析。

首先是对于西方话语权的让渡和对中国式话语的尝试性使用。拉丁美洲媒体在国际新闻甚至国内重大政经事件的报道中，有一个被称为"北上南下"的传统，即在事情发生之初，观望欧美主流媒体的采访和报道。即使是发生在拉丁美洲内部的事件，也会先有北美强势媒体（在20世纪以强势新闻社为主，进入新世纪以来以旗舰媒体为主）的传媒产品之后，当地主流媒体再一次以类似的观点进行二次加工。这种新闻产品加工方式造成的结果是借用了欧美主流媒体的报道辐射能力和受众公信力，大大降低了本媒体构建全球报道体系的成本。但与此同时由于放弃建设一线报道团队，也让渡了媒体自身的话语权，成为新闻产品的二传手，也使拉美媒体在全球传媒领域长期出现了"国内强势、国际弱势"的现象。

在 20 世纪 80 年代发表的一篇论文中,智利传媒学者雷耶斯·马塔表达了对于这种现象的担忧:"许多在拉丁美洲发表的新闻,都是由大新闻社生产加工而来,合众社和美联社的新闻产品占据拉美主流日报的 39%与 21%……事实上,强势的欧洲大新闻社,只把最没有意义的新闻内容留给了第三世界新闻社来报道……"①

时至今日,该现象在宏观层面并没有得到有效的改善,但在微观层面和具体事项中还是发生了一些变化。但由于中国在全球事务尤其是拉美事务中的重要性日益增加,《信使报》在新闻的写作过程中在保留了一部分"崇西"报道传统外,也逐渐尝试使用中国式的表达来书写中国问题。

如在介绍习近平青年时期插队经历时,《信使报》以第三方转述的视角进行了这样的处理:

"... *Ante el adverso escenario y con sólo 15 años, Xi Jinping debió migrar de la capital hacia la localidad rural de Liangjiahe, donde pasó siete años de su vida, al igual que muchos otros niños de su edad. Considerado un 'joven intelectual', según consigna la BBC, quienes convivieron con él allí aseguran que era 'muy sincero y honesto' y que 'todos le querían'. Una experiencia que él mismo afirmaría fue clave para su crecimiento, y que hoy le da frutos otorgándole una imagen de hombre humilde y trabajador...*"②

在这个文本中,叙述方为《信使报》,但发出评论的评论方则是更为强势的国际新闻媒体 BBC。这种文本的书写方式动机不可臆断,但方式和结果都是确定的。可以将之简单地理解为一种活泼而随机的模式选择,但是同时也可以观察到对于《信使报》而言,BBC 作出的评论足以代替本报的态度(至少在部分内容),而这种代替也默认一定会被读者所接

---

① F. Reyes Matta, The concept of News in Latin America: dominantvalues and perspectives of change. In News Values and Principles of Cross-cultural Communication, Paris: Unesco, 1980.

② Emol, "*Xi Jinping, el Presidente chino conocido como el 'nuevo Mao Zedong' que visita Chile*", http://www.emol.com/noticias/Internacional/2016/11/21/832137/Xi-Jinping-el-Presidente-chino-conocido-como-el-nuevo-Mao-Zedong-que-visita-Chile.html. [2016-11-21] "……在不利的情势下,年仅 15 岁的习近平需要和许多同龄的少年一样,由中国首都来到(农村地区)梁家河村。在这里他度过了七年时光。习近平作为一个'知识青年',在 BBC 采访中,得到了当年乡亲的肯定:'坦率真诚''人人都喜欢他'。这些经验成为他成长中的关键要素,在今天建立了他谦虚和勤劳的形象……"

受。事实上，在本篇目下 72 组评论中没有任何读者对于 BBC 话语的带入表示质疑。

而在接下来的文本中，《信使报》的表达选择更为倾向于中国式，有一些是对于中国式话语的尝试性引述，而另一些则是对于中国现象的创造式表达。在表述习近平的治国理念时，《信使报》以"'中国梦'和终结腐败"为小标题进行叙述：

"…Desde antes de convertirse en el hombre más importante del gigante asiático, Xi Jinping defendió dos grandes ideales: potenciar el denominado 'renacimiento de China', haciendo resurgir la segunda potencia más poderosa del mundo que se vio marcada por la crisis económica, e imponer mano dura contra corrupción…A todo lo anterior, Xi Jinping le dio una marca: 'El Sueño Chino'. Una utopía que deslumbró al mundo por varios años, pero que, al parecer, tuvo un brusco despertar en junio de 2015. Cuando el mercado bursátil comenzó a mostrar los primeros signos de la crisis (ese mismo mercado que fue potenciado por las reformas económicas) las autoridades, en un intento desesperado, empezaron a inyectar dinero para mantener la estabilidad y la confianza…"①

在这里可以清楚地观察到，《信使报》在讲述中国当代政经议题时，自主选择了其认为核心的事项，并且尝试直接引用中方的表达方式如"中华民族复兴"及"中国梦"。而在这个表述上，《信使报》也以自己的方式进行了梳理：经济发展、消费、创新、可持续发展（环境保护）、反腐败……然而通读文本可以看到的是，该报对于"中国梦"的解读和传播依然偏外向性，会将中国自身的发展目标与其在国际社会中的地位进行生硬联系。在宏观处理中，我们倾向于将这种文本表达认为是"媒体倾向"；而在微观视角里，在没有直接证据和旁证（比如同一报道序列中

---

① Emol, "Xi Jinping, el Presidente chino conocido como el 'nuevo Mao Zedong' que visita Chile", http://www.emol.com/noticias/Internacional/2016/11/21/832137/Xi-Jinping-el-Presidente-chino-conocido-como-el-nuevo-Mao-Zedong-que-visita-Chile.html. [2016 - 11 - 21] "……在成长为这个亚洲强国最重要人物之前，习近平捍卫着两个伟大的理想：'中华民族的伟大复兴'，其标志是在全球金融危机时期成长为全球第二大经济体，另一个信念则是戮力反腐败……习近平提出了一个叫作'中国梦'的新提法。这个乌托邦式的提法在数年间让全球都摸不到头脑，直到 2015 年 6 月逐渐清晰。在中国证券市场出现了危机的苗头时，政府立即开始注资，以保证股市的稳定和公信力……"

的其他新闻产品)的情况下,本文更倾向于该倾向是《信使报》涉华报道团队的中国知识体系的系统性错误以及习惯性报道方式造成的结果,具体讨论将会在下一节展开。

另一个特点是对于中国国内议题的把握。在这篇高访预热稿件中,《信使报》开始着力向受众传播当前中国的面貌(具体的真实性和准确性可再商榷)。这篇文章由于其题目中独特的说法"新毛泽东",在习近平访问前后被中国多个媒体摘选为典型的外媒舆论。在这篇文章中,"新毛泽东"的说法实际上来自中国十八届六中全会"以习近平同志为核心的党中央"① 这一说法。《信使报》认为,这种说法让习近平在中国领导人的重要性足以和毛泽东、邓小平的历史重要性相媲美:

"... Xi Jinping ha logrado transformarse en uno de los líderes más importantes de las últimas décadas. En octubre pasado el pleno del Partido Comunista de China le otorgó el título de 'núcleo', poniéndolo a la par de antiguas y emblemáticas figuras como Mao Zedong y Deng Xiaoping..."②

可见,这个题目的确定并非单纯吸引读者眼球,在文本内部也有一定逻辑。《信使报》选取这个角度,既是媒体的传播战略需要,也是在以比喻的方式向其读者介绍这位来访领导人的重要性。然而这种传播意图,以读者评论看来达到的效果非常复杂。相比照于其他文章的回复数量和内容,可以认为这种传播策略得到的直接反馈相对负面,但是有病毒性扩张的能力。

二 《信使报》习近平访智报道序列读者反馈例析

从反馈数量上来讲,以上报道序列中的六篇报道在评论数量上并未超

---

① 新华社:《(受权发布)中国共产党第十八届中央委员会第六次全体会议公报》,新华网,http://news.xinhuanet.com/politics/2016-10/27/c_1119801528.htm。[2016-10-27]

② Emol, "Xi Jinping, el Presidente chino conocido como el 'nuevo Mao Zedong' que visita Chile", http://www.emol.com/noticias/Internacional/2016/11/21/832137/Xi-Jinping-el-Presidente-chino-conocido-como-el-nuevo-Mao-Zedong-que-visita-Chile.html. [2016-11-21] "……习近平成功地成为最近几十年来中国最重要的领导人之一。在10月召开的共产党全体会议中确立了'习核心'称号(此处有一些事实偏差,为研究需要按原文翻译),把习近平的定位提升到了和中国传奇领袖毛泽东、邓小平相仿……"

过其智利国内新闻的平均水平，表明该序列虽然是该阶段报道的重点议题，却并非网民的舆论热点。在这六篇中，读者评论数最高的也恰恰是介绍习近平个人经历的《习近平，中国的"新毛泽东"即将访智》一文。同时，该文的评论倾向性也最为复杂，各种立场的、极端和中立性言论、受众间相互辩论乃至攻讦均有所涉及，形成了虽然规模有限，但是较为完整的舆论场。

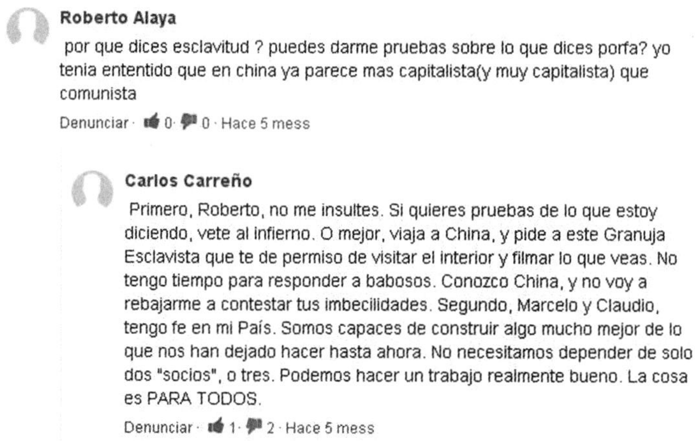

> **Roberto Alaya**
> por que dices esclavitud ? puedes darme pruebas sobre lo que dices porfa? yo tenia ententido que en china ya parece mas capitalista(y muy capitalista) que comunista
> Denunciar · 👍 0 · 👎 0 · Hace 5 mess

> **Carlos Carreño**
> Primero, Roberto, no me insultes. Si quieres pruebas de lo que estoy diciendo, vete al infierno. O mejor, viaja a China, y pide a este Granuja Esclavista que te de permiso de visitar el interior y filmar lo que veas. No tengo tiempo para responder a babosos. Conozco China, y no voy a rebajarme a contestar tus imbecilidades. Segundo, Marcelo y Claudio, tengo fe en mi País. Somos capaces de construir algo mucho mejor de lo que nos han dejado hacer hasta ahora. No necesitamos depender de solo dos "socios", o tres. Podemos hacer un trabajo realmente bueno. La cosa es PARA TODOS.
> Denunciar · 👍 1 · 👎 2 · Hace 5 mess

图 2　《信使报》习近平访智报道受众反馈中强势对话方对争论的回复①

从基本内容判断而言，其中较大一部分的评论与新闻文本本身关系并不紧密，而是来自当地读者对于中国混乱的知识体系。其中最为明显的部分，是对于"社会主义""共产主义""共产党"等基本概念的混淆。在本新闻正文部分只出现了五次"共产"② 一词，而在评论中则出现了 49

---

① Emol, "*Xi Jinping, el Presidente chino conocido como el 'nuevo Mao Zedong' que visita Chile*", http://www.emol.com/noticias/Internacional/2016/11/21/832137/Xi-Jinping-el-Presidente-chino-conocido-como-el-nuevo-Mao-Zedong-que-visita-Chile.html. ［2016 - 11 - 21］中文大意：Roberto Alaya："……为什么会说中国是奴隶制？能否请您提出证据？按我的理解，中国（比起奴隶制）更偏向资本主义吧？……"Carlos Carreño："……如果你要证据，你就自己去中国，从内部看看他们的奴隶制农场。我到过中国，我了解。……我对我的祖国有信仰，我觉得智利不需要依靠两个或三个合作伙伴，我们能做得要更好……"（评论包含事实偏差，为研究需要保留原文翻译大意）

② 此处对"共产"的统计包括"共产主义"（comunismo）与"共产主义的、共产主义者"（comunista）两词。

次，而在所有评论中均没能对以上概念形成基本正确的认知，只成为最粗暴的情绪发泄。在此层面上进行评论的文章读者，对于中国的理解基本停留在符号对应阶段，而在实际文本中这些评论者占据留言的开始部分。对于其他读者的质疑或者疑问，他们也多以情绪化方式回应，以一种非理性的方式占据这个迷你网络舆论场中的强势话语地位。

很明显，在该部分对话中强势对话方是完全封闭性的，缺少形成较为良性的舆论场域的几个重要特征"平等性""交互性""参与性"，甚至也没有体现出"碰撞性"和"交锋性"[1]，完全是强势话语者的单方面叙事，不仅完全不提供例证，同时也明显脱离了这篇新闻正文的主题，成了独立于文本的价值观攻击。

而随着持不同立场且相对而言有实际例证的强势异议者出现，逐渐在对话过程中与非理性对话者趋于平衡，使前者不得不与后者形成交互，虽然对于实际问题的交流没有体现出实质性的帮助，但是已经构成了一个真正可以从各方进入的网络舆论场域。

> **Leonel Moises Pasten Peña**
> China en par de años será el mundo entero... la deuda que tiene USA es con china, si ellos quisieran quebrar a usa al exigir su plata la hacen, otra cosa interesante es que USA en total tiene 250 millones de personas, China tiene un ejército de 200 millones activo: La balanza comercial está a favor de china. Quien podrá detenerlos? Pero lo que más me gusta de los Chinos es que no andan vendiendo democracias arregladas, no se creen ningún baluarte moral como los gringos.
> Denunciar · 👍 5 · 💬 7 · Hace 5 mess

图 3　《信使报》习近平访智报道受众反馈中的响应正文立论[2]

而需要注意的是，在这样的舆论场域中体现出的更多不是道理的来

---

[1]　聂德民：《对网络舆论场及其研究的分析》，《江西社会科学》2013 年第 2 期，第 189 页。

[2]　Emol,"Xi Jinping en Chile: La visita que pretende consolidar las inversiones de China", http://www.emol.com/noticias/Economia/2016/11/22/832276/Visita-de-Xi-Jinping-afianza-la-posicion-de-China-en-la-politica-economica-regional.html. [2016 - 11 - 12] 中文大意如下：Lenonel Mosies: "……我觉得中国自成一方世界。美国欠了中国好多债，中国一旦要债美国就惨了。有趣的是美国人口有 2.5 亿，中国军队就有 2 亿人，贸易平衡也是中国占优。我最喜欢的是中国不搞价值观输出去贩卖民主，不相信老美那套道德壁垒……"（评论包含事实偏差，为研究需要保留原文翻译大意）

往，而是话语权的直接碰撞。这个现象在具体到这条新闻的评论中也得到充分显现。而在讨论的各方的立场中，也出现了对于智利本国事务立场的投射。

图4 《信使报》习近平访智报道读者反驳在攻击性评论中联系智利国内事务①

对于社会主义中国的支持和反对，在一定程度上源于智利70年代自身发生的阿连德执政与皮诺切特政变，以及其后长达17年的军政府统治造成的思想阵营之间的对立。这种独特的历史背景，使智利网民在面对特定概念时会发生自身感情的投射。在这种投射的影响下，对于中国问题的攻伐，也包含着智利受众本身所秉持的政治信念。

三 智利普通民众的中国常识体系构建和与媒体共生的认知模式

以文本的书写方式和整体报道序列的安排，这组报道相对温和，尤其是有关经济的议题更是专注于"双赢"问题，受众本不应该出现过于偏激的反应。但如果从历史维度来考察这组报道，新闻话语构成和读者反馈则会呈现出更多的理解维度。

《信使报》最初由智利财团爱德华兹家族负责人奥古斯都·爱德华兹·麦克雷于1900年6月在圣地亚哥创立（其前身《瓦尔帕莱索信使报》于1827年9月创刊，为西班牙语世界最古老的日报之一），是智利

---

① Emol, "*Xi Jinping, el Presidente chino conocido como el 'nuevo Mao Zedong' que visita Chile*", http://www.emol.com/noticias/Internacional/2016/11/21/832137/Xi-Jinping-el-Presidente-chino-conocido-como-el-nuevo-Mao-Zedong-que-visita-Chile.html.［2016 – 11 – 21］中文大意如下：Gonzalo Olivares："……你描述的这些皮诺切特的暴行描述得很好，祝贺你总结了这个暴君所有的破事儿……"（该评论是对于其他网友对于中国诸如"极端腐败""犹如地狱"等攻击性言论的回复，为研究需要依照原文保留网友立场翻译大意）

发行量最大的报纸，同时也是智利的传统右派媒体。在上一任负责人奥古斯都·爱德华兹·埃斯特万的经营下，呈现出了两种趋势。

（1）媒体话语权的垄断趋势。目前，智利传媒集团呈现出了非常明显的垄断性发展，主流平面媒体和其他媒体平台逐渐集中于几大传媒集团。仅仅《信使报》集团旗下，就集中了《信使报》《瓦尔帕莱索信使报》《第二报》《最新新闻报》等多家重要媒体，形成了巨大的集群报道优势。在重大国内议题中，只要几个集团之间达成协定，能够较为轻易地形成一致的舆论导向。

（2）精英主义和反左倾向。《信使报》和奥古斯都·爱德华兹·埃斯特万自20世纪60年代起即在选战中参与狙击国内左派势力，在萨尔瓦多·阿连德当选为总统后，也亲自参与到了构建保守主义叙事、诟病社会主义民选政府的媒体操作中。① 在此后的皮诺切特军政府和历任右派政府的执政过程中，《信使报》都扮演了重要角色。

图5 奥古斯都·爱德华兹·埃斯特万时期《信使报》集团结构②

① Víctor Herrero, *Agustín Edwards Eastman: Una biografía desclasificada del dueño de El Mercurio*, Editorial Debate, Santigao, 2014, p. 380.
② UDEC, *El monopolio ideológico de los medios de comunicación en Chile*, Gamba.cl, http://www.gamba.cl/2015/05/el-monopolio-ideologico-de-los-medios-de-comunicacion-en-chile/. ［2015-5-13］

问题的另一个方面是智利一般媒体受众有关中国的常识体系构建。在宏观层面上，智利是南美洲第一个与中国建交的国家，也是全球第一个与中国签订自贸协定的国家，同时也是孔子学院拉丁美洲中心所在国，无论在政治、经济和文化层面都与中国有深入交往。然而通过新闻评论的文本分析可以窥见，有相当大比例的智利民众对于中国的体制和现状缺乏基本认知，在表达中难以对于中国问题进行真正意义上的讨论。

2016年本文作者参加国家留学基金委"国际区域问题研究及外语高层次人才培养项目"赴智利就"拉美社会中中国形象"相关议题进行访学。在3—10月间，笔者对智利大学位于圣地亚哥某学院的在校本科及以上学生进行了多次随机学术采访，其中涉及了有关中国常识建构的问题。由于智利贫富差距较大，本次调研答案集中于出生于1975—1990年的中产及以下阶层学生。

表2　　　　　　　　智利大学某学院学生涉华信息采访状况

问题	回答
在义务教育阶段是否能够得到有关中国的教育	公立学校中基本不设置相关教学内容
家庭成员对于中国是否有了解	除有从事对华贸易人员外，较为有限
是否、从何时开始对中国有基本认知	有认知的学生，大部分来自于高校或有工作接触
有何渠道能够了解中国信息	渠道相对有限，多为被动接受传媒产品

虽然调查不具备统计学意义，但是可以合理推断，对于出生于20世纪七八十年代的普通智利中产及以下青年知识分子而言，通过学校教育和家庭教育建立有关中国的常识体系较为困难。在有机会直接接触中国前，传媒产品也就成为接收有关中国信息的主要渠道。

于是在这里，现实中就出现了三种元素：媒体（如《信使报》）、认知主体（智利民众）、认知客体（有关中国的常识），显而易见，主体实现对于客体的认知在这种情况下必然要通过媒介进行。而正如英伽-奥拓思想实验所体现的一样，人们会发现主观认知和利用工具实现认知最后达到了一样的效果，但并不能反推两者的认知加工过程完全相同。[①]

而如《信使报》这样的媒体并不完全是客观立场，而是如上文论证的一样有自身价值观的语言体系，自然也就在多年的报道中培养了受众以及受众的阅读习惯。其文本叙事中产生的意象在媒体受众层面上引起的冲突，正是在这种熟稔的语境之中，由于一些"隐喻式批评"被解读而产生的。在前文引述的单篇报道中，引起《信使报》读者评论的正是"新毛泽东"这一说法。同样的说法在邻国乃至智利其他媒体的网站中未必会引起舆论冲突，这正是由《信使报》的特殊语境决定的，"语境"和"关键词"正是读者认知形成的重要组成部分。

在一篇或一组报道中体现出来的传播效果，并不能够测定媒体动机。更为合理的推测是，在本次报道文本中《信使报》试图维持中立报道，然而长期形成的新闻语境和新闻受众，却难以更改长期以来对某些意象的理解，同时也缺乏相关知识体系的建构，最终造成了现在的传播效果。

四　宏观理论和微观视角——从效果出发的拉美传播方式

虽然由于《信使报》受众群体的具体个人倾向和对中国问题的认识水平差距，在国家元首访问期间的系列深度报道产生了某种程度的传播效果偏差，但是也不应该因此完全否定其该组传播的作用。正如前文所言，该组报道整体表述较温和、客观，《信使报》及其网站（Emol.com）在智利国内平面媒体中的传播力也有着绝对优势，因此如果回溯该报道，仍然可以发现其由媒体传达到受众的过程得到了很好的完成。

在报道内容和报道倾向都偏向积极时，传播预期与传播效果的差距，在很大程度上是宏观传播策略和微观情况的碰撞所造成的。简言之，就是由于对于传播对象和传播语言体系的不熟悉，仅仅以宏观层面习得的传播内容和传播手段进行大面积覆盖的传播，造成传播效果与偏离预期。这种现象无论在中国媒体的拉美报道，抑或拉美媒体的中国报道研究中都非常

[①] 弗雷德里克·亚当斯、肯尼斯·埃扎瓦：《认知的边界》，浙江大学出版社2014年版，第20页。

普遍。

这是由于在惯常的中拉相关报道中，报道方仅仅按照需要事件内容制定单次的传播策略、生产传播产品；而在研究中，则侧重于对报道数量、发布平台、内容倾向、受众覆盖等方面的定量宏观研究。

此类研究关注于具体事件、单个或单组媒体、固定传播平台或固定时间内传媒产品的发表数量、内容和受众分析，可以探究国家和地区传播影响力、受众兴趣类别、媒体传播能力。由于其科学性、务实性，以及与网络传播、新媒体传播和大数据相接驳，在一段时期内成为中拉传播研究的主流方式。

而依照上述宏观理论所作出的报道规划，也在现实层面上出现这类似于上述《信使报》事例的效果偏差。这是由于对于任何具体的媒体和受众群体，都存在依照时间线发展的常识系统、话语体系、报道和阅读习惯，任何单个事件的传播效果都需要综合考虑微观层面的所有因素，不能够将某一次传播行为孤立研究；同时对于整体而言作用积极的报道，也并不能保证在各个微观层面效果相同。

具体到中拉传播领域，拉丁美洲各个国家具有不同历史、国情、政治传统；而同时具体到各个国家内部的不同地区、不同社会阶层、不同母语（西班牙语、葡萄牙语和印第安方言）、不同教育水平群体内对于同一传媒产品的理解能力和具体反映也会体现较大差异。以本文所使用的例子来说，在文本分析和背景分析中可以发现，由于长期形成的知识体系和阅读习惯，部分普通受众在对中国缺乏基本常识的情况下，对于某些意象形成了条件反射式的反应（其中一部分反应也是由媒体叙事逐渐培养出来的）；同时，由于智利本身的历史、文化和社会分层，对于国内政治倾向的立场和态度也在一定程度上会投射至国际新闻领域。因此，在受众对于中国整体情况了解水平没有变化的情况下，智利媒体在涉华报道中需要尽量避免使用指向性强的意象或比喻，才能够部分避免传播失焦。

而为了弥补这种差异，则需要在微观层面长期、分众的制作和传播相关产品。具体到中拉传播领域，则应在了解传播对象的涉华知识结构（或中方对于拉美事务的知识结构）的同时，将自身的传媒产品有针对性地参与到受众群体的常识体系建立中。在这部分，由于中拉媒体性质不同，则需要制定不同策略①。

（1）中国目前涉拉媒体（以汉语为主要报道语言）主要为全国覆盖的主流传统媒体，传播覆盖面广而少涉细分，受众群体多元。在目前的涉拉报道之中，需要关注于国情背景与新闻时事的结合报道，为中国受众提供了解拉美新闻内容所必要的知识基础，在一定程度上避免武断解读和主观对比本国。

表3　　中文主要涉拉美报道媒体（中文平台，以是否拥有派驻拉美记者为标准）

新闻通讯社	新华社
平面媒体	《人民日报》《今日中国》《文汇报》《光明日报》
广播电视媒体	中央电视台、中国国际广播电台、凤凰卫视
网站	新华网、人民网、央视网、国际在线、中华网、中国网、今日中国网、文汇网、光明网、凤凰网

（2）拉美涉华媒体则形态多样，有专门报道中国新闻的媒体、门户网站，也有如《信使报》一样的主流媒体和新闻机构，需要根据媒体自身报道方式以及自身受众的特点进行传播方式改进。而其中需要关注的，是在涉华报道中的语言组织和意象指向，以及报道数量和内容广播的增加，形成较为健康的舆论场。即使在未来长时间内不可能形成完全积极的报道氛围，也能够在读者反馈中形成较为健康均衡的舆论场。

微观层面的报道和研究，是一个细分且长期的工作，短时间内的成效可能并不显著。然而多种语言体系、报道方式的对接，最终连同的是不同思想方式和行为模式，最终达到不同国家受众间有限度的互相理解，达到传播实效，也是新闻单位和传播研究者可以持续关注的现实维度。

---

① 本文不讨论个别媒体在报道中出于政治和商业目的偏差报道或故意误导受众的情况，仅讨论正常传播行为。

美国新政府背景下的中墨关系:历史沿革及变化前景

张 庆[*]

【内容提要】 中国和墨西哥自1972年建交后,双边关系总体上保持了健康良性的发展。从1972年至2016年,中墨关系大致经历了政治先导、经贸活跃、竞争性伙伴关系三个时期。2017年特朗普正式就任美国总统为两国在新时期拓展双边关系的广度与深度提供了契机,双方有望在政治、经济、文化各个层面加强联系。但同时墨西哥国内的换届选举、美国因素的不确定性以及中墨两国贸易摩擦都使双边关系在未来面临着挑战。

【关键词】 美国;特朗普政府;中墨关系

一 引言

中墨两国之间的联系历史悠久,源远流长。两国1972年建交以来,在政治互信、经贸往来以及人文交流方面都取得了长足发展。2013年,习近平主席与培尼亚总统会晤,将中墨关系提升为全面战略伙伴关系,标

---

[*] 张庆,法学博士,四川外国语大学国际关系学院副教授,院长助理,中国社会科学院墨西哥研究中心副秘书长,四川外国语大学金砖国家研究院政策研究所所长。研究领域:中拉关系、拉美政治。本文是四川外国语大学2017年教改课题"外交学与外语专业深度融合的困境与突破——基于实验教学改革的思考"(项目编号:JY176008)的阶段性成果。

志着两国关系进入全方位、多层次交流的时代。2017年特朗普就任美国总统后迅速实行其"外交新政"，签署了一系列针对墨西哥的行政命令和总统备忘录，在墨西哥以及整个拉美地区激起了强烈反响。笔者认为，特朗普政府对于墨西哥的高压政策意味着中墨两国迎来了深化全方位合作的难得机遇。

要理解美国新政府背景下中墨关系的走向，有必要首先厘清中墨两国建交以来双边关系发展的大致脉络。大体上说，两国经历了1972—1982年的政治先导时期、1982—2000年的经贸活跃时期、2000—2016年的竞争性伙伴关系时期。从发展轨迹上看，两国关系沿袭了"政治推动经济继而进入全面发展"的路径。

二 中墨建交以来关系概述

（一）1972—1982年中墨建交初期以政治为先导

1972年2月14日，时任中国常驻联合国代表黄华和时任墨西哥常驻联合国代表加西亚·罗夫莱斯在纽约签署建交公报，宣布中华人民共和国与墨西哥合众国建立正式外交关系。墨西哥也成为继古巴、智利和秘鲁之后，第四个同中国建交的拉美国家。建交初期的中墨关系呈现出强烈的政治先导性，即通过两国高层不断接触和在国际事务中的密切合作体现两国稳步升温的友好关系。

首先，中墨两国高层互访频繁出现。1973年4月，埃切维里亚总统对中国进行国事访问，这是除当时的古巴总统多尔蒂斯之外，第一个到中国访问的拉美国家元首。此次访问受到毛泽东主席和周恩来总理的热情接待，对于促进中墨关系的发展具有里程碑式的意义。1978年10月，波蒂略总统访华，与中共中央主席华国锋与国务院副总理李先念进行了会谈，双方签署了文化、旅游协定。同年，国务院副总理陈永贵、人大常委会副委员长姬鹏飞访问了墨西哥。1981年10月，赵紫阳总理在出席了在墨西哥坎昆举行的关于合作与发展的南北国家政府首脑会议之后，应邀对墨西哥进行了访问。

其次，两国基于在国际事务中的广泛共同立场，致力于推动建立公正合理的国际新秩序。1972年4月，作为对世界人权宣言的必要补充，墨西哥向联合国提出《各国经济权利和义务宪章》，以此捍卫民族经济发展、反对不合理的国际经济关系，此举得到中国的支持。另外，建交伊始，中国政府积极响应墨西哥建立拉美无核区的倡议，签署《拉丁美洲禁止核武器条约》第二号附加议定书。此外，中国还对墨西哥在国际上争取海洋权、各国确立200海里专属经济区的斗争给予了大力支持。①

中墨建交初期的交往主要集中在政治层面，两国的经贸联系成效有限。从1972年到70年代末，两国贸易总额从接近1300万美元增至1亿多美元。② 经贸增幅较大，但总量不高。这其中的主要原因是当时的世界格局受冷战思维的影响，加强对外联系中的政治交往普遍成为各国外交工作中的重点。

（二）1982—2000年经济联系加强，伴随有不和谐声音

1982年，墨西哥爆发了影响深远的债务危机。到该年年底，墨西哥外债高达876亿美元，负债率为53%，偿债率为75%，大大超过国际公认的临界线（分别为5%—20%和20%—25%）。③ 此次危机也促使墨西哥政府积极调整对外战略，把经济作为对外战略的首要重点，积极同美欧、亚太和拉美发展经贸关系。同时期的中墨经贸联系也在此背景下迅速升温。德拉马德里总统执政期间（1982—1988年）两国签署了经济技术合作协定以及海运合作协定。萨利纳斯总统（1988 1994年）致力于通过发展对外关系解决经济困难，谋求加强和各国的合作关系。双方不断拓展新的合作领域，如石油化工、农业、信贷、通信等，签订了《中国化工部和墨西哥能源矿产部间合作协议》《中墨农村发展合作协议》《中国农业部和墨西哥渔业部渔业合作谅解备忘录》等。塞迪略任总统时期（1994—2000年）双方继续拓展合作领域，签署了《中墨电信领域合作谅解备忘录》《中墨农牧业合作协定》等。经过墨西哥经济结构性改革和对外关系的调整，中墨双边贸易进入大幅增长时期。1991—2000年间，中墨贸易额从2.35亿美元上升至18.236亿美元，年均增长率为25.6%，远远高于同期中国对外贸易额年均12.7%的增长率。

---

① 冯秀文编著：《中墨关系：历史与现实》，社会科学文献出版社2007年版，第151页。
② 郭崇道：《中国与墨西哥的贸易》，《国际贸易》1985年第8期，第37页。
③ 王绪苓：《80年代墨西哥债务危机考略》，《拉丁美洲研究》1990年第6期，第48页。

伴随着中墨贸易额的增长,双方在经济领域合作的问题逐渐暴露出来。其一,中墨贸易的不平衡状态。进入20世纪90年代,中方在双边贸易中基本维持着顺差态势,且顺差额呈总体上升趋势。其二,反倾销问题困扰中墨贸易健康发展。为防止中国商品大量进入墨西哥市场造成对墨西哥本国工业带来的冲击,1993年4月,墨西哥宣布对中国10大类别的4000多种产品进行反倾销调查,同时开征高额临时反倾销税,涉及商品约占中国对墨出口额的3/4。①

1982年的债务危机促使墨西哥进行政治和经济的全面转型。应该说,在该时期中墨政治层面的交往仍有加强,但比起前一时期,墨西哥外交战略凸显了经济导向,其政治色彩逐渐减弱,墨西哥逐渐放弃了第三世界的国家身份,在对外政策上"向西""向北"靠拢,并最终选择成为发达国家的成员。② 在此背景下,中墨经贸联系逐渐升温,其间不可避免地出现了贸易摩擦等不和谐声音。

(三) 2000—2016年中墨竞争性的伙伴关系

2000年,国家行动党和绿色生态党组成的变革联盟的候选人比森特·福克斯当选总统,这是墨西哥历史上第一次反对党在总统大选中获胜,它标志着墨西哥政治从一党居优制向多党竞争制转变的完成。同时,这也标志着中墨关系进入了全面发展时期。从政治层面看,2001年6月,福克斯对中国进行了友好访问,中墨双方举行了正式会谈,表示会在各个领域开展互利合作。同年10月,福克斯总统再次访华,参加在上海举行的亚太经合组织第九次领导人非正式会议。墨西哥总统一年内两次访华,突破了以往在任总统访华一次的先例,在拉美国家中极为罕见。此外,墨西哥三大政党国家行动党、革命制度党和民主革命党的主席也于同年应邀访华,两国领导人的频繁接触可见一斑。2003年12月,温家宝总理访问墨西哥,中墨宣布建立战略伙伴关系。2004年,中墨两国成立常设委员会,为全面推进战略合作伙伴关系迈出重要步伐。2008年7月,墨西哥

---

① 徐世澄:《对发展中国和墨西哥关系的几点思考》,《拉丁美洲研究》2007年第4期,第8页。

② 谌园庭:《论20世纪70年代中国和墨西哥的关系——以国家身份为视角》,《拉丁美洲研究》2014年第3期,第25页。

总统卡尔德龙访华，两国元首宣布建立中墨战略对话机制。2013 年 6 月，习近平主席访墨，与培尼亚总统举行会谈并签署《中华人民共和国和墨西哥合众国联合声明》，将中墨关系提升为全面战略伙伴关系。这意味着两国关系的战略性更加突出，相互间的协调与配合更为紧密，互利合作水平将得到全面提升。①

从经贸层面看，中墨两国签订《中国国际贸易促进委员会和墨西哥外贸、投资与技术委员会合作协议》《中国进出口银行与墨西哥国家外贸银行相互提供信贷额度的框架协议》《中国商务部与墨西哥经济部矿业领域合作谅解备忘录》《中华人民共和国政府和墨西哥合众国政府关于促进和相互保护投资的协定》等有利于经贸合作的协议。自 2000 年以来，中墨双边贸易额一直持续增长。2001—2015 年，两国双边贸易额从 22.5 亿美元增长到 748.7 亿美元，年均增长率超过 20%。墨西哥是中国在拉美的第二大贸易伙伴，中国也是墨西哥第二大贸易伙伴。2000—2015 年的多数年份中，中墨贸易的发展势头明显强于两国对外贸易的整体表现。其中，中国对墨出口额由 13.3 亿美元增至 699.9 亿美元，增加了 52 倍，同期源自墨西哥的进口额从 4.9 亿美元增至 48.4 亿美元，增加了 9 倍。②

在文化交流领域，墨西哥是拉美国家中和中国进行文化交流较多的国家。中国具有几千年文明史，墨西哥是美洲印第安文明的发源地之一，其玛雅文明和阿兹特克文明历史悠久，文化成果灿烂。再加上近代以来，两国都具有类似的反对外来侵略、争取民族独立的革命传统，两国的文化交流不断加强。2000 年 9 月，《帝王时期的中国：西安王朝》大型文物展在墨西哥数十个州、市举行。2001 年《玛雅文明展》在广州、西安、北京和上海展出。2003 年 4 月，第二届"中国文化周"在墨西哥参议院开幕。2006 年 6 月，中国美术馆和墨西哥驻华大使馆联合主办墨西哥文化艺术展。另外，自 2004 年 8 月以来，中国国家汉语推广领导小组办公室与墨西哥华夏中国文化学院、墨西哥国立自治大学和墨西哥奇瓦瓦州自治大学正式签订协议成立孔子学院，标志着中墨文化交流进入了新的历史

---

① 刘古昌、沈国放主编：《国际问题纵论文集 2014—2015》，世界知识出版社 2015 年版，第 94 页。
② 数据来自中华人民共和国商务部网站国别贸易报告：http://countryreport.mofcom.gov.cn/record/view110209.asp? news_ id =47872。

时期。①

　　虽然福克斯访华时曾表示墨中两国是合作伙伴而并非竞争对手，但两国的竞争关系确是客观存在的。第一，墨西哥一直认为我国是"非市场经济国家"，也是世贸组织成员国中最后一个与中国达成协议的国家。墨西哥担心中国的轻工业产品，特别是制鞋业和纺织业的竞争，继而对进口的中国产品课以重税，同时要求中国比照和美国和欧盟的双边协议，对墨西哥开放市场。② 当前，中墨两国仍然主要以货物贸易为主，高附加值和高技术值含量的服务贸易发展缓慢，多元化进出口格局尚未形成。第二，墨西哥对我国的投资项目存在矛盾心态。由于经济发展和社会发展的需要，墨方希望中国政府、企业能够加大对其优势产能输出，但同时又将部分项目视为潜在威胁，审核周期漫长且不可控性突出，这无疑降低了两国经贸合作的效率。③ 这种矛盾心态是导致中墨贸易和投资规模不成比例以及投资波动较大的重要原因。虽然多年来中国一直是墨西哥第二大进口来源国，但在墨西哥投资来源国中仅排第 32 位。据中国商务部统计，截至 2015 年年底，中国对墨西哥直接投资存量为 5.24 亿美元，较上一年度略有下降，仅占同期中国对拉美累计直接投资额的 0.4% 左右。④ 第三，美国因素的影响。美国既是中国最大的贸易出口国，也是墨西哥最大的贸易出口国，中墨两国同为发展中国家，都在劳动力密集型产业上具有出口优势，因此，两国的产品在美国市场上的竞争比较明显。从 2000 年开始，中国取代墨西哥成为美国的第二大贸易伙伴，2005 年以后，中国出口商品在美国市场的占有率超过墨西哥，进一步增强了双方的竞争关系，特别是在农产品、服装和纺织领域。

　　除经贸领域的竞争关系之外，中墨两国在这段时期推进全面合作关系的同时还伴随着另外一些不和谐的声音，主要表现在以下几个方面。

　　第一，政治摩擦。2003 年 4 月，墨经济部长卡纳雷斯发表对华不友好言论，妄称"中国不是民主国家、中国不尊重人权"。经过交涉，墨外

---

① 刘文龙主编：《墨西哥通史》，上海社会科学出版社 2008 年版，第 407—408 页。
② 同上，第 400 页。
③ 金瑞庭：《墨西哥经济形势分析及 G20 框架下中墨合作建议》，《中国经贸导刊》2016 年 8 月（下），第 63 页。
④ 中华人民共和国商务部：《2015 年度中国对外直接投资统计公报》，中国统计出版社 2016 年版，第 51 页。

交部发表公报,就其言论表示遗憾,并向中国政府道歉。2004年10月,达赖窜访墨西哥。墨总统夫人萨阿贡、内政部长克里尔以及部分议员分别会见达赖并出席为其举办的国际宗教宽恕日活动。达赖抵墨时,墨西哥州州长以及内政部副部长到机场迎接,首都联邦区行政长官洛佩斯为其主持欢迎仪式。2011年9月,达赖再次窜访墨西哥,受到总统卡尔德龙的接见。中国秉持一贯立场,认为此举是对中国内政的粗暴干涉,伤害了中国人民感情,中国对此表示强烈不满和坚决反对。中国外交部和驻墨使馆分别向墨方提出严正交涉。

第二,非法贸易问题。墨西哥对中国众多商品征收高额反倾销税客观上助长了走私等非法贸易。中国产品物美价廉,在墨西哥市场上占有率较高,一些墨西哥不法分子通过各种渠道逃避税收,以获得高额利润。众多进口商利用该国对转口贸易和客户加工业的"临时进口计划"等优惠鼓励政策,在无须缴纳关税的情况下披着"合法"的外衣在墨市场销售进口商品。这些产品价格低廉,对中墨正常贸易及墨西哥相关产业造成较大冲击。[①]

三 美国新一届政府的对墨外交政策取向

自特朗普当选美国总统以来,美国的外交战略有了明显转变。美国新一届政府的外交核心是带有强烈孤立主义色彩的安全与发展,这直接导致了美国对墨西哥大幅调整其外交政策。

就安全问题来说,特朗普政府认为墨西哥人给美国带来了毒品、犯罪和非法移民等社会问题。由此,作为履行竞选时最具个性的政策主张,特朗普在其上任一周后即签署文件在美墨边境建墙,其动作之快远超人们预期。为了彰显美国的强势,特朗普要求墨政府为建墙埋单,如若不然,则美国计划向墨西哥征收高达20%的进口税。特朗普上任伊始即着手遣返墨西哥移民,首批被遣返的移民共135人,墨西哥总统培尼亚·涅托亲自到墨城国际机场欢迎他们回国。另外,据美联社报道,特朗普在电话中警

---

① 徐世澄:《对发展中国和墨西哥关系的几点思考》,《拉丁美洲研究》2007年第4期,第8页。

告涅托，如果墨西哥军队没有能力控制好其国内的"坏蛋"，美国就会出兵墨西哥，墨西哥总统对此没有作出回应。①

就发展而言，受制于全球经济疲软以及美元走强，美国出口下降速度快于进口，造成贸易赤字连年攀升。2016年，美国贸易赤字攀升至5023亿美元，创四年来新高。其中，对墨西哥的贸易赤字上升4.2%，达632亿美元，创五年来新高。特朗普自竞选初期就放话，墨西哥抢夺了美国人的就业机会，其建墙的原因之一是阻止墨西哥非法移民进入美国，从而避免美国劳动力市场的混乱。特朗普将美国经济乏力的动因归结为过度开支国内资源而并未得到相应的发展红利。以《北美自由贸易协定》为例，美墨均是该协定的受益国，但两国从该协定中获利程度严重不均衡。墨西哥在过去20多年中受惠于该协定，获得极大利益。据美国经济政策研究所估计，从1997年到2013年，大约有80万个美国工作岗位流失到墨西哥。特朗普就将美国中西部工业衰退地区的制造业就业机会的丧失归咎于《北美自由贸易协定》，称其为"史上最糟糕的贸易协定"。由此，特朗普政府将与墨西哥、加拿大重启《北美自由贸易协定》的谈判事宜。此外，特朗普在竞选期间就承诺要把制造业的就业岗位带回美国，将向相关企业施加压力，确保工作岗位和产能留在美国。任何把就业机会转移到国外而把产品卖到美国国内的企业都会被征收35%的关税。以汽车产业为例，迫于特朗普的压力，多家车企表示从没想过将生产转移到美国。美国第二大汽车制造商福特公司当日宣布取消其在墨西哥投资16亿美元建厂的计划，转而向其在美国密歇根州的工厂投资7亿美元生产电力驱动和自动驾驶汽车，这将为美国创造700个工作岗位。②

对于美国的强势外交政策，墨西哥作出了有力反应。基于特朗普政府在美墨边境建墙并让墨政府承担费用的计划，墨总统涅托宣布取消原定于2016年1月31日访美的行程。据美国新闻周刊报道，此举为涅托在国内

---

① Chris Di Leo, "Trump Threatens Mexico with Troops", http://time.com/4657474/donald-trump-enrique-pena-nieto-mexico-bad-hombres. [2017-02-07]

② Heather Long & Poppy Harlow, "Ford cancels Mexico plant. Will create 700 U.S. jobs in 'vote of confidence' in Trump", http://money.cnn.com/2017/01/03/news/economy/ford-700-jobs-trump/. [2017-01-04]

重新积聚了人气，其低至12%的支持率有望在一定程度上反弹。① 针对美国将重启与墨西哥谈判《北美自由贸易协定》的计划，墨西哥正积极拓展新的国际贸易合作。日前，墨西哥和欧盟在布鲁塞尔宣布在原定于2017年夏天会谈前增加两轮谈判，讨论如何加快新自由贸易协定的签署。从2005年到2015年，双方每年贸易额从260亿欧元增至530亿欧元。自2016年开始，双方就开始了旨在升级2000年签署的自由贸易协定的谈判进程。② 在拉美内部，墨西哥也在积极寻求与巴西、阿根廷等南美大国的合作机会。玻利维亚总统莫拉莱斯发推文表示："在北美，一面分离的墙被建造起来，而在南美，道路总是整合和团结的纽带。"他甚至催促墨西哥以此为契机基于共同的拉美身份打造共同体。哥伦比亚和秘鲁总统也表达了对墨西哥的支持。委内瑞拉总统马杜罗甚至公开警告美国："谁与墨西哥过不去就是与委内瑞拉过不去。"墨总统称他会加强与阿根廷和巴西等南美国家的联系，并增加对中美洲事务的参与。有资料标明，若特朗普政府一直坚持对墨的高压政策，墨西哥很可能由"向北看"转为"向南看"。③ 与此同时，据美国全国广播公司财经频道的报道，就特朗普叫嚣将对墨西哥商品征收20%关税以填补建墙费用，墨西哥民众声称要抵制美国商品，包括美国餐馆、咖啡店、商铺等。④

四 新时期中墨关系的机遇和挑战

美国对墨西哥的高压政策是增进中墨关系的重要推动力量，双方有望

---

① Edgard Garrido, "Mexicans Rally Around President after Tussle with Trump", http://europe.newsweek.com/mexicans-rally-around-president-tussle-trump-549567? rm = eu. [2017 - 01 - 28]

② "EU and Mexico Agree to Accelerate Trade Talks", http://trade.ec.europa.eu/doclib/press/index.cfm? id = 1617. [2017 - 02 - 01]

③ Karla Zabludovsky, "Trump's Bullying of Mexico Is Bringing Latin America Closer Together", https://www.buzzfeed.com/karlazabludovsky/trumps-bullying-of-mexico-is-bringing-latin-america-closer-t? utm_ term = .op73k7rkA#.pjVA7vq7B. [2017 - 02 - 03]

④ Leticia Miranda, "Mexicans Are Boycotting US Products to Protest Trump's Wall Tax", http://www.cnbc.com/2017/01/30/mexicans-are-boycotting-us-products-to-protest-trumps-wall-tax.html. [2017 - 01 - 30]

加强在政治、经贸和文化等各领域的交流。2016年12月12日，中国和墨西哥高级外交官在会晤中承诺将强化两国关系。墨西哥外交部发表声明称，中国国务委员杨洁篪与墨西哥外长克劳迪亚鲁伊斯马谢乌在会晤中讨论了加强双边贸易、投资和航班来往等事宜。2014年11月墨西哥单方面取消中国铁建高铁投标在一定程度上延缓了中墨关系的健康发展。但近期作为能源改革的一部分，墨西哥将两个深水石油区块拍卖给中国海洋石油总公司，可以看出中墨关系正在升温。据路透社消息，墨西哥伊达尔戈州州长奥马法亚德近日表示，墨西哥吉安特汽车公司与中国安徽江淮汽车公司将共同投资44亿比索（约合2.12亿美元）联合墨西哥因布尔萨银行等在位于伊达尔戈州萨阿贡的汽车工厂加工组装中国汽车。这些汽车还可以贴上墨西哥制造的标签。此次汽车产业的投资合作将给伊达尔戈州增加1000多个直接就业岗位和4000多个间接就业岗位。①

除两国的政治、经贸联系之外，新时期中墨两国还将加强社会文化交流。2017年是墨西哥的"中国文化年"。中国驻墨西哥使馆和墨西哥中国文化中心将与墨方近50家机构合作，在墨西哥举办一系列文化活动，加强中墨人文交流与合作。2016年12月3日，中央民族乐团大型民族管弦乐音乐会《印象·又见国乐》在墨西哥国家美术宫盛大上演，为"中国文化年"活动拉开了序幕。② 近日，贵州省文化厅和成都市应邀组团来到墨西哥湾畔素有"白色之城"美誉的玛雅文化发源地尤卡坦州首府梅里达市，参加该市举办的第三届"中国文化周"活动，为墨西哥人民表演了带有浓郁川黔民族特色的歌舞节目《多彩贵州风》、川剧变脸、皮影戏等。这些活动为墨西哥民众近距离体验中国文化的独特魅力提供了契机，将为日益紧密的中墨人文交流推波助澜，助力中墨全面战略伙伴关系的深化与发展。

在看到美国外交新政对中墨关系的推动力量的同时，我们应该保持清醒的头脑，认识到中墨关系在新时期所面临的挑战。

第一，从长期看，墨西哥的外交政策因为政府换届而具有一定程度的

---

① Natalie Schachar, "China-Mexico tie-up to Invest ＄200 mln in Mexican Auto Plant", http://in.reuters.com/article/mexico-china-autos-idINKBN15G5X6. [2017-02-02]

② 淡航、刘枫铃：《墨西哥"中国文化年"拉开序幕》，《人民日报》2016年12月5日第3版，http://paper.people.com.cn/rmrb/html/2016-12/05/nw.D110000renmrb_20161205_6-03.htm。

不确定性。2018 年是墨西哥的大选年。据最近民调显示，现任总统涅托的支持率仅有 12%，已跌至历史最低。虽然近期他坚定表示墨西哥不会为美墨边境墙埋单，可能会挽回一些支持，但其上任以来在反腐、扫毒、振兴经济、改善国内治安等问题上乏善可陈，他所代表的革命制度党要想在大选中再次胜出困难重重。与涅托相比，现年 63 岁的墨西哥 "民族复兴运动" 的领导人洛佩兹·奥夫拉多尔的支持率却在不断上升。他曾代表民族革命党参加过 2006 年和 2012 年的总统大选，均以落败告终。奥夫拉多尔也是一名坚定的反建制主义的代表，他声称自己是反腐败斗争的绝佳人选，并且要致力于改革当前只为富人谋利而萎靡不振的主流经济政策。在美墨关系上，奥夫拉多尔表现得非常强硬。他曾在洛杉矶聚众公开指责特朗普的反移民政策和建墙计划，表示若当选总统，将努力结束墨西哥和美国的从属关系，这为他累积了众多支持者。据《迈阿密先驱报》的记者早在 2016 年 6 月进行了预测，如果特朗普赢得美国大选，奥夫拉多尔有极大胜算赢下墨西哥 2018 年大选。① 就一般对外关系，特别是经贸关系而言，奥夫拉多尔主张贸易保护主义，在以前的竞选纲领中曾扬言在其任期内，墨西哥将严格限制进口商品，主要消费自己生产的汽油和食物。② 若奥夫拉多尔就任墨西哥总统，届时中墨投资和贸易关系将面临不小挑战。

第二，墨西哥的外交战略受制于美国因素的影响。美国历来是墨西哥外交战略的重中之重。美墨关系的亲疏直接影响中墨关系的深浅。当今美国的对墨政策虽然看似一步步拉近中墨之间的距离，但值得注意的是，美国的外交战略不完全取决于特朗普个人的外交理念。换句话说，特朗普在推行自己的政治理念的过程中将会面临不少掣肘。首先是司法体系对其的强大制衡。特朗普上任之初就迫不及待地签署了移民禁令，但是美国联邦第九巡回上诉法院三名法官不久前一致裁定，暂停特朗普限制移民和难民的行政命令，来自伊朗等七国的移民和难民仍可继续进入美国。其次，作为立法机构，国会也有权阻止总统行政命令的实施。虽然如今特朗普所在

---

① Andrés Oppenheimer, "Mexico May Veer to the Left in 2018", http://www.miamiherald.com/news/local/news-columns-blogs/andres-oppenheimer/article82535167.html. [2016-06-08]
② James McKinley, "Feuding President and Mayor Eclipse Mexican Campaign", http://www.nytimes.com/2006/04/07/world/americas/07mexico.html. [2006-04-07]

的共和党在参众两院中占多数,但如果他继续强力推行激进计划,也有可能遭遇阻力。部分共和党议员明确表示,他们不会听任新总统随心所欲。① 因此,从长远来看,特朗普很难并且持续履行其在竞选中所作出的所有承诺。就美墨关系而言,如果其激进的对墨政策遭到法院或国会的否决,美墨关系将得到一定程度的修复,墨西哥对中国市场的依存度就有可能降低。

第三,中墨长期的贸易失衡问题很难在短期内找到解决办法。中墨贸易长期处于失衡状态。20世纪90年代前,在两国双边贸易中,中国始终处于逆差地位。1988年中方逆差曾达到1.5亿美元(当年中墨贸易总额仅为1.7亿美元)。1990年,中方第一次出现了约1000万美元的贸易顺差。此后,除1992年和1996年外,中方在双边贸易中均处于顺差地位,而且顺差额呈总体上升趋势。据中国海关统计,从1997年到2008年,中方在双边贸易中的顺差由2.3亿美元上升至101.8亿美元,增长了43倍。墨西哥已经成为中国在拉美地区最大的顺差来源国。② 根据墨西哥国家统计局的数据,自涅托执政以来,墨西哥对华贸易逆差继续呈现居高不下的态势。2013年在双边贸易中,墨方逆差高达548亿美元,2014年该数字上升到602.77亿美元,2015年攀升到651亿美元,2016年小幅回落到641亿美元。近年来,墨西哥对华贸易逆差占拉美地区与中国贸易全部逆差的70%。基于此,墨西哥国内舆论普遍认为,中国是中墨贸易关系中的单边获利方。正是出于这种不满,墨西哥近年来屡屡对华发起反倾销调查,成为中墨贸易摩擦的主要原因,也成为影响中墨关系未来走向的关键因素。

---

① Robert Kagan, "Would Checks and Balances Stop Trump? Don't Bet on It", https://www.washingtonpost.com/opinions/do-you-really-think-the-gop-will-stand-up-to-trump-if-he-is-president/2016/06/15/70aaa53e - 30ed - 11e6 - 8758 - d58e76e11b12 _ story. html? utm _ term =. 4a31ae785f8f. [2016 - 06 - 16]

② 吴国平、岳云霞:《中国与墨西哥双边贸易的发展趋势及其面临的问题》,《拉丁美洲研究》2012年第5期,第9页。

五　结语

随着特朗普当选美国总统并落实其一系列"外交新政",中墨关系进入了崭新的历史时期,从内外两方面面临着难得的发展机遇。从外部因素来说,美国对墨西哥的持续高压政策客观上增加了墨方对中国的依存度,中国则可借此突破对墨投资和贸易长期不成比例的问题。就内部因素而言,中墨长期稳定健康的双边关系取决于两国政治、经济、文化各个层面充分而互利的交流。这其中两国的经贸关系是关键,而有效解决中墨贸易失衡的问题是双边经贸关系极为重要的一环。随着中国经济特别是城镇化的持续发展,中产阶级队伍迅速扩大,进口需求不断扩张,更多的墨西哥产品特别是制成品能进入中国市场,这将进一步平衡两国间的贸易现状。[1]

目前,双方对深化两国关系既有迫切需求,又有强烈愿望,在中墨建交45周年之际,双方应该抓住机遇,克服挑战,不断推进各个领域的互利合作。双方在新一届美国外交政策的背景下,应努力促成具有全局和战略意义的合作计划,为两国人民带来切实的利益,并成为中国同其他拉美国家合作的典范。

---

[1] 刘古昌、沈国放主编:《国际问题纵论文集2014—2015》,世界知识出版社2015年版,第98页。

下 编

结构性转型中的拉丁美洲

拉美主要国家政治制度的变迁、挑战与出路

袁东振[*]

【内容提要】 在民主政治建立、发展和巩固进程中，拉美国家的政治制度趋于成熟、完善、有效、稳定和多样化，宪政体系日益巩固，政党制度和选举制度趋于成熟，政府制度趋于稳定，制度形式由单一趋于多元，制度建设更加符合本国特殊政情和国情。拉美国家的政治制度面临多重挑战，政治制度仍有一定程度脆弱性，制度能力相对滞后，政治体制运转有失灵的风险，可信度不高。拉美国家需要通过进一步改革和创新，破解和消除制度的脆弱性和缺陷，提高制度的效率和执行能力，消除传统政治文化中的负面因素，走出庇护主义盛行的历史传统。

【关键词】 政治制度；国家改革；制度能力；庇护主义；拉丁美洲

19世纪上半叶拉美国家建国后就开始进行政治制度的艰难探索，从最初普遍"复制"欧洲经验和"移植"美国模式，到逐渐结合本国特殊国情，尝试各种其他制度模式，最终走上了稳定的民主政治制度，制度形式也趋于多样化。特别是20世纪70年代末最后一轮专制独裁统治周期结束后，拉美地区建立了清一色的民主制度，一些国家偶发的反复和摇摆已难以改变整个地区民主制度日益巩固的总趋势。然而，拉美国家政治制度面临一系列挑战，制度的效率和执行力不足。从根本上说，拉美国家政治

---

[*] 袁东振，中国社会科学院拉丁美洲研究所副所长，研究员，博士生导师。

制度的出路在于通过创新和改革，克服其固有缺陷和脆弱性，提高其执行力和效率。

一 政治制度及其评判标准

政治制度不仅是一个国家政治发展成熟程度的重要标志，也越来越成为不同政治制度国家间交流和交往的显性约束因素。随着中拉合作水平的全面推升，无论是研究拉美，还是研究中拉合作，拉美国家的政治制度都成为不可逾越的课题。

无论就政治制度的本质、特点，还是就其目的来看，政治制度都非常重要。简言之，政治制度是指在特定社会中，统治者通过组织政权，实现政治统治的原则和方式的总和；涉及国家权力的性质、权力的组织、权力的分配、权力运行等方面的规定和安排。政治制度具有广泛性和渗透性特点，有人类社会政治现象，就必然会对各种政治关系作出一系列规定，就必然有政治制度，政治制度是任何国家都无法回避的问题。政治制度的目的是维持一定的公共秩序和分配方式，提供重要的公共服务，节省政治活动的成本，维护人类共同体的安全和利益。

人们的政治立场、社会地位和价值观不同，对政治制度的判定有不同标准和偏好。但在政治制度的判断方面，还是有一些所有人都认可的共同或客观标准。好的政治制度至少应符合以下条件。第一，设计合理。判断制度的优劣，最主要标准是看它是否明确而清晰地界定了国家各个机构之间以及主要利益集团的权力、责任与义务，是否有相互监督、相互制衡的机制，是不是建立了简明有效的处理争端的机制和解决问题程序，是否作出了出了问题要如何处理的制度安排。第二，要有包容性。好的政治制度不是一成不变的，必定不会是一个封闭的制度，而是一个开放性的、包容的制度，是一个具有纠错功能的制度，一个处于不断发展、修订和完善进程中的制度。最初的制度设计者不可能预见到今后可能发生的所有利益冲突，只有在不断实践中发现制度的缺陷，并能够不断改进、不断弥补，制度才会趋于完善。第三，要有效率。制度设计再好，但如果没有效率也不会是好制度。好的制度并不在于程序是否复杂，而在于是否可以避免不必要的人力和财力损耗，及时化解冲突和矛盾，维持政治和社会及公共秩序，提供重要的公共服务。第四，要有可信性。所谓可信就是在公众中有威信。所有机构和个人都要按制度和法律办事，违反制度要受到追究，触犯法律要受到惩罚；出了问题可以问责；出现争议，可以按照制度、按照法定程序和渠道去解决和化解，否则就不会是好制度。

二 拉美国家政治制度变迁及其趋势

概括地说，拉美国家政治制度的基本趋势是趋于成熟、完善、有效、稳定和多样化。具体地说有以下方面。

（一）制度框架逐渐巩固，宪政体系日益巩固和完善

三权分立是近代资产阶级革命的产物，是当代国家政权结构的重要原则。西方国家的启蒙思想家把国家权力分为立法、行政和司法三部分，希望三种权力相互分立和制约，以防止专制、暴政，确保公民安全、自由。19世纪上半叶拉美国家建国后，在上述思想影响和美国制度模式吸引下，移植和模仿欧洲国家和美国的政治制度，颁布宪法，确立三权分立的国家政权形式。然而，在拉美专制传统深厚、经济发展落后、社会两极分化、庇护主义盛行的环境下，三权分立制度很长时期"水土不服"，民主表象之下盛行的是考迪罗政治和寡头统治，中央政府不能有效行使权力，军人文人相互争斗[①]。20世纪70年代末以后，拉美开始历史上持续时间最长的民主周期，民主政治制度获得总体性、持续性和稳固性发展，权力分立和制衡机制趋于有效，立法和司法机构作用和地位趋于加强。许多国家90年代以来的"国家改革"和政治改革，进一步巩固和完善了宪政体系，加强了立法机构的作用，增强了司法机构的独立性。

（二）专制统治逐渐绝迹，民主制度日益完善

在传统上，拉美国家考迪罗政治和寡头政治盛行。宪法被中止、民选政府被推翻、公民权利被侵犯、人身自由被限制、反对派遭清洗、言论自

[①] 托马斯·E. 斯基德莫尔、彼得·史密斯等：《现代拉丁美洲》，当代中国出版社2014年版，第43页。

由被禁止曾是拉美政治的"常见现象",许多拉美国家的民主被认为"有名无实"甚至"徒有虚名"。虽然许多拉美国家独立后不久就建立了政党,但当时的政党缺乏群众和社会基础,代表性不充分,在国家政治生活中不起主要作用,只是寡头集团政治斗争的工具。20世纪后政党的社会和群众基础更加深厚和广泛,代表性更加充分,在国家政治社会生活中的地位和作用更加重要,政党、政党政治与政治民主的联系更加密切。但在军人专制频繁发生的情况下,政党的作用还受到很多限制,政党的自身缺陷也限制其作用的有效发挥①。20世纪70年代以后随着民主化进程不断巩固及政治体制不断完善,拉美国家政党制度更加成熟,政党在政治制度运转中的作用更加重要,成为具有决定性作用的政治力量,各政党广泛参与政治和进行政治动员,连接着政治体制中的各种因素,参与到社会政治生活的各个领域。与此同时,政党政治趋于成熟,政党与选举制度、政府更迭间建立了密切联系,为政治体制运转提供了重要动力和重要手段;政党管理更加规范,宪法和法律对政党地位、作用、活动规则有更加明确规定,将政党纳入国家政治体制之内。随着政党政治的不断完善,考迪罗政治和寡头政治基本被扫入历史的垃圾堆,独裁专制统治逐渐退出拉美的政治舞台。

(三) 选举制度日益有效,制度的合法性基础更加牢固

拉美国家选举制不断完善。19世纪拉美地区男性政治参与度只有2%—4%②,多数国家的投票率在5%以下,对选举权在财产、性别、文化程度等方面有不少限制③。随着19世纪后半期拉美国家的公民权利不断扩展,选举权有所扩大;20世纪上半叶对选举权在性别、文化和财产方面的限制逐渐被取消④,普选原则最终得以确立,投票率达到40%—50%,与美

---

① Ronald H. McDonald and J. Mark Ruhl, *Party politics and Election in Latin America*, Westview Press, 1989, pp. 7 - 9.

② Howard J. Wiarda (eds), *the Continuing Struggle for Democracy in Latin America*, Westview Press, 1980, pp. 46 - 47.

③ Harry E. Vanden and Gary Prevost, *Politics of Latin America: the Power Game*, Oxford University Press, 2002, p. 204; E. 巴拉德福德·伯恩斯、朱莉·阿·查利普:《简明拉丁美洲史——拉丁美洲现代化进程的诠释》,世界图书出版公司2009年版,第109页。

④ 托马斯·E. 斯基德莫尔、彼得·史密斯等:《现代拉丁美洲》,世界知识出版社1996年版,第76页;莱斯利·贝瑟尔主编:《剑桥拉丁美洲史》第6卷(下),当代世界出版社2001年版,第99—100页。

国基本持平①。随着公民权利不断扩大,拉美国家的选举制度趋于成熟。许多国家颁布"选举法",选举被纳入宪法和法律程序。拉美地区主要有三种基本的选举制度,即简单多数票当选制度、两轮投票制度和比例代表制度。多数国家在传统上采用简单多数票或两轮投票制选举总统,用简单多数票制和比例代表制进行议会选举。随着 20 世纪 70 年代末以来民主化进程的深入,越来越多的国家在总统选举中放弃传统的以简单多数当选的规则,采用绝对多数或通过第二轮投票规则,增加当选总统的合法性。截至 2015 年拉美有 14 个国家采用绝对多数票当选的规则,其中 10 个国家规定首轮获得 50% +1 张的选票才可直接当选;4 个国家规定若首轮直接当选须获得 35%—45% 有效选票,且当选者和得票居第二的候选人得票差距应达到一定比例。与此同时,越来越多的国家在议会选举中采用比例代表制,以增加立法机构的代表性和包容性。有学者强调,近年来拉美国家政治改革的重要内容是更广泛采用比例代表制,放弃传统上简单多数当选的原则②。

(四)政府体制由多变趋于稳定,制度运行的体制保障更加坚实

在传统上,由于制度缺陷,执政党更迭通常会带来政府工作人员的大批更替,给政府正常运转造成极大冲击,造成执政效率的损耗。为此,拉美国家重视建立和完善现代文官制度,为制度运行提供体制保障。文官制度(又称公务员制度)是现代政府体制的主要标志。拉美各国的文官制度在成熟度和完备性方面有明显差异,但从整体上讲这一制度趋于成熟,在一些国家(如巴西、阿根廷)已相当成熟和发达③。阿根廷、巴西等国家文官制度较稳定,文官公务员获得了稳定岗位,建立专业性的公务员培训机构,公务员制度的组织、人员招录与培训、公务员工资规模的确定、

---

① Howard J. Wiarda (eds.), *The Continuing Struggle for Democracy in Latin America*, Westview Press, 1980, p. 43.

② Kevin Casas-Zamora, Marian Vidaurri, Betilde Muñoz-Pogossian, Raquel Chanto (Editores), *Reformas Políticas en América Latina: Tendencias y Casos*, Secretaría General de la Organización de los Estados Americanos, Washington, D. C., 2016, pp. 39 – 40.

③ 例如按美洲开发银行的评估,拉美国家公务员制度的平均得分是 42 分(总分 100),而巴西得分高达 93 分,这表明巴西的文官制度已非常成熟。María Mercedes Llano Carbonell, *Burocracia Pública y Sistema Político en América Latina: Factores Asociados a la Politización de los Sistemas de Gestión de Empleo Público en la Región*, Tesis Doctoral, Universidad Complutense de Madrid, Instituto Universitario de Investigación Ortega y Gasset, Madrid, 2016, p. 35.

业绩考核、人员奖惩都有专门机构负责实施和执行。资料显示，早在20世纪80年代委内瑞拉、乌拉圭、巴拿马等国家的文官制度就已相当成熟和完备[①]。当然也有一些国家文官制度还不够成熟和完善，以政治中立为特点的文官制度甚至还未真正建立起来。即使许多已经建立文官制度的拉美国家，制度自身还有许多难以克服的缺陷，按照功绩奖赏的制度很难得到有效和切实执行，"官职恩赐制"、裙带关系、任人唯亲现象仍不同程度存在，公务员制度质量不够高[②]。

（五）制度形式由单一趋于多元，制度建设更具开放性和包容性

拉美国家政治制度的特点并不完全相同。在除古巴外的拉美32个国家中，有20个国家实行立法、行政和司法分立制度（委内瑞拉等国还对这一体制进行改造，建立五权分立政治模式）。第二次世界大战后新独立的12个加勒比国家则实行"议会和行政合一"的权力混合体制。在国家结构形式（即调整国家整体与部分、中央与地方关系的形式）上，巴西、墨西哥、阿根廷和委内瑞拉四国实行联邦制度，其他国家实行单一的中央集权国家结构形式。拉美国家政府的构成也有差异，墨西哥等国家既不设副总统，也不设类似总理（部长会议主席）的职位。不少国家不仅有副总统，秘鲁、阿根廷等还设立总理（或称部长会议主席）职位。拉美国家的议会及其组成也不相同，19个国家采用两院制，14个国家采用一院制。制度形式的多样性表明拉美国家的政治制度更加成熟，制度设计更多地考虑了本国的特殊政情和国情，因而也更具有包容性。

三 国家政治制度面临挑战

拉美国家的政治制度面临多重挑战。

---

① 袁东振、徐世澄著：《拉丁美洲国家政治制度研究》，世界知识出版社2004年版，第30—33页。

② María Mercedes Llano Carbonell, *Burocracia Pública y Sistema Político en América Latina: Factores Asociados a la Politización de los Sistemas de Gestión de Empleo Público en la Región*, Tesis Doctoral, Madrid, 2016, pp. 35 - 39.

(一)政治制度的脆弱性

政治制度脆弱性主要表现为其"低度民主"的特性。拉美学者十多年前进行的一项研究显示,1988 年后拉美地区的公民自由一直没有太大改善;21 世纪初 21 个拉美国家中只有十来个国家"完全尊重公民的政治权利"(包括公决权、秘密投票权、免受外来压力等);只有六个国家"完全尊重公民自由"(包括结社、言论、加入社会组织、免受滥用权力侵害等)。拉美学者认为,拉美地区选举民主虽日益巩固,但民主的深化远未完成;公民虽获得投票权和选举权,但民主制度缺乏对其他公民权利的保护①。哥斯达黎加前总统、诺贝尔和平奖获得者阿里亚斯认为,"拉美一些国家的政府虽由选举产生,但公民个人的自由并没有得到尊重;在有些国家个人的自由虽得到承认,但并没有得到保障";"尽管选举是自由和公正的,但由于存在上述缺陷,拉美地区的民主还不能认为是完全的民主"②。2015 年英国知名智库 EIU 按照自由民主实现的状况,把世界各国分为四类,即完全民主国家、不完善民主国家、混合民主国家和专制政权。该机构宣称,这种划分不仅考虑了传统的选举权标准,还考虑了其他五个因素:选举进程和多元性、公民自由程度、政府运转状况、政治参与情况、政治文化。报告认为,尽管最近几十年拉美的民主化取得进展,但许多国家的民主依然十分虚弱,政治参与度总体偏低,民主文化欠发达;大多数国家实现了"自由和公正选举",尊重了公民自由,但民主化进程却不能进一步深化③。该机构认为,除少数"完全民主国家"(Democracias Plenas)和少数专制政权(Regímenes Autoritarios)外④,拉美多数国家属于不完善的民主(Democracias Imperfectas)和混杂的民主

---

① FLACSO-Chile, *Amenazas a la Gobernabilidad en América Latina*, Informe Preparado para el Foro de la Sociedad Civil con Occasion de la XXXIII Asamblea General de la OEA, Santiago de Chile, 2003, pp. 18 – 19.

② Óscar Arias, "La realidad política de América Latina", Actualizado el 21 de abril de 2015, http://www.nacion.com/opinion/foros/Oscar-Arias-realidad-America-Latina_0_1482851733.html.

③ Constanza Hola Chamy, "Qué Países de América Latina Son los Más y los Menos Democráticos?", http://www.BBC.com/mundo/noticias/2015/01/150119, 20 de Enero de 2015.

④ 报告认为,拉美只有乌拉圭和哥斯达黎加属于"完全民主国家",不仅尊重公民自由和基本政治自由,而且将这种尊重作为引导民主繁荣的政治和文化基础;报告同时认为,古巴和海地属于专制政权。

(Regímenes Híbridos)。前者包括智利、巴西、巴拿马、阿根廷、墨西哥、哥伦比亚、秘鲁、萨尔瓦多和巴拉圭,这些国家虽然实现了自由和公正选举,尊重基本公民自由,但在治理方面存在缺陷和瑕疵,政治参与度较低,政治和文化欠发达;后者包括厄瓜多尔、洪都拉斯、危地马拉、玻利维亚、尼加拉瓜和委内瑞拉,这些国家法治脆弱,司法未完全独立,选举中存在严重违反自由和公正的不正常现象,政府经常对反对党施加压力,存在比"不完善的民主国家"更严重的缺陷。[①] 有学者指出,尽管拉美国家民主政治制度获得巩固,但并不意味着其政治生活中原有的模式已经消失,民众主义、革命及其习性将在拉美地区政治体制中以民主的面貌和形式长期存在下去。[②] 有学者认为,一方面,民主与政治考迪罗传统并存,拉美从未摆脱"表面民主"的阴影;另一方面,拉美政治体制的缺陷增加了政治失灵的风险。由于"低度民主"的广泛存在和完全民主的缺失,几乎在所有拉美国家都存在对民主运行的失望。[③]

(二)制度能力的滞后

制度能力滞后主要表现为权力制衡能力缺失,司法机构效率低、独立性差。如前所述,拉美国家独立后,模仿、复制和移植美国政治制度中三权分立的政权形式。但在拉美特殊历史文化传统和政治条件下,该制度没有达到预期目标,远没有达到完善和有效的程度;行政权力通常过于强大,立法和司法机构或过于虚弱,或没有发挥应有的作用;三权分立在不少国家有名无实,议会甚至变成行政机构的咨询机关。[④] 20 世纪中叶后,拉美国家行政机构权力受到一定制约,立法和司法机构地位不断巩固和加强。特别是 20 世纪 90 年代后拉美地区的"国家改革"进一步加强了议

[①] 然而,有些学者不认同 EIU 的这种划分,如伦敦经济学院教授 Francisco Panizza 认为,并不存在完善的民主,智利、巴西、乌拉圭的民主质量总体很好,批评 EIU 对不完善民主国家和混合民主国家的划分不准确。

[②] Manuel Montobbio, "Cultura Política, Populismo, Revolución y Democracia en América Latina", http://blogs.elpais.com/ideas-subyacentes/2013/05/.

[③] Kevin Casas-Zamora, Marian Vidaurri, Betilde Muñoz-Pogossian, Raquel Chanto (Editores), Reformas Políticas en América Latina: Tendencias y Casos, Secretaría General de la Organización de los Estados Americanos, Washington, D. C., 2016, pp. 17 – 18.

[④] Harry E. Vanden and Cary Prevost, Politics of Latin America: the Power Game, Oxford University Press, 2002, pp. 184 – 185.

会和司法机构的作用,议会已具备较大自主性。但拉美国家情况不同,有些国家议会的地位和作用还不够稳定,三个权力机构的关系尚不够平衡,立法和司法机构作用仍相对较弱;一些国家的行政机构甚至仍可对立法机构和司法机构进行控制;不少国家的议会委员会制度还不够完善;议会缺乏否决行政机构议案和提出动议的能力。

拉美地区司法机构不能为所有居民提供适宜的司法服务,不能满足居民的司法需求。司法机构案件审结速度慢,案件积压现象普遍,司法成本相对较高;立法和司法机构中官僚主义习气重。拉美国家已建立起相当完备的司法制度框架和法律法规体系,但制度的效率普遍较低,法律法规体系的执行力差。拉美多数国家的法律体系属"大陆法系",以一部宪法和数部法典为支撑,包括各种法律、法规、条例、规定、通告、行政决议等,且源源不断地进行补充和更新,法律体系健全,内容庞杂。"拉美国家的司法制度是西班牙和葡萄牙殖民主义的遗产",有重视"成文法"和"字面原则"的传统,"司法审判主要以成文的程序为基础,不承认口头证据,完全依赖于制定法,排斥习惯和判例法"①。与英美"不成文法"和重视判例的法律体系相比,拉美国家的法律体系和制度明显缺乏效率。在数百年西班牙政治传统影响下,拉美社会及大众的法治观念较强,权利概念鲜明,但法律义务的意识不够,致使法律体系的效率较差,执行力不足,有法不依、执法不严的现象屡见不鲜。

拉美国家司法机构独立性较差②。拉美国家缺少司法真正独立的传统,司法机构一直处于服从的地位,各级法院和法官容易受到行政机构或其他权力机构政治压力的影响,司法机构在较大程度上直接或间接受制于以总统为核心的行政机构。拉美国家的法官主要通过任命方式产生(尽管议会可能参与候选法官提名),只有少数国家由选举产生(例如哥斯达黎加议会参与最高法院法官的选举)。一些国家最高法院的法官并不是终身的,有一定任期,任职期满后需通过任命或选举方式更新。尽管拉美国家法律规定法官和法院有独立工作的权力,但在日常运行中,其独立性在

---

① 杨建民:《拉美国家的司法制度研究》,《拉丁美洲研究》2010 年第 6 期,第 40 页。
② 关于拉美国家司法体系的缺陷,可参阅 Malcolm Rowat, Waleed H. Malik, and Maria Dakolias (eds.), *Judicial Reform in Latin America and Caribbean*, World Bank Technical Paper Number 280, World Bank, Washington, D.C., 1995。

很大程度上受到来自在权力结构中占优势地位的行政机构和各类经济实体的压力。拉美国家试图通过司法改革提高司法机构独立性，一些国家注重改善司法管理机构的职能，如试图通过建立法官终身制保证和巩固法官独立和司法独立；建立由政府不同机构及公民社会组成的司法委员会（consejos de la judicatura/magistratura），增加司法权力的代表性。值得指出的是，司法委员会在各国情况不同。在有些国家，司法委员会从属于司法部门，它不是独立的；在一些国家，从属于最高法院，在有些国家则独立于最高法院。司法委员会的职能在各国也不一致，有的可以任命法官，有的还有规范法官纪律的功能，有的可对司法部门进行管理[1]。尽管拉美国家把实现司法独立作为目标，但这一目标还远未实现。

(三) 政治体制运转失灵的风险

政治体制运转失灵的风险首先表现为其缺乏化解危机的能力。拉美国家政治体制化解政治危机的能力差，致使一些国家政治危机频发，加剧了国家的治理难题。20世纪70年代末以后，拉美开始了历史上持续最长的民主政治周期。鉴于传统上独裁专制统治产生的巨大伤害，拉美大众对民主化进程的深化、对民主体制的巩固、对民主体制下经济增长和社会进步充满憧憬和期待。然而，拉美的现实却令多数民众大失所望，许多国家不仅既没有在民主体制下实现经济社会良性发展，也没有消除政治体制的缺陷和脆弱性，"正常选举并不一定意味着民主质量的改善"。政治体制缺乏化解政治和社会危机的能力，致使体制性危机不断出现。拉美学者的研究显示，20世纪90年代该地区就出现约20次体制危机[2]。近年来，洪都拉斯（2009年）、厄瓜多尔（2010年）、巴拉圭（2012年）、巴西（2015—2016年）、委内瑞拉（2014年后）等国家政治危机频发，凸显了这些国家政治体制的不成熟和缺乏化解危机的能力。

---

[1] Farid Samir Benavides, Vanegas Alberto M. Binder, Carolina Villadiego Burbano, Catalina Niño Guarnizo, *La Reforma a la Justicia en América Latina, las Lecciones Aprendidas*, Fescol, Programa de Cooperación en Seguridad Regional, Bogotá, junio de 2016, p.26.

[2] FLACSO-Chile, *Amenazas a la Gobernabilidad en América Latina*, Informe Preparado para el Foro de la Sociedad Civil con Occasion de la XXXIII Asamblea General de la OEA, Santiago de Chile, 2003.

(四)公众对政治体制的信任度低

政治制度的缺陷、制度能力滞后和体制运转失灵风险的存在,导致公众对政治制度和体制的不满。拉美民众对现存政治制度和体制的不满有各种表现,如对制度的信任度下降,对政府及公共机构业绩与效率不满意,对国家前途不自信,政治参与热情降低。拉美智库"拉美晴雨表"的调查表明,1995—2013年期间,哥斯达黎加、墨西哥、乌拉圭、巴拿马、洪都拉斯、尼加拉瓜和萨尔瓦多七个国家的民众对民主制度支持率出现下降;2013年对民主制度运行不满意度高达57%[1]。民调机构皮尤(PEW)2015年的调查显示,拉美是世界上仅次于中东地区、民众对政治制度运行方式不满意度第二高的地区,平均有59%的人对政治体制不满意,哥伦比亚和巴西的不满意度分别高达75%和71%,阿根廷(68%)、秘鲁(62%)和墨西哥(59%)的不满意度也较高。该机构认为,拉美民众之所以对政治制度和体制不满意,主要源于对执政者执政能力失望、对政治体制公平性不满、对政治家不信任。[2]

四 拉美国家政治体制的出路

从根本上说,拉美国家政治制度的基本出路在于通过改革、创新,破解体制的脆弱性,提高体制效率和执行力,消除现存体制的缺陷,及其传统政治文化的负面影响。

(一)通过改革破解体制的脆弱性

从20世纪90年代起,拉美国家就力图通过所谓"国家改革"和体制改革,破解体制的脆弱性。拉美国家采取的对策有:

加强权力监督,特别是加强立法和司法机构对行政机构的制约和监

---

[1] Corporacion Latinobarometro, *2013 Report*, 1 November, 2013, pp. 17 – 21, 34, http://www.latinbarometro.org.

[2] "América Latina: la Región más Insatisfecha con su Sistema Político", Madrid, 17 de febrero de 2015, http://www.notimerica.com/politica/noticia-america-latina-region-mas-insatisfecha-sistema-politico-20150217075933.html.

督。拉美学者认为,民主不仅仅是选举和执政,还包括加强和巩固议会职能、司法机构独立,在行政、立法和司法机构间建立起真正的"制衡与监督",也应包括政治权力的非集中化,在地区和地方层面建立专业、独立和高效的管理机构,确立平等、问责和责任的原则。① 事实上,拉美的"国家改革"或政治改革在不同程度上向这些方向有所迈进。在改革过程中,拉美国家不仅加强三大权力机构的相互制约和监督,还加强各权力部门内部的监督,将三大权力机构的内部监督、立法与行政机构间的监督、司法与行政机构间的监督作为长效的制度安排。通过改革,许多国家的议会拥有了较大自主性,改变了传统上的"橡皮图章"形象,显示出立法机构的权威。此外,拉美国家还注重强化社会各界对体制的监督作用,不少国家采取发布官方简报、建立咨询机构、保护检举人和举报人、召开听证会等做法和机制,提高公民特别是媒体的监督作用。②

完善对公务人员的监督机制,提高体制效率。拉美国家重视完善公务人员的选拔、任用、考核和晋升机制建设,基本消除了因执政党周期性更迭对政府日常工作的冲击。许多国家不断完善公务员制度,推进"功绩奖赏"制度,提高公务人员素质,消除传统"官职恩赐制"残余的影响。与此同时,把反腐体制机制建设、提高政府及公共部门效率、提高治理能力作为重要措施。所有拉美国家都制定了反腐制度或措施,一些国家还制定《反腐败法》,在明确公共官员行为准则、严格财产申报、严惩非法致富、公共财产犯罪和职务犯罪等规定的同时,强化对国家机构和公共部门的监督。阿根廷等国家规定财产申报制度不仅适用于行政机构官员,也适用于司法和立法机构工作人员;不仅要申报而且要公布。③

完善政治竞争规则,加强体制的合法性基础。为增强公众对选举公平性的信心,拉美国家普遍把选举改革作为政治改革的核心。20 世纪 70 年代末以来所有拉美国家都进行了选举改革,1978—2015 年拉美 18 个国家涉及选举的改革有 250 次。一些国家的选举改革超过 20 次(厄瓜多尔 36

---

① Manuel Montobbio, "Cultura Política, Populismo, Revolución y Democracia en América Latina", http://blogs.elpais.com/ideas-subyacentes/2013/05.

② Silvia Gomez-Tagle, Willibald Sonnleitner (eds), *Mutaciones de la Democracia: Tres Decadas de Cambio Politico en America Latina* (1980-2010), el Colegio de Mexico, 2012, p. 36.

③ 吴白乙主编:《拉美国家的能力建设与社会治理》,中国社会科学出版社 2015 年版,第 95 页。

次，秘鲁24次，墨西哥23次），多数国家（阿根廷、玻利维亚、巴西、智利、哥伦比亚、哥斯达黎加、萨尔瓦多、危地马拉、洪都拉斯、尼加拉瓜、巴拿马、多米尼加、委内瑞拉）为6—19次。拉美国家选举改革的重点是重新设计和改组选举机构，增强选举机构的作用，增强竞争的公平性，增强政党的稳定性，实现选举技术的现代化，推进选举和公选机构的包容性，推进法治国家的建设，增强公众对选举程序的信任。最常见的措施有：确定男女候选人比例（18个国家35次），重新划分选区（15个国家34次），允许总统连选连任（15个国家27次），改变议会的规模（12个国家25次），确定政党内部候选人的初选机制（16个国家23次）。[1]

通过改革破解体制的脆弱性是拉美国家的共同趋势，但各国的侧重点不同。一些国家注重完善相关规则。鉴于政治体制特别是选举制度的缺陷日益暴露，由选举争议引发的内耗和冲突频发，墨西哥、洪都拉斯等国家2014年后陆续提出政治和选举改革方案，进一步完善选举规则和程序，降低相关的政治风险[2]。一些国家的侧重点是扩大参与度，如智利取消有利于两大政党联盟而不利于各小党的双提名制度，采用有利于增强代表性或包容性的制度[3]。墨西哥、玻利维亚、委内瑞拉、哥伦比亚、巴拿马等国也采用在国会选举中一个选区提出多名候选人的混合制度；已经有九个国家（玻利维亚、智利、哥伦比亚、厄瓜多尔、洪都拉斯、巴拉圭、多米尼加、委内瑞拉、墨西哥）允许独立候选人参加总统选举；越来越多的国家给予海外侨民选举权，目前有14个国家的海外侨民可在大选中投票[4]。

值得指出的是，拉美国家改革的核心和重点是选举改革，缺乏全面和系统的制度改革规划；许多国家改革效果不明显，有些国家改革的效果尚难评估；有些国家选举改革出现争议，甚至出现反复。改革还没有能从根本上消除拉美政治制度的缺陷，没有消除其面临的诸多困境。

---

[1] Kevin Casas-Zamora, Marian Vidaurri, Betilde Muñoz-Pogossian, Raquel Chanto (*Editores*), *Reformas Políticas en América Latina: Tendencias y Casos*, Secretaría General de la Organización de los Estados Americanos, Washington, D. C., 2016, pp. 34 – 39.

[2] "Las leyes secundarias de la reforma político electoral 2014", http://pac.ife.org.mx/.

[3] Prueban Mayor Cambio Electoral en Chile desde la Dictadura, http://www.elnuevoherald.com/2014/08/14.

[4] Kevin Casas-Zamora, Marian Vidaurri, Betilde Muñoz-Pogossian, Raquel Chanto (*Editores*), *Reformas Políticas en América Latina: Tendencias y Casos*, Secretaría General de la Organización de los Estados Americanos, Washington, D. C., 2016, p. 48.

（二）通过创新提高体制效率和执行力

拉美国普遍把改变传统司法观念、增强法律制度的执行力和效率作为提高体制能力的重要举措。近30年来拉美国家司法领域改革的基本内容有以下方面：①改善司法服务。许多国家推进"政府"和"司法管理"机构改革，建立化解冲突的特殊法庭，提高司法机关的竞争能力；建立新机制，推进司法进程，有效解决各种冲突。许多国家简化司法程序，完善有关法律，提高案件审结速度，减少案件积压。与此同时，尽可能为所有居民提供适宜的司法服务，满足居民的基本司法需求，让更多人享受司法公正的利益。②加强保护公民权利的宪法机制。几乎所有拉美国家都通过将公民权利列入宪法的方式将其"宪法化"，如建立保护儿童、老年人等群体权利的宪法机制，扩大基本权利、建立公众参与机制、扩大少数族裔权利、承认印第安人的司法权力，保证这些权利受宪法的保护。③建立新的司法机构，加强司法保障。玻利维亚、厄瓜多尔和哥伦比亚建立了自治性的宪法法院或宪法法庭，建立了化解选举冲突的司法机构；玻利维亚、智利、哥伦比亚、厄瓜多尔、危地马拉、秘鲁、多米尼加既建立了宪法法院，也建立了选举法庭；哥斯达黎加、萨尔瓦多、洪都拉斯、尼加拉瓜、乌拉圭虽没建立宪法法院和法庭，但在国家结构框架下建立了自主性的选举法庭。拉美国家加强选举法庭的功能和技术自治，使其具有法人资格，扩大其权限。这项改革造成法理意义上最高司法权力的变化，因为最高法院不再是唯一的最后裁决机构。④推动司法程序改革，创造新的程序模式。为确保所有人都能享受司法服务，保护公民基本权利，拉美国家注重设计公民权利的特殊保护机制，在司法权力中培育新的公民、劳工和家庭的程序模式；改善司法服务机构的功能和效率，实施与民主国家相匹配的程序模式。⑤向行政部门让渡部分职能，提高司法机构效率。把一些原来由司法部门负责的事务和问题转让给行政部门，如注册和公证体系中的（婚姻、分家、遗产继承、民事变更等）手续；把一些司法功能（如涉及消费的事务）交给行政部门履行；确保公众可以更广泛地享受司法保护和司法服务。⑥在司法进程中建立解决冲突的新机制。多数国家建立了调解和仲裁制度，确定了通过调解、调停、仲裁等方式解决问题和矛盾的原则，建立各当事方自己可以化解矛盾、解决冲突的机制。多数国家已建立起通过仲裁解决商业纠纷、调解经营矛盾、化解民事、劳动、家庭等矛盾的机制。调解机制的建立使当事方可以寻求第三方调解和介入,通过第三方的帮助化解矛盾和冲突。

上述改革和机制创新对于提高司法机构的效率具有积极作用,但也有较大局限性。有学者认为,许多措施仅为律师、法官和直接关联人口等少数群体所知,并没有被大众所了解;各国改革目标不同,改革内容广泛,很难对近30年拉美司法改革的效果进行评估。改革并没有明显提升司法机构的效率,未能消除司法体系的所有缺陷,公众对司法体系的信任度也并未得到明显提升。[①]

(三) 通过完善相关机制程序,消除现存体制的缺陷

首先是扩大体制的代表性。拉美政治体制代表性不充分有两个主要表现形式:一是某些社会群体的代表被提名或当选权力机构中职位的机会很少,其在政治制度中的代表性没得到充分体现。一直到2002年,女性只占拉美地区众议员和参议员总数的15%和12%,政府部长的13%;土著居民在民选职务中代表性低,例如秘鲁土著人占全国总人口的47%,但只拥有议会席位的8%,厄瓜多尔分别为43%和3.3%,危地马拉分别为66%和12.4%,玻利维亚分别为71%和25.2%。[②] 10年后,上述状况虽有改善,但总体局面未有根本改观,政治机构中某些群体的代表性依然严重不足。当前,拉美并国家机构中女性比重一般在30% (如阿根廷、巴西、秘鲁、洪都拉斯、巴拿马) 和40% (如哥斯达黎加、委内瑞拉、厄瓜多尔、尼加拉瓜、墨西哥、洪都拉斯) 之间[③]。二是某些阶层缺乏对决策的影响力。拉美各国都有大量边缘群体、贫困者、非正规部门的工人、农民,以及各种缺乏资源的人,这些人除了投票权外,政治影响力有限。1978—2015年拉美国家进行多轮政治改革,试图把上述被排斥群体纳入

---

① 此部分关于拉美国家司法改革的资料,除特别说明外,均来自 Farid Samir Benavides, Vanegas Alberto M. Binder, Carolina Villadiego Burbano, Catalina Niño Guarnizo, *La Reforma a la Justicia en América Latina*,*las Lecciones Aprendidas*, Fescol, Programa de Cooperación en Seguridad Regional, Bogotá, junio de 2016, pp. 26 – 43。

② IDB, *Economic and Social Progress in Latin America*, *2008 Report*, Washington D. C. , 2007, pp. 173 – 174。

③ Kevin Casas-Zamora, Marian Vidaurri, Betilde Muñoz-Pogossian, Raquel Chanto (*Editores*), *Reformas Políticas en América Latina*:*Tendencias y Casos*, Secretaría General de la Organización de los Estados Americanos, Washington, D. C. , 2016, p. 47。

体制之内①；通过基本权利"宪法化"，为一些特殊群体（青年、印第安人、妇女等）提供新的权利保障②。但这些改革并没有消除该地区的政治权贵现象，甚至造成新的"司法权贵"，有权势的人通常从政治体制乃至改革中获得更多利益③。拉美民众普遍认为，富人对政治影响大，而穷人对政治影响小，公众因而对政治家普遍缺乏信任④。

其次是规范政党活动。为了消除因政党发展缺陷加大的制度性约束，拉美许多国家积极推进与政党发展和政党制度完善相关的改革。20世纪70年代末以来，拉美国家通过宪法改革或选举法改革，规范政党活动，完善相关的规则，有六个国家颁布《政党法》。⑤ 政党法的内容包括：建立政党的基本条件要求，政党的法人性质及其管理，国家有关权力机构干预政党活动的规则，政党的内部结构，党内的民主机制，政党资助制度，建立政党联盟或与其他政党联合的相关规定，政党的注销制度，等等。有些国家还出台了独立候选人的规定，以及党员脱党或加入其他政党的规定⑥。与此同时，拉美国家力图在政党内部选举中注入竞争机制。此外，拉美国家大力推动与政党内部组织相关的改革，通过完善政党竞选规则推

---

① Kevin Casas-Zamora, Marian Vidaurri, Betilde Muñoz-Pogossian, Raquel Chanto（*Editores*），*Reformas Políticas en América Latina：Tendencias y Casos*，Secretaría General de la Organización de los Estados Americanos，Washington，D. C.，2016，p. 13.

② Farid Samir Benavides VanegasAlberto M. Binder, Carolina Villadiego Burbano, Catalina Niño Guarnizo，*La Reforma a la Justicia en America Latina*，*las Lecciones Aprendidas*，Fescol，Programa de Cooperación en Seguridad Regional，Bogotá，junio de 2016，p. 15.

③ Farid Samir Benavides, VanegasAlberto M. Binder, Carolina Villadiego Burbano, Catalina Niño Guarnizo，*La Reforma a la Justicia en America Latina*，*las Lecciones Aprendidas*，Fescol，Programa de Cooperación en Seguridad Regional，Bogotá，junio de 2016，p. 32.

④ "América Latina：la Región más Insatisfecha con su Sistema Político"，Madrid，17 de febrero de 2015，http：//www.notimerica.com/politica/noticia-america-latina-region-mas-insatisfecha-sistema-politico-20150217075933.html.

⑤ 早在此轮民主化进程前，多数拉美国家的宪法对政党和政党制度就作出一系列明确规定。继乌拉圭（1934）后，多米尼加、巴西、厄瓜多尔、哥斯达黎加、危地马拉和巴拿马6个国家在20世纪40年代，萨尔瓦多和洪都拉斯2国在50年代，玻利维亚、巴拉圭和委内瑞拉3国在60年代，智利和墨西哥2国在1978年以前，都在宪法中对政党的活动作出了相关规定。此后秘鲁和尼加拉瓜（1979）、哥伦比亚（1991）、阿根廷（1994）也对此作出了规定。Daniel Zovatto，"Regulación de los partidos políticos en América Latina"，Dossier，pp. 18 – 19，http：//www.kas.de/wf/doc/kas_9929-544-1-30.pdf.

⑥ Daniel Zovatto，"Regulación de los partidos políticos en América Latina"，Dossier，pp. 22 – 23，http：//www.kas.de/wf/doc/kas_9929-544-1-30.pdf.

进党内民主，如规定各政党候选人的男女比例，规定政党候选人内部的初选机制①。

最后是加强选民投票的主动权，削弱政党对候选人的控制。为克服政党的政治代表性危机，越来越多的国家在传统"封闭式候选人名单"和"单一候选人"这两种传统和极端方式之外，采用不同的混合式改革，加强候选人的代表性。目前还有六个国家（阿根廷、哥斯达黎加、危地马拉、尼加拉瓜、巴拉圭、乌拉圭）采用传统的"封闭式候选人名单"制度，其他国家都在国会选举中采用一个选区多名候选人的混合式制度，有八个国家（巴拿马、秘鲁、哥伦比亚、厄瓜多尔、巴西、洪都拉斯、多米尼加和萨尔瓦多）采用"优先投票机制"或"非封闭式候选人名单"。所有这些都是为回应公众舆论对政治制度合法性的质疑和压力。

拉美国家的上述措施，对于规范政党活动，强化公众对政党和体制的监督，完善民主体制具有积极推动作用，但很难在短期内消除拉美国家政党所固有的理论、组织、自身建设和执政能力等方面的缺陷，难以消除因这些缺陷所形成和加剧的体制性约束。

（四）走出庇护主义盛行的传统，消除传统政治文化中的负面因素

庇护主义和保护主义是拉美的重要传统政治文化，"在权利和特权悬殊的拉丁美洲社会，无权无势者常常寻求有权有势者的保护，进而形成各种强势者与弱势者的关系或联盟"②。许多学者认为，拉美的庇护主义或保护主义根源于殖民时期的历史，源于大地产关系，即大地产主与雇工之间的依存和尊卑关系；庇护主义是主人与仆从间的关系，是保护人与被保护人的关系，它所表明的是一种特殊的个人效忠和责任义务纽带。西班牙和葡萄牙的伊比利亚传统培育了拉美国家庇护主义和保护主义的传统和习惯。伊比利亚传统政治理论对民众妥善治理社会的能力有疑问，认为社会应该由"自然精英"治理和领导；人们应该接受各自在社会生活中的地

---

① Kevin Casas-Zamora, Marian Vidaurri, Betilde Muñoz-Pogossian, Raquel Chanto (*Editores*), *Reformas Políticas en América Latina: Tendencias y Casos*, Secretaría General de la Organización de los Estados Americanos, Washington, D. C., 2016, pp. 37 – 38.

② 张凡：《当代拉丁美洲政治研究》，当代世界出版社2009年版，第162页。

位和位置，因为这是上帝按照宇宙的自然法则安排的。① 因此，保护人和被保护人、保护和被保护的关系，乃至专制统治都被认为是自然的、合理的，保护人和精英统治被认为是上帝赋予的。一方面，保护人有责任照顾被保护人的利益和诉求，关心其待遇，并向其提供必要的经济援助；另一方面，被保护人有责任效忠保护人，为保护人提供支持和服务。在拉美地区，在保护人和被保护人这种个人关系纽带的基础上，被保护者通常会成为保护者政治上的坚定支持者，形成政治上的庇护主义和保护主义。庇护主义和保护主义现象是拉美政党、政治组织和政治运动的重要特征，给国家政治发展和政治体制建设带来严重消极后果。首先，造成拉美国家政党发展的个人主义化倾向。一些政党带有明显的个人化特色，实际上沦为领袖个人的政治工具；政党内部通常存在若干以个人为中心的帮派和集团；有些政党随着领袖个人的命运而兴衰，政党的前途过度依赖政治领袖个人的命运。其次，庇护主义和保护主义盛行，造成腐败和形成权力中的人际关系网，加剧政治斗争，不利于包容性政治制度的建立和稳固。最后，庇护主义和保护主义从根本上损害代议制民主，成为拉美民众主义不断成长的重要文化基因②。

在庇护主义和保护主义的环境下，拉美民众形成崇拜魅力领袖的心理和偏爱政治幻想的偏好。一些夸夸其谈、能提出诱人口号、作出慷慨许诺、提出美好梦想的政治家，能够显示出克里斯玛式魅力的政客或领导人，在拉美地区往往容易受到大众追捧和支持。具有考迪罗风格的强硬政治领袖通常被视为推动民族发展、建立民族国家、反对外来干涉的英雄，尽管这些人具有专制、独裁的缺陷③；而不具备这样特点的领导人经常被认为软弱，甚至被怀疑没有魅力或能力不够。西班牙学者马拉穆德（Carlos Malamud）认为，崇尚弥赛亚主义是拉美国家民众主义产生的传统条件；弥赛亚主义和考迪罗主义是对拉美制度产生负面影响的两个常见现象；许多拉美人相信，只有克里斯玛式的领导人才能推进变革进程，许多人仍在盼望救世主的出现，希望考迪罗式的解放者能"神奇般地"结束

---

① 袁东振、徐世澄：《拉丁美洲国家政治制度研究》，世界知识出版社2014年版，第35—36页。

② Dietmar Dirmoser, "Democracia sin demócratas", Nueva Sociedad, n°197, Caracas, 2005, pp. 28–41.

③ 托马斯·E. 斯基德莫尔等：《现代拉丁美洲》，当代中国出版社2014年版，第268页。

困扰这些国家的所有苦难;不少拉美人把实现社会公平的所有希望寄托在这些救世主(redentores)和"考迪罗"式的人物身上,坚信他们也只有他们才能带来和平与繁荣,并能解决困扰这些国家的冲突。马拉穆德认为,拉美人有一种错误观念,认为考迪罗式的人物(如革命的"最高领袖")是不可替代的,而这种错误观念极易导致对民众主义的接受和推崇。[1] 与此同时,拉美民众具有偏爱政治幻想的政治心态,民众容易被空洞的政治口号所迷惑,甚至经常抱有不切实际的政治幻想。马拉穆德等认为,拉美人宁可偏爱不切实际的政治幻想[2],也不信任国家机构,对民主体制或对民主自身存在较高程度的不信任。显然,无论是庇护主义和保护主义,还是崇拜魅力领袖的心理和偏爱政治幻想的偏好,都与成熟的政治制度有明显的冲突。在应对拉美政治制度面临挑战的过程中,消除拉美传统政治文化中的消极因素,是必要的选项。

---

[1] Carlos Malamud: *Populismos latinoamericanos, los topicos de ayer, de hoy y de siempre*, Edicion Nobel, 2010, p. 97.

[2] Ibid., p. 111.

拉丁美洲的民粹主义：理论与实证探讨

董经胜[*]

【内容提要】 学术界对于拉丁美洲的民粹主义这一概念的理解大体上可分为两大类。一类是将其看作一种与进口替代工业化和凯恩斯主义直接相关的经济模式或经济政策，以推动工业化、政府干预、扩张性的财政政策、注重收入分配等为特征；另一类是从政治角度出发，将其理解为一种意识形态、政治策略、政治话语、政治逻辑、政治风格等，各有侧重。拉丁美洲的民粹主义起源于对19世纪晚期大都市革命的威权本质的反抗，同时在文化传统上受到克劳泽主义的影响。政党体系和公民社会不发达的政治体制、极度的收入分配不均和频繁发生的经济危机为拉美民粹主义培育了土壤，使民粹主义在拉美历史上几度兴衰，呈现出强大的历史韧性。民粹主义既包含有利于民主的因素，如揭露现代西方代议制民主制度的弊端，以人民主权的名义扩大政治包容和参与；也包含不利于民主的因素，如权力过度集中于领袖，忽视民主程序和社会多元化，具有一定的政治排斥性等。这种矛盾体现了自由主义的民主传统与民粹主义的民主传统之间的内在紧张性。

【关键词】 民粹主义；克里斯玛；新自由主义；新自由主义的民粹主义；克劳泽主义

---

[*] 董经胜，北京大学历史学系教授，博士生导师，拉丁美洲研究中心主任。本文是国家社科基金项目"拉丁美洲现代化进程中的民众主义研究"（编号：14BSS018）的阶段性成果之一。

长期以来，民粹主义①是一个相对孤立的现象，主要是指19世纪末俄国的民粹派运动和美国的人民党运动，以及20世纪四五十年代拉丁美洲地区以阿根廷的庇隆主义、墨西哥的卡德纳斯主义、巴西的瓦加斯主义等为代表的民粹主义，20世纪50年代一度盛行于美国的麦卡锡主义也被看作一种右翼民粹主义。然而，自20世纪80年代后，特别是进入21世纪以来，民粹主义迅速成为一股席卷全球的政治潮流。在欧洲，意大利的贝卢斯科尼、荷兰的威尔德斯、奥地利的海德尔、法国的勒庞等右翼政治家刮起了一股猛烈的右翼民粹主义旋风。在拉美，左翼的民粹主义领袖如委内瑞拉的查韦斯和马杜罗、玻利维亚的莫拉莱斯、厄瓜多尔的科雷亚当选为各自国家的总统，一度改变了拉美大陆的政治格局。在美国，茶党显然是导致2013年政府关闭的重要因素，而萨拉·佩林、泰德·克鲁兹等民粹主义者刷新了美国保守主义的面孔，唐纳德·特朗普更作为保守的民粹主义候选人登上了总统宝座。在亚太地区，泰国的他信、菲律宾的约瑟夫·埃斯特拉达、澳大利亚的保利娜·汉森、新西兰的温斯顿·彼得斯等民粹主义者在各自国家的历史上留下了难以磨灭的印记。在非洲，也出现了强有力的民粹主义领导人，如乌干达的约韦里·穆塞韦尼、赞比亚的迈克尔·萨塔、南非的雅各布·祖马。民粹主义由属于另一时代的、局限于世界局部地区的现象跻身当今席卷全球的主流政治。用一位西方学者的话说，"我们正似乎生活在一个民粹主义的时代"②。

　　与全球民粹主义的勃兴相伴的，是学术界对于民粹主义研究成果的爆炸增长，特别是西欧的极右民粹主义和拉美的左翼民粹主义成为学术界关注的热点。此外，对于其他地区如亚洲、非洲和中东地区的民粹主义的研究成果也相继出现。值得注意的是，尽管当前的研究主要集中于特定国家或区域的民粹主义，但跨区域的乃至全球的民粹主义的比较性研究也开始

---

　　① 在拉丁美洲学术界一般称其为民众主义（populism）。为保持一致，本文统一使用民粹主义这一译法。

　　② Benjamin Moffitt, *The Global Rise of Populism: Performance, Political Style and Representation*, Stanford, California: Stanford University Press, 2016, p.1.

出现。① 然而，截至目前，尽管对于民粹主义的个案研究数量激增，并有若干构建民粹主义理论的成果，但由于研究者的学科视角、关注对象等因素的差异，对于民粹主义的理解和评价仍存在巨大争议。本文根据笔者有限的阅读，对国内外学术界在拉丁美洲民粹主义研究中的几个问题进行粗略的评论并试图提出自己的看法。

一 关于拉美民粹主义的概念

民粹主义的概念是一个长期争论不休的问题，很多学者作出了一些尝试性的解释，但至今仍未取得共识，而且可以预见，在将来相当长的时间内也不可能取得共识。例如，仅就拉美的民粹主义而言，厄瓜多尔学者卡洛斯·德拉托雷在他的著作中列举了1998年以前的有关拉美的学术文献中民粹主义这一概念的八种不同含义。② 由于对这一概念的使用过于宽泛，以致任何探讨民粹主义的学术文献都不得不拿出一定篇幅来阐明自身对于这一概念的界定。鉴于对民粹主义含义的多种理解以及使用这一概念所描述的历史现象的多样化，早在20世纪80年代，伊恩·罗克斯博勒和拉斐尔·昆特罗就建议将这一概念从社会科学的词汇中清除出去。③ 稍后，阿帕罗·梅嫩德斯-卡里翁（Amparo Menéndez-

---

① 相关研究，可参阅 Cas Mudde, Cristóbal Rovira Kaltwasser, "Inclusionary versus Exclusionary Populism: Comparing Contemporary Europe and Latin America", in *Government and Opposition*, Vol. 48, No. 2, 2013; Cas Mudde, Cristóbal Rovira Kaltwasser (eds.), *Populism in Europe and the Americas: Threat or Corrective for Democracy?* Cambridge, U.K.: Cambridge University Press, 2012; Benjamin Moffitt, *The Global Rise of Populism: Performance, Political Style and Representation*, Stanford, California: Stanford University Press, 2016。

② Carlos de la Torre, *Populist Seduction in Latin America*, Athens: Ohio University Press, 2010, pp. 2 - 3.

③ Ian Roxborough, "Unity and Diversity in Latin American History", in *Journal of Latin American Studies*, No. 16, 1984, p. 14; Rafael Quintero, *El Mito de Populismo en el Ecuador*, Quito: FLASCO, 1980. Quoted in Carlos de la Torre, *Populist Seduction in Latin America*, Athens: Ohio University Press, 2010, p. 3.

Carrión）也认为，民粹主义这一术语的"概念含义已经耗尽了"[①]。近年来，有学者提出，由于对民粹主义的理解缺少共识，在使用上存在随意性，这一概念已经丧失意义，在学术研究中没有什么价值了。[②] 但多数学者认为，尽管民粹主义这一术语被滥用和误用，但依然有保留的必要。因为被描述为民粹主义的政治现象毕竟存在一些共同的特征，使用这一概念有助于进行鉴别和比较研究。有学者指出，正因为对这一术语的理解依然存在争论，恰恰说明存在与这一概念密切相关的、重要且能引起共鸣的东西。[③] 在学术研究中，有关民粹主义的文献迅速增加，就是这一概念存在价值的有力证明。

就拉美的民粹主义而言，虽然存在五花八门的说法，但大体上说，对于这一概念的理解可分为两大类。一类是将拉美的民粹主义看作一种与进口替代工业化和凯恩斯主义直接相关的经济模式，另一类是将拉美的民粹主义看作一个政治概念。

无论是自由主义经济学家还是依附论学者，都将拉美的民粹主义与经济政策联系起来。吉列尔莫·奥唐奈、詹姆斯·马洛伊（James Malloy）等依附论学者认为，民粹主义是拉美国家在进口替代工业化早期阶段推行的一种经济和社会政策。经济的增长使政治领导人通过实施大众包容性的、适度的再分配政策以获取政治支持。这种政策与有利于外国资本、集中经济资源、压制民众需求的排斥性的经济政策针锋相对。[④] 自由主义经济学家鲁迪格·多恩布施（Rudiger Dornbusch）和塞巴斯蒂安·爱德华兹（Sebastian Edwards）将再分配的目标看作民粹主义范式的核心。他们认为，从经济政策上说，民粹主义强调增长和收入的再分配，不重视通货膨

[①] Amparo Menéndez-Carrión, "El Populismo en el Ecuador", en Juan Paz y Miño (ed.), *Populismo*, Quito: ILDIS, 1992. Quoted in Carlos de la Toree, *Populist Seduction in Latin America*, Athens: Ohio University Press, 2010, p. 3.

[②] Cas Mudde, "Conclusion: Some Further Thoughts on Populism", in Carlos de la Torre (ed.), *The Promise and Perils of Populism*, Lexington, Kentucky: University Press of Kentucky, 2015, p. 431.

[③] Benjamin Moffitt, *The Global Rise of Populism: Performance, Political Style and Representation*, Stanford, California: Stanford University Press, 2016, p. 11.

[④] James Malloy (ed.), *Authoritarianism and Corporatism in Latin America*, Pittsburgh: University of Pittsburgh Press, 1977. quoted in Carlos de la Torre, *Populist Seduction in Latin America*, Athens: Ohio University Press, 2010, p. 2.

胀、财政赤字和外部限制的风险,忽视经济对于政府不遵循市场规律的经济政策的反作用。他们指出,以这样一种范式来界定民粹主义的目的不是强调保守主义经济学的正确性,而是旨在说明,民粹主义是注定最终要失败的,而且,当它失败时,恰恰是它所代表的社会集团要付出沉重的代价。①

罗伯特·考夫曼(Robert R. Kaufman)和芭芭拉·斯托林斯(Barbara Stallings)从相对不太严格的经济学视角来解释,认为民粹主义是为了实现特定的政治目标而采取的一系列经济政策。这些政治目标是:①在有组织的劳工和中下层集团中赢得支持;②从面向国内市场的企业界得到辅助性的支持;③在政治上孤立农业寡头、外国企业和大规模的国内工业的精英。实现这些目标的经济政策包括(但不局限于)以下几点:①刺激国内需求的财政赤字政策;②名义上的工资增长加物价控制以推行收入的再分配;③在非出口商品部门实行汇率控制或升值以降低通货膨胀、提高工资和利润。②

根据上述学者的观点,20世纪80年代拉美国家之所以发生债务和经济危机,恰恰是由于推行这种民粹主义的经济政策所致。但是,也有学者对这种看法提出了质疑。例如,英国历史社会学家伊恩·罗克斯博勒不同意将民粹主义与进口替代工业化联系起来。他指出,在巴西,进口替代工业化早在20世纪30年代就已经开始了,而民粹主义政治却出现在40年代后期以及瓦加斯第二任期(1950—1954年)。还有学者注意到,民粹主义还出现在农业社会中,而且并非与特定的经济政策直接相关。在玻利维亚、厄瓜多尔和秘鲁,民粹主义的出现大大早于这些国家进口替代工业化的开始。③ 此外,有的学者还注意到,即使是在巴西、阿根廷、墨西哥这些国家,在进口替代工业化过程中,民粹主义政府并不拘泥于某种特定的经济和社会政策。例如庇隆政府在20世纪40年代末推行的是扩张性的再

---

① Rudiger Dornbusch and Sebastian Edwards (eds.), *The Macroeconomics of Populism in Latin America*, Chicago, Illinois: University of Chicago Press, 1991, p. 9.

② Ibid., p. 16.

③ Carlos de la Torre and Cynthia J. Arnson, "Introduction: The Evolution of Latin American Populism and the Debate over its Meaning", in Carlos de la Torre and Cynthia J. Arnson (eds.), *Latin American Populism in the Twenty-First Century*, Baltimore: The John Hopkins University Press, 2013, p. 16.

分配政策，而在50年代初则推行了相当正统的经济紧缩政策。

保罗·德雷克（Paul W. Drake）从更广泛的、更加重视政治因素的角度，认为民粹主义应具备三个要素：一是利用"政治动员、反复出现的口号和象征以鼓舞民众"；二是依赖不同阶级的联合，主要是工人阶级，但也包括上层阶级的一部分，并由后者所领导；三是它"意味着一系列旨在促进经济发展而又不导致阶级冲突爆发的改革政策"，这些政策"通常是扩大国家在经济中的作用，通过改善收入分配的措施将工人纳入工业化发展的进程"。[①]

在此基础上，库尔特·韦兰（Kurt Weyland）更进一步强调民粹主义概念的政治属性。德里克认为民粹主义与国家对经济的干预相关，而韦兰德则直接将社会经济因素从民粹主义的概念中完全剔除，认为民粹主义是一个纯粹的政治概念。他认为，民粹主义是一种政治策略，一个个人化的领导人以这种策略争取和行使政府权力，该权力的基础是来自大量的、无组织的追随者的直接的、非制度化的支持；这种直接的、准私人的关系绕过了现存的中介组织，或者将这些组织非制度化，使其从属于领导者的个人意愿；绝大多数追随者与领导人之间缺乏制度化的联系纽带，他们在政治舞台上形成一种无组织的民众，作为领导人争取支持的对象（尽管他们可能参加一些地方组织）；一个克里斯玛式的领袖通过"代表"感到被排除在国家政治生活之外或者被边缘化的人民，许诺将后者从危机、威胁和敌对中拯救出来，而从这一无组织的民众中间赢得了广泛的、分散的，然而有时又是强有力的支持；该领袖在他振兴国家、与特权集团及其特殊利益斗争、改造现存体制的努力中求助于民众的帮助。[②]

库尔特·韦兰之所以将民粹主义界定为一种政治策略，主要是为了使用这一概念来描述20世纪90年代以科洛尔、梅内姆、藤森等为代表的拥有大量民众支持、推行新自由主义经济政策的领导人。他认为，这些领导人尽管在群众基础、社会经济政策上不同于20世纪上半期的庇隆、卡德纳斯、瓦加斯等经典民粹主义者，但他们获取和维持政治权力的方式或者

[①] Paul W. Drake, "Conclusion: Requiem for Populism?", in Michael L. Conniff (ed.), *Latin American Populism in Comparative Perspective*, Albuquerque, NM: University of New Mexico Press, 1982, p. 218.

[②] Kurt Weyland, "Clarifying a Contested Concept: Populism in the Study of Latin American Politics", in *Comparative Politics*, Vol. 34, No. 1, 2001, p. 14.

说政治策略是相同的。

有学者指出,将民粹主义界定为一种政策策略虽然突出了领导人的作用,但也存在问题。一方面,很多社会运动,如宗教运动和千禧年运动,或政治共同体形式也采取了类似的政治策略,但它们从未被看作民粹主义。另一方面,这种界定方式忽略了民粹主义的核心"人民",即使从词源学上看,也是考虑不周的。[①]

本杰明·莫菲特(Benjamin Moffitt)最近出版了一部对当前全球范围内的民粹主义进行比较研究的著作。通过对 1990 年以来发表的有关民粹主义研究文献的总结,他认为当前政治学界对民粹主义的概念可以分为如下四类:①认为民粹主义是一种意识形态,是在希尔斯 20 世纪 50 年代对民粹主义研究的基础上进一步发展提出的,以卡斯·穆德为代表[②];②认为民粹主义是一种政治策略,以库尔特·韦兰为代表[③];③认为民粹主义是一种政治话语,以柯克·霍金斯和卡洛斯·德拉托雷为代表[④];④认为民粹主义是一种政治逻辑,以埃内斯托·拉克劳为代表[⑤]。在对上述四类概念进行辨析的基础上,本杰明·莫菲特提出,民粹主义应该被界定为一种政治风格,这种政治风格有如下三个特点:第一,"人民"与"精英"的对立。"人民"被看作主权的真正所有者,社会被划分为"人民"和"精英"两大对立的阵营。诉诸"人民"意味着反对体制和反对精英的所谓"政治正确",以此来显示民粹主义者真正了解人民所想,表明民粹主义者来自体制之外。第二,不良的举止。民粹主义者诉之于"人民"的方式是政治表达方式的粗俗化,不在乎政治领域所谓的"适宜"规范。例如,在政治活动中使用俚语、发誓、发表违反政治正确的言论、在穿着

[①] 从词源上说,民粹主义起源于拉丁文 populus。参见 Benjamin Moffitt, *The Global Rise of Populism: Performance, Political Style and Representation*, Stanford, California: Stanford University Press, 2016, p. 21。

[②] Cas Mudde, "Conclusion: Some Further Thoughts on Populism", in Carlos de la Torre (ed.), *The Promise and Perils of Populism*, Lexington, Kentucky: University Press of Kentucky, 2015.

[③] Kurt Weyland, "Clarifying a Contested Concept: Populism in the Study of Latin American Politics", in *Comparative Politics*, Vol. 34, No. 1, 2001.

[④] Kirk A. Hawkins, *Venezuela's Chavismo and Populism in Comparative Perspective*, Cambridge: Cambridge University Press, 2010; Carlos de la Torre, *Populist Seduction in Latin America*, Athens: Ohio University Press, 2010.

[⑤] Ernesto Laclau, *On Populist Reason*, London: Verso, 2005.

上随意花哨等，以此区别于精英阶层的刻板、理性、体面以及使用专业术语等。第三，对危机、崩溃或威胁的驾驭。民粹主义者从社会对危机、崩溃或威胁的感受中获取动力，与此同时，通过他们的戏剧化表演引导危机，以此来造就采取决定性的坚定行动的氛围。这种对危机、崩溃或威胁的操纵旨在造成对现代管理和政治解决程序的不信任，因为这些程序复杂，需要协商、调查、规划及实施。与此相反，民粹主义者支持迅速的、直接的行动，而在面对危机、崩溃或威胁的情况下，这种行动方式易于得到支持。①

本杰明·莫菲特的研究对象并非针对拉丁美洲，而是全球范围内的民粹主义，但他在研究中经常引证拉美地区的案例，尤其是21世纪拉美的左翼民粹主义，值得我们在研究中参考。

二 拉美民粹主义的历史与文化渊源

19世纪晚期俄国知识分子对平均地权的强烈要求和美国西南部农民试图控制当地政府的激进主义行为，被认为是第一代民粹主义。②虽然产生的具体环境不同，但无论在俄国还是美国，民粹主义都起源于农村（尽管其领导者可能来自城市），是在现代化冲击下农村和农民捍卫自身权益的运动。与俄国和美国不同，拉丁美洲的民粹主义运动从一开始就出现在城市，是一种城市政治运动，起源于对19世纪晚期"大都市革命"的威权本质的反抗。

殖民地时期拉美的城市不仅仅是行政中心，还是真正地拥有欧洲城市特征的社会实体。它从西班牙、葡萄牙那里继承了市镇法律，这些法律源于三种司法传统：共同体传统、世袭传统和自然法传统。共同体传统给基督教徒团结一致捍卫自身生命财产、建立市镇以及礼拜场所的权利；根据世袭传统，国王或其代理人授予市镇居民权利，换取后者的忠诚宣誓；根据神的意愿，以自然法规范整个基督教王国，保护居民免受暴君的统治，

---

① Benjamin Moffitt, *The Global Rise of Populism: Performance, Political Style and Representation*, Stanford, California: Stanford University Press, 2016, pp. 43 – 45.
② 俞可平：《现代化进程中的民粹主义》，《战略与管理》1997年第1期，第88页。

保护他们追求正义和道德生活的权利。这些法律存在一种内在的根本矛盾，即国王的权威与市镇的权利存在冲突。后来的理论家认为，这种冲突反映出东西方城市传统的区别，西方城市很大程度上是拥有自治权的。17世纪，随着宗主国权威的衰弱，西班牙、葡萄牙在美洲殖民地的城市的自治权更加明显，不遵守国王指示的普遍原则反映在一句名言中，即"我服从但我不执行"。在很多地方，当地精英公然将自身利益置于国王利益之上。例如，走私、非法制造业的泛滥、逃税的盛行成为17世纪殖民地自治权增强的标志。18世纪，西班牙波旁王朝改革和葡萄牙庞巴尔改革严重削弱了殖民地的地方主权，并在某种程度上引发了19世纪初殖民地的独立运动。在西班牙、葡萄牙的美洲殖民地，城市自治的传统反映在城市的内部管理方面。城市内部管理方面，根据共同体传统和世袭传统，公共权威高于个人权利，城市或市镇内盛行的是"市镇共同体主义"。零售和手工业商人受到严格的管理，以保障当地居民的需求。为保障共同体的利益，几乎所有城市的贸易和就业都必须得到特许。此外，殖民地城市的另一特点是社会团结。这意味着每个人，不管多么贫困潦倒，都有自己特定的地位。虽然社会不平等是被接受的，但是慈善和关心受压迫者也很重要，无论教会还是富人对此都有不可推卸的责任。在拉丁美洲，直到20世纪初，殖民地遗产依然在拉美具有深刻的影响，并为民粹主义者提供了可以求助的历史传统。[①]

到20世纪初，随着资本主义的发展，西方世界发生了一场"大都市革命"，深刻地改变了人类的生活状态。在拉丁美洲，19世纪晚期以来靠初级产品出口推动的经济增长，极大地促进了城市化的进程。出口收入的增加为城市基础设施的建设提供了资金，20世纪初，一些国家的首都和港口城市，如里约热内卢、布宜诺斯艾利斯、利马、加拉加斯、圣地亚哥、墨西哥城、波哥大等发展成为名副其实的大都市。[②] 大量人口从外国或本国农村涌入城市，城市化促进了人口的聚集和交往，提高了人民参与公共决策和减少生活水平不平等的期望。但同时，"大都市革命"也极大

[①] Michael L. Conniff, "Introduction: Toward a Comparative Definition of Populism", in Michael L. Conniff (ed.), *Latin American Populism in Comparative Perspective*, Albuquerque, UM: University of New Mexico Press, 1982, pp. 7-9.

[②] Michael L. Conniff (ed.), *Populism in Latin America*, Albuquerque, UM: University of Alabama Press, 1999, p. 8.

地冲击了城市的自治权、公共权利和社会团结。在当时的法国，乔治—欧仁·奥斯曼男爵（1809—1891）在第二帝国时期主政巴黎，他主持修建了宏伟的建筑物以彰显帝国的伟大，并改善了城市的基础设施，同时运用训练有素的警察对民众进行控制。在拉美，奥斯曼男爵的影响非常明显。里约热内卢、墨西哥城、加拉加斯、布宜诺斯艾利斯等城市纷纷效仿他的改革，结果，19世纪晚期拉美城市专制主义迅速兴起。原来体现在司法体系中的市政会、选举、行业管理等方面的城市自治权受到城市寡头独裁者的无情践踏，几个世纪以来的城市权利丧失殆尽。大都市革命还冲击了城市的社会团结传统。19世纪晚期，实证主义、斯宾塞主义和社会达尔文主义成为拉美上层主流的意识形态，在这种思潮的影响下，社会上层甚至一些中间阶层为了自身利益，放弃对穷人、病人、文盲、残疾人的社会责任。在此环境下，如何将这些被边缘化的社会阶层整合到社会共同体之中，防止暴力性的社会动乱，成为一些知识分子关注的问题。到20世纪初，知识分子、中产阶级甚至一些精英集团的成员开始对这种寡头体制提出了抗议。这种抗议有时体现为暴力性的行动，如墨西哥革命，但更多地表现为城市的选举改革运动，这种运动为早期的民粹主义提供了舞台。正如迈克尔·康尼夫指出的："如果没有19世纪大规模的城市发展，就不会出现20世纪的民粹主义。"① 民众经济和政治权利的减弱以及城市化带来的改善生活处境的希望发生了严重冲突，为民粹主义产生提供了土壤。可以说，民粹主义是对阻碍民众代表权、社会流动、提高生活水平的愿望实现的那些势力的抗议运动。拉美国家早期的民粹主义运动很多体现为城市改革运动。如巴西1931—1936年期间任里约热内卢市市长的埃内斯托（Pedro Ernesto Batista）和1938—1941年任圣保罗市市长的德巴罗斯（Adhemar de Barros）就是巴西早期民粹主义的代表。② 秘鲁民粹主义的先驱比林赫斯特（Guillermo Billinghurst）于1909年担任利马市市长，他大

---

① Michael L. Conniff (ed.), *Latin American Populism in Comparative Perspective*, Albuquerque, UM: University of New Mexico Press, 1982, p. 4.
② 关于阿德马尔·德巴罗斯在巴西民粹主义运动中的地位，可参阅 John D. French, "Workers and the Rise of Adhemarista Populism in Sao Paulo, Brazil, 1945 – 1947", in *Hispanic American Historical Review*, Vol. 68, No. 1, 1988, pp. 1 – 43。

力倡导和推进城市改革，赢得了广泛的民众支持，1912年当选为总统。[①]

拉美民粹主义不仅源于殖民地时期城市自治的历史传统，也有文化上的渊源。对此，学术界关注甚少，但也引起了个别西方学者的注意，其中之一是克劳泽主义（Krausismo）对拉美民粹主义特别是早期民粹主义的影响。19世纪晚期，一种自由主义学说从西班牙传至南美。该学说基本上起源于很少引人关注的德国哲学家卡尔·弗里德里希·克劳泽（Karl Christian Friedrich Krause，1781—1832）的著述。克劳泽宣称自己建立的哲学解决了黑格尔和康德著作中的一些矛盾。19世纪40年代，一位西班牙形而上学主义者把克劳泽的著作翻译为西班牙语，介绍给西班牙知识界，西班牙人将克劳泽主义解读为一种理想主义的哲学。根据这种哲学思想，上帝等同于良心，上帝、人和宇宙融合在一种泛神论之中，人和社会被认为是根据上帝的形象发展的。于是，随着社会愈益紧密的一体化，人便愈加成为上帝的一部分。这种信条在一代人的时间里成为西班牙共和主义者非官方的学说和马德里大学占主导地位的自由主义思想。19世纪晚期，作为一种模糊的宗教人文主义，克劳泽主义也传到拉丁美洲，影响到了年轻的知识分子和政治领导人。它为具有改革思想的人们表达与社会良心相符的世俗理想主义提供了基础，在拉美的温和派人士看来，与粗鲁的、破坏性的、物质主义的实证主义相比，克劳泽主义更加符合拉美的实际需要。[②]

20世纪初，克劳泽主义不仅影响到拉美的知识分子，也受到一些政治领袖的关注。乌拉圭文学家何塞·恩里克接受了克劳泽主义，其思想激励了拉普拉塔地区一代人，包括乌拉圭早期的民粹主义领袖巴特列，他所领导的红党深受克劳泽主义的影响。墨西哥革命领袖弗朗西斯科·马德罗的年轻追随者也倾心于克劳泽主义。阿根廷民粹主义领袖伊里戈延（Hipólito Yrigoyen）也是一个"完美的克劳泽主义者"。秘鲁的曼努埃尔·冈萨雷斯的著作受克劳泽主义的人文思想影响也十分明显，他的思想又通过其仰慕者阿亚·德拉托雷进入政治领域。受克劳泽主义的影响，拉

[①] Peter Blanchard, "A Populist Precursor: Guillermo Billinghurst", in *Journal of Latin American Studies*, Vol. 9, No. 2, 1977, pp. 251-273.

[②] Michael L. Conniff (ed.), *Populism in Latin America*, Tuscaloosa: University of Alabama Press, 1999, p. 194.

美早期民粹主义领导人把自己看作父权、道德权威、社会稳定者、秩序与和谐的源泉。他们模糊的社会改革主义、个人责任、社会团结的思想体现在早期民粹主义的准社会主义的纲领中。此外，重视教育、宗教宽容、尊重妇女等理念也是与克劳泽主义相一致的。①

三　拉美民粹主义的历史韧性

从20世纪初到21世纪初长达一个世纪的时间内，民粹主义在拉美的政治舞台上绵延不绝，几度兴衰。尽管受到右派军人的镇压、美国的制裁及西方经济和政治学家的指责，但民粹主义者依然能够动员起广泛的民众支持，通过选举取得政权，表现出令人难以置信的历史韧性。大体上说，在此期间，拉美地区出现了四次民粹主义高潮。

第一次高潮出现在20世纪初。在进出口经济增长和社会变革中出现的新兴社会力量如城市工人、中间阶层和城市贫民等，以及在现代化进程中受到冲击的传统社会阶级如农民、印第安人土著等，大胆地表达了自身的愿望和要求，对上层阶级对政治的传统垄断权提出了挑战。正是在这种社会改革运动中，产生了对20世纪拉美影响深远的民粹主义。20世纪初，民粹主义运动在南锥体国家最有影响，因为这些国家城市规模大、识字率高、与外部世界的联系密切且出口经济相对繁荣。亚历山德里（1920—1925年执政）是智利早期民粹主义的代表，阿根廷的伊里戈延在其1916—1922年的任期中也具有民粹主义的风格。此外，乌拉圭的巴特列（1903—1907年、1911—1915年执政）、秘鲁的比林赫斯特（1912—1914年执政）也可以说是各自国家民粹主义的先驱。② 社会改革是这次高潮的主旋律，虽然民粹主义者的改革是保守的、温和的，但改革为推动拉美从寡头政治向大众政治的转变迈出了不可逆转的一步。

第二次高潮始于20世纪三四十年代。在30年代世界经济危机的打击

---

① Michael L. Conniff (ed.), *Populism in Latin America*, Tuscaloosa: University of Alabama Press, 1999, pp. 195–196.

② Rudiger Dornbusch and Sebastian Edwards (eds.), *The Macroeconomics of Populism in Latin America*, Chicago, Illinois: The University of Chicago Press, 1991, p. 38.

下，拉美初级产品出口经济陷入危机，主要国家开始推行进口替代工业化战略。随着工业化的进展、工业资产阶级和工人阶级的壮大，民粹主义体制逐渐成为这一时期拉美政治的主流。这是因为，工业主精英的出现和劳工运动的活跃使一个新的、支持工业化的联盟成为可能，这一联盟融合了企业主和劳工的利益，并在某些情况下向农业和土地寡头长期以来的统治地位提出了挑战。① 墨西哥的卡德纳斯（1934—1940 年执政）、阿根廷的庇隆（1946—1955 年、1973—1974 年执政）、巴西的瓦加斯（1930—1945 年、1951—1954 年执政）、厄瓜多尔的贝拉斯科（1944—1947 年执政）、秘鲁的阿亚·德拉托雷于 1924 年创建的阿普拉党（APRA）、玻利维亚的维克托·帕斯·埃斯登索罗（1952—1956 年、1960—1964 年执政）等是这一时期民粹主义政权的代表。这是一个民族主义和发展主义的时代，工业化和收入再分配、动员民众参与政治是这个时期民粹主义的主流。到 50 年代，民粹主义在拉美地区产生了深远影响，它削弱了传统寡头集团的政治势力，促进了进口替代工业化的发展，刺激了政治动员和大众消费的增长。②

第三次高潮出现在 20 世纪 90 年代。80 年代末，一些右翼民粹主义领导人上台，推行新自由主义的经济改革措施，以阿根廷的梅内姆、巴西的科洛尔、秘鲁的藤森为代表，西方学者称为新自由主义的民粹主义（neo-populism），以区别于欧洲的新民粹主义（new populism）。这是在债务和经济危机的严重形势下出现的一种特殊政治现象。

第四次高潮出现在 21 世纪初，以委内瑞拉的查韦斯、厄瓜多尔的科雷亚、玻利维亚的莫拉莱斯为代表。他们反对新自由主义和全球化，主张加强国家对经济的干预，对自然资源实行国有化，扩大社会福利、教育、健康等领域的社会开支。这是一次左翼民粹主义高潮，从某种意义上延续了第二次高潮的某些政策因素。

民粹主义是遍及全球的政治现象，并非拉美所独有。但值得注意的是，与其他地区相比，拉美的民粹主义运动声势更大、频率更高。可见，

---

① Thomas E. Skidmore and Peter H. Smith, *Modern Latin America*, Sixth Edition, New York: Oxford University Press, 2005, p. 55.

② James Malloy (ed.), *Authoritarianism and Corporatism in Latin America*, Pittsburgh: University of Pittsburgh Press, 1977, p. 15.

拉美地区培育了更加适合民粹主义生长的土壤，其根源何在？

民粹主义产生的前提是，社会上存在大量对现实不满的底层人口，但现行的政党又未能有效地代表他们，现行的政治体制也没有向他们提供表达诉求的合法途径。在这种情况下，这些无组织的民众很容易被来自体制外的、克里斯玛式的政治领导人所吸引和动员，向现存的政治体制提出挑战。如果政党体制完善且是包容性而非排他性的，民粹主义式的政治动员将难以施展。因为在这种情况下，绝大多数公民依据对政党的归属和忠诚，而非对领导人品质的判断来行使投票权，来自现行体制外的候选人机会较少。也就是说，强有力的、包容性的政党体质是遏制民粹主义的重要前提。另外，在公民社会发达、组织严密的社会，民粹主义式的政治动员也难有施展的空间。公民社会中代表性组织的自我构建为公民自我表达诉求和捍卫自身利益创造了条件。在这样的社会中，公民能够从政治上自下而上地动员自身，不太可能愿意牺牲自己的政治自主权，或者将自己的政治发言权交给一个克里斯玛式的领导人。

拉美民粹主义的实践充分显示了这种现象。民粹主义恰恰兴盛于以政党体制为代表的政治代表制度衰败的时期。例如，20世纪30年代的世界经济危机敲响了初级产品出口经济的丧钟，拉美较发达的大国开始探索进口替代工业化的道路，工业化和城市化改变了社会和政治面貌，使中产阶级和劳工阶级的队伍迅速扩大，而代表传统土地和商业寡头的政党难以表达他们的利益。一方面，城市民众摆脱了农村的家长式社会控制；另一方面，他们又没有被融入非包容性的政党体制，新生的劳工组织和公民社会尚处于孕育阶段。因此这些城市民众为民粹主义领导人的崛起创造了群众基础。庞隆、卡德纳斯、瓦加斯、阿亚·德拉托雷等民粹主义领袖以政治包容、社会组织、经济条件的改善等许诺自上而下地动员民众，挑战传统的寡头政治秩序。一旦取得政权，他们便采取措施，扩大国家对经济的干预，促进工业化，限制外资，调解劳资关系，扩大社会福利等。20世纪80年代，债务危机和恶性通货膨胀摧毁了国家干预主义的发展模式，为开放市场和新自由主义改革开辟了道路。劳工运动受到严重削弱，参加工会的人数急剧下降，非正规部门的无组织劳工大量增加。在严峻的经济形势面前，政党体系也受到严重打击，四分五裂。在这种形势下，民粹主义领袖，无论是新自由主义的民粹主义还是左翼民粹主义，再次崛起于拉美的政治舞台。值得注意的是，在那些政党体制相对完善，能够适应新的经济和社会形势变革的国家，如哥斯达黎加和智利，民粹主义产生的机会较少；相反，在政党体制衰败和分裂的国家，如委内瑞拉，民粹主义迅速崛起。

除政治因素外，拉美民粹主义的韧性也与社会经济因素密切相关。极度的收入分配不均和频繁发生的经济危机使民粹主义者的宣传鼓动易于得到广泛响应。在拉丁美洲，收入分配不均是一个长期的历史问题，一直得不到解决。正是由于社会的严重不平等，民粹主义者通过提出改善收入分配的主张在选举中赢得了大量支持，一旦上台，他们又往往推行扩张性的财政政策，通过扩大分配维持政权。由于社会经济结构和发展模式的影响，在20世纪的现代化进程中，拉美多次发生经济危机。与世界其他地区一样，危机时刻恰恰是民粹主义兴起的时机。因为在经济和社会危机的关头，民众对传统的政治家感到失望，易于将希望寄托在具有个人魅力、行动果敢、以非常规风格出现的民粹主义领导人身上。

四 拉美民粹主义与民主

对于民粹主义与民主的关系，学术界向来存在截然不同的观点。一种观点认为，民粹主义是民主制的敌人，或者说是民主制的一种异常状态，是由于特殊的社会衰败或病症而导致的反常现象，因此民粹主义是民主制度的"危险的外部力量"，或者是向古老的、过时的政治形式的回归。不仅在对欧洲右翼民粹主义的研究中，这种观点颇为流行，在拉美民粹主义研究中，这种看法也屡见不鲜。[①] 吉诺·赫尔马尼（Gino Germani）早就将庞隆主义看作工人阶级威权主义的一种形式。现在也有很多学者认为藤森和查韦斯是竞争性的威权主义的代表。[②] 在对委内瑞拉民粹主义的研究中，哈维尔·科拉莱斯（Javier Corrales）也指出："权力集中在行政部门，侵蚀了监督和制衡部门的自主性，压制了言论自由，增加了反对派的

---

① Benjamin Moffitt, *The Global Rise of Populism: Performance, Political Style and Representation*, Stanford, California: Stanford University Press, 2016, p. 135.

② Steven Levitsky and Lucan A. Way, "The Rise of Competitive Authoritarianism", in *Journal of Democracy*, Vol. 13, No. 2, 2002, pp. 51–65.

成本，对保护多元性表现出极少的兴趣。"① 另一种观点认为，民粹主义是有利于民主制度的一种力量，是民主制度的核心因素。拉克劳认为，"极端民主总是民粹主义的"，这是因为"'人民'的构建是民主制运转的必要条件——而没有民粹主义，就没有'人民'；没有'人民'，就没有民主"。由于对民粹主义的支持，拉克劳还分别应莫拉莱斯、科雷亚和查韦斯的邀请，访问玻利维亚、厄瓜多尔和委内瑞拉。有的学者比较谨慎，例如坎农（Cannon）赞扬查韦斯民粹主义计划的一些因素，认为这是对委内瑞拉崩溃的政党体制的一种有效的、可以理解的修正，但同时也担心查韦斯的民粹主义倾向有可能导向庇护主义和腐化。保罗·皮科内（Paul Piccone）也认为，民粹主义是批判自由主义的方式和赋予公民地方自治权的有效手段，但他也对民粹主义可能侵害少数人的倾向保持警惕。②

其实，民粹主义与民主的关系是复杂的，民粹主义是"民主的"还是"反民主的"，很难做出简单的结论。例如，对于查韦斯主义来说，"如果从部门的独立性和保护少数人权利的角度衡量，查韦斯主义是反民主的，而如果从经济平等、赋予原来被排除在政治参与之外的民众以参政权、加强公民社会的角度来看，查韦斯主义对委内瑞拉的民主是有利的"③。要回答这一问题，我们应该考察民粹主义中有哪些有利于民主的因素，有哪些不利于民主的因素，同时还应该反思我们对于"民主"的理解。

1. 民粹主义包含了有利于民主的倾向

首先，民粹主义者将以前被排除在政治参与之外的社会群体纳入"人民"阵营之中，使他们成为合法的参政者，从而大大改变了政治竞争的环境。早期的民粹主义者巴特列、伊里戈延、亚历山德里为了实现民众的意愿，把自由选举作为自己的奋斗目标，因为自由选举在此之前从未真正存在过。从早期民粹主义者提出的口号就显示出他们争取自由选举的坚定决心。伊里戈延的口号是在干净的选举举行之前"绝不妥协"，弗朗西斯科·马德罗提出的口号是"有效选举，不得连任"，巴特列的口号是

---

① Carlos de la Torre and Cynthia J. Arnson (eds.), *Latin American Populism in the Twenty-First Century*, Baltimore: The John Hopkins University Press, 2013, pp. 33 – 34.
② Benjamin Moffitt, *The Global Rise of Populism: Performance, Political Style and Representation*, Stanford, California: Stanford University Press, 2016, pp. 137 – 138.
③ Ibid., p. 141.

"不再存在交易"。如果没有自由公正的选举,这些民粹主义领导人以及其他很多候选人不可能取得政权。一旦实现了自由公正的选举,民粹主义者又大力推动选举权的扩大。他们逐渐将投票权扩大到年轻人和妇女。到20世纪五六十年代,民粹主义者又大力推动选举方式的改革,如使用简单的、秘密的、统一的选票等。同时,推动建立独立的司法委员会监督选举,确认选举结果。到七八十年代,拉美各国基本上实现了普选,绝大多数国家18岁以上的公民获得了选举权。在巴西、秘鲁和智利,投票年龄降低到16岁,并赋予文盲投票权。[①] 21世纪以来,新一代民粹主义者继续扩大政治参与范围。莫拉莱斯提出了一个包容性的"人民"概念,"人民"不仅包含了对现实不满的城市混血种人,而且纳入了此前被忽视的原住民。在委内瑞拉,查韦斯成功地建立了"人民民主","人民"这一概念,在查韦斯看来,包含了生活在公民社会边缘的群体。新一代民粹主义者不仅为这些此前被排斥的社会群体代言,而且采纳这些群体的装束和语言以证明自己的真诚,证明自己与"人民"的密切联系。如莫拉莱斯从未穿着正规的西装,而是身披传统的玻利维亚羊驼毛绒衫(chompa);查韦斯身穿运动装,在电视节目中唱跳委内瑞拉的传统歌舞,接听来自"人民"的电话。[②] 通过这些象征性的举止,民粹主义者力图将此前被排斥的社会群体合法化地纳入政治和文化的领域。

其次,通过揭露精英阶层的腐败和相互勾结,以民主的名义增加"人民"的主权,民粹主义有效地暴露了现代民主体制的机能性障碍或失调。在拉丁美洲,民粹主义在一定程度上也可理解为是对被掏空的、腐败的、排斥性的"民主"制度的反应与否定。在这种体制环境下,民粹主义者要求增加政治代表对选民负有的责任感,显然是合理的。更普遍意义上说,民粹主义者直面"代议制政治危机",因为"选民感到他们的代表不能根据他们的选票、抗议或其他形式的动员所传递的信息行事"。[③]

2. 民粹主义虽然具有强烈的民主倾向,但同时也存在反民主的因素

首先,如果没有一个被界定为敌人的"他者",对民粹主义来说,诉

[①] Michael L. Conniff (ed.), *Populism in Latin America*, Tuscaloosa: University of Alabama Press, 1999, p. 17.

[②] Benjamin Moffitt, *The Global Rise of Populism: Performance, Political Style and Representation*, Stanford, California: Stanford University Press, 2016, p. 143.

[③] Ibid., p. 144.

之于"人民"将毫无意义。这是因为，民粹主义内部，"人民"并非代表一个特定的政治共同体内部的所有成员，而是将共同体的一部分提升到代表整个共同体的位置。在此过程中，民粹主义将一些群体排除在"人民"之外，断定他们是"非法的"，不是共同体的一部分。因此，民粹主义对"人民"的诉求尽管在一些情况下扩大了民主的范围，但这种融入总是以另一部分人被排斥为代价的。莫拉莱斯将主要的企业家部门排斥在玻利维亚社会之外，给批评政府的新闻媒体贴上"新自由主义的工具"标签。查韦斯拒绝向支持反对党的人提供社会保障，指责其对手"与恶魔结盟"。因此，尽管民粹主义者在很大程度上促进了民主制度的更新，但又是排斥性的，对政治多元主义构成了威胁。对于这一点，齐泽克（Slavoj Zizek）进行了深刻的分析：在民粹主义的概念里，"敌人是外化的，并被具体化为一个确定的本体论的实体（即使该实体是一个幽灵），只有将其消灭，才能恢复平衡与正义"。这样一来，民粹主义就忽略了"真正的"敌人，因为给"人民"带来麻烦的不再是那些复杂的问题，如现代资本主义的无情发展速度、全球化、结构性失衡、性别主义、种族主义、贫困等，而是特定的"精英"，这个敌人成为所有的威胁性、邪恶、危险性的聚合体。通过选择这样一个"替罪羊"，民粹主义拒绝应对复杂的现代政治和社会现实；相反，通过引进一个首要的阴谋用以解释一切，即将"他者"或精英作为"对人民的所有威胁背后的唯一代表"。[①]

其次，民粹主义对复杂性的拒绝还反映在这样一个神话中，即"人民"是同质的、统一的。民粹主义拒绝承认"人民"内部的分歧与差异，从这个意义上，可以说民粹主义是对多元主义的挑战。当今世界，全球性资本的流动、移民、跨边界和跨国组织的发展，使政治共同体变得更加多样化和复杂化，拒绝承认这种多样化实际上就是无视现代社会的活生生的现实。

最后，民粹主义极端个人化的倾向也是与民主制度不相容的。民粹主义依赖于一名领导人来代表和体现"人民"的愿望和声音。"人民"和领袖是融为一体的，民粹主义领袖不仅仅是"人民"的代表，而且是真正懂得"人民"需要的人物，是"人民"主权的真正化身。这种个人化倾

---

① Slavoj Zizek, "Against the Populist Temptation", in *Critical Inquiry*, Vol. 32, No. 3, 2006, p. 556.

向导致两个严重的后果,一是政治领域严格的二分法,二是政治权力被领导人垄断。就前者而言,政治共同体被划分为支持或反对领导人的两大阵营,即朋友和敌人。在阿根廷,核心的政治分歧是庇隆主义和反庇隆主义;在委内瑞拉,核心的分歧是查韦斯主义和反查韦斯主义,即使在查韦斯去世之后依然如此。就后者而言,政治权力之所以被领导人所垄断,是因为民粹主义领导人被认为是永远正确的。如果领导人代表了"人民",是"人民"意愿的化身,而"人民"总是对的,那么,民粹主义领导人自然就永远是正确的。这样一来,将更多的权力授予民粹主义领导人就不是什么问题,因为这实际上是将更多的权力授予"人民"。但在现实中,一些民粹主义领导人依此逻辑,随意滥用权力,转向政治威权主义。[1] 在无组织的民众支持下高票当选的民粹主义领导人易于将自身视为人民的化身。作为反体制的政治局外人,他们对现行民主制度对其施加的限制不满,因为根据民主制度的规定,他们的自主权受到了限制,他们必须与反对派妥协,他们推行"人民"意志的行动受到了阻碍。在民粹主义领导人看来,法律原则、独立的司法、议会内的反对派是名誉扫地的政治体制的残留,可以绕开或者以政治变革的名义将其扫除。在拉美,民粹主义领导人与议会的冲突特别常见,因为绝大多数民粹主义领导人背后没有一个强大的政党支持以赢得议会多数。滕森、科洛尔、查韦斯都在议会内受到占多数席位的反对派的制约。在此情形下,民粹主义领导人往往通过诉诸法令进行统治,或改变制度的游戏规则。例如,在阿根廷,梅内姆在最高法院安插自己的亲信,修改宪法使自己连任。在秘鲁,滕森在军人的支持下发动"总统政变",中止宪法,清洗司法部门,关闭地方政府,关闭反对派控制的议会。通过政治改组,产生了一个驯服的议会和一部新宪法,把权力集中在总统手中,并使滕森得以连任。为了能够第三次连任,滕森甚至公然罔顾民主原则和程序。裁定其候选人资格违宪的宪法法院成员被解雇,就此问题举行的公民投票被阻止,国家选举委员会被操纵并被藤森的亲信所充斥,一个新的官方党通过欺骗方式获得注册,反对派候选人被骚扰,报纸和电视台成为滕森的竞选工具,选举过程中的不正常现象司空见惯。在委内瑞拉,查韦斯依靠宪法之外的公民投票程序,选举产生宪法

---

[1] Benjamin Moffitt, *The Global Rise of Populism: Performance, Political Style and Representation*, Stanford, California: Stanford University Press, 2016, pp. 147–148.

大会。查韦斯的支持者占据94%多数的宪法大会很快宣布重建委内瑞拉的民主制，清洗法院，起草新宪法，关闭议会，组织新的选举。民粹主义者常用全民公决的方式使自己的制度变革合法化。但是，如果基本的制度和游戏规则可以随着领导人的心血来潮随意改变，那么民主制的巩固必然受到削弱。当全民公决被用来抵消对行政权力的宪法监督时，权力过度集中和少数派权利被侵害的危险是难以避免的。在此情形下，反对派不可避免地指责政府违宪，政府与反对派之间的竞争由公共职位之争转向体制原则和游戏规则之争。在如此根本性的冲突环境下，民主制度的巩固当然无从谈起。

3. 民粹主义与民主的复杂矛盾关系

如上所述，民粹主义既有有利于民主制度的倾向，也有反民主制度的倾向。在不同的环境下，这些倾向表现各异，而且这些不同的倾向时常同时发挥作用，且相互冲突。民粹主义有时以非民主的方式来扩大民主参与，有时又以民主的名义破坏民主程序。要理解这种矛盾的现象，有必要对民主的含义进行反思。根据厄瓜多尔学者卡洛斯·德拉托雷的总结，有不同的民主传统：自由主义的民主传统强调个人自由、多元化、程序政治、责任性、维持政府部门之间相互监督制衡的程序设计；民粹主义的民主传统则将政治构建为人民和寡头之间伦理的、道义的冲突，追求直接的代表形式，将民主理解为在象征性地代表了被排斥的人民的领导人的名义下对公共空间的占领。很多学者认为自由主义的民主传统能够包容其他的传统，但也有学者认为自由主义民主模式未能直接体现人民主权，不是真正的民主代表制，而激进的民主模式可以满足公共事务中真正的民主参与和决策。自由主义民主认为在一个拥有多元利益的复杂社会中，人民的愿望不是统一和一致的，而民粹主义则认为人民拥有唯一的共同愿望。自由主义民主强调多元主义和公民权利，民粹主义民主强调主权和平等。[①] 政治学者卡诺文（Margaret Canovan）认为，民主存在两方面的含义：一方面是实用主义，另一方面是救赎性。从实用性的方面来看，鉴于民众之间的利益多元化，现代民主通过一套复杂的制度，使我们与他人能够在尽可能少地采取强制手段的前提下得以和平共处，显然这是符合自由主义民主

---

① Carlos de la Torre, *Populist Seduction in Latin America*, Athens: Ohio University Press, 2010, pp. viii – ix.

传统的；但民主不应局限于此，还应该为人民提供一种"救赎性的愿景"，即通过政治获得拯救的希望，而这个救世主只能是"人民"。① 根据卡诺文的观点，"'人民'不仅是政治合法性的源泉，而且似乎有时能将政治从压迫、腐败和乏味中挽救出来"②。民主内部这两个方面之间的内在紧张性恰恰是民粹主义在拉美频繁发生的根源。在民粹主义者看来，民主不是包容和妥协，而是"人民意愿的政治"，是人民不通过任何中介直接表达其主权的领域。因此，拉丁美洲的民粹主义者推崇的民主观念更多地依靠通过公众集会，通过半仪式化的方式将民众纳入政治领域，而较少地关注根据法律原则制度化地参与政治的方式。这是因为民粹主义者宣称代表人民，而在拉丁美洲现行体制下，"人民"的愿望并没有获得制度化的表达渠道，于是民粹主义体制"以公民投票式的欢呼取代了传统形式的政治审慎"。③

五 结语

拉丁美洲的民粹主义是极其复杂的历史现象，有深远的历史根源和传统，随着现实经济和政治的影响而不断变化形式。由于拉美国家经济结构的失衡、政治体制的不完善、社会的高度不平等、传统的政治文化等多种因素的影响，民粹主义在拉美历史上持续存在，将来也很可能在适宜的环境下东山再起。民粹主义的历史根源、发展进程以及未来走向值得深入研究和跟踪观察。

---

① Margaret Canovan, *The People*, Cambridge: Polity Press, 2005, pp. 89 – 90. quoted in Carlos de la Torre and Cynthia J. Arnson (eds.), *Latin American Populism in the Twenty-First Century*, Baltimore: The John Hopkins University Press, 2013, pp. 34 – 35.

② Margaret Canovan, *The People*, Cambridge: Polity Press, 2005, pp. 89 – 90. quoted in Carlos de la Torre, *Populist Seduction in Latin America*, Athens: Ohio University Press, 2010, p. x.

③ Carlos de la Torre and Cynthia J. Arnson (eds.), *Latin American Populism in the Twenty-First Century*, Baltimore: The John Hopkins University Press, 2013, p. 35.

拉美政治中的"左""右"现象研究

——拉美政治发展的周期与政策调整

杨建民[*]

【内容提要】 20世纪初，拉美左派的出现打破了右派长期执政的局面，是精英政治向大众政治过渡的开始，在拉美的政治光谱上也从此出现了"左"和"右"两种政治倾向的分野。从20世纪至今，拉美国家已经出现了三个左派执政周期。拉美政治发展形成"左""右"周期轮流执政的钟摆式变化。每个周期的开始都有对前一周期的政策进行调整的过程。拉美政治格局"忽左忽右"的政治钟摆现象本质上是拉美国家为了实现政治稳定和经济发展而在资本主义框架下发展起来的调控机制。因此，不管是左派政府还是右派政府，其本质都是资本主义的自我调控与发展。当前，拉美右派取得了地区政治的主导权，但拉美左派存在的社会历史、思想文化和政治条件以及阶级基础都仍然存在，本轮左派执政周期也并未结束。在未来拉美政治格局的前景方面，可能性更大的有政治和经济上全面右转以及政治上左派执政但经济上向右调整政策两种。

【关键词】 拉美国家；左派；右派；执政周期

自19世纪初拉美国家独立以来到20世纪初，右派一直是拉美政坛上的主导力量，长期连续执政100多年。直到20世纪初，西方民主的发展

---

[*] 杨建民，法学博士，中国社会科学院拉丁美洲研究所政治研究室主任，研究员。

和十月革命后社会主义思想的传播，拉美左翼开始登上政治舞台，先后形成了三个执政周期，结束了拉美右派连续执政的历史，拉美政治发展形成"左""右"周期轮流执政的钟摆式变化。本文在梳理 20 世纪以来出现的三次拉美左派执政周期的基础上，对拉美政治中出现的"左""右"现象的产生基础、轮替及其本质进行分析，同时分析当前拉美左派执政的前景。

一 左派和右派分析的理论框架与拉美的左派和右派

"左派"和"右派"这两个词源于法国大革命时期。在 1789 年召开的一次国民议会会议上，赞成革命的成员坐在演讲台的左边，不大赞成革命的成员坐在右边。1815 年法国君主制复辟后，支持革命的一派称"左派"，反对革命的一派称"右派"。工业革命又为这两个词增加了新的内容，"左派"对工人阶级利益抱支持态度，"右派"对企业家和资本家的利益抱支持态度。于是，"左派"和"右派"的分野就演变成为四种形态：（1）政治上的左派。即相信人的进取完善能力和通过政治机构改善个人与社会的可能性；赞成变革革新；推崇最大限度地扩大公民自由以及在政治事务中的平等，主张主权在民。它是一种置理性和科学于传统和宗教之上的意识形态。（2）政治上的右派。它往往对通过政治机构完善人性持怀疑态度，依恋现行的社会、政治和道德秩序，反对人民主权，看重社会和经济不平等带来的某些好处，倾向于民族主义，重视非理性的信仰和情感，如宗教。（3）经济上的左派。追求产业工人和无地农民的利益，主张国家市场机制并为社会低下的人提供财政和社会福利保障。（4）经济上的右派。信仰经济领域的选择自由，主张自由市场经济和尽量减少国家干预，赞成在一切可能的方面实行志愿性自助和个人保险体制，不赞成国家组织的社会保障制度。

当（1）和（3）即政治上的左派和经济上的左派相结合时，会产生劳动者的、社会主义的或共产主义的政治或政权。当（1）和（4）即政治上的左派与经济上的右派相结合时，会产生法国激进派或德国自由民主党执政的政权，即政治上迷恋公民自由，经济上实行自由经营的政策。（2）和（4）即政治上的右派与经济上的右派相结合，会产生保守的政党或军事独裁政体。而（2）和（3）即政治上的右派与经济上的左派相结合，会产生右倾激进主义或改良主义的军事政体，如1946—1955年的庇隆政权。①

还有学者认为，区分左右派的核心定义应该是对平等的态度，左派希望通过行动和国家干预寻求更大的社会平等，而右派则认为不平等是一种既定的、自然的社会秩序，强调个人应该对自己在社会上的地位负责，从而使不平等合法化，鼓励社会竞争，国家不应该进行干预。② 区分左右派的意义并未止于意识形态分析，还有学者对公民的投票进行了分析，认为在大众层面，选民似乎知道左右派在平等方面态度的根本不同。如在墨西哥，选民总是将右派与国家行动党（PAN）相联系，知道"国家经济应该掌握在私人企业手中"是该党的信条；而"国家应该追求社会更大的收入平等"则是左派政党的信条。在阿根廷，右派也总是与相信"某段时期威权主义的存在是必要的"相联系。③

虽然确实有人认为一切政治观点都可以划分为这两种倾向，运用"左派"和"右派"的政治光谱分析政治行为体的政治态度，但实际上即使是上述四种形态，也难以完全囊括某政治行为体的纲领或某政权的纲领所表达的全部政治取向。这当然不能否认运用"左派"和"右派"的分析方法，在抓住政治行为体纲领或其实施的政策主要方面进行分析的有效性。

在拉美，传统上的左派主要是指汲取了社会主义、共产主义和民族主义思想的政党、社会运动和游击队组织，其中包括20世纪40年代出现的民众主义政权、阿连德的民主社会主义实践和尼加拉瓜桑蒂诺民族解放阵线领导的革命等；自20世纪末起，拉美左派在批判新自由主义的基础上

---

① ［英］戴维·米勒、韦农·波格丹诺主编：《布莱克维尔政治学百科全书》，邓正来等译，中国政法大学出版社2002年版，第433页。

② Wiesehomeier, Nina, and David Doyle, "Attitudes, Ideological Associations and the Left - Right Divide in Latin America", in: *Journal of Politics in Latin America*, Vol. 4, No. 1, 2012, pp. 3 - 33.

③ Elbeth Zechmeister, "What' Left and Who's Right? A Q-Method Study of Individual and Contextual Influences On the Meaning of Ideological Labels", in: *Political Behavior*, Vol. 28, Issue. 2, 2006, pp. 151 - 173. Quoted in Wiesehomeier, Nina, and David Doyle, "Attitudes, Ideological Associations and the Left - Right Divide in Latin America", in: *Journal of Politics in Latin America*, Vol. 4, No. 1, 2012, pp. 3 - 33.

出现群体性崛起，查韦斯领导的第五共和国运动和科雷亚领导的主权祖国联盟运动等左派政党与传统左派没有组织上的继承关系，而是吸收了社会主义、基督教民主主义和民族主义等思想，被称为"新左派"，当然这一时期也有传统左派通过改变或变通竞选策略而上台的传统左派，如巴西劳工党和尼加拉瓜的桑蒂诺民族解放阵线。

拉美右派又分为自由派和保守派，历史上两者曾进行多次激烈的政治斗争，甚至兵戈相向。自由派主张最大限度的个人自由和政府最低程度的市场干预，主张建立一个小而有效率的政府；保守派则主张用国家机器捍卫大地主和工商业资产阶级精英的利益，支持教会在社会和经济生活中发挥积极作用。在左派出现之前，拉美政治以精英政治为主，教会和军队的上层、私人媒体和大企业主等精英把持着国家的重要经济部门，垄断着政治、经济、军事和意识形态权力，而下层贫民、土著等边缘群体的利益长期受到忽视。[1] 拉美右翼执政的方式既有早期的寡头统治、军事独裁，又有 20 世纪以来的民主统治和军人政府统治，尤其是在军人政府统治时期，左翼政党发展受到限制甚至被宣布非法、禁止活动。这也是 20 世纪 70 年代以来的第三次民主化浪潮中右翼政党得以率先成为"还政于民"后的执政党，进而组织政府、推进民主化的重要原因。

二 20世纪以来拉美左派的三个执政周期

自 20 世纪初期以来，拉美左派出现了三个执政周期，每次高潮都伴随着经济繁荣、民主化的推进和大众权利意识的觉醒。

（一）拉美左派的第一个执政周期

随着 19 世纪末和 20 世纪初拉美出口经济繁荣和现代化的起步，尤其是城市化的发展，传统寡头政治出现危机，新兴社会力量如城市工人、贫民和中间阶层以及在现代化进程中受到冲击的传统阶级，如农民、印第安人等纷纷表达自己的政治诉求，而一些新兴的政治领袖依靠上述社会底层

---

[1] James D. Bowen, "The Right in 'New Left' Latin America", in *Journal of Politics in Latin America*, Vol. 3, No. 1, 2011, pp. 99 – 124.

的支持，向传统的寡头集团和精英政治提出了挑战，掀起了拉美第一次左派政治运动的高潮。

以秘鲁为例，国内精英总结太平洋战争（1879—1883）失利的教训，认为不能再依赖单一的鸟粪出口，而应该创造更加稳定和基础广阔的出口经济繁荣。借助西方国家第二次工业革命的启动，秘鲁在1890—1929年期间进入了一个快速增长的出口繁荣期，而且出口产品呈现出明显的多样化特征，这些产品来自秘鲁的沿海、山区和林区三大生态区域。秘鲁经济结构的变化带动了政治结构和社会结构的变化。随着工人阶级的成长和觉醒，1918—1919年发生了大规模工人罢工运动，要求实行8小时工作制，反对物价上涨等；农民起义也此起彼伏，1901—1930年间就发生了300多起农民起义。[①] 秘鲁的左派和社会主义思想得到传播和发展，并由此影响到秘鲁政治的发展。1912—1914年，吉列尔莫·比林赫斯特（Guillermo Billinghurst，1909年任利马市长）成为秘鲁历史上第一位民众主义总统。[②] 1919年，奥古斯托·B. 莱吉亚也是利用民众对寡头的不满，打出反对文官主义的旗号，成为总统，一直执政到1929年。期间，他提出巩固"新祖国"，促进社会进步和工人阶级以及印第安人的参与，还不顾出口大亨的反对，提高出口税，不断削弱文官主义党的势力。莱吉亚也应称得上是一位具有民众主义色彩的总统。在政治思想方面，分别以阿亚·德拉托雷（Víctor Raúl Haya de la Torre）和卡洛斯·马里亚特吉（José Carlos Mariátegui）为代表的两派知识分子激烈地反对寡头统治。1924年，阿亚在墨西哥建立了拉美第一个民众主义政党——美洲人民革命联盟（又称阿普拉党）；1928年，马里亚特吉成立了秘鲁社会党，并创办了工人组织——秘鲁工人联合总会。阿亚和马里亚特吉分别代表了秘鲁左派和社会主义运动的发展，虽然两者之间存在意见分歧，但在其产生的时代条件和反对帝国主义、争取中下层权利等方面的政治目标又非常相似。因此，不论是在秘鲁，还是在其他拉美国家，左派与社会主义往往共伴同生，共同反对帝国主义压迫。同时，拉美左派思想可以追溯到社会主义和共产主义

---

① 莱斯利·贝瑟尔主编：《剑桥拉丁美洲史》（第5卷），社会科学文献出版社1992年版，第630页。

② 克里斯蒂娜·胡恩菲尔特：《秘鲁史》，左晓园译，中国出版集团2011年版，第182页。

运动以及民族性很强的民众主义。①

在阿根廷，激进公民联盟的伊波里托·伊里戈延（Hipólito Yrigoyen，1916—1922年间和1928—1930年间任总统）结束了国家自治党30多年的保守统治，获得了农民、农场佃农，城市中产阶级和工人阶级的支持。在伊里戈延统治时期，以铁路民族主义和石油民族主义为代表的经济民族主义得到发展。② 此外，这一时期的左派取得政权的还有乌拉圭的何塞·巴特列—奥多涅斯（José Batlle y Ordóñez，1903—1907、1911—1915）等。上述政权往往采取措施改善城市贫民处境、发展民族经济和教育等。

（二）拉美左派第二个执政周期

20世纪30年代至60年代，是拉美左派执政的第二个周期，首次呈现出群体性崛起的特征。在西方资本主义大危机爆发的20世纪30年代，拉美国家的民族经济获得了一个大发展的机遇，拉美国家进入自主工业化阶段。③ 随着联合国拉美经济委员会提出"中心—外围理论"，加上依附理论的提出，拉美国家在经济上开始实施进口替代工业化战略；政治上民众主义的兴起，不仅巩固了拉美国家作为民族国家的转型，而且推动了政治参与和城市化的发展。以墨西哥的拉萨罗·卡德纳斯（Lázaro Cárdenas）、阿根廷的胡安·多明戈·庇隆（Juan Domingo Perón）、巴西的热图利奥·瓦加斯（Getúlio Vargas）为代表的拉美左派开始走上政治舞台。这一时期的拉美左派具有以下特点：

首先，民众主义政府具有强烈的改良主义倾向，主张扩大人民权利和福利，但同时受社会主义和民族主义思想的影响，经常以革命者自居，但其在本质上属于改良主义。他们"虽支持社会各阶级间建立'社会和平'，但在危机出现后又没有能力将改革转变为革命，在大多数情况下资产阶级和中产阶级领导人会抛弃群众，并和统治阶级的一些集团结盟，造

---

① Gavin O'Toole, *Politics Latin America*, p.378, Taylor & Francis Group, London and New-york, 2014.
② 乔纳森·C. 布朗：《阿根廷史》，左晓园译，中国出版集团2010年版，第170—178页。
③ 苏振兴主编：《拉美国家的现代化进程研究》，社会科学文献出版社2006年版，前言第4页。

成民众主义在危机条件下破产"。① 城市劳工是民众主义政府的主要阶级基础,主要包括两部分:一是城市化之前就已经组织起来的"老工人",他们具有强烈的左派传统,富有工会和政治斗争经验;二是刚刚从农村来到城市的"新工人"。当然,在这个左派执政周期,左派政党除依靠城市工人及其组织外,还得到军人甚至企业主的支持。因此,拉美的民众主义是城市多阶级运动或城市各阶级的广泛联盟。

其次,在经济上主张实行工业化。这一周期的拉美左派政府认为传统上的初级产品出口和经济依附就如同没有工业,工业化就等同于经济增长,主张工业优先于农业和矿业,并认为农、渔和矿业部门是经济和社会落后的根本原因。② 在经济政策上,实行进口替代工业化战略,对初级产品出口部门实行国有化,大大加强了国家的财政能力。1940—1968 年是拉美国家实行进口替代战略的"黄金时期"。所谓进口替代工业化战略,就是力图通过建立和发展本国的工业,替代过去从国外进口的工业品,以带动经济增长,实现国家工业化的努力或实践。到 20 世纪 50 年代末期为止,进口替代工业化战略取得了相当的成就,巴西、墨西哥等拉美主要国家成为世界上比较重要的新兴工业国家,形成了相对完善的工业体系。拉美战后实现经济起飞的"巴西奇迹"和"墨西哥奇迹"都是在进口替代工业化战略的背景下实现的。此外,在分配政策上,提高民众的消费水平,扩大工业品市场;在社会生活方面,实行免费教育和社会保障服务,改善社会不平等现象。

最后,通过克里斯玛式的政治领导和领袖魅力动员民众,凝聚民众的意志。由于民众主义事实上代表的并不是单一的工人或农民阶级的利益,而是多阶级利益,他们之间势必会发生利益冲突。因此,维系该政权就依赖于个别领导人的个人权力和个人魅力。③ 拉美国家的民众受到庇护主义传统的影响,对领袖的依附性或认同感很强,而不以阶级定位来决定自己

---

① 转引自袁东振《拉美人的民众主义观》,《当代世界与社会主义》2017 年第 1 期,第 187 页。

② Paz Larraín Mira, "El Populismo en América Latina", en Compendio de Artículos del Seminario, El Siglo XX y los Desafíos del Siglo XXI, Editorial Universidad Gabriela Mistral, 2005, pp. 225 - 250.

③ [美] 托马斯·E. 斯基德摩尔:《现代拉丁美洲》,张森根等译,世界知识出版社 1996 年版,第 66 页。

的效忠对象。这样，克里斯玛式统治就形成了一种领袖与追随者之间直接的主从关系。这种关系不仅可以得到大量无组织的民众广泛而强有力的支持，而且有利于领袖巩固政权、改造现存体制，赢得一场又一场针对特权阶层的斗争。

值得注意的是，20世纪30年代到第二次世界大战期间，拉美国家的共产党还积极寻求与民族主义者、改革主义者和民众主义政权的合作，共同推动拉美的民族民主革命。[1] 20世纪50年代末，古巴革命取得胜利并逐渐走上社会主义道路，70年代的萨尔瓦多·阿连德（Salvador Allende）在智利通过议会道路上台进行民主社会主义实验，也正说明了拉美左派和社会主义在思想上的复杂联系以及在不同方向上的新发展。

总之，左派政党是在不破坏资本主义制度框架的前提下，推动国家的现代化进程，通过魅力型领导人的集权主义领导，把大量的社会下层群众引入国家政治生活，避免了彻底革命可能带来的社会崩溃。

（三）1999年以来的拉美左派执政新周期

拉美国家的新自由主义改革虽然在一定程度上暂时缓解了经济的滞涨状态，但还是使拉美国家在经济发展上失去了20世纪80年代和90年代，而且社会贫富分化严重，广大普通民众未能享受经济发展带来的成果。自1998年委内瑞拉的查韦斯执政起，高举反对新自由主义、探索新发展道路的拉美左派开始崛起，对新自由主义模式形成冲击，并开始探索替代模式。截至目前，除墨西哥外，拉美主要国家如智利、巴西、阿根廷、乌拉圭、尼加拉瓜等都成立了左派或中左派政府，更有委内瑞拉、厄瓜多尔、玻利维亚等国家的激进左派打出"21世纪社会主义"旗号，反对美国倡导的美洲自由贸易区计划，认为美洲自由贸易区是美国以经济贸易方式控制拉美穷国的阴谋，是新自由主义的集中表现，是对拉美进行的经济殖民化。在2015年阿根廷右派上台之前，左派执政国家的领土面积占拉美地区的71.8%，人口占拉美地区总人口的53.8%。[2]

---

[1] Gavin O'Toole, *Politics Latin America*, p.379, Taylor & Francis Group, London and Newyork, 2014.

[2] 转引自苏振兴《拉美左派崛起与左派政府的改革》，《拉丁美洲研究》2007年第6期，第3页。

2015年11月，阿根廷左派在选举中落败，左派执政党在首轮选举领先的情况下遭到中右派的逆转。当选总统马克里被称为新自由主义经济政策的继承者，他上台后宣布实施汇率自由浮动、废除外汇管制的政策，阿根廷本币一度暴跌41%。阿根廷的"震荡疗法"受到中上阶层的支持，却引起下层民众的担忧。该政策究竟会带来外币回流，还是引起泰国式的金融危机，我们拭目以待。但可以确定的是，拉美"向左转"的动力和社会主义潮流的动力正在消失，该地区也随着阿根廷的政府轮替启动了"向右转"模式。[①]

在2015年12月举行委内瑞拉国会选举中，右派反对派获得2/3以上议席，16年来首次获得国会控制权，左派查韦斯派的执政受到极大挑战。2016年5月，巴西左派总统迪尔玛·罗塞夫遭到国会弹劾被中止总统职务。同年8月31日，罗塞夫正式被弹劾下台。巴西副总统特梅尔则组织了以中右派党派为主的政府，巴西政治以左派总统被议会弹劾下台的形式实现右转。至此，拉美左派丧失了地区政治的主导权。

三 执政周期的轮替：对既往政策的调整

每一次执政周期的轮替都意味着对既往政策的调整与反动。如果说拉美国家因为长期执行右派政策，重发展轻分配，中下层无法在经济发展中分享成果，以致国家贫富分化甚至社会对立，最终导致左派执政周期的到来，转而实行国家干预经济、国有化和大规模社会政策；同样，长期实行左派政策，导致投资环境恶化，财政枯竭，社会政策难以为继，经济发展陷入停滞，通货膨胀严重，最终导致右派再度执政，对左派政策进行新的调整。

（一）20世纪70年代和80年代的周期轮替与政策调整

以从20世纪40年代到60年代左派执政到20世纪70年代和80年代

[①] Frida Ghitis, " Macri's Argentina Election Signals Rightward Shift in Latin America", http://wpr-elb-582982076.us-east-1.elb.amazonaws.com/articles/17350/macri-s-argentina-election-signals-rightward-shift-in-latin-america，2017年5月27日检索。

右派上台的政策调整为例。在国际上，因为本次拉美左派执政过程中的激进主义和社会主义色彩，如危地马拉智利阿连德的社会主义改革，尤其是1959年古巴革命胜利走上了社会主义道路，以美国为首的西方势力在拉美掀起反共高潮，支持拉美右派和军事独裁者推翻右派的统治，防止出现第二个古巴。在经济上，从20世纪60年代中期至1973年第一次世界石油危机爆发，长期执行内向型的进口替代工业化战略已经使拉美国家由一般消费品进口替代转向耐用消费品、中间产品和部分资本货的进口替代。这些产品不仅需要专业化生产，而且投资大、技术复杂，进口需求高，反而造成了拉美国家增加了对外资和进口的依赖。最终，进口替代工业化发展模式使拉美国家经济陷入了困境，使拉美国家不得不进行战略调整。

20世纪60年代和70年代，拉美国家出现了军人干预政治的高潮。1964年在巴西和玻利维亚、1966年在阿根廷、1968年在秘鲁和巴拿马、1972年在厄瓜多尔、1973年在智利和乌拉圭相继发生了军人推翻文人统治的事件，实行军事独裁的右派政策。多数国家的右派政府取缔了共产党、社会民主党等左派政党，禁止工会等一切工人组织，甚至对左派人士采取暗杀等极端手段。这一时期被塞缪尔·亨廷顿称为"第二次反民主化高潮"。① 到1974年，拉美国家中只有墨西哥、委内瑞拉、哥伦比亚和哥斯达黎加保持着民主形式。

这一时期的右派执政周期不仅包括右派军政府，还包括军人"还政于民"后的右派民主政府。直到20世纪90年代末以查韦斯为首的拉美左派上台，开始拉美左派执政的新周期。自1978年巴拿马军人交权到1994年海地军政府交出权力，在第三波民主化浪潮中拉美国家建立了清一色的民主政府，拉美国家的民主化开始进入巩固与发展阶段。② 在军政府时期，拉美共产党和左派政党被取缔和压制，而拉美右派则担当了在军政府治下争取民主权利和实现国家民主化的重任，如智利的基督教民主党。以

---

① ［美］塞缪尔·P. 亨廷顿：《第三波：20世纪后期的民主化浪潮》，邓军宁译，上海三联书店1998年版，第18—21页。

② 亨廷顿把1974年葡萄牙结束独裁以后的15年称为"第三波民主化"时期，在拉美此期间和之后实现文人执政的国家有：巴拿马（1978）、厄瓜多尔（1979）、秘鲁（1980）、玻利维亚（1982）、阿根廷（1983）、乌拉圭（1985）、巴西（1985）、智利（1990）、巴拉圭（1993）、海地（1994）。参见塞缪尔·亨廷顿《第三波——20世纪后期的民主化浪潮》（中译本），上海三联书店1998年版，第21—26页。

右派为首的反对派同军政府谈判，通过制定新宪法，进行选举，实现国家的民主化。当然，拉美左派政党也参加了国家"还政于民"的进程，甚至在这一时期执政，如阿根廷的正义党、巴西民主运动党等。但值得一提的是，即便这个时期上台的所谓左派政党，在经济上仍然实行军政府统治时期的新自由主义改革，减少国家干预，实行自由贸易和私有化。因此，阿根廷梅内姆时期的正义党和巴西科洛尔时期的民主运动党虽然是左派执政党，但经济上实行的都是右派的新自由主义政策，属于右派执政周期的组成部分。

本轮右派执政周期的经济政策也可以分为两个阶段：一是20世纪70年代以前，拉美国家实行的是具有左派色彩的进口替代工业化政策；二是20世纪70年代以后军人执政后转而执行新自由主义改革的政策。20世纪70年代，石油危机的爆发使拉美国家发生了债务危机，经济停滞、通货膨胀也在加剧，一些拉美国家开始与进口替代模式分道扬镳。首先是智利、阿根廷和乌拉圭等国开始全面抛弃进口替代发展模式，奉行所谓的货币主义战略。其中，智利是开始这种转变较早，并具有代表性的国家。智利强调经济增长以对外贸易为主，由内向发展转为外向发展，实行自由市场经济模式，减少国家干预，大力调整产业结构，彻底开放国内市场等一系列重大的经济体制改革。[①]无论在政治还是在经济上，右派上台后对左派的政策都进行了大幅调整乃至反动。

（二）本轮左翼执政周期的政策调整

在目前的左派执政新周期，左派政府又可以分为激进左派和温和左派两类。但他们都批判"华盛顿共识"，寻求新自由主义的替代模式。采取的主要措施有：在政治上，扩大人民民主权利，实行参与式民主，扩大中下层的政治参与，激进左派甚至打出了"21世纪社会主义"的旗号；经济上，加强国家干预经济的作用，激进左派则实行了较大规模的国有化，国家在经济中的作用显著增强；在社会政策方面，实行社会救助等减贫措施，对冲新自由主义带来的社会分化等不利影响；在对外关系方面，实行外交多元化，试图改变过度依赖美国等西方国家的历史路径，重视发展与

---

① 关于拉美国家发展战略的转换，参见杨志敏《拉美国家人均GDP达到1000美元后的对外贸易战略》，http://ilas.cass.cn/cn/kygz/content.asp?infoid=3394，2016年3月15日检索。

亚洲和非洲的关系，主张实行拉美地区一体化政策。在 2005 年举行的美洲国家首脑会议上，拉美国家坚决反对重启美洲自由贸易协定的相关谈判。2005 年 11 月，查韦斯在阿根廷宣布"埋葬美洲自由贸易区"。在拉美左派推动下，拉美国家先后成立了美洲玻利瓦尔联盟、南美洲国家联盟、拉美和加勒比国家共同体等拉美国家自己的一体化组织。直到 2015 年，拉美左派执政的高潮才出现拐点。

（三）当前拉美政治的"左退右进"和右派执政后的政策调整

自 1999 年乌戈·拉斐尔·查韦斯·弗里亚斯（Hugo Rafael Chávez Frías）在委内瑞拉上台执政到 2015 年，拉美左派出现了群体性崛起，在大多数时间里固守七成以上的领土面积，掌握着拉美政治的主导权。期间，很多右派政党丧失了执政地位，甚至丧失了国家主要政党的地位，如厄瓜多尔的国家行动制度革新党、委内瑞拉的民主行动党和基督教社会党等。尤其是在查韦斯执政期间，委内瑞拉反对派曾一度力量涣散，甚至抵制选举，导致在国会中未得一席。左派查韦斯派连续控制国会达 16 年之久。

尽管如此，即使是在左派执政如日中天的时候，中右派仍然在墨西哥和哥伦比亚等国执政，而且右派势力从未放弃对左派政权和左派政策的批评、阻碍，随时准备伺机反攻。由于力量相对减弱，右派选择依靠媒体操纵和宪政操纵甚至发动政变来推翻民选政府。2002 年 4 月，委内瑞拉反对派在美国的支持下发动政变，查韦斯总统被流放，三天后查韦斯总统才在军队的支持下挫败了本次政变。2002 年年底到 2003 年年初，反对派组织全国大罢工，迫使本国经济大幅衰退，2004 年反对派又组织了罢免公投，继续向左派政权发动进攻。2009 年洪都拉斯总统曼努埃尔·塞拉亚因为与加勒比石油公司建立了联系，加入了美洲玻利瓦尔联盟，并提出通过全民公投推动制宪会成立的倡议，这些都不符合大资本家的利益，最后被最高法院以叛国罪罢免总统职位。2012 年 6 月，巴拉圭左派卢戈政府被参议院指责在公共力量和农民争夺土地运动之间制造暴力。这次弹劾直接导致了左派政府下台和红党政府的回归。查韦斯去世后，右派力量在 2015 年年底的议会选举中崛起，并且利用经济危机煽动社会的不满情绪不断向左派政府施压。至此，委内瑞拉成为右派需要攻取的最重要目标。

继 2015 年 11 月，阿根廷右派在大选中获胜实现政治右转后，2016

年8月,中右派又通过弹劾罗塞夫总统迫使左派劳工党下台,组织了以中右派为主的新政府,实现巴西政坛的右转,拉美右派从而获得地区政治的主导权。阿根廷和巴西的新右翼政府上台后,对左派政府的政策进行大幅调整,与墨西哥和哥伦比亚等国家的传统右翼政府在政策上的合流趋势更加明显,致力于提高经济市场化和开放度,重塑国家经济。阿根廷的马克里政府提出建设"正常国家"的口号,奉行自由主义经济政策,放开外汇管制,改善投资环境。除放开汇率管制等自由主义措施外,致力于宏观经济调整和结构改革,试图减少经济扭曲,使经济重返可持续增长的轨道。巴西的右派特梅尔政府上台后,降低公共债务、限制财政支出和进行新一轮私有化是其主打的三张"经济牌",其在政策上改弦更张,对冲左翼政策的不利影响与阿根廷不谋而合。在地区和一体化政策上,新的右派执政国家向太平洋联盟国家靠拢,增加经济开放度,同时与其他国家签署双边自贸协定的可能性增加。如南共市在乌拉圭担任主席国期间,已经与加拿大、日本、韩国和一些北非国家和欧盟进行了有关自贸协定的初期谈判。2016年7月,墨西哥和阿根廷签署了有关经济一体化的一系列协议,太平洋联盟和南共市的贸易谈判也在酝酿之中。[1] 2016年12月1日,南共市四个创始国以"委内瑞拉未按期履行南共市有关贸易、司法和人权方面的协定"为由,中止了委内瑞拉的成员国资格。

四 拉美国家出现左派右派钟摆现象的本质以及拉美左派不断崛起的原因

(一) 拉美国家出现左派右派钟摆现象的本质

拉美政治中的钟摆现象本质是拉美国家为了实现政治稳定和经济发展而在资本主义框架下发展起来的调控机制。因此,不管是左派政府还是右派政府,其本质都是资本主义的自我调控与发展。资本主义要实现长期发展,必须调整好生产资料所有者和劳动者之间的关系,使双方各得其所。也就是说,既要发挥生产资料所有者的积极性,发展市场经济,增加资本积累,又要发挥生产者的积极性,实现一定程度的社会分配。如果在较长

---

[1] Economic Intelligence Unit (EIU), *Country Report*, *Brazil*, September. 2016, pp. 26 - 27.

时期内实行右派政策，倾向于调动资本家和企业主的积极性，资本积累过度，就会造成社会分化和劳工阶级的反抗，危害政治稳定；如果长期实行左派政策，倾向于调动劳动者的积极性，扩大社会项目的开支和劳动者的保护，那么投资环境就会恶化，效率降低，生产资料的所有者就不愿意投资，国家财政难以为继，严重时国家经济陷入低谷，甚至导致军人政变。

大多数拉美国家都是通过左右派的轮流执政实现上述调控的，既有政治上的调控，又有经济上的调控。当然，实现上述调控有时也伴随着一定时期的政治动荡甚至流血的政变。但无论是流血的军事独裁，还是激进的社会民主，最终都没有脱离资本主义国家的体制框架。随着民主化的不断发展，军人逐渐退出政治舞台，政治上的左派和右派依照竞争性的民主规则轮流执政，这便是当前的民主巩固时期。这不仅实现了国家的宏观调控，而且保持了政治稳定。实际上，墨西哥在革命制度党的统治下创造了长期稳定的政治奇迹，也是在官方党内部左派和右派轮流执政的结果。虽然该党的轮流执政不是靠竞争性选举，而是靠行之有效的职团主义体制。革命制度党内最初是以卡德纳斯为首的左派执政，实行土地改革、石油国有化和社会主义教育，这一时期的理论、方针和路线被称为"卡德纳斯主义"；而到了阿莱曼执政时期，虽然政府仍然坚持国家干预经济的原则，但其主要精力已经转向发展私人企业，限制土地改革，放弃社会主义教育，实行了一套系统的反对劳动者要求的政策，体现的是墨西哥宪法的"私人积极性"原则。这一时期所实行的理论、方针和路线被称为"阿莱曼主义"。墨西哥的历史证明，无论是卡德纳斯主义，还是阿莱曼主义，只要是按其本质纯粹地发展下去，都不可能持久，而必须寻求两个主义的互补和平衡。任何执政者都必须根据国内外政治经济形势的需要和国内各阶级力量的对比关系的变化在这两个主义之间不断地进行调控。[①]

值得注意的是，以查韦斯为代表的拉美激进左派，在寻求替代新自由主义模式的过程中看到了资本主义的危机，提出体现平等和公正的21世纪社会主义，但激进左派的替代模式仍然没有冲出资本主义的体制框架。厄瓜多尔总统科雷亚甚至在2009年的世界社会论坛上指出，"让我们利用这次危机，利用资本主义的弱点，创建一种新的更好的21世纪社会主义"。莫拉莱斯也指出："目前世界为之震动的金融、能源、气候、食品

---

① 参见曾昭耀《政治稳定与现代化》，东方出版社1996年版，第179—180页。

和制度危机都是资本主义体系大危机的一部分,如果我们不能埋葬资本主义,那么资本主义就会埋葬我们的星球。……危机为我们提供了一个大机会去建立一个不同的世界,我们也愿意实施替代模式。"①

尽管拉美激进左派打出了"21世纪社会主义"的旗号,为建立一个新社会而努力,但从本质上讲,拉美左派的政治目标并不是追求一种全新的社会制度,而是追求一种不同于既有资本主义模式的新的政策范式。苏东剧变后,受到共产主义和社会主义影响的激进左派在资本主义世界的影响力下降,社会民主主义政党中间化趋势明显,绝大多数拉美左派的政治目标都是用进步主义的价值观改造资本主义,尤其是新自由主义政策。可见,尽管一些激进左派严厉谴责"资本主义",但其实质是在谴责新自由主义的资本主义。拉美左派的政治目标是一种政策范式,而非制度范式。在所有现有的拉美左派进步国家政府中,有关建立新范式的争论中都有马克思主义立场和持马克思主义立场的人参与其中,但马克思主义立场对任何拉美左派进步政府的政策都不具有决定性影响。②

(二) 左派产生的条件仍然存在,拉美政治中的"左""右"现象也将长期存在

拉美左派的产生具有社会历史、政治和思想文化以及阶级基础等方面的条件。在社会历史条件方面,拉美资本主义经济的发展以及拉美资本主义存在的种种矛盾和危机,是导致拉美社会主义和左派运动出现的根本原因和决定因素。③ 在政治条件方面,首先在资产阶级启蒙思想的影响下发生的19世纪初的拉美独立运动后,拉美国家普遍建立了资产阶级民主制度框架。只有在这个框架下,拉美左派才有活动的空间,才有了通过议会斗争和竞争性选举取得政权的可能性;其次是拉美的精英政治逐渐向大众政治转变。20世纪以来,在现代化和民主化的推动下,拉美的民众,尤其是底层民众的政治参与意识和参与程度不断提高,成

---

① Steve Ellner ed. *Latin America's Radical Left: Challenges and Comlexities of Political Power in the Twenty-first Century*, Rowman & Littlefield, Lanham, 2014, pp. 27 – 28.

② 参见 [古巴] 罗伯特·雷加拉多《拉丁美洲:进步左派政府急需战略规划》,《当代世界与社会主义》2014年第3期,第18—20页。

③ 崔桂田、蒋锐等著:《拉丁美洲社会主义及左派社会运动》,山东人民出版社2012年版,第21页。

为一支不可忽视的政治力量。任何政党和政治领导人都不能忽视这种力量。对于底层的政治诉求，左派和右派的态度不尽相同，在政治上也就出现了左派执政和右派镇压甚至军事政变等不同结果。在思想文化条件方面，一方面，拉美拥有左派激进的历史传统，从玻利瓦尔的一体化思想到何塞·马蒂（José Martí）的两个美洲思想，再到劳尔·普雷维什（Raúl Prebisch）的"中心—外围"论和多斯·桑托斯（Dos Santos）的依附论等激进经济学理论；另一方面，社会主义思想的传播，从秘鲁胡安·卡洛斯·马里亚特吉（Juan Carlos Mariategui）的社会主义学说到古巴社会主义革命的胜利，再到20世纪70年代萨尔瓦多·阿连德（Salvador Allende）的社会主义实验，更到20世纪委内瑞拉查韦斯等提出的"21世纪社会主义"，这些都是拉美左派继续存在的条件。在阶级基础方面，拉美国家贫困人口、边缘化群体和土著人口的广泛存在，为左派政治力量的发展提供了阶级基础。

拉美政治格局中的左右现象仍将继续，其主要原因在于：直到今天，无论是左派还是右派执政，拉美国家都没有很好地解决增长与分配、参与和秩序、公平与效率的矛盾。在经济上，左派重视分配，但往往忽视增长，甚至为了争取政治支持过度分配，损害经济增长，甚至导致经济危机；右派往往重视增长，但忽视分配，导致贫富分化和社会矛盾加剧。在政治上，左派鼓励政治动员和参与，但往往无力控制和疏导这种参与，忽视秩序，甚至为了保住执政地位修改宪法，延长任期，破坏民主原则和程序；右派则重视秩序，往往限制民众政治动员和参与，甚至不惜为了维持稳定，压制底层民众的政治诉求和民主权利。当然，左派和右派执政也是在国内外政治经济形势下发生的，其执政周期与经济上的大周期是一致的。如本轮左派执政周期就是在适应经济上反对新自由主义，强调国家作用甚至干预的背景下发生的。

五　当前拉美政治的"左退右进"及左派执政国家的前景

当前拉美政治"左退右进"的形势不容置疑，甚至右派已经获得某些一体化组织的主导权，但这并不意味着本轮左派执政周期的结束，毕竟还有不少左派政党正在执政，甚至有的左派政党刚刚获得选举的胜利。无论如何，拉美政治中区别"左""右"的分析仍将具有重要意义。

（一）当前拉美政治的"左退右进"

自2015年阿根廷右派在选举中获胜，委内瑞拉右派反对派取得国会的控制权以及巴西因左派总统被弹劾而实现政治右转后，拉美左派丧失了地区政治的主导权，但左派仍然在委内瑞拉、玻利维亚、尼加拉瓜、厄瓜多尔和智利等国家执政，不过其执政遭到右派的极大挑战。阿根廷和巴西右派政府以及拉美地区组织向委内瑞拉左派政府施压，并中止了委的南共市成员国的资格。委内瑞拉反对派通过《大赦法》等一系列法案，要求政府释放反对派政治家并举行罢免公投。2016年10月，委内瑞拉政府宣布中止罢免公投。反对派则与美洲国家组织内外联合向委政府施压，美洲国家组织指责委宪法秩序已经遭到破坏，甚至威胁中止委内瑞拉的成员国资格。委马杜罗政府通过最高法院裁定国会出台的一切法案无效等措施仍然掌握着国家权力。

在玻利维亚，2014年10月举行的总统选举中，现任总统、"争取社会主义运动"候选人莫拉莱斯以61.04%的选票取得压倒性胜利，开始第三个任期的执政，直到2020年。2015年3月19日，玻利维亚举行地方选举，执政党遭受挫折，仅获得科恰班巴的省长职位，反对派蝉联首都拉巴斯市的市长职位。尽管如此，玻利维亚反对派仍然力量分散，执政党仍然控制着2/3以上的议席。2015年9月，多民族议会以超过2/3的选票通过了取消宪法关于总统任期的限制，但宪法修正案的生效需要全国公投通过。2016年2月21日，宪法修正案在全国公投未获通过，但莫拉莱斯仍然可能再次启动与连任相关的法律程序。

在尼加拉瓜，左派的桑地诺民族解放阵线仍然控制着议会的绝对多数席位，2014年通过宪法修正案，取消了对总统连选连任的限制，还改变了选举规则，规定总统有权任命军警出任公共部门的职务，延长了市长和副市长等地方官员的任期，为执政党在2016年的选举中获胜创造了有利条件。在2016年5月的大选中，左派执政党推选丹尼尔·奥尔特加·萨阿韦德拉（Daniel Ortega Saavedra）夫妇参加正副总统的选举，以75%的绝对优势当选。

在厄瓜多尔，拉斐尔·科雷亚（Rafael Correa）依赖其执政以来经济稳定增长和目前执政党在国会的控制地位，右派力量虽然有所发展但仍然力量涣散，左派政权仍然相对稳固。在 2014 年举行的地方选举中，反对派夺得了首都基多和第一大城市瓜亚基尔、昆卡等重要城市市长的职位，反对科雷亚提出的允许总统及其他民选公职无限期连选连任等修宪建议。而且 2014 年和 2015 年，印第安人联合会、亚苏尼印第安人社团、工人"统一阵线"、总工会等组织举行大规模的反政府抗议运动，反对科雷亚政府的亚苏尼 ITT 油田开发计划、社会保障改革《水资源法》《劳工改革法》和《遗产法》等政策，削弱了政府的执政基础。2015 年 11 月 19 日，科雷亚宣布不再竞选下一届总统职务。2015 年 12 月，厄通过宪法修正案，规定总统一职自 2017 年起可无限期连任。2017 年 4 月，在厄瓜多尔举行的第二轮总统选举中，虽然左派执政党主权祖国联盟运动候选人莱宁·莫雷诺（Lenín Moreno）以微弱优势当选总统，但执政党仍然获得议会半数以上议席[①]，在拉美政治的"左退右进"中为左派守住一城。

（二）当前拉美左派执政的前景

当前，虽然墨西哥一直是中右派执政，阿根廷和巴西在政治和经济上已经发生全面右转，拉美左派丧失了在政治格局中的主导权，但左派执政周期并没有完全结束，左派政党仍然在厄瓜多尔、智利、玻利维亚、尼加拉瓜和乌拉圭执政。厄瓜多尔左派主权祖国联盟运动领导人莱宁将执政到 2022 年，智利左派执政联盟领导人米歇尔·巴切莱特·赫里亚（Michelle Bachelet Jeria），本届任期到 2018 年；玻利维亚左派争取社会主义运动领导人胡安·埃沃·莫拉莱斯·艾马（Juan Evo Morales Ayma）将执政到 2020 年；委内瑞拉查韦斯派的尼古拉斯·马杜罗·莫罗斯（Nicolás Maduro Moros）将执政到 2019 年；尼加拉瓜桑蒂诺民族解放阵线领导人奥尔特加将执政到 2022 年；乌拉圭塔瓦雷·巴斯克斯（Tabaré Vázquez）领导的广泛阵线将执政到 2019 年。

关于拉美左派执政国家的前景，不外乎以下三种：第一，在政治和经济上全面右转，如阿根廷。第二，政治上的左派，经济上的右派。即左派

---

① 左派执政党获得议会 137 席中的 74 席，参见 Wikipedia, *Ecuadorian general election*, 2017, https://en.wikipedia.org/wiki/Ecuadorian_general_election,_2017, 2017 年 6 月 6 日检索。

执政党利用其强大的组织能力和广大中下层支持的合法性基础，继续在选举中获胜，甚至不排除当前在野的左派政党再度上台执政。但是，在当前的政治经济形势面前，拉美左派即使继续执政，也不可能继续之前激进的左派政策。在全球大宗商品价格下跌，拉美国家经济面临困难，国家财政捉襟见肘的情况下，无论左派还是右派执政，都将不得不放松国家干预，激活市场，改善投资环境，发挥私人资本的积极性，适当管控劳工，实行右派的经济政策。这期间可以看作左右派执政周期转化的过渡阶段。事实上，上一轮从右派执政到左派执政周期的变化期间也有这种形态，如厄瓜多尔的古铁雷斯（Lucio Gutierrez Borbúa）政府，阿根廷的梅内姆（Carlos Saúl Menem）政府等都是打着左派的旗号上台，继续实行新自由主义政策。未来拉美向右派执政周期的过渡过程中，同样不排除类似的情况。如当前的尼加拉瓜左派奥尔特加，在经济上执行的实际上是一套右派政策。[①] 第三，就是政治经济政策都不变，继续全面的左派政策。这显然很危险，国家的经济干预能力因财政问题在减弱，经济下滑，失业率上升，继续维持大规模的社会政策显然将举步维艰。笔者认为，拉美政治向前两种情况发展的可能性更大。

拉美政治格局中"左""右"的分野和对比的分析意义仍将存在，但随着民主化的推进，左右两方面的政策将更加温和。在拉美左派出现群体性崛起的2008年，"拉美晴雨表"进行了公众意向调查显示，把自己定位为中派的拉美人从2002年的29%增至42%，而且其中年轻人尤其明显。这表明即使右派重新执政也会大概率采取更加温和的政策，而不是像以前那样建立意识形态极化的社会。[②] 当然，随着拉美国家中产阶级不断壮大，贫困人口减少，政党政策向中间调整的可能性增强，左右派的政策温和化的趋势会继续。

[①] Alejandro Bendaña, *Nicaragua: Between Left Rhetoric and Right Reality*, https://www.wilsoncenter.org/sites/default/files/Bendana.pdf, 2017年6月6日检索。

[②] James D. Bowen, The Right in "New Left" Latin America, in *Journal of Politics in Latin America*, 3, 1, 2011, pp. 99-124.

第三波民主化在拉美:困境及其成因

高 波[*]

【内容提要】自20世纪80年代以来,拉美的威权主义政府相继倒台。[①]与之同时,新自由主义经济改革也在这片大陆上传播开来。[②]可以说,在20世纪末期,拉美经历了政治、经济模式的双重转型。转型后的拉美并没有踏上发展的坦途。"失去的十年"与"失去的六年"接踵而至。直到21世纪初,拉美才实现了较长时期的经济繁荣、政治稳定和社会进步。但近年来,拉美经济又进入衰退周期,社会领域的进步也出现倒退迹象。政治领域乱象丛生,巴西政界曝出大面积腐败丑闻,总统罗塞夫被弹劾下台,继之上台的特梅尔也自顾不暇,大批政府高官、国会议员、政党领导人深陷其中,政治体系进入危机状态。委内瑞拉政局动荡加剧,朝野斗争升级,有失控危险。阿根廷、墨西哥两个地区大国的政治体系也麻烦不断。这些现象说明,拉美的民主巩固进程还没有完成,退化为威权政体的可能性仍然存在。

【关键词】拉丁美洲;威权主义;民主困境;民粹主义

---

[*] 高波,中国社会科学院拉丁美洲研究所副研究员。

[①] 2000年,墨西哥国家行动党赢得大选,结束了革命制度党长期一党独大的局面,在一定程度上可以算是第三波民主化进程的一部分。

[②] 智利的新自由主义改革始于20世纪70年代皮诺切特政府执政期间,早于其他拉美国家。

一 关于民主巩固的主流理论

关于民主巩固的三种主要理论流派包括制度主义理论、经济发展决定论和政治文化理论等。①

传统的制度主义强调政治制度特别是宪政制度的设计,认为好的制度设计对于政府的绩效至关重要。然而,诸如魏玛共和国的失败、很多发展中国家民主实践的惨淡绩效等现象对制度主义形成了沉重的打击。但晚近对这种理论传统的复活是胡安·林茨关于议会制优于总统制的观点。林茨认为,首先,总统制是一种"胜者为王,败者为寇"的规则。在议会制下,落败的政党领袖可以担任议员和议会反对党团的领导人,但在总统选举中败北的政治领袖可能不会有任何正式职务,因而更不愿意接受选举结果。其次,总统任期固定,与议会制下的政府首脑相比更缺乏弹性。最后,总统制下更容易出现长期的政治僵局,立法权与行政权陷入胶着的斗争。② 而实证研究似乎也证实了这一观点。③

后来兴起的新制度主义理论纳入了新的思路。艾利诺·奥斯特罗姆从公共池塘治理入手探讨制度设计、效率和演化问题,提出了提高制度绩效的一些原则,如全体利益攸关方的参与,相应的监督、惩罚、奖励机制等。④ 但对于宏观的民主制度来说,奥斯特罗姆的理论过于抽象,而且难以实施。道格拉斯·诺斯则从激励和交易成本的角度来论述制度的重要性。他认为现代民主制度可以提供更完备的信息,降低交易成本,因而比其他政治制度更有效率。对于拉美民主制度的不佳表现,诺斯归因于非正式制度,即来自西班牙、葡萄牙的专制主义传统阻碍了拉美的发展。如此

---

① 罗伯特·帕特南做过类似的区分,但本文在他的基础上增添了新内容,其中一些内容非常重要。

② Juan Linz. "The Virtues of Parliamentarism", in Journal of Democracy, Volume 1, Number 4, Fall 1990, pp. 84 – 91.

③ Adam Przeworski, Michael Alvarez, Jose Antonio Cheibub, and Fernando Limongi, "What Makes Democracies Endure?", Journal of Democracy, Volume 7, Number 1, January 1996.

④ Elinor Ostrom, Governing the Commons: The Evolution of Institutions for Collective Action, New York, Cambridge University Press, 1990.

一来，诺斯其实已经偏离了制度主义，靠近了政治文化论者的立场。[①] 按照诺斯的理论，由于路径依赖等因素的影响，拉美民主的长期前景并不乐观。

关于民主巩固的政治文化理论在比较政治学里有悠久的历史，并在托克维尔关于美国民主的研究、加布里埃尔·阿尔蒙德和西德尼·维巴关于公民文化的研究以及罗伯特·帕特南关于意大利地方政府的经典研究之后获得了崇高的学术地位。[②]

托克维尔在对美国民主做了细致的观察之后断言，美国人民的结社传统是保证民主制度运转顺畅的关键。20 世纪 50 年代，阿尔蒙德、维巴对政治文化做了开创性的实证研究，他们在美国、英国、德国、意大利和墨西哥五国做了大范围的调查访问，就政治认知模式、对政府和政治的感情、党派立场、参与义务、公民能力意识、公民能力和臣民能力、政治忠诚、社会关系与公民合作、组织成员身份和公民能力、政治社会化与公民能力、公民文化等议题进行了问卷调查和访谈。他们的核心概念是公民文化，即一种理性—积极性政治文化与政治服从—疏离文化取得了平衡的政治文化模式，具有这种文化倾向的公民一方面会收集政治信息、积极参与政治事务，另一方面又对民主政治体系抱有忠诚感和一定的疏离感，并不带有强烈的感情色彩。如果一个国家中公民文化是主流政治文化，这个国家的民主制度就能取得高绩效，反之则会出现各种问题。[③]

从 1970 年开始，帕特南和他的同事们对意大利新创设的地方政府制度开始了长达 20 年的跟踪研究，期间对相关官员、政治及社会组织领导人、选民进行了大量访谈和问卷调查，对地区政府的运作做了实地观察，甚至设计了一些"实验"，参阅了地方政府和议会的大量档案文献，并对相关数据进行了回归分析。在此基础上，他们试图解释为什么意大利北部和南部的地方政府绩效存在明显、持久的差异。他们的结论是：公民共同体的发育水平是问题的关键。公民共同体的含义为：公民积极参与公共事务，不被利己主义或曰"理性人思维"所阻碍；公民具有平等意识，认

---

① 道格拉斯·诺斯：《制度，制度变迁与经济绩效》，格致出版社 2008 年版。
② 罗伯特·帕特南：《使民主运转起来——现代意大利的公民传统》，江西人民出版社 2001 年版。
③ 加布里埃尔·阿尔蒙德、西德尼·维巴：《公民文化——五个国家的政治态度和民主制度》，商务印书馆、人民出版社 2015 年版。

为所有人拥有平等的权利、承担平等的义务，他们之间是互惠与合作的横向关系，而非控制与依附的垂直关系；公民之间相互信任并乐于相互帮助；公民积极进行结社活动，大量社团结成的社会网络能培养公民的政治技巧、促进利益辨识和利益表达，并增强集体行动能力。意大利北部存在发育良好的公民共同体，拥有互惠的规范和公民参与网络（保护者协会、工业公会、互助会、合作社、工会、足球俱乐部和识字会等），这些因素使他们能够克服"囚徒困境"和"搭便车"倾向，为政府和民主制度的良好运转奠定了基础。而南部则为"非道德的家庭主义"、互不信任、孤立、垂直的权威—附庸关系所苦，缺乏公民传统和社会资本，导致了低下的政府绩效和民主制度的挫折。基于这种理论，帕特南对第三世界的民主巩固持悲观态度。"在那些缺乏公民参与规范和网络的地方，集体合作的前景十分暗淡。对今天的第三世界和明日蹒欧亚前共产主义国家——它们都在向着自治方向跄跟前进，意大利南方的命运是一种客观经验。'永远欺骗'式社会均衡，可能就是世界大部分缺乏或没有社会资本的地区之未来命运。对于政治稳定、政府效率甚至经济进步，社会资本或许甚至比物质和人力资本更为重要……没有公民参与规范和网络……出现霍布斯式结局——非道德家庭主义、庇护制、无法无天、效率低下的政府以及经济停滞——之可能性，似乎比取得民主和经济发展的成功要更大得多。"①

但这一理论也有缺陷。在与制度、经济发展、政治文化等因素相比较时，如何能够认定社会资本就是决定民主制度运转质量的关键因素呢？打败制度主义很容易，因为意大利北部和南部处于相同的制度框架之内，无论全国性政治制度还是地方性制度都是如此。因此，北部和南部明显的政府绩效差异说明制度不是决定性因素。政治文化理论与公民传统理论是近亲。前者强调公民的"心理习惯"，而后者则增加了结社以及社会网络的内容，并认为这种网络可以促进政治领域的集体行动。这使公民传统理论具有更丰富的内涵，也更具有说服力。但在经济发展与公民传统的关系方面，帕特南的理论还有空白之处，因为他未能清楚地揭示意大利北部优秀公民传统的起源。他提出，北部的公民传统可以追溯到12世纪的自治型

---

① 罗伯特·帕特南：《使民主运转起来——现代意大利的公民传统》，江西人民出版社2001年版，第215—216页。

大中城市，"北方的自治城市起源于由众多邻里街坊组成的自发组织，这些邻居起誓，为了共同安全和经济合作而相互提供帮助"①，形成了丰富的组织网络和新的城市共和国道德观。但是，为什么北方城市的市民能结成这样的公民共同体而南方市民却难以做到呢？帕特南对此没有作出回答。他承认这个问题存在，"而城市共和国的起源则更难解释……意大利北中部的居民最初是怎样找到合作的方式来解决自己的霍布斯困境的？要回答这一问题，必须进行进一步的研究"②。

为了证明公民传统比经济因素更重要，他做了跨期长达数百年的经济史比较，"城市共和制的出现，似乎并非是异常的繁荣所导致的。当时，意大利北方的经济发展水平极为原始……甚至比同时期的南方还要落后。其次，在过去一千年里，南北方之间公共精神的差异似乎比经济差异更为持久"③。15世纪，在鼠疫等外部因素的打击下，北方经济凋敝，落后于南方，但公共精神并没有因此而退化和落后。由此帕特南得出结论，社会资本独立于经济因素，而且比经济因素更重要。在这里，他犯了政治学家经常犯的错误：把经济因素局限于GDP水平，忽视了更为重要的所有权结构和财富分配结构。这个错误会导致他对经济因素的误判，因为毕竟存在一种可能，即一种平等型的经济结构是公民传统的源头。

经济因素决定论内部又分为截然相反的两个支派。一派是以西摩·马丁·李普塞特为代表的乐观主义的论调，另一派以塞缪尔·亨廷顿、吉列尔莫·奥唐奈、劳尔·普雷维什为代表，他们都表达了悲观的看法。

李普塞特认为，随着经济发展水平的提高，收入分配改善，利益分配会避免零和效应，社会结构逐渐变成以中产阶级为主的菱形结构，各阶层的政治态度趋于宽容，民间组织蓬勃发展，都有利于民主的巩固。④

亨廷顿的著名观点是：现代性产生稳定，但现代化却会产生不稳定。在现代化与政治稳定之间存在一种倒U型关系：在开始现代化进程之前，政治基本是稳定的；一旦开启现代化进程，不稳定的程度便开始上升；现代化进程完成后，政治重新稳定下来。具体机制是：经济增长会打破原有

---

① 罗伯特·帕特南：《使民主运转起来——现代意大利的公民传统》，江西人民出版社2001年版，第144页。
② 同上书，第212页。
③ 同上书，第177—179页。
④ 西摩·马丁·李普塞特：《政治人：政治的社会基础》，上海人民出版社1997年版。

的政治均衡，利益分配的不均也会导致更大的社会挫折感，从而引发政治动荡，不利于民主巩固。

吉列尔莫·奥唐奈提出了关于"官僚威权主义"的著名理论。他认为，20 世纪 60 年代拉美工业化的升级打破了原来的政治、经济结构，冲突加剧。新形成的技术官僚集团对这种局势作出反应，发动军事政变，压制民众阶层的再分配要求，以恢复秩序和增长。①

20 世纪 70 年代，阿根廷经济学家普雷维什提出了系统的外围资本主义理论。② 拉美外围资本主义的两个基本特征是依附性和排斥性。排斥性体现在社会中下层难以参与经济剩余的分享。上层精英集团占有大部分经济、金融和政治资源，并利用其优势地位将大部分经济剩余据为己有。他们进行特权消费（奢侈品消费和海外消费），浪费了资本，造成积累、投资不足以及严重的失业和半失业问题。随着民主化进程的深入，社会中下层获得更大的工会权力和政治影响力，要求分享更多经济剩余。在双方博弈中，价格与工资交替上升，形成螺旋形恶性通货膨胀。上层集团联合军队发动政变，用暴力压制中下层分享剩余的要求。这就是外围资本主义无法摆脱的周期性结构危机。普雷维什认为，民主化的扩大与拉美的发展模式之间存在难以调和的矛盾。

亚当·普沃斯基等收集了 1950—1990 年间的相关数据③，对民主制度的持久性进行了定量分析。根据他的测算，穷国（人均收入低于 1000 美元）的民主极其脆弱。民主政权在中等收入水平上也没有特别脆弱，这否定了亨廷顿和奥唐奈的观点。人均收入 3000 美元以上的民主崩溃都集中在南锥体国家（阿根廷、智利和乌拉圭）。当人均收入水平超过 6000 美元时，民主基本上就可以永久持续了。至于收入不平等对民主的影响，普沃斯基承认其数据质量并不理想，初步结论是：致力于减少不平等的民主政权生存的概率更大。这与"分配压力导致民主政府倒台"的惯常看

---

① 吉列尔莫·奥唐奈：《现代化和官僚威权主义：南美政治研究》，北京大学出版社 2008 年版。
② 劳尔·普雷维什：《外围资本主义：危机与改造》，商务印书馆 1990 年版。
③ 其中包括 224 个政权（101 个民主政权和 123 个独裁政权），40 次民主过渡，50 个议会制政府，46 个总统制政府和 8 个混合型政府。参见 Adam Przeworski, Michael Alvarez, Jose Antonio Cheibub, and Fernando Limongi. "What Makes Democracies Endure?", *Journal of Democracy*, Volume 7, Number 1, January 1996。

法不同。

总的来看，本文重视经济、社会因素的基础性作用，并主要在这方面展开论述。

二 拉美民主巩固的主要问题

当前拉美民主体制运行过程中出现的问题可以归为三大领域，及政治体系输入端、输出端和国家机构领域存在的问题。在输入端，可以细分为政治领导人选举、政治机构及组织丧失公民信任、财政虚弱、媒体垄断、政治影响力不平等问题，也即是政治体系在人员、信息、支持等方面的问题。在输出端主要是公共产品供应不足问题，包括社会领域的公共安全、教育、医疗、住房、收入分配等问题及经济领域的可持续增长、经济结构升级、宏观稳定等问题。国家机构问题包括庇护主义、腐败问题等。

（一）民主制度不受欢迎

根据"拉美晴雨表"组织在2015年度的调查，拉美民众对民主制度运行的满意度并不高。在地区层次上，对民主体制非常满意和比较满意的比例只有38.5%，不太满意和完全不满意的比例则达到56.8%。而实际情况可能更糟糕，因为一些小国如哥斯达黎加、多米尼加共和国的高满意度拉高了地区平均水平。在地区大国，巴西的满意群体（非常满意和比较满意群体加总）只占20.9%，而不满意群体（不太满意和完全不满意群体加总）占72.4%。墨西哥的满意群体占18.7%，不满意群体占到87.1%。只有阿根廷的满意度较高，前者达到53.9%，后者达到43.5%。但不应忽视的是，巴西和墨西哥两国的人口之和接近拉美地区总人口的70%。对国会的支持率很低，地区平均不满意水平为70%，阿根廷约66%，墨西哥略超70%，而巴西达到了惊人的77%。对政府的支持率也与之相似，对政府不满的人群在全地区的平均水平为65%，阿根廷为67.5%，墨西哥约为78%，巴西达到80%。对司法机构持不满态度的相应比例为67%（地区平均）、71%（阿根廷）、64%（巴西）和74%（墨西哥)。对政党的不满尤其强烈,在巴西达到83%,墨西哥则为88%。①拉美民众对民主体制、国家机构、政党有如此广泛的不满情绪,说明拉美民主的质量存在很严重问题,民主巩固还需要更多努力。

(二) 新民粹主义的兴起

伴随着新自由主义改革在拉美国家的展开,人们一度认为民粹主义即将退出拉美的政治舞台。之所以有这种想法,是因为民粹主义通常与收入再分配、国家干预主义有紧密联系。在推行新自由主义改革之后,拉美国家对经济的干预能力明显下降,管制范围也明显收缩,通常使用的提高工资、土地改革、劳工保护等政策已经被清除出了政府的政策工具清单。在这种情况下,人们理所当然地认为,民粹主义领袖已经失去了最重要的政治手段,因而难以延续其政治号召力。但出乎人们意料之外的是,在新自由主义时代,拉美又出现了民粹主义的勃兴。早期的民粹主义领袖包括阿根廷的卡洛斯·梅内姆(1989—1999年)、巴西的费尔南多·科洛尔(1990—1992年)、秘鲁的阿尔韦托·藤森(1990—2000年),以及后来阿兰·加西亚的第二次当选(2006—2010年)等。这些民粹主义领导人具有一些共同的特点,即以比较激进的面目进行竞选,但当选后却坚定执行新自由主义改革或政策导向。此外,拉美还出现了新一代带有左翼色彩的民粹主义领袖,包括委内瑞拉的乌戈·查韦斯(1999—2013年)、阿根廷的基什内尔夫妇(2003—2016年)、厄瓜多尔的拉斐尔·科雷亚(2006—2017年)、玻利维亚的埃沃·莫拉莱斯(2005年至今)等。与梅内姆等民众主义领袖不同,这些左翼领导人大都激烈批评新自由主义经济政策,甚至提出形形色色的社会主义思想,并在本国付诸实施。但从实际效果来看,厄瓜多尔、玻利维亚的发展模式并没有出现本质变化,阿根廷也往往执行的是传统的收入再分配政策,没有与新自由主义决裂。查韦斯统治下的委内瑞拉是个例外。与其他拉美国家不同,委内瑞拉的石油产业构成国民经济的重心。查韦斯政府控制了石油产业,也就控制了本国经济的命脉,其政策自由度要远远超过其他左翼同侪。出于建设一种新型社会主义的梦想,查韦斯政府大力推行国家管制经济、公有制和集体所有制,与其他拉美国家背道而驰。不可否认的是,在构建"21世纪社会主义"

---

① http://www.latinobarometro.org/latOnline.jsp.[2017-06-10]

的时候，查韦斯及其执政党并没有吸取其他国家的社会主义探索中取得的经验教训，在增强经济活力和政治民主方面都没有实现预期目标。在国际石油价格下跌、新能源革命的背景下，委内瑞拉经济遇到了非常大的困难。

（三）政治腐败的蔓延

拉美国家腐败盛行，当前尤为严重。2016年的腐败大案都发生在巴西，却震动了整个拉美。首先是巴西石油公司腐败案，自2014年案发至今，由高管集体贪腐牵出政治献金问题，涉及巴西政坛多位重量级人物，前后三任总统卢拉、罗塞夫和特梅尔都被调查，参议长阿尔马尔及上百名政党领导人、企业家被捕，涉及行政、立法机构和政党组织，横跨政商两界。此案未息，又曝出巴西著名建筑企业奥德布雷希特公司以贿赂手段取得工程项目的丑闻，该企业高管供认曾在拉美12国以八亿美元贿赂高官。除罗塞夫和特梅尔涉嫌在2014年大选中接受其政治献金外，秘鲁三位前总统托莱多、加西亚、乌马拉及现任总统库琴斯基也牵涉其中，阿根廷部分高官也收取了这家公司的巨额贿赂。巴西总统特梅尔就职还不到一年，已有六位内阁部长因涉嫌贪腐而辞职。他本人也因为牵涉"封口费"丑闻而面临被弹劾的窘境。阿根廷刚刚卸任的前总统克里斯蒂娜最近也受到腐败指控。就连一向以清廉著称的智利也不能幸免，总统巴切莱特及其家人陷入腐败丑闻。

（四）公共产品严重不足

拉美国家财政脆弱，这主要源于财政收入水平过低、税收结构不公正和税收的顺周期性等问题。关于财政收入水平，2016年拉美国家的财政收入平均约占国内生产总值的18%。中美洲国家只有16%，墨西哥和南美国家要高一些，也只在20%左右，与发达国家相比有很大差距。从20世纪下半叶起，发达国家的税收水平就逐步上升到国内生产总值的1/3到1/2，其中瑞典的比重达到55%。① 对于现代国家而言，提取相当于国内生产总值40%左右的资源来行使正常国家职能是合理而且必要的。而目前拉美国家的财政收入水平过低，除了行使所谓的"王权职能"（警察、

---

① ［法］托马斯·皮凯蒂：《21世纪资本论》，中信出版社2014年版，第490页。

法庭、军队、外交及一般管理等）外也就所剩无几了。至于教育、医疗、公共基础设施、社会保障等职能，拉美国家或者用借债的方式来应付，或者就干脆弃之不顾。

拉美国家的税收结构也非常不公正，不具备调节收入分配的能力。只有不到1/3的税收来自所得税、遗产税、房地产税等直接税种，其余都来自增值税等间接税种。也就是说，社会中下层承担了大部分税负，而富有的精英阶层却很少纳税，税收具有累退性质。在OECD国家，所得税的比重占到国内生产总值的9%，但在拉美国家只占0.9%。在OECD国家，征税后基尼系数降低的幅度是拉美国家的7.5倍。[1]

在委内瑞拉、智利、墨西哥、阿根廷、巴西等国，相当部分税收来自对资源、能源类产品的出口税，具有很高的顺周期性。当出口不振时，这部分税收也随之减少，严重影响政府实施逆周期财政政策的能力。因此，拉美国家的政府没有能力维持经济的持续增长，保持宏观经济稳定的能力也相对薄弱。

在社会领域，政府的表现同样让人失望。拉美国家的治安普遍恶化，公民的人身及财产安全没有保障，公共安全问题是当前拉美民众最为关心的问题。[2] 警力不足、警察待遇低以及腐败是导致治安恶化的原因之一。此外，在教育、医疗、住房、公共基础设施等方面的公共产品供给同样不能满足社会需求。

三　问题的原因

当第三波民主化降临拉美的时候，拉美国家是以不同的方式开始民主化进程的。在阿根廷，军政府由于在马岛军事冒险中的失败而崩溃，不得不交出权力。在巴西，军政府的退场是以谈判和妥协的方式开启的。而在墨西哥，长期独霸权力的官方党在选举失利后移交了权力。威权主义政府不同的退出方式为其后的民主巩固留下了不同的遗产。但与这一时期发生

---

[1] Alicia Bárcena, Antonio Prado, *El Imperativo de la Igualdad: por un Desarrollo Sostenible en América Latina y el Caribe*, Buenos Aires, Siglo Veintiuno Editores Argentinas, 2016.

[2] http://www.latinobarometro.org/latOnline.jsp.

的全球性、历史性重大转折相比，这些影响是次要的。这些所谓的重大转折就是苏联、东欧社会主义实验的失败和新保守主义潮流在欧美的复兴。在内外因素的双重作用下，拉美不但在政治上开启了再次民主化的进程，同时在经济、社会领域也开启了新自由主义改革。民主化或曰民主巩固的进程是在新自由主义的经济、社会土壤上进行的，从而给它打上了独特的烙印。

新自由主义对拉美的政治影响何在？首先，拉美国家的政治格局发生了变化。原有的利益集团所形成的平衡被打破，私有企业主阶层得到了强化，因为他们在国有企业的私有化进程中获得了利益，摆脱了原有的一些国家管制，并得以接近国际金融市场，经济实力更为强大，影响政府政策的能力也得到增强。劳工阶层受到削弱，工会在失去官方的庇护之后影响力缩减，法律权益被弱化，再加上经济危机和转型的影响，劳工阶层的组织水平下降，非正规就业比率大幅上升，更加原子化，政治影响力显著缩小。其次，左翼失去了意识形态武器，在思想上受到了全面的压制。社会主义的"正统模式"——苏联道路彻底失败，在经济、政治和人权方面都被证明是个灾难，不但削弱了拉美左翼的影响力，而且让左翼失去了政治方向。即便在一些国家掌权之后，拉美的社会主义探索也没有取得实质性进展。查韦斯的实验带有悲情色彩，因为委内瑞拉、古巴都没有能力为他提供充分的思想资源。再次，为民粹主义提供了机遇。正如普雷维什所说，拉美的民主化与高度的不平等之间存在永恒的张力。新自由主义本质上是一种维持现状的思想，有利于上层精英集团保持其既得利益，并利用其优势地位继续扩大其利益。因而拉美的贫困和不平等问题在新自由主义时代不可能得到根本解决。社会下层的再分配压力始终存在，这就为民粹主义领导人提供了市场。拉美的民粹主义不会根除，而且会在新模式下找到新的发展空间。最后，加速了政治腐败。碎片化、原子化的社会基础阻碍了政党的发展，任何政党都难以胜任大规模整治教育、动员、组织的任务。在民主竞争的体制内，完成这样一项任务更是遥不可及。因此，政党竞争的主要战场不再是基层组织，而是媒体宣传。拉美国家的竞选越来越媒体化，财力雄厚的政党更具有竞争优势。右翼政党在这方面有巨大的优势。但即便如此，所有政党都承受了更大的资金压力，不得不通过灰色甚至非法渠道去获得政治献金，这就是巴西当前腐败丑闻的主旋律。由于缺乏公民社会的监督，腐败的风险降低，这又为政客的腐败行为提供了动力。

受结构性因素和周期性因素的双重影响,新自由主义时代的拉美民主进程注定不会平稳坦荡。来自新民粹主义者和上层精英集团的压力可能会损害民主巩固,甚至造成民主化的倒退。

论拉美国家的结构性改革

江时学[*]

【内容提要】结构性改革是为消除供给侧领域中各种问题的改革。拉美的第一代结构性改革始于20世纪80年代,改革取得了积极成效,但也产生了多方面的问题。因此,20世纪90年代末,拉美的第一代结构性改革开始向第二代结构性改革过渡。与第一代改革相比,第二代改革更具有战略性、长期性和艰巨性。目前要对第二代改革作出全面而深刻的评价并非易事,但可初步得出如下几个结论:社会发展领域的成就开始显现,政府与市场的关系渐趋正常,宏观经济形势日益稳定,金融监管机制不断完善,企业的国际竞争力稳步上升,基础设施的"瓶颈"现象有所缓和,对外经济关系的多元化格局基本形成。在分析拉美的两代结构性改革时,有必要对以下问题进行更为深入的研究:如何判断拉美结构性改革成功与否,如何评估"中国因素"对拉美结构性改革作出的贡献,如何看待左翼政府在结构性改革中的作用,如何处理发挥比较优势与调整产业结构的关系,如何处理政府与市场的关系。

【关键词】拉丁美洲;经济结构性改革;华盛顿共识;比较优势

20世纪80年代,拉美经济遭遇了前所未有的债务危机和经济危机的双重打击。这一危机既与不利的外部条件息息相关,也是供给侧领域各种

---

[*] 江时学,上海大学特聘教授,上海大学拉美研究中心主任。

问题积重难返的必然结果。为了尽快摆脱危机，拉美国家实施了大刀阔斧的结构性改革。这一改革取得了显而易见的积极成效，但也产生了多方面的问题。因此，20世纪90年代末，拉美的第一代结构性改革开始向第二代结构性改革过渡。这一过渡被称为"对改革进行改革"。与第一代结构性改革相比，第二代改革更具战略性、长期性和艰巨性。因此，第二代改革任重道远，不可能一蹴而就。

一 第一代结构性改革

结构性改革是为消除供给侧领域中各种问题的改革。拉美实施的第一代结构性改革是在20世纪80年代债务危机爆发后开始的。改革的动因来自多方面，其中最重要的无疑是为了早日摆脱债务危机及由此而来的经济危机。

1982年，墨西哥爆发了举世瞩目的债务危机。这一危机的"特基拉效应"如此之大，以至于在较短的时间内拉美地区的绝大多数国家都陷入了债务危机。在债务危机的打击下，拉美国家采取了控制通货膨胀、压缩财政开支和减少进口等措施。但这些"头痛医头、脚痛医脚"的应急性政策收效甚微。在一定程度上，这些政策诱发了经济危机，从而使20世纪80年代成为拉美地区"失去的十年"。

墨西哥债务危机爆发后，拉美国家在国际资本市场上的资信急剧下降，进入该地区的外国私人资本大幅度减少。因此，拉美国家希望从世界银行、国际货币基金组织和美洲开发银行等国际多边机构以及美国政府那里获得更多的贷款，而这些贷款常附加一些要求债务国进行结构性改革的条件。

为了获得国际多边金融机构的资金，绝大多数拉美国家采取了默许或言听计从的态度。例如，巴拉圭罗德里格斯政府为了得到国际货币基金组织的一笔贷款，在多轮谈判之后，于1990年11月表示政府将保证在一些主要经济部门（如钢铁、水泥、航空和海运）中进行私有化。次月，政府颁布了法令，开始实施私有化。国际货币基金组织前总裁米歇尔·康德苏曾说过，他的前任亚克·德拉罗齐尔为劝说拉美国家进行经济调整花费了大量时间，而现在的拉美国家却都言听计从了。①

第一代结构性改革的内容主要包括贸易自由化、国有企业私有化、金融自由化和经济体制市场化四个方面。

一是贸易自由化。在实施进口替代工业化期间，拉美国家为保护本国企业而高筑贸易壁垒。贸易壁垒虽然保护了幼稚工业，但也保护了落后。因此，贸易自由化构成了第一代结构性改革的核心内容之一。为实施贸易自由化，拉美的关税从改革前的近50%下降到1999年的10%左右。改革之前，近40%的进口受到非关税壁垒的限制；至20世纪90年代中期，这一比重已减少到6%。② 由此可见，拉美的贸易自由化是在短短10年时间内完成的。无怪乎拉美国家的贸易自由化被看作是一种激进的改革。

二是国有企业私有化。国有企业在强化拉美的国家资本、推动拉美经济和社会发展的过程中扮演了不可或缺的角色。企业的所有制与其效益的高低和竞争力的强弱没有必然的联系，但是，拉美的国有企业始终面临着效益低下、竞争力弱和亏损大等一系列长期得不到解决的老大难问题。因此，在拉美的第一代结构性改革中，对国有企业实施私有化被认为是消除这一痼疾的最佳方法。

三是金融自由化。改革之前，拉美的"金融压抑"比较严重。③ 因此，金融自由化也是第一代结构性改革的主要内容之一。在实施金融自由化的过程中，拉美国家采取了以下措施：实行利率市场化，取消定向贷款，降低银行储备金比率，对国有银行实施私有化，积极引进外资银行，加强中央银行的独立性，大力发展国内资本市场，降低进入金融部门的壁垒。④

四是经济体制市场化。经济体制市场化涉及国民经济的方方面面，其

---

① John Williamson (ed.), *Latin American Adjustment: How Much Has Happened?* Institute for International Economics, 1990, p. 353.

② Eduardo Lora, "Structural Reforms in Latin America: What Has Been Reformed and How to Measure It", Inter-American Development Bank Working Paper, No. 466, December 2001, p. 4.

③ "金融压抑"（Financial repression）是美国经济学家爱德华·肖和罗纳德·麦金农在1973年发明的术语。其表现形式是：人为地控制利率的上限；政府拥有或控制银行和其他一些金融机构，并提高准入门槛；储备金要求高；通过设置资本要求等手段，要求银行必须持有政府债务。由此可见，"金融压抑"的本质就是政府对金融业实施高强度的管制。这样的管制必然会导致金融业出现严重的扭曲。

④ 定向贷款是指政府将低利率贷款分配给由它指定的企业、部门或地区。

中最引人注目的是税收制度改革、劳动力市场改革和社会保障制度改革。改革的核心是强化市场机制的作用，最大限度地减少政府干预和发挥市场机制的作用。①

改革前拉美国家的税制存在许多不合理性，税制复杂而低效，税率水平很高，从而扭曲了企业的决策，也使居民的储蓄积极性受到了损害。政府试图通过税收的杠杆作用促进投资或发展某些部门。但是，由于征税机构管理不善且效率低下，"寻租"行为和偷税漏税现象十分严重。进入20世纪90年代后，拉美税制改革全面展开。改革的方向是实现税收中性化，并在立法和行政管理方面使税制简化，力求获得更多的税收。

改革前，拉美国家政府对劳动力市场进行有力的干预，加之工会组织"战斗性"很强，因此劳工制度具有强烈的"刚性"。20世纪90年代以来，许多拉美国家通过修改劳动法等措施，降低了解雇雇员的成本，简化了招聘临时工的程序，使雇员和雇主的关系更加适合市场经济体制的要求。

改革前，许多拉美国家的社会保障实行的是"现收现付"制。这一制度具有覆盖面小、效率低下、财政失衡严重等弊端。进入90年代后，一些拉美国家仿效智利的做法，建立了以"个人资本化账户"为基础的私人养老金基金，并积极发挥私人部门在养老金管理中的作用，从而为提高储蓄率和维系社会保障基金的可持续性创造了条件。②

拉美的第一代结构性经济改革取得了明显的积极成效，主要体现在以下几个方面。

一是摆脱了20世纪80年代的债务危机和经济危机的困扰。如1991—2010年期间，除少数年份以外，拉美经济都能保持较高的增长率，多数年份的增长率在5%以上。诚然，较高的经济增长率与多方面的因素有关，但经济改革无疑是重要的因素之一。

二是拉美经济的开放度和外向性快速扩大。拉美国家在结构性改革之前奉行的进口替代模式当然并非一无是处，但其固有的内向性确实严重制

---

① 江时学等：《拉美发展前景预测》，中国社会科学出版社2011年版，第60—61页。

② Stephen J. Kay and Barbara E. Kritzer, "Social Security in Latin America: Recent Reforms and Challenges", in Economic Review, Federal Reserve Bank of Atlanta, Issue First Quarter 2001, pp. 41 – 52.

约了拉美经济的发展潜力和国际竞争力。通过实施结构性改革，拉美的发展模式实现了根本性的转换。贸易壁垒的降低、对外资开放领域的扩大以及区域经济一体化的复兴，都使拉美经济的开放度和外向性进一步扩大。

三是宏观经济形势好转。改革之前，拉美国家的宏观经济形势极不稳定。汇率大起大落，贸易逆差不断扩大，失业率居高不下，财政赤字得不到控制，恶性通货膨胀频发。通过实施结构性改革，绝大多数拉美国家的宏观经济形势大为好转，上述现象基本消失。①

四是抵御外部冲击的能力有所增强。1982年墨西哥爆发债务危机后，由此而来的所谓"特基拉效应"使危机迅速蔓延到整个拉美，只有极少数国家幸免于难。相比之下，虽然1997年的东亚金融危机、1999年的巴西金融动荡、2001年的阿根廷金融危机以及2008年的国际金融危机同样对拉美经济产生了"传染效应"，但其冲击力有限，并未对拉美经济造成沉重的打击。无怪乎世界银行行长佐利克在2009年7月6日说："人们都在谈论中国（的成功），但我认为拉美也是成功的。"②联合国拉美经委会认为，拉美国家实际上仅用两个季度的时间就基本上度过了2008年国际金融危机的冲击。美国《纽约时报》于2010年6月30日刊文认为，在美国和欧洲为巨额赤字和复苏乏力而苦恼时，拉美的经济增长却是很值得羡慕的。而在过去，拉美经常无力偿还外债，不得不对货币进行贬值，甚至还需要富国为其纾困。③ 还有人认为，深受债务危机之苦的希腊应该向拉美取经。

当然，没有一种改革是十全十美的，拉美的第一代结构性改革亦非例外。概而言之，这一改革产生的问题主要包括如下四个方面。

第一，改革使收入分配不公的问题变得越来越严重。诚然，收入分配不公不是改革的必然结果。但在许多拉美国家，少数人从私有化和市场开

---

① 改革之前，拉美国家长期蒙受恶性通货膨胀之苦。如在1985年8月，玻利维亚的通货膨胀率高达23000%。通过实施结构性改革，绝大多数拉美国家实现了物价稳定。这一成就得益于与结构性改革息息相关的三大因素：一是生产的发展扩大了供给，消除了商品短缺；二是贸易自由化使进口商品增加，市场供应变得充裕；三是强化财政纪律后，货币发行量得到控制。

② The World Bank, "World Bank Praises Latin America's Resilience in Global Financial Crisis", Washington D. C., July 6, 2009, http：//web. worldbank. org/WBSITE/EXTERNAL/NEWS. [2017 - 05 - 12]

③ The New York Times, July 1, 2010, http：//www. nytimes. com/2010/07/01/world/americas/01peru. html. [2016 - 05 - 26]

放等改革措施中获益，而大量弱势群体则没有或很少从改革中得到好处。其结果是，两极分化和贫困化十分严重。

第二，国有企业私有化使一些私人资本和外国资本的生产集中不断加强，也使失业问题更为严重。此外，由于经营不善或政府停止拨款后资金周转发生困难等原因，一些国有企业在私有化后陷入了困境，最终不得不再次被政府接管或依靠政府的财政"援助"度日。可见，私有化不是解决一切问题的"灵丹妙药"。

第三，政府在社会发展领域中的作用严重缺失。为了发挥市场机制在配置资源中的重要作用，拉美国家似乎从一个极端走向另一个极端。除对国有企业实施有力的私有化以外，拉美国家还大大降低了政府在社会发展领域中的作用，从而导致改革的社会成本被进一步放大。

第四，不成熟的金融自由化和过早的资本项目开放增加了金融风险。在推动金融自由化的过程中，政府未能有效地对金融部门加以监管。其结果是，有些银行为追求高利润率而从事风险过大的业务，有些银行为应付政府有关部门的检查而弄虚作假，有些银行则将大量贷款发放给少数"关系户"。不容否认，政府放松对金融业的监管，是近年来许多拉美国家爆发银行危机的主要原因之一。[①]

二 第二代结构性改革

如果说拉美第一代结构性改革的宗旨是为了尽快摆脱债务危机及经济困境，那么，第二代结构性改革的目标则是巩固第一代结构性改革的成果和修正第一代改革的偏差，因而也是对第一代改革的扬弃。无怪乎智利学者弗兰奇—戴维斯等将拉美的第二代结构性改革视为"对改革进行改革"。[②]

应该指出的是，在推动第一代结构性改革向第二代改革过渡的过程

[①] Paul Krugman, *The Return of Depression Economics*, New York: W. W. Norton & Company, 2000, p. 30.

[②] Ricardo French-Davis, *Reforming the Reforms in Latin America: Macroeconomics, Trade, Finance*, Palgrave Macmillan, 2000, pp. 1 – 24.

中，国际机构的官员和经济学家发挥了重要作用。例如，早在 1997 年 5 月 21 日，国际货币基金组织总裁康德苏就在阿根廷银行业年会上说，作为拉美的"观察者"和"朋友"，他建议拉美国家不仅应该完成正在进行中的改革，而且还应该实施"第二代改革"，以实现更快的、更可持续的和更公平的增长。他还指出，阿根廷的"第一代改革"取得了显著的成效，但阿根廷同时也面临着失业率居高不下和改革受益不公等问题，这种状况在其他拉美国家同样存在。因此，所有拉美国家都应该实施有利于提高增长率、有利于更为公平地分享经济机遇以及有利于加快社会进步的"第二代改革"。他认为，如果说"第一代改革"的目标是实现经济基本面的均衡和启动增长的引擎，那么，"第二代改革"的目标则是在全球化的世界经济中实现可持续的增长以及完成政府作用的转型和重新定位。[①]

1998 年 4 月在智利首都圣地亚哥举行的美洲国家首脑会议明确提出了以"圣地亚哥共识"替代"华盛顿共识"的主张。"圣地亚哥共识"的含义是：（1）必须减少经济改革的"社会成本"，使所有人都能从改革中受益；（2）大力发展教育事业和卫生事业；（3）不应该降低政府在社会发展进程中的作用；（4）健全法制，实现社会稳定；（5）提高妇女和少数民族群体的社会地位和经济地位；（6）完善和巩固民主制度。

1998 年 9 月，世界银行经济学家 S. 伯基和 G. 培利出版了《超越华盛顿共识：制度更重要》一书。他们认为，虽然拉美国家按照"华盛顿共识"推出的改革措施取得了明显的成效，但它忽视了制度在加快经济和社会发展中的重要作用。因此，为了搞好制度建设，拉美国家应该在"第二代经济改革"中建立金融安全网、发展教育、强化法治、改善收入分配和提高公共管理的效率。[②]

同年，美洲开发银行执行副行长 N. 伯索尔与该机构的其他两位经济学家出版了《超越两者不可兼得：拉美的市场改革与公平性增长》一书。

[①] Michel Camdessus, "Toward a Second Generation of Structural Reform in Latin America", May 21, 1997, https://www.imf.org/en/News/Articles/2015/09/28/04/53/spmds9706. [2017 - 05 - 13]

[②] Shahid Javed Burki and Guillermo E. Perry (eds.), *Beyond the Washington Consensus: Institutions Matter*, World Bank Latin America and Caribbean Studies, Washington D. C., 1998, pp. 25 - 34, http://documents.worldbank.org/curated/en/556471468265784712/pdf/multi - page. pdf. [2016 - 05 - 21]

他们认为，拉美"第一阶段"的改革基本完成，现在应该升级到"第二阶段"的改革。他们要求拉美国家在"第二阶段"改革中努力克服这样一种恶性循环：社会不公导致市场失灵，市场失灵诱发政府失灵，从而使社会不公更为严重。因此，有必要创造一种效率与公平并重的良性循环。他们指出，这种良性循环应该成为一种"拉美共识"。①

美洲开发银行首席经济学家 E. 劳拉等在 2002 年发表的一份研究报告中指出，在实施第一代改革的过程中，拉美国家实施了较为审慎的财政政策和货币政策，开放了贸易、金融市场和资本市场，大量国有企业被私有化。但是，这一改革是不完整的，也是不均衡的②，甚至还产生了所谓"改革疲劳症"和其他一些问题，如经济增长依然乏力，贫困现象在恶化，社会问题十分严重。③他们还指出，将拉美国家面临的一切问题归咎于改革固然是有失公允的，但拉美国家确实有必要为改进公平和减少贫困而制定一个"新的改革议程"。④

对拉美政策走向有重大影响的联合国拉美经委会也表达了类似的愿望。例如，该机构的生产、生产力和管理司司长豪尔赫·凯茨在其《拉美的结构性改革、生产率与技术变革》一书中指出，为了维系经济增长的可持续性和政治合法性，拉美国家应该加快提高劳动生产率，应该把经济改革的成就以一种更为公平的方式分配给全社会的每一个人。他还指出，"看得见的手"（政府）的作用应该弥补"看不见的手"（市场）的不足，公民社会应该发挥更大的作用。虽然他在书中没有使用"第二代改革"的提法，但他提出的"新政策议程"包括的内容与康德苏的"第二代改革"的内容大同小异。⑤

除国际货币基金组织和联合国拉美经委会等重要的国际机构以外，还有许多经济学家也为拉美国家如何"对改革进行改革"提出了不少忠告。

---

① Nancy Birdsall, Carol Graham and Richard H. Sabot, *Beyond Trade Offs: Market Reform and Equitable Growth in Latin America*, Inter-American Development Bank, 1998, p. 2.

② 他们说的不均衡是指不同国家和不同领域的改革速度有快有慢，改革的力度有大有小，改革的领域有宽有窄。

③ 这两位经济学家认为，"改革疲劳症"的症状就是许多人将生活质量的下降归咎于改革。

④ Eduardo Lora and Ugo Panizza, "Structural Reforms in Latin America under Scrutiny", Inter-American Development Bank Working Paper, No. 470, March 11, 2002, pp. 31 - 32.

⑤ Jorge M. Katz, *Structural Reforms, Productivity and Technological Change in Latin America*, ECLAC, Santiago, Chile, 2001, p. 113.

例如，2002年8月，诺贝尔经济学奖获得者斯蒂格利茨在拉美经委会的一个重要演讲中说："若干年前，人们就已开始讨论'第二代改革'。他们认为，拉美国家正在消化第一代改革（的成就），而且，这一改革为拉美经济的可持续发展创造了（良好的）基本面，现在仅需要对其进行'微调'。但我认为，在第一代改革中，实施各项改革政策的时间和顺序未能得到足够的重视。这一改革甚至是以对市场经济和政府作用的错误理解为基础的。……当然，虽然市场导向的改革是失败的，但这并不意味着拉美应该退回到过去。"他认为，改革就是变革，因此，有必要对拉美的改革进行改革。在他提出的"新的改革议程"中，当务之急是抛弃令人误入歧途的"华盛顿共识"。①

应该指出的是，拉美第二代结构性改革的起始时间尚无定论。康德苏甚至认为，两代结构性改革之间找不到一种人为的分界线，如阿根廷等国在第一代结构性改革尚未完成的条件下，就已经开始实施与第二代改革息息相关的改革计划。② 但就拉美国家的政策重点而言，20世纪90年代末可被视为第二代结构性改革的起点。

拉美的第二代结构性改革是对第一代改革的扬弃，因此两代改革既有明显的不同之处，也有承前启后的相似性。就具体的改革措施而言，第二代改革的主攻方向可归纳为以下五个方面。

一是重新界定政府的作用。在第一代结构性改革中，为了发挥市场机制的作用，拉美国家通过私有化和自由化等手段，政府的作用被大大降低，甚至在社会发展进程中，政府的作用也被置于边缘化地位。在第二代结构性改革中，政府的作用被重新界定。在阿根廷等国，被私有化的国有企业实现了"再国有化"。③

二是进一步强化金融监管。在第一代结构性改革中，为了消除"金

---

① Joseph E. Stiglitz, "Whither Reform? Towards a New Agenda for Latin America", Prebisch Lecture, delivered at ECLAC, Santiago, Chile, August 26, 2002.

② Michel Camdessus, "Toward a Second Generation of Structural Reform in Latin America", May 21, 1997, https://www.imf.org/en/News/Articles/2015/09/28/04/53/spmds9706. ［2017－05－25］

③ 2012年4月16日，阿根廷总统费尔南德斯发表电视讲话，称政府已向国会提交了对国内最大的石油天然气公司YPF实施国有化的法案。她说，阿根廷是拉美，也可能是世界上唯一不能控制本国自然资源的国家。4月26日，阿根廷参议院以63票赞成、3票反对、4票弃权的结果通过了能源国有化法案；5月3日，众议院以207票赞成、32票反对的结果通过了该法案。

融压抑",拉美国家实施了较大规模的金融自由化。诚然,金融自由化增强了金融部门的活力和竞争力,但由于金融监管不到位,金融风险被不断放大,导致银行危机频发。因此,在第二代改革中,强化金融监管被置于重要地位。除设立专门的金融监管机构以外,拉美国家在法律制度上进一步完善了金融监管制度,还在技术层面上加大了对金融风险的预警。

三是更加注重社会发展。在第一代结构性改革中,拉美国家关注的是如何扩大开放和刺激市场机制的活力。一方面,在推动改革的过程中,社会发展领域被冷落;另一方面,20世纪80年代的债务危机和经济危机使拉美的贫困问题更为严重。在一定意义上,20世纪80年代"失去的十年"不仅是经济层面上的损失,也是社会领域中的倒退。因此,在第二代结构性改革中,拉美国家加大了在社会领域的投资。在大多数拉美国家,"有条件的现金转移支付"这一被世界银行推崇的社会救助项目,就是在第二代结构性改革期间实施的。

四是强调调整产业结构的必要性。第一代结构性改革是一种在债务危机和经济外交双重打击下的应急性改革,改革关注的是短期效应,即如何尽快实现经济复苏,而较少考虑如何通过调整产业结构来实现长期性的可持续发展。在第二代结构性改革中,许多拉美国家认识到,为减少国际市场上初级产品价格波动的影响,有必要在继续发挥比较优势的同时实现产业结构的多元化。为此,不少拉美国家加大了在制造业投资的力度。墨西哥的努力已初见成效。美国宾夕法尼亚大学沃顿商学院教授毛罗·桂伦认为,在融入全球价值链的过程中,墨西哥是最成功的拉美国家。①

五是加大在基础设施领域的投资。根据联合国拉美经委会的有关研究报告,良好的基础设施能促进互联互通,加快落后地区的开发,因而能有力地推动拉美国家的经济和社会发展。② 如前所述,第一代结构性改革的重点是扩大市场自由化和对外开放,而较少关注基础设施的不足对经济发展构成的"瓶颈"作用。在第二代改革中,大多数拉美国家开始加大在

---

① "Can Latin America Free Itself from Dependence on Commodities?", October 19, 2016, http://knowledge.wharton.upenn.edu/article/can-latin-america-free-dependence-commodities/. [2017 – 05 – 26]

② CEPAL, "The Economic Infrastructure Gap in Latin America and the Caribbean", 2011, pp. 2 – 7, http://repositorio.cepal.org/bitstream/handle/11362/36339/FAL – 293 – WEB – ENG – 2_ en. pdf? sequence = 1. [2017 – 05 – 26]

基础设施领域的投资,增加财政预算中基础设施投资的比重。世界经济论坛在2015年3月6日发表的一篇文章认为,许多拉美国家在改善基础设施的过程中取得了较大的成就,但整体而言,拉美的基础设施不及世界上的其他地区。① 世界银行的有关研究表明,不敷需求的基础设施已构成拉美对外贸易的障碍,因为拉美的物流成本比经合组织(OECD)国家高出3—4倍。②

毫无疑问,与第一代结构性改革相比,第二代改革更具战略性、长期性和艰巨性。这意味着,目前要对第二代改革作出全面而深刻的评价并非易事。但以下几个结论或许是能够成立的:社会发展领域的成就开始显现,政府与市场的关系渐趋正常,宏观经济形势日益稳定,金融监管机制不断完善,企业的国际竞争力稳步上升,基础设施的"瓶颈"现象有所缓和,对外经济关系的多元化格局基本成形。③

当然,拉美的第二代结构性改革任重道远,不可能一蹴而就。尤其在调整产业结构、强化创新能力和完善基础设施的过程中,拉美国家必须作出更大的努力。

三 有待深入研究的若干问题

在分析拉美的两代结构性改革时,有必要对以下几个问题进行更为深入的研究。

(一) 如何判断拉美结构性改革成功与否?

国际上对拉美结构性改革成效的评价各执一词,不一而足。褒之者有之,贬之者亦有之。在各种负面评论中,最常见的是改革未能使拉美经济

---

① World Economic Forum, "How Can Latin America Close Its Infrastructure Gap?", March 6, 2015, https://www.weforum.org/agenda/2015/05/how-can-latin-america-close-its-infrastructure-gap/. [2017-05-28]

② "The World Bank in Latin America and the Caribbean", http://www.worldbank.org/en/region/lac/overview. [2017-05-30]

③ 根据联合国的《2014年发展目标报告》,在拉美,每日生活费不足1.25美元的贫困人口在总人口中的比重从1990年的12%下降到2010年的6%。

得到更快的增长。至于为什么改革未能加快经济增长，主要有两种相反的看法：（1）拉美结构性改革的力度不大，范围不广，持续时间不长。持这一观点的主要是国际机构的经济学家、学术机构和智库的学者以及拉美的一些决策人士。（2）结构性改革的力度太大，步伐太快，而且还出现了一些政策偏差。持这一观点的主要是左翼人士以及对全球化不满的学者。

众所周知，结构性改革是经济领域的重大变革，甚至是一场革命。因此，这一改革对经济增长率的影响是直接而必然的。这一判断在国际上能得到印证。中国经济的快速增长与其在1978年启动的改革开放有密切的关系。但在俄罗斯和中东欧国家，经济转轨对经济增长率的影响完全是负面的。

由此可见，改革对经济增长率的影响既可能是积极的，也可能是消极的。改革可以成为经济增长的动力，也可以成为经济增长的"绊脚石"，具体成效的差异与以下几个因素息息相关。（1）政治条件。改革能否得到民众的支持，政局是否稳定，各种政治力量能否在改革的关键时刻达成共识和妥协，等等。（2）改革的初始条件。有些国家的经济在改革之初已濒临崩溃的边缘，有些国家则是在经济形势较好的条件下启动改革的。（3）改革的顶层设计。有些国家是先实施较为容易的贸易自由化和国有企业私有化，而后再推出较为复杂的金融自由化和经济体制市场化；有些则反其道而行之。还有一些国家则根本不考虑改革的"时序"，各种改革措施几乎是同步出台的。（4）改革的力度。有些国家信奉"渐进"的优势，每一步改革都伴随着较为稳妥的"学中干""干中学"，因此改革的力度不大；而有些国家则推崇"激进"，每一个改革措施都具有大刀阔斧的力度。

应该指出的是，影响经济增长率的因素很多，结构性改革仅仅是其中之一。此外，有些结构性改革措施对经济增长的影响是积极的，有些可能是消极的。因此，确定结构性改革对经济增长率的影响并非易事。但统计数字表明，拉美国家的GDP总量从1990年的2.7万亿美元上升到2015年的5.6万亿美元；人均GDP从同期的6099美元提高到8982美元。[1]从

---

[1] "Databases and Statistical Publications"，http：//estadisticas. cepal. org/cepalstat/WEB_ CEPALSTAT/Portada. asp？idioma = i.［2017 - 05 - 18］

这些数据来看，我们很难得出结构性改革不成功的结论。

（二）如何评估"中国因素"对拉美结构性改革作出的贡献？

任何一个国家的改革如要取得成功，必须最大限度地利用良好的外部条件。拉美国家的对外经济关系日益多元化，因此，影响拉美结构性改革的外部条件是多种多样的。在这些外部条件中，"中国因素"的贡献不容低估。"中国因素"对拉美结构性改革的贡献主要体现在以下几个方面。

第一，中国与拉美国家之间的贸易有利于拉美国家获得更多的出口收入。为满足经济发展的需要，中国从拉美进口了大量初级产品和资源。这使大量出口初级产品的拉美国家获益匪浅。世界银行、联合国拉美经委会、经合组织以及美洲开发银行等多边机构的经济学家都认为，中国对初级产品的巨大需求与拉美出口收入的增长密切相关。这使拉美国家能在实施结构性改革的过程中获得较为充裕的出口收入。

第二，中国在拉美的投资有利于弥补该地区的资金短缺。随着经济实力的增强，中国企业"走出去"的力度不断加大。拉美地大物博，投资机会多。因此，拉美是中国对外投资的重点地区。从离岸金融业到资源开采业，从制造业到农业，从旅游业到基础设施领域，中国的投资与日俱增。根据中国商务部的统计，截至2015年，中国在拉美的直接投资存量达1263亿美元。[①]根据2017年6月美国大西洋委员会、经合组织联合发布的研究报告《中国在拉美的投资》，2003年以来，中国在拉美的投资已超过1100亿美元。[②]

第三，中国对拉美出口的大量廉价工业制成品有利于拉美国家控制通货膨胀压力。中拉贸易的特点是中国从拉美进口资源和初级产品，向拉美出口工业制成品。这一贸易格局是由双方各自的比较优势决定的，是一种实实在在的双赢和互惠。在中国向拉美出口的工业制成品中，既有高科技产品，也有劳动密集型产品，满足了低收入阶层的需求。英国《金融时报》在2011年4月22日发表的一篇文章中写道，在巴西圣保罗的帕赖索

---

① 《商务部召开例行新闻发布会》，http://www.mofcom.gov.cn/article/ae/ah/diaocd/201611/20161101794385.shtml。

② Rolando Avendano, Angel Melguizo, and Sean Miner, "Chinese FDI in Latin America: New Trends with Global Implications", The Atlantic Council and the OECD Development Centre, June 2017, p.1.

波利斯贫民区，低收入者非常喜欢较为廉价的中国商品，因为巴西生产的同类商品在价格上要高出四倍。该贫民区的一店主说，他的商品必须如此便宜，否则这里的很多穷人买不起。该文还指出，中国的廉价商品有助于巴西政府控制通货膨胀压力。[1]控制通货膨胀是拉美结构性改革取得的积极成效之一，因此，中国对拉美的出口与拉美结构性改革的大目标是吻合的。

（三）如何看待左翼政府在结构性改革中的作用？

1999年查韦斯就任委内瑞拉总统，既可以被视为拉美左翼东山再起的历史性象征，也意味着该地区的政治风向标发生了重大的转向。国际分析人士认为，拉美左翼之所以能东山再起，与该地区实施的第一代结构性改革导致社会问题日益突出和其他一些副作用有关。这一分析不无道理。第一代结构性改革不仅不能使每一个人都能享受到改革的红利，而且还加大了收入分配的差距。低收入阶层和中产阶级部分成员对改革表达了不满，从而为参与大选的左翼政治家提供了良机。

为巩固自己的政治基础，在选票箱中胜出的左翼候选人在当政后加大了推动社会发展的力度。毫无疑问，在左翼政治家当政的每一个拉美国家，弱势群体的生活水平都得到了不同程度的改善。这在社会问题久治不愈的拉美是难能可贵的。左翼政府实施的经济社会政策常被批评为"民众主义"，但事实上，多个拉美国家的左翼政府实施的"有条件的现金转移支付"项目为减少贫困和推动社会发展作出了巨大的贡献。对这种社会政策显然不应该贬低。[2]

当然，"民众主义"也有其固有的缺陷。例如，为了获得民众的支持，左翼政府常不顾财政纪律，把大量财政收入直接用于民众的社会福利，最终使宏观经济平衡面临巨大的压力。而政府弥补财政赤字的手段是开动印钞机，扩大货币发行量。其结果是，通货膨胀压力不断上升。毫无疑问，委内瑞拉的通货膨胀率居高不下的原因，与查韦斯政府和马杜罗政

---

[1] "Cheap Asia Imports Hit Domestic Industry", FT中文网, http://www.ftchinese.com/story/001038207/en.［2017-05-29］.

[2] 据报道，中国已与联合国儿童基金会合作，在中国西部地区的一些县实施了"有条件的现金转移支付"项目的试点工作。参与该项目的妇女和儿童如能满足一定的条件（如定期接受体检和完成义务教育），就可获得政府提供的一定数额的现金补助。

府的"民众主义"政策是密切相关的。但我们不能因此而全盘否定"民众主义"的积极意义,不能将政府在实施"民众主义"政策中的偏差归咎于"民众主义"本身。

(四) 如何处理发挥比较优势与调整产业结构的关系?

任何一个国家在追求经济发展时必须发挥自身的比较优势。拉美的比较优势在于其丰富的自然资源,因此,拉美的出口贸易依赖原料和初级产品是不足为怪的。历史上,一些拉美国家曾因出口初级产品而跻身于世界富国的行列。例如在19世纪末,阿根廷利用欧洲市场对农产品的需求急剧增加的大好机遇,依靠蜂拥而至的外资和外国移民大力发展农产品生产并向欧洲出口了大量农产品。当时,阿根廷经济的增长速度之快在世界上是无与伦比的。至20世纪初,阿根廷因出口大量粮食和牛肉而被誉为"世界的粮仓和肉库",它的首都布宜诺斯艾利斯则被视作"南美洲的巴黎"。当时阿根廷的人均收入相当于当时世界上最富裕的16个国家的平均数的92%。时至今日,这一百分比已下降到43%。①

丰富的自然资源固然是"恩赐",但若利用不善也会成为一种"诅咒",甚至会导致"荷兰病"。② 美国学者杰弗里·萨克斯等发现,在1970—1990年期间,高度依赖自然资源出口的国家的经济增长率较低。③ 曾参与创建石油输出国组织(OPEC)的委内瑞拉前石油部长胡安·巴勃罗·佩雷斯·阿方索在1970年说过,"十年二十年后,你会看到,石油带给我们的是(经济上的)毁灭。"④ 近几年委内瑞拉的经济形势表明,这一判断一语成谶。

当然,委内瑞拉的遭遇并不意味着拉美国家不应该发挥其资源丰富这一不可多得的比较优势。事实上,如何处理发挥比较优势和提升产业结构

---

① "The Tragedy of Argentina: A Century of Decline", in *The Economist*, February 17th, 2014.

② Rabah Arezki and Frederick van der Ploeg, *Can the Natural Resource Curse Be Turned into a Blessing? The Role of Trade Policies and Institutions*, EUI Working Paper, European University Institute, No. 35, 2007, pp. 7 – 11, 24.

③ Jeffrey D. Sachs and Andrew M. Warner, *Natural Resource Abundance and Economic Growth*, Center for International Development and Harvard Institute for International Development, Harvard University, 1997, pp. 2 – 7.

④ 转引自 Jerry Useem, "The Devil's Excrement", in *Fortune*, February 3, 2003.

二者之间的关系是世界上许多国家面临的难题。委内瑞拉片面依赖其丰富的石油资源，因此"荷兰病"症状较为明显；而巴西、墨西哥、阿根廷和智利等国则在实现产业结构多元化和提高初级产品附加值方面取得了一定的成效。有些国家还利用国际市场上初级产品价格高涨的有利条件，将一部分出口收入投入主权财富基金以维护财政长期稳定。

四　结束语

拉美国家实施结构性改革的目的是消除其供给侧领域中的诸多问题。第一代结构性改革取得了显著的成效，但也产生了不少问题，第二代改革是对第一代改革的扬弃，也可被视为"对改革进行改革"。与第一代结构性改革相比，第二代改革更具战略性、长期性和艰巨性。目前，要对第二代改革作出全面而深刻的评价并非易事。但以下几个结论或许是能够成立的：社会发展领域的成就开始显现，政府与市场的关系渐趋正常，宏观经济形势日益稳定，金融监管机制不断完善，企业的国际竞争力稳步上升，基础设施的"瓶颈"现象有所缓和，对外经济关系的多元化格局基本成形。

在分析拉美的两代结构性改革时，有必要对以下几个问题进行更为深入的研究：如何判断拉美结构性改革成功与否，如何评估"中国因素"对拉美结构性改革作出的贡献，如何看待左翼政府在结构性改革中的作用，如何处理发挥比较优势与调整产业结构的关系。

增长困境与结构转型:国际比较视野下的巴西

岳云霞　史沛然[*]

【内容提要】长期以来,增长波动是困扰巴西经济的主要问题之一,这使其成为陷入"中等收入陷阱"的典型性国家之一。本文选取韩国作为参照对象国,分析巴西陷入增长困境的主要原因,并探求其可能的转型方向。本文发现,巴西和韩国在经历中等收入阶段的初期趋同后,发展轨迹出现分化,前者长期停滞于中等收入阶段,而后者在发展中经济体中脱颖而出,较快成长为高收入国家。两国过去半个世纪以来的发展历程对比显示,高质量的增长是确保韩国成功的核心经验,而巴西的困境来自增长率不足且波动较大。在出口导向的外向型发展模式下,两国的这种增长差异源自巴西出口向经济增长传导机制的失灵。为此,巴西实现出口对经济增长的持续支撑,对产业结构和出口技术含量不断升级;应建立畅通的"外需—内需"传导机制,从而形成有效的经济联动增长;应配合以适当的经济与社会政策进行市场纠偏;为规避中等收入阶段矛盾激化,为适时进行调整与转型。

【关键词】中等收入陷阱;外向型;出口;增长;传导机制

世界银行(2016)将人均国民收入(GNI)介于1026美元至12475美元的国家定义为中等收入国家,这些国家占全球经济总量的1/3、总

---

[*] 岳云霞,中国社会科学院拉丁美洲研究所研究员;史沛然,中国社会科学院拉丁美洲研究所助理研究员。

人口的71%和贫困人口的73%，其增长与发展关系全球福祉。然而，2012年，世界银行与中国国务院发展研究中心的联合研究发现，在1960年的101个中等收入经济体中，到2008年只有13个（12.9%）成为高收入经济体①，多数则长期困于"中等收入陷阱"之中。显然，中等收入期的增长波动、停滞甚或下降具有一定的普遍性，对比这一时期增长绩效不同国家的发展经验，能够为探求中等收入陷阱的成因和突破提供参考。

本文选取巴西和韩国作为考察对象，两国大体于20世纪六十七年代同步进入中等收入阶段，而韩国自1995年起成为高收入国家，巴西却长期徘徊在中等收入区间。通过梳理两国的发展实践，本文试图从外向型经济发展模式下"出口—……—增长"联动的视角解释巴西中等收入陷阱的成因。文章后续部分内容安排如下：第一部分将对比巴西和韩国的发展历程，描述其进入中等收入阶段之后的路径差异；第二部分将从出口作用的分化角度，分析两国经济增长稳定性不同的原因；第三部分重点分析出口与增长之间的传导途径，说明低增长出现的结构性原因；第四部分将在总结前文内容的基础上，提出启示和建议。

一 巴西和韩国：跨越中等收入陷阱的两极案例

巴西和韩国在人口面积、历史文化和地域特征上，都有显著的不同，但是近代以来，两国都经历了由进口替代向出口导向模式的转变，二者的发展轨迹却在短暂交集后出现分化。巴西是发展中国家中最早启动现代化的国家之一，在经历20世纪六七十年代期间经济快速增长的"巴西奇迹"后，率先进入中等收入阶段，成为新兴经济体中的领先国家。相比而言，韩国的现代化起步晚，直至60年代末期时经济总量还远低于巴西。1967年，巴西和韩国的经济差距达到峰值，当年前者人均GNI是后者的2.2倍。此后，两国之间的差距逐步缩小，进入80年代以后，韩国的人

---

① The World Bank and Development Research Center of the State Council, the People's Republic of China. China 2030 Building a Modern, Harmonious, and Creative High – Income Society [R], 2012, p. 11.

均 GNI 开始超越巴西，并逐步达到高收入国家水平，而巴西则自此危机不断，长期徘徊在中等收入区间。

世界银行的相关研究将"中等收入陷阱"作出了相对与绝对标准的划分，巴西和韩国在双重标准下都成为跨越这一发展陷阱的两极案例。就绝对标准而言，世界银行在世界发展指数中用分析性分类（Analytical Classifications）方法，确定了中等收入的范围，认为长期停滞这一收入区间的经济体陷入了"中等收入陷阱"。图 1 描述了 1962—2015 年期间巴西和韩国的人均 GNI 演变情况，从中可以看到，在被考察的历史时段内，巴西的收入水平在 20 世纪 70 年代末前后由下中等区间升至上中等区间，但此后近 40 年中，始终未能迈过高收入门槛。同期，韩国在 60 年代末突破低收入线，在 1980 年前后升至上中等收入阶段，在 1995 年进入了高收入阶段。

就相对标准而言，世界银行将中等收入区间定为美国收入的 1/8—1/2。新古典增长理论的"趋同假说"认为，由于资本的报酬递减规律，当发达地区出现资本报酬递减时，资本就会流向还未出现报酬递减的欠发达地区，其结果是发达地区的增长速度减慢，而欠发达地区的增速加快，最终导致两类地区发达程度的趋同。因此，"中等收入陷阱"本质上是"赶超"进程的停滞。图 1 以美国为参照国，显示了巴西和韩国人均 GNI 相对值的变化。可以看到，巴西经历了先扬后抑的经济增长，人均 GNI 相对值在 1975 年突破 0.125（美国收入的 1/8）之后，始终在 0.23 之下波动，未能达到高收入标准，对美国的"赶超"陷入停顿甚至回退状态。韩国的人均 GNI 相对值在整个考察期内都呈现总体上升趋势，1979 年超过 0.125，2014 年之后超过 0.5（美国收入的 1/2），"赶超"相对延续，从而成为严格标准下的高收入国家。

现有研究显示，中等收入状态的延续时间与人均 GNI 的增长速度和稳定性相关。增长率差异恰是造成巴西和韩国跨越中等收入阶段两极表现的直接原因。图 2 对比了 1961—2015 年间两国的人均 GNI 增长率，可以看到，虽然两国的人均 GNI 增长率均有波动，但巴西多次进入负增长状态，而且波动程度远远胜过韩国。尤其是 80 年代之后，巴西的增长速度大幅减缓且波动加大。以两国人均 GNI 相同的 1981 年为起点，彼时高收入门槛值是两国人均收入的七倍，在 10 年、20 年和 30 年内突破中等收入期应达到的必要增长率如表1所示。图2显示,此后的30年间,韩国每十年的人均GNI年均增长率依次为13.1%、7.1%和4.8%,为较快跨越中等收入期创造了条件;巴西每十年的人均GNI年均增长率则依次为-0.34%、0.84%和3.1%,低于迅速跨越中等收入陷阱所需的必要增长率。

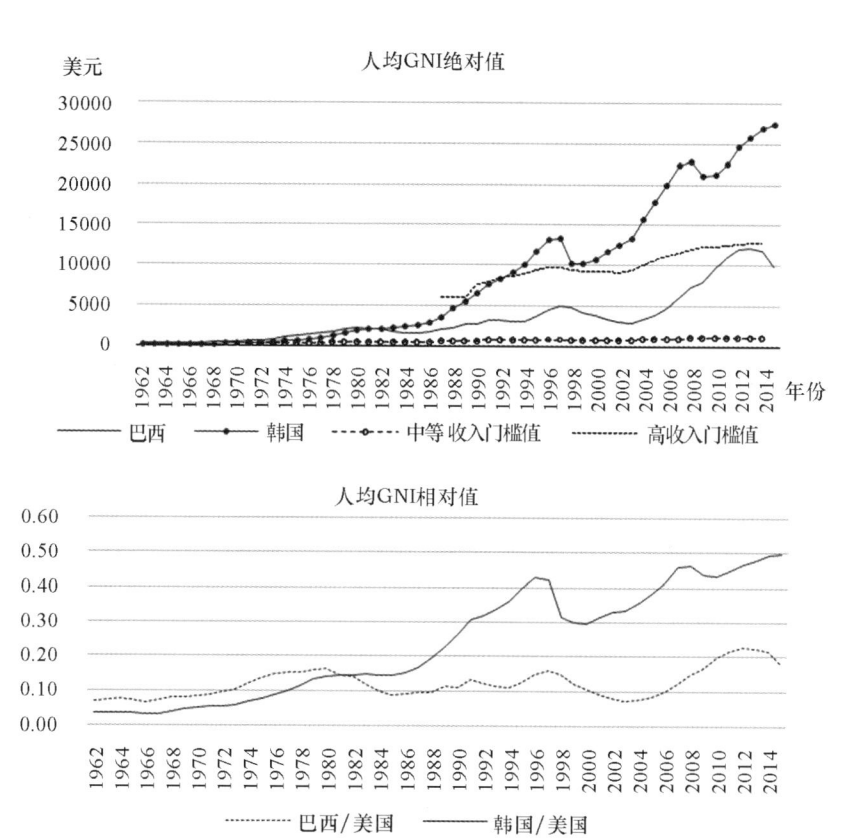

图1　巴西与韩国人均GNI（1962—2015）

注：绝对值采用三年平均名义汇率法（Atlas Methodology）调整的美元现价GNI；相对值为巴西和韩国人均GNI相对美国人均GNI的比例。

资料来源：World Bank, World Development Indicators。

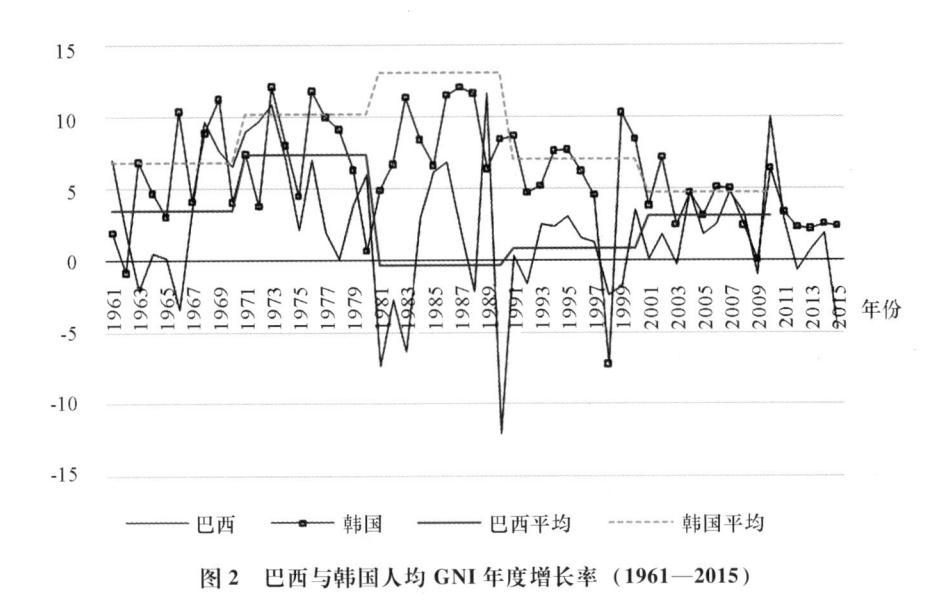

图 2　巴西与韩国人均 GNI 年度增长率（1961—2015）

注：采用三年平均名义汇率法（Atlas Methodology）调整的美元现价 GNI。
资料来源：World Bank, World Development Indicators。

表 1　　　　　　　　跨越中等收入陷阱所需的必要增长率　　　　　　　单位：%

时间	10 年	20 年	30 年	40 年	50 年	60 年	70 年	80 年	90 年	100 年
必要增长率	21.4	10.2	6.7	5.0	4.0	3.3	2.8	2.5	2.2	2.0

注：以 1981 年为基点，巴西和韩国人均 GNI 为 2070 美元。
资料来源：作者计算。

综上，巴西和韩国过去 50 多年间的发展历程对比显示，中等收入时期的增长质量是决定这一阶段延续时间的关键因素。由于增长率无法达到跨越中等收入所需的必要水平且频繁大幅波动，巴西长期深陷这一发展阶段；相反，正是由于保持了相对高质量的增长，韩国得以在发展中经济体中脱颖而出，较早地进入高收入阶段。

二　增长差异分析

巴西和韩国的增长质量差异突出体现在 1981 年之后。在这一时期，韩国实施了以出口为导向的外向型发展模式，而巴西迫于债务危机通过促进出口来拉动经济，并逐步在20世纪90年代之后转向了外向型发展模式。鉴于出口在两国经济发展中被赋予的重要意义，其数量和质量的分化，是解释两国增长绩效差异的重要因素之一。

（一）出口数量

出口数量以出口额及其占GDP的相对比重衡量。图3显示了巴西和韩国出口演变情况，可以看到，1981年以来，韩国出口额大体保持增长趋势，在GDP中所占比重始终大于20%[①]，外向型经济发展模式得以稳固，出口发挥了应有的经济增长拉动作用。与之相比，巴西的出口在经历80年代的波动之后，90年代大体保持了正向增长。但是，巴西出口占GDP的比重在峰值年份（2004年）也仅为16.5%，这意味着其经济的外向型特色并未得到有效发挥，出口在经济增长中的数量引擎效用不足。

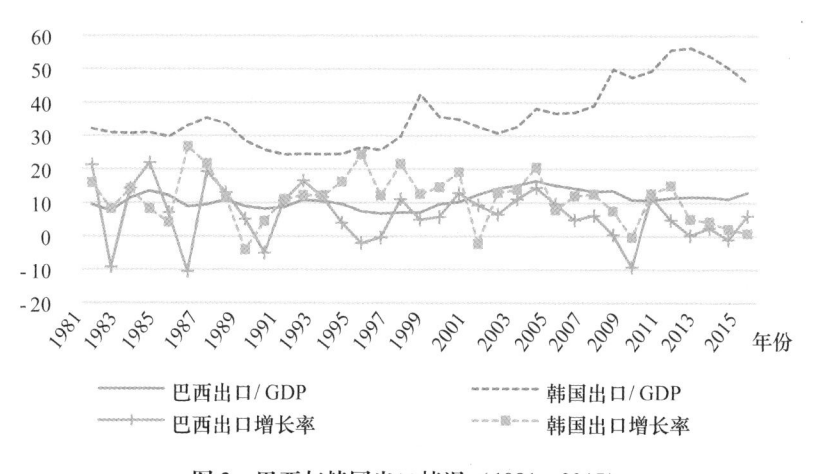

图3　巴西与韩国出口情况（1981—2015）

资料来源：World Bank, World Development Indicators。

（二）出口质量

出口质量通过出口复杂度指标来衡量。出口复杂度可以反映一国出口结构，一国出口商品复杂度越高，则该出口商品的技术水平越高。Haus-

---

[①]　国际上通常把外向度（出口额占GDP比重）大于20%称为外向型经济。

mann 等（2007）、Amiti 和 Freund（2010）、Jarreau 和 Poncet（2012）、Mishra、Lundstrom 和 Anand（2012）等所做研究表明，经济增长的关键不在于出口商品和服务的总量的高低，而在于其出口的商品和服务的复杂程度，出口复杂度高的经济体，其经济增长更快。

鉴于巴西和韩国出口规模方面存在明显差异，本文采取 Hausmann 等（2005）构造的出口复杂度指标。该指标中包含产品复杂度指数（PRODY）和出口复杂度指数（EXPY）。其中，PRODY 体现某种商品在全球贸易体系中所处的生产率水平。本文以 i 表示国家，k 表示出口品，Y^i 表示第 i 个国家经购买力平价后的人均 GDP，对于某一固定的年份，第 k 种出口品的 PRODY 指数为：

$$PRODY_k = \sum_i \frac{\frac{X_k^i}{\sum_k X_k^i}}{\frac{\sum_i X_k^i}{\sum_i \sum_k X_k^i}} Y^i \qquad (1)$$

EXPY 体现某国出口结构所对应的收入水平，是与一国出口商品相对应的代表性收入的加权平均值，权重为某国第 k 种出口品价值与该国总出口价值的比率。第 i 国的 EXPY 指数为：

$$EXPY^i = \sum_k \frac{X_k^i}{\sum_k X_k^i} PRODY_k \qquad (2)$$

为了规避债务危机特殊时期的影响，本文选取 20 世纪 90 年代以来巴西和韩国出口情况进行比较。通过引入联合国商品贸易统计数据库（COMTRADE）数据，本文计算得到巴西和韩国出口复杂度指数如图 4 所示。可以看到，巴西和韩国再一次表现出截然不同的趋势：韩国的出口复杂度逐年稳步上升；而巴西则处于一个震荡状态，在 2000 年达到峰值后，由于大宗商品超级周期对出口结构的反向激励，其出口复杂度随后开始下降，而 2008 年金融危机后，全球大宗商品价格下跌带来的冲击，也未能扭转其出口复杂度持续下跌的趋势。

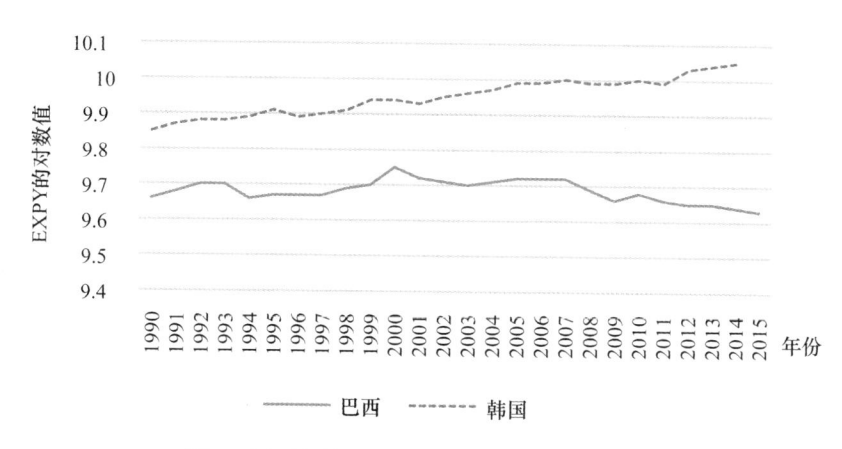

图 4　巴西与韩国的出口复杂度（1990—2015）

资料来源：World Bank，WITS 数据库。

进一步地，本文考察巴西和韩国的人均 GDP[①] 和出口复杂度之间的相关性。表 2 总结了相关性系数情况。能够看到，1990 年以来，韩国和巴西这两项数值的相关性（均显著）完全相反。韩国的人均 GDP 和出口复杂度高度正相关，相关系数为 0.973，表明其经济增长与产品的出口复杂度密切相关。巴西的人均 GDP 和出口复杂度则呈负相关性，相关系数为 −0.426。这进一步表明，在出口复杂度处于上升期的 90 年代，巴西并未因出口技术含量的上升而出现高质量的增长，反而在初级产品出口比例上升的新世纪，出现了经济增长速度的回调。

表 2　巴西与韩国人均 GDP 和出口复杂度的相关性系数

	巴西		韩国	
	lnEXPY	lnGDP		lnEXPY	lnGDP
lnEXPY	1.000		lnEXPY	1.000	
P 值	/		P 值	/	

[①] 为了剔除价格的影响，本文选用以 2010 年不变美元价格衡量的人均 GDP 替代人均 GNP。

续表

	巴西			韩国	
lnGDP	-0.426	1.000	lnGDP	0.973	1.000
P值	(0.030)	/	P值	(0.000)	/

资料来源：作者计算。

对比出口数量和质量在巴西与韩国经济增长中的作用，可以发现，韩国相对高质量的增长很大程度上源自外向型发展模式下出口与经济的良性互动，出口数量积累和质量提升都为其突破中等收入阶段提供了必要的支持。与之相比，巴西的"不良"增长也恰反映了其出口向经济增长传导机制的失灵：出口数量未能达到外向型模式下应有的水平，对经济增长的拉动有限，而出口质量向经济增长加速的转换过程被切断。

三 出口传导机制差异分析

出口与巴西经济增长之间的良性传导存在某种阻隔，影响了出口的效用发挥，也限制了经济增长的溢出效应，使增长与发展之间的良性循环被割裂，进而降低了经济增长的效率和速度。这种阻隔很大程度上表现为巴西产业结构和经济体制的传导缺陷，无法为经济增长的质量改进提供必要的环境。

(一)"出口—产业—增长"传导失灵

在本文考察期中，巴西和韩国的产业政策可以分为以下三个时期：

第一个时期为1962年至1974年。在这一时期，巴西和韩国的出口均以低科技附加值的产品为主，但在这十年中，韩国已经开始酝酿其产业转型，而巴西的产业结构却几乎没有太大的改变。

第二个时期为1974年至1992年。韩国和巴西均大力发展中高科技产品的出口，但根据两国的比较优势，韩国集中优势产业，巴西则采取了相反的政策，分散化地鼓励企业发展不同种类的中高科技产品，"集中化"与"多样化"分别是韩国和巴西当时的产业政策导向。

第三个时期则是1992年至今。韩国的高科技产业转型完成，人均

GDP 超越巴西，并脱离"中等收入陷阱"，反观巴西，在世界大宗商品价格急剧波动的大潮流下，加上产业政策的不连贯性，巴西的产业升级和改革没有完成，整体经济的复杂性较之 90 年代反而下降。

巴西和韩国不同的产业政策效应产生两方面的直接影响。一方面是使两国技术水平差距加大。以专利数量来衡量两国技术差距，据统计，从 1984 年起，韩国的专利数量开始超越巴西，并大幅增长。2014 年巴西的专利申请数量为 30342 件，韩国则为 210292 件，如果将人口因素考虑在内，韩国的人均专利申请数量更是远远超过巴西——2014 年，巴西每一百万人口中专利申请数量为 146 件，韩国则为 4155 件。另一方面则是使两国的经济结构出现分化。巴西在开放市场依据比较优势原则主要出口初级产品和劳动密集型的工业制成品，进口资本品、中间产品和消费品。这样的贸易结构在客观上也促成了一种相对固态化的产业分布，使其在全球生产中经济收益水平相对较低，制造业（特别是加工制造业）规模扩张的同时，产值在 GDP 中的比重却呈现整体下降趋势。与之不同，韩国则在国际竞争下，出现工业（特别是制造业）的较快成长。如图 5 所示，截至 2015 年，巴西的三次产业占比分别为 9.1%、35.6%（制造业为 23.6%）和 56.3%，而韩国则依次为 12.7%、34.0%（制造业为 24.5%）和 53.3%。同期，巴西的制造业人均产值为 586.3 美元，仅为韩国（2265.3 美元）的 25.9%。

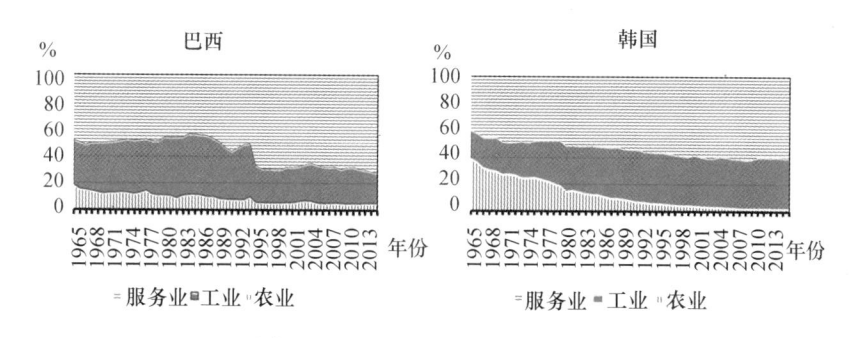

图 5 巴西与韩国的产业结构变化

资料来源：World Bank, World Development Indicators。

在过去的半个世纪中，巴西和韩国的产业结构和经济政策很好地验证了出口复杂度、产业和经济增长之间的关系。在 20 世纪 60 年代，巴西和韩国的人均 GDP 和经济发展均处于相似水平。在随后的发展中，韩国结合国际竞争的需要，及时出台必要的产业政策，促使动态产业竞争优势持续扩大。通过不断提高产品复杂度（见图3）、着力生产和出口科技导向型产品，出口成为韩国经济增长较为稳定的动力来源，最终促使其超越了以大宗产品出口为主导的巴西，并脱离了"中等收入陷阱"。

就巴西而言，在初级产品出口导向和进口替代工业化时期，出口曾直接或间接地促进其制造业成长。但在新型出口导向的外向型经济发展战略下，由于缺乏恰当的产业政策纠偏，巴西制造业依据比较优势原则向资源加工业和出口加工装配业倾斜，而封闭经济下因规模约束和竞争不足而相对脆弱的一些民族工业部门，因受到开放市场中的激烈全球竞争而被迫退出。上述两种合力使巴西的工业布局发生变化，出现了一定程度的"去制造业化"[①]，在进口替代时期形成的相对完整的工业体系遭到破坏。在这样的背景下，巴西制造能力、技术水平和创新能力的相对落后，出口复杂度不断下降（见图4），这些都影响了其产品的国际竞争力，使其出口扩张的数量边际受到约束，在一定程度上制约了出口数量向经济增长的传导。同时，受自身产业结构约束，巴西国际分工地位相对固化，经济和产业升级受到制约，经济增长潜力有限。由此，巴西经济增长所面临的不确定性增加，增长的波动性增大，使人均收入无法保持前期相对的稳定增长，"中等收入陷阱"的出现具有一定的必然性。

（二）"出口—增长"内生化传导失灵

在经济机制运行顺畅的国家中，"出口—收入增加—消费增加—经济增长"，这一传导会使出口对经济增长的推动内生化，转为消费动力，促进经济及相关部门的发展。收入分配相对平均或偏重贫困人口时，社会边际消费倾向扩大，有助于此种"外需—内需"的传导。

巴西和韩国在起步阶段都存在两极化的收入分配结构，但两国社会政策的差异使收入分配格局呈现出不同的演变轨迹。从20世纪80年代开始，韩国开始改变"先增长后分配"政策，在经济发展的同时，通过不断完善个人所得税、健全社会保障制度、规范分配秩序、促进教育均衡、

[①] 岳云霞：《拉美外向型发展模式的经济与社会成效研究》，《拉丁美洲研究》2009年第5期，第23—28页。

支持农业发展等，促进收入分配公平化，这使其基尼系数呈现总体下降趋势（在全球性危机年份有所反弹），始终低于 0.4 的警戒线，处于比较平均和比较合理的区间内①。这使其在外向化发展模式下，出口与非出口部门、高收入与低收入部门之间保持着流动性，促使出口产生的收入带动作用能够较为顺畅地传导，促进经济增长。

巴西在殖民经济下就具有典型的两极化收入分配结构，初级产品出口和进口替代工业化时期，权势阶层对土地、自然资源和资本集中整合，加剧了收入分配的不平等。20 世纪 90 年代，在巴西大体完成发展模式转型后，其分配差距持续扩大②，直至 2003 年后，情况才略有好转。目前，巴西的基尼系数仍超出 0.5，在以收入分配不均出名的拉美也处于高位。据联合国拉美经委会统计，巴西是拉美城市收入级差（即最高收入和最低的收入之间的差距）最大的国家，收入最高和最低 20% 的人口的所得差异超过 20 倍。③ 在这种收入分配格局下，社会边际消费倾向较低，出口带来的收入增长对内需的刺激效果有限，对经济增长也具有制约作用，不利于提高经济的抗外部风险能力。

（三）"出口—贫困"传导不良

在外向型经济模式下，贫困对经济增长形成一定的制约作用。大规模的贫困人口的购买力相对有限，无力形成有效内需，抑制了国内市场的发育，无法为工业发展提供必要的需求规模，不利于经济结构的调整升级。同时，大规模贫困人口对社会稳定形成巨大压力，使社会平衡相对脆弱，难以为经济增长与发展提供稳定环境。在这些因素作用下，"出口—经济数量增长……经济质量改进—出口升级"出现断链，无法实现出口与经济增长之间的良性循环。

对比巴西和韩国，能够看到两国在消除贫困方面同样面临着不同的发展轨迹。韩国从 20 世纪 80 年代中后期开始，陆续建立生活保护制度、有

---

① 资料来源：韩国统计厅"社会统计"，http://kostat.go.kr/portal/eng/pressReleases/11/1/index.board。

② 齐传钧：《巴西收入分配问题与相关政策评析》，《拉丁美洲研究》2014 年第 4 期，第 27—34 页。

③ ECLAC. Statistic Yearbook of Latin America and the Caribbean [R]. Santiago of Chile, December 2015.

功人员保护制度、灾害救护制度三大公共救助制度和儿童、老人、残疾人、妇女、流浪者五大社会福利体系，覆盖了大部分社会弱势群体，并且专门制定了相关法律，规定向弱势群体提供保障。在上述政策的推动下，韩国的社会福利和外向型的经济增长之间形成了较好互动。

巴西相对集中的贸易结构下，出口创造的就业机会与福利改善仅局限于相关行业和地区，加剧了社会分配不公、两极分化的情况。尽管从90年代中期开始，巴西政府推出一系列旨在建立与经济发展水平相适应的、促进经济与社会协调发展的社会政策，削减贫困是这些政策的核心内容之一。不过，由于经济增长的波动，90年代后的历次全球性或地区性经济危机都通过作用于经济总量，对巴西的减贫效果形成冲击，使其减贫绩效不稳定，增长与发展有所"脱钩"。

上述分析表明，在出口导向的发展模式下，韩国辅之以配套产业政策和社会政策补充了市场机制，而巴西现有社会结构和社会政策抑制了外需的溢出效应。在巴西的模式下，外需在"挤出"内需资源配置的同时，却无法通过顺畅的传导机制刺激内需的相应扩大。由此，出口对巴西经济增长的带动是有限的，内需和外需之间的传导断裂更是影响了巴西的经济增长，这构成其80年代以来长期低速增长的主要原因。

四　结论与启示

维克托·布尔默-托马斯在《独立以来拉丁美洲的经济发展》一书中提及的"产品的机遇性"对拉美经济有很大影响，当其与恰当的出口导向机制和经济政策融合默契时，经济成功；而当三大因素之间矛盾激化时，经济出现问题。巴西和韩国进入现代化以来的经济发展历程再次验证了这一机理。可以看到，在相似的经济发展模式下，出口与韩国经济形成了良性互动，从而形成了高质量的经济增长，促使韩国较快成长为高收入国家。然而，出口对巴西经济增长的"数量引擎"作用不足，而"质量制擎"效应突出，这在很大程度上是由上述三大因素之间的不适应引发的。而上述效应加之巴西现有的社会结构与政策体系，外需、内需和经济增长之间传导不良，就使巴西出现了低增长与波动加大的复合结果，导致经济总量和人均收入长期胶着于固定区间，"中等收入陷阱"最终由偶然转为必然。

需要强调的是,在发展中世界,较快跨越中等收入阶段的韩国属于典型个例,而类似巴西陷入"中等收入陷阱"则具有一定的普遍性。随着中国在2010年进入上中等收入阶段,如何及早进入高收入阶段也成为其面临的首要目标之一。而本文对巴西和韩国在中等收入阶段经验与教训的研究,可以为我们提供如下启示。

启示一:出口与产业之间的良性互动是形成高质量经济增长的前提,实现出口对经济增长的持续支撑,须对产业结构和出口技术含量不断升级。巴西在初级产品出口导向时期,确立了以初级产品为主导的出口结构。在而后的发展中,出口对初级产品的较高依赖度仍在延续。而这种结构已经显示出与增长的不适应,在进口替代工业化时期表现为常态存在的贸易逆差;在新型出口导向的外向型经济发展时期,则体现为对经济增长质量改进的不利影响。对此,巴西必须结合国内外资源和竞争环境的变化,对出口结构加以调整,降低商品的集中度,规避单一出口结构系统性风险的影响;在条件允许时,更应该通过政策干预,打破初级产品出口的产销循环和利益链条,促进出口结构升级,提高出口的经济效益和效率。

启示二:在外向型发展模式下,为了保持经济持续稳定增长,在最大化出口对经济刺激作用的同时,应建立畅通的"外需—内需"传导机制,从而形成有效的经济联动增长。在开放经济中,外需与内需都成为经济增长的动力,二者之间存在有机关联。通过"收入—消费"效应将外需带来的经济增长转化为内生动力,将有助于扩大外需的积极影响,消除其外部风险有可能带来的弊端。巴西收入差距过大、二元经济结构刚性存在的诸多问题显然不利于外需向内需的转换,进而导致其经济增长的质量改进受到阻碍。恰如鲍德温在《新近移民地区的发展模式》一文中所描述的,在收入分配很不平等的地区,本土工业部门难以得到发展。巨富们的消费集中于外国的高质量消费品,对于国内的产品需求较低。而那些穷人们分享不到初级产品生产和出口所带来的财富,只能勉强为生,缺乏购买力。在这种情况下,国内市场狭小,难以为本国工业的发展提供必要的需求规模。因此,对巴西而言,其摆脱中等收入困境的出路在于改革收入分配制度,消除"出口—收入"和"收入—消费"两大环节中的制约因素,提高外需的利用效率。

启示三:出口导向的经济增长不会自发解决结构性缺陷,应配合以适当的经济与社会政策进行纠偏。在经济体系内，出口对经济形成直接推力，通过市场的自由配置就可以促进一国积极参与国际分工实现比较优势，有助于经济"增长"。但是，出口也将外部变动导入国内经济中，增强了国民经济对比较优势产品的依赖性，使一国更易受世界经济周期的影响。在社会体系内，出口是外生变量，通过传导机制对社会指标产生影响，只能对"发展"形成间接推力，不但无法直接消除或解决业已存在的社会问题和矛盾，反而有可能激化原有问题。因此，为了实现经济社会的健康发展，巴西在重出口、重市场的同时，必须进行适当的政策干预，消除原有的结构性缺陷，以此来提升外需在经济增长全环节中的溢出效应，改善增长动力不足的问题。

启示四：规避中等收入阶段矛盾激化，应当适时进行调整与转型。从韩国和巴西的增长实践中可以看到，在进入中等收入阶段的初期，发展中国家经济仍然保持较高速的增长，但这一持续增长期有限。直至1981年才关闭的良性发展"窗口期"内，巴西并未及时进行换挡升级的适应性调整，而是在经济增长受到抑制后才被迫转型。转型延迟使巴西错过了七八十年代国际产业大转移带来的有利国际贸易和投资环境，经济发展开始落后于韩国，也一直未能从中等收入国家跃升至高收入国家。而今，巴西又在一定程度上出现了出口和增长的不适应，应当结合国际市场环境，适时调整发展模式，以避免矛盾激化造成的经济损耗。

北美自由贸易协定重新谈判的
政治经济学分析

杨志敏[*]

【内容提要】 事实证明，23年来"北美自由贸易协定"（NAFTA）运行的总体经济效应显著。它不但构建了一个以"法制原则"为核心内容的"区域性公共产品"，而且对成员国尤其是墨西哥的经济制度建设和外向型经济发展作出积极贡献。而 NAFTA 重谈，不仅在于它的先天不足，还在于后天形势发展所需；不仅涉及经济问题，还与政治问题相连。但"NAFTA 1.0"版升级至"NAFTA 2.0"版的谈判进程较为复杂、结果具有不确定性。观察 NAFTA 重谈之意义，一方面在于事件本身具有的重要性。另一方面，可为当前和未来我国升级或谈判下一代自由贸易协定带来启示。

【关键词】 北美；自由贸易协定；谈判；政治经济学；启示

作为一个划时代的事件，NAFTA 的成立令人瞩目。1994 年 1 月 1 日，由美国、加拿大和墨西哥三国组成的 NAFTA 正式实施。它标志着世界第一个真正意义上"南北型"区域经济一体化组织的诞生，以及当时全球最大自由贸易区的建立。实际上，25 年前，"北美"通常被认为仅包括美国和加拿大两国，似乎并不涵盖墨西哥。正是 20 世纪 90 年代初期墨西哥寻求加入与美国和加拿大的自由贸易协定后，"北美三国"才作为一个概

---

[*] 杨志敏，经济学博士，研究员，博士生导师。研究方向：拉美经济，区域合作与一体化。

念正式浮出水面。

NAFTA 注定要成为一个热点和焦点议题。这是因为，一方面，它不仅在疑虑中启动谈判、在妥协中达成协议，而且在争议声中实施运行；另一方面，它往往与成员国尤其是美国政党轮替等政治形势相互交织。尽管对 NAFTA 重新谈判的呼声从未停止过，但在特朗普之前，它从未真正被美国及其他成员国的政府纳入议事日程。今天，在全球和北美地区政治经济形势深刻变化的背景下，NAFTA 重谈开启无疑再次引起各方高度关注。

分析 NAFTA 重谈问题，有必要回顾它签署前的诞生历程、评价其实施后的成效、探讨重谈开启后的可能结果及影响，而围绕这一事件的发生、发展作出思考、获得启示也具有重要的价值。

一 北美自由贸易协定命运多舛

NAFTA 从诞生到运行至今可谓命运多舛。不仅谈判启动前墨西哥和加拿大对与美国签署自由贸易协定心存疑虑、在谈判即将结束时节外生枝，而且协定实施后各方争议持续不断。虽然，墨西哥和加拿大方面也时常爆出不满的声音，但以来自美方的反应最为集中，不仅每逢大选 NAFTA 必成热点议题，而且克林顿以来的几乎历届总统或在竞选期间或在上任后都表示过要重谈，甚至威胁退出协定。

（一）NAFTA 在相关方充满疑虑中启动谈判

当初，加拿大和墨西哥在决定是否与美国签署自由贸易协定（FTA）之前都因各自与美国的一段历史纠葛而犹豫不决。对加拿大而言，1812 年美国曾试图吞并加拿大的历史使其存有顾虑。1911 年，加拿大时任总理由于与美国缔结了一项 FTA 而在大选中败北。1948 年，由于担心历史重演，加拿大时任总理威廉·里昂·麦克尼金最终拒绝批准与美国的 FTA。而对于墨西哥，因历史上发生的美国对其领土吞并和入侵等事件，使墨方认为避免"非墨西哥化"最好的外交政策是与华盛顿保持距离。为此，美国提出的削减贸易和投资壁垒的任何建议也总是遭到墨方断然拒绝。

然而，20世纪80年代后，随着全球经济形势的变化，加拿大和美国于1988年签署了"美国—加拿大自由贸易协定"（CUSFTA）。而墨西哥经历了1982年的债务危机，开始了以出口导向为主要内容的经济改革。期间，墨西哥意识到，经济成功在很大程度上取决于能否吸收到足够的私人投资，而在过去五年里，墨西哥较易受到美国随意性保护主义的困扰，而加拿大则因与美国缔结了双边FTA而有效地规避了此类问题。事实上，当初墨西哥走近美国也是必然选择。一方面，在当时欧洲保护主义盛行、亚太地区竞争十分激烈的情况下，墨西哥在开拓国际市场方面没有太多的余地，加强与美国的经济贸易关系和经济一体化成为唯一选择；另一方面，在全球化中，作为超级大国的美国具有的巨大影响力和传播能力以及由此对墨西哥经济形成的巨大影响力。

（二）NAFTA在妥协中诞生在质疑中实施

NAFTA谈判始于美国布什（George H. W. Bush）政府时期，但1992年美国大选后，出现政党轮替，克林顿上台执政。此后，由于国会受到国内劳工和环保组织施加的巨大压力，NAFTA谈判节外生枝，难度加码。美国环保和劳工组织声称，NAFTA将导致美国大量失业、产业空心化并降低第三世界的劳工和环境标准，并将迫使美国在向墨西哥转移就业机会和降低墨西哥环境标准之间作选择。为了平息事态，克林顿政府随之与墨西哥和加拿大增加了劳工（The North American Agreement on Labor Cooperation，NAALC）和环境（North American Agreement on Environmental Cooperation，NAAEC）两个附加协定的谈判，规定成员需在各自国内加强执行现有法律的力度等。在上述两个附加协议谈判达成后，NAFTA才最终获得美国国会批准。

当美国进入奥巴马执政时期，NAFTA再次面临重谈的境地。2008年和2009年，奥巴马在竞选时以及在当选后，提出重新谈判NAFTA的竞选承诺，重新将NAFTA议题推向了舆论的风口浪尖。他认为，"NAFTA在当初签署时存在明显的缺陷，需要对此进行修改并加以完善，并强调协议条款中应当具有可执行的劳工和环境标准，还应终止企业具有起诉政府的权力"。分析认为，NAFTA对美国的影响主要是就业和贸易赤字问题。不过，在其当选后并未兑现承诺重新谈判，NAFTA暂时躲过一劫。

与此同时，加拿大和墨西哥也一直存在重新谈判该协定的呼声。

争议包括：反对 NAFTA 第 11 章中有关投资者的条款所赋予投资者的特殊权力；要求修改涉及农业条款中对玉米和豆类作物的规定等。2003 年，墨西哥时任总统福克斯曾要求开放该条款，但遭到美政府的拒绝。

（三）NAFTA 重谈进程终于如期正式启动

尽管美国几任总统均曾提议重谈协定，但基本属于"君子动口不动手"。NAFTA 重谈被喊了很多次，但这次"狼"似乎真的来了。特朗普上台后，几乎兑现了所有竞选承诺：先是退出了 TPP，之后退出了气候变化《巴黎协定》。此次，特朗普力推 NAFTA 重谈可谓又一例证。以"美国第一"的口号，特朗普赢得了广大蓝领工人的选票。他将 NAFTA 称为"最糟糕的自贸协定"，声称赢得大选将重新谈判甚至威胁退出该协定。他认为 NAFTA 导致美国与另两方成员尤其是墨西哥的巨额贸易逆差，并加剧了美国投资外流产生的本国产业空心化，减少了工人就业机会。特朗普决心通过"严格和公平的贸易协定"来重振美国经济，并创造数百万制造业的就业机会，曾一度把退出协定作为其任内头等大事。

2016 年竞选以来，反全球化和贸易保护主义成为特朗普的标签，而退出"跨太平洋伙伴关系协定"（TPP）和重谈 NAFTA 又是其最主要的两个竞选承诺。随着 2017 年 1 月 23 日特朗普的一只"靴子"——宣布退出 TPP 落地后，其另一只"靴子"——拟议启动 NAFTA 重谈也尘埃落定。2017 年 5 月 18 日，美国新任首席贸易谈判代表致信国会，希望正式启动与墨西哥和加拿大两国重新谈判程序，改善与两国的贸易关系，支持本国就业机会和经济增长。并于 6 月在国际贸易委员会举行了听证会等，就谈判目标、原产地规则、投资、与竞争相关议题、劳工、国有企业、数字贸易、中小企业、市场准入、海关和贸易便利化、服务、卫生与植物卫生措施、环境、政府采购、知识产权和贸易救济等征询意见。2017 年 8 月 16 日，是一个具有历史意义的时间。在经过 90 天的咨询程序后，NAFTA 重谈终于如期正式启动，美加墨三国谈判代表在美国举行了首轮谈判。

二 北美自由贸易协定的功过是非

NAFTA重谈矛盾主要集中于美国和墨西哥两方,这也是本文关注的重点。协定的批评者以及特朗普政府将对墨贸易存在的赤字与美国就业机会减少挂钩。这是美方提出重新谈判的重要理由之一,并认为是这个"最糟糕的自由贸易协定"的不公平之处。那么,事实是否如此?回答这些问题也就涉及了如何评价NAFTA的实施成效问题。

(一) NAFTA并非美国就业机会减少的症结所在

1. 从墨西哥进口增加导致美国工作岗位减少

目前,美国是墨西哥最大的贸易伙伴,而墨西哥为美国的第三大贸易伙伴。据统计,2015年墨西哥对美国出口额和进口额分别占墨出口总额和进口总额的81%和47%,分别比NAFTA成立前的1993年下降了2个和24个百分点。而与1993年相比,2015年美国对墨西哥的出口额和进口额分别增长了7个和6个百分点(见表1)。可见,NAFTA成立后,墨西哥对美贸易的确存在失衡问题,美方处于逆差状况。那么,NAFTA是否因此造成了美国工作岗位的减少呢?

表1 1993年和2015年NAFTA区内货物贸易:成员出口、进口和进出口额占比及伙伴排名

国家		加拿大		美国		墨西哥	
		1993年	2015年	1993年	2015年	1993年	2015年
加拿大	出口			81% (1)	77% (1)	<1% (9)	1% (5)
	进口			65% (1)	53% (1)	2% (5)	6% (2)
	进出口			73% (1)	64% (1)	1% (6)	4% (3)
美国	出口	22% (1)	19% (1)			9% (3)	16% (2)
	进口	19% (1)	13% (2)			7% (3)	13% (3)
	进出口	20% (1)	15% (2)			8% (3)	14% (3)

续表

国家		加拿大		美国		墨西哥	
		1993 年	2015 年	1993 年	2015 年	1993 年	2015 年
墨西哥	出口	3%（2）	3%（2）	83%（1）	81%（1）		
	进口	2%（5）	3%（6）	71%（1）	47%（1）		
	进出口	1%（4）	4%（4）	73%（1）	64%（1）		

资料来源：Scotiabank Economics, Bloomberg。参阅网页：http://www.gbm.scotiabank.com/scpt/gbm/scotiaeconomics63/2017 - 02 - 10_ I&V.pdf。

据美国彼得森国际经济研究所（Peterson Institute for International Economics, PIIE）一项研究，无论是否有贸易活动，在美国每年 400 万因工厂关闭和裁员而产生的失业人口中，只有极小部分可归咎于美国的总进口或来自墨西哥的进口。其中，仅有 5%（约 20 万个就业岗位的减少）与从墨西哥的进口贸易增加有关。统计显示，近年来，从墨西哥进口增加导致美国每年损失约 203000 个就业岗位。

2. 对墨出口增加为美国又增加了就业岗位

但是，国际贸易作为一个"双向贸易"，对于任何一国都意味着"有进有出"。因此，在看到因从墨西哥进口减少了美国就业机会的同时，还应看到因对墨出口所带来工作岗位的增加，而两者之差才是"工作岗位的净减少"（Net Job lost）。据统计，2009—2013 年期间，对墨出口增加每年为美国创造了 188000 个就业岗位，这几乎与从墨西哥进口损失的工作岗位数量相同，两者几乎可以相互抵消。不仅如此，新产生的就业岗位比损失的岗位的工资平均增加了 7%—15%。

3. 历史数据显示贸易赤字与就业并非呈正相关关系

事实上，1992—2013 年期间的历史数据显示，美国的贸易赤字与失业率呈负相关关系（见图 1）。这否定了 NAFTA 批评者将失业归咎于贸易赤字的说法。与此同时，研究认为，由于成员国间发挥了比较优势的作用，NAFTA 成员间主要体现为中间产品的绝大多数双向贸易不仅提高了美国的竞争力，也改善了美国在世界市场上的出口状况。

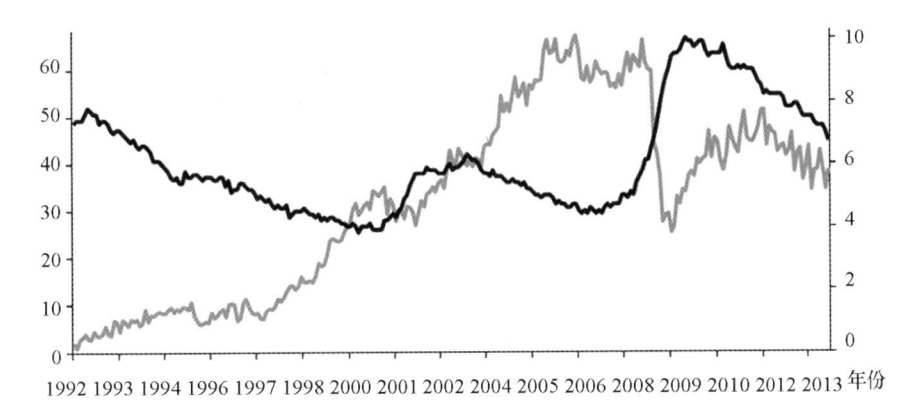

图1 1992—2013年美国月度贸易赤字和失业率曲线

注：左纵轴为月度贸易赤字额，单位为十亿现价美元；右纵轴代表失业率，%。深色曲线表示失业率；浅色曲线表示贸易赤字。

资料来源：Gary Clyde Hufbauer, Cathleen Cimino, and Tyler Moran. NAFTA at 20: Misleading Charges and Positive Achievements. 参阅网页：https://piie.com/publications/policy-briefs/nafta-20-misleading-charges-and-positive-achievements。

（二）NAFTA总体上增加了成员的福利效应

现代的FTA内容可能包罗万象，涉及货物贸易、投资、卫生和植物、技术壁垒以及知识产权等，站在不同角度、不同利益集团、不同行业等出发，评价方式可谓五花八门。但对一项FTA的评价，既要考察它是否达到了成立之初衷，更要从贸易协定本身带来的效应作出评估。通常来讲，实施成效的"事后评价"（ex-post evaluation）计量方法以货物贸易领域关税降低（或消除）导致的经济效用来考察，并且主要关注宏观层面的总体福利和收益变化情况。

有研究对1993—2005年期间关税削减对NAFTA的贸易和福利效应进行了评价（这是因为1993年为NAFTA成立之前，而至2005年NAFTA三国之间几乎为零关税）。结果显示，区内贸易得到极大增长，其中墨西哥增长了118%、加拿大和美国分别增长了11%和41%。其中，墨西哥出口部门的专业化显著，墨西哥外向型出部门由NAFTA成立前，占出口额的1/15增长到2005年的1/3；三国中，从福利效应来评价，墨西哥收益最大（1.31%），美国次之（0.08%），而加拿大福利稍有损失（-0.06%）；所有成员国实际工资水平均实现增长。而若将福利效应

(welfare effects) 进一步分解为贸易条件 (terms of trade) 效应和贸易量 (volume of trade effects) 效应两个子项考察的话,那么,受益主要来自贸易量的增长。成员国之间的来自贸易创造 (trade creation) 的福利大于来自非成员的贸易转移 (trade diversion) 的损失。

此外,国外众多对 NAFTA 运行 20 余年来的效应评价研究显示,NAFTA 对美加墨三国的经济效应的积极方面大于消极方面。

(三) NAFTA 构建了重要的区域性公共产品

通常认为,"区域性公共产品"(Regional Public Goods, RPGs)是区域合作协定的一个重要成果。而 NAFTA 成功为三国构建了重要的 RPGs——为集团内各成员国提供了非排他和非竞争性收益。具体包括:消除了贸易壁垒,便利了跨境商品和服务的流动;促进了公平竞争;促进了区域内投资、保护了知识产权,以及协定的运行、争端解决机制等制度性建设。而"法制原则"(Rule of Law)是 NFATA 提供的最为重要的 RPGs。

统计显示,当 25 年前 NAFTA 谈判提上日程之时,北美三国之间总计签署了 451 项协定。其中,涉及互联互通、和平和安全、自然资源以及环境四类协定的每类均超过了 100 项。这为 NAFTA 最终达成奠定了一定的基础,而 NAFTA 建立后则进一步推动了三国之间相关协议的签署,从而巩固了本地区及相关国家内部的"法制原则"建设(见图 2)。

尽管,在 NAFTA 谈判时美加墨三国均避免采用"超国家主义"——代价较高的地区主义形式,从而未采取类似欧洲和"东南亚国家联盟"(ASEAN)的模式,这在一定程度上制约了地区对于合作和制度建设的需求。但从经济和法律层面来讲,NAFTA 展示了地区主义的努力,通过 NAFTA,三国在消除保护主义和民族主义的政策方面具有重要进展,但各成员政府层面的努力依然不足。其实,区域性公共产品并非解决各国内部根本性问题的"万灵药",各成员国内公共产品不足反而会降低区域性的公共产品实施效果。

(四) NAFTA 为其他 FTA 提供了重要蓝本

若把当前 NAFTA 称为 "NAFTA 1.0",而拟重新谈判完成后的为 "NAFTA 2.0" 的话,那么两代 NAFTA 都被赋予了重要使命。其中,

"NAFTA1.0"对当时美国在西半球和全球的战略构想具有重要意义。一方面,美国意图通过"NAFTA1.0"击破整个地区的"怀疑主义",并将其作为实现美洲一体化——建立覆盖西半球的美洲自由贸易区(FTAA)谈判的蓝本,但最终FTAA化为泡影。另一方面,希望"NAFTA 1.0"在促进与邻国间贸易一体化的同时,成为处理较难的贸易问题的"实验室",以推进当时全球多边贸易谈判进程。事实上,在"NAFTA 1.0"谈判过程中形成的劳工和环境标准不仅成为日后美国签署其他FTA的标准,也成为世界的标准。此后,在小布什(George W. Bush)等政府任期里,美国与巴拿马、韩国、哥伦比亚和秘鲁等达成的FTA中,劳工和环境条款都成为重要内容,并且在吸取了"NAFTA1.0"的经验后,其执行要求更为严格。

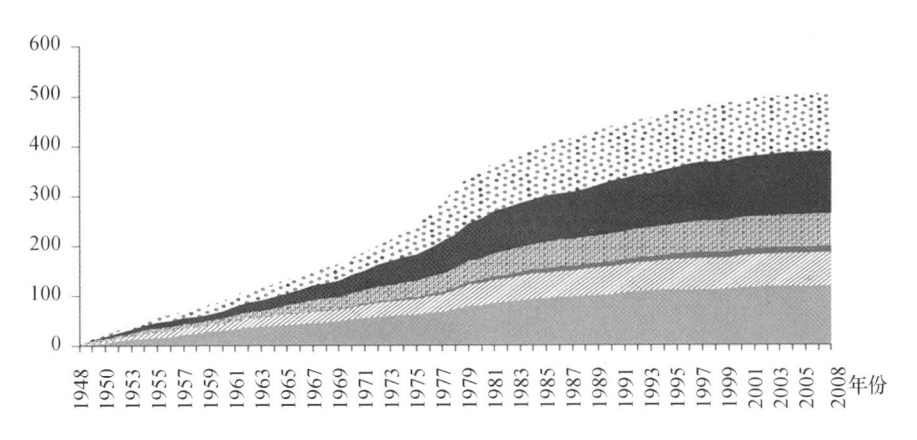

图2 1948—2008年期间北美三国间签署的各类协定数量

注:图中阴影自上而下分别表示和平与发展、环境、人类发展、治理、经济和一体化、互联互通类协定。

资料来源:Antoni Estevadeordal and Louis W. Goodman, "21st Century Cooperation: *Regional Public Goods, Global Governance, and Sustainable Development*"。参阅网页:www. oapen. org/download? type = document&docid = 628290。

表2		美国现有自由贸易协定统计	
	名 称	实施日期	涵盖国家
1	美国—澳大利亚自由贸易协定	2005年1月1日	双边协议
2	美国—巴林自由贸易协议	2006年1月11日	双边协议

续表

	名　称	实施日期	涵盖国家
3	美国—中美洲—多米尼加自由贸易协议	美国分别于2009年1月1日与哥斯达黎加，2007年3月1日与多米尼加，2001年7月1日与危地马拉，2006年4月1日与洪都拉斯和尼加拉瓜，2006年3月1日与萨尔瓦多实施	美国与哥斯达黎加、萨尔瓦多、危地马拉、洪都拉斯、尼加拉瓜和多米尼加
4	美国—智利自由贸易协议	2004年1月1日	双边协议
5	美国—哥伦比亚自由贸易协议	2012年5月15日	双边协议
6	美国—以色列自由贸易协议	1985年8月19日	双边协议
7	美国—约旦自由贸易协议	2010年1月1日	双边协议
8	美国—韩国自由贸易协议	2012年3月15日	双边协议
9	美国—摩洛哥自由贸易协议	2006年1月1日	双边协议
10	北美自由贸易协议	1994年1月1日	美国、加拿大、墨西哥
11	美国—阿曼自由贸易协议	2008年1月1日	双边协议
12	美国—巴拿马自由贸易协议	2012年10月31日	双边协议
13	美国—秘鲁自由贸易协议	2009年2月1日	双边协议
14	美国—新加坡自由贸易协议	2004年1月1日	双边协议
15	跨太平洋伙伴关系协定	2015年10月5日完成谈判，美国2017年宣布退出	亚太12国
16	跨大西洋贸易和投资伙伴关系协定	尚在谈判中	美国与欧盟

资料来源：USTR, Free Trade Agreements。参阅网页：https://ustr.gov/trade-agreements/free-trade-agreements。

此外，于2015年10月完成的TPP谈判，因特朗普宣布美方退出而出现变局，但协定文本为未来全球新一代FTA树立了新标准。其中，有关劳工和环境条款的框架也借鉴了"NAFTA1.0"的经验做法。而就未来的"NAFTA 2.0"而言，若能够谈成，它可能为美国重谈其他已签署的所谓"不合理"FTA（如美韩双边FTA等）积累经验并提供参考蓝本。美国现有FTA（包括已签署、退出和正在商谈的）见表2。

三 北美自由贸易协定前途命运

由于历史的局限和现实的需要,"NAFTA 1.0"的不足之处以及各方的不满日益凸显,并构成了"NAFTA2.0"重谈的重要理由之一。其实,在此次重谈尚未正式开启前,其前景已引起各方关注。迄今,NAFTA 重谈经历了三轮谈判并取得了一定进展,但尚有诸多困难和挑战。至于其前景,除谈判自身具有的复杂技术性、时间紧迫性等因素之外,它可能与政治形势进一步相互交织的风险则增加了结果的不确定性。

(一) NAFTA 升级本身具有一定客观合理性

NAFTA 第 2202 条款就协定修改作出规定:"成员可就本协议的任何修改或补充达成协议,而协议一经达成,并根据各方适用的法律程序予以批准后,则修改或增加的内容应构成本协议的组成部分。"若不考虑其他因素,仅就 NAFTA 本身的适用性来讲,确有与现实需求脱节之处,毕竟"NAFTA 1.0"的谈判完成于 25 年前。

这是因为,一方面,受制于当时的历史背景,谈判达成是三方出于各种目的妥协的结果,难免遗留可商榷(如争端解决机制)和遗憾(如原产地规则)之处,而重谈给各方提供了"纠错"的机会;另一方面,受制于认识水平,目前的协定文本并未能涵盖之后发展起来的诸多新议题。其中包括数字经济、服务业、知识产权、监管实践、海关程序、卫生与动植物检疫措施、劳工、环境、中小企业等。而在协定的补充和升级这一点上美加墨三国具有共识,但墨方的前提是要求尊严和平等的原则。

与此同时,三国经济的相互依存度不对等,潜在影响程度不同,而利益诉求也存在差异。据统计,加拿大和墨西哥对美出口分别占各自出口额的 77% 和 81%,这相当于两国各自国内生产总值(GDP)的 20% 和 26%。但美国对两个邻国的贸易依存度较低,对 NAFTA 的出口仅占其出口的 25% 左右。在墨西哥和加拿大,由于一些行业和地区经济活动高度集中于美国,因此对美国贸易政策的任何变化都会相当敏感。美方希望重谈一个更有利于自己的原产地规则和争端解决机制,增加产品中来自美国的成分,提高协定的公平和效率。而墨西哥方面则希望将通讯、能源和商业等列入谈判领域。

（二） NAFTA 重新谈判存在诸多不确定性

围绕 NAFTA 重谈问题，美墨双方一度针锋相对。特朗普曾威胁到，若无法与谈判伙伴达成一个公平的协定将退出该协定。而墨方表示，不可能就谈判做无原则的让步。NAFTA 第 2205 条款就退出机制作出了安排："允许成员在提前 6 个月书面通知其他成员后退出协定，而协议对其余成员依然有效。"美方也多次威胁退出协定，但最终美方还是选择了重新谈判，采取"升级"（Modernization）现有协定的办法。

自 2017 年 8 月 16 日首轮谈判开启以来，NAFTA 完成了三轮谈判并取得一定进展。其中，第一轮谈判于 8 月 16 日至 21 日在美国举行。重点宣示了三国对升级协定的共识，并承诺以快速、全面的谈判进程建立一个惠及所有民众的具有 21 世纪标准的协定。三国的专家团队就多达 20 余个议题展开谈判和讨论。第二轮谈判于 9 月 1 日至 5 日在墨西哥举行。根据首轮达成的谈判程序，在 20 多个谈判工作组中，有些已达成具体建议或进展，为下轮谈判奠定了基础。第三轮谈判于 9 月 23 日至 27 日在加拿大举行。谈判三方在多数议题上达成了综合文本，尤其是在电信、竞争政策、数字贸易、海关和贸易便利化等方面进展显著。更为重要的是，有关中小企业讨论已实质性完成，而竞争章节取得实质性进展，预计将于下轮谈判前完成。根据既定程序，第四轮谈判于 2017 年 10 月 11 日起在美国举行。综观前三轮谈论，来自三国的 600 多位政府人员，处理着成千上万页的技术性极强的文本，并要达成协议，可谓工作量巨大。尽管取得了一些实质性进展，但余留的谈判工作依然任重道远。

当前，虽然 NAFTA 谈判正在有序推进，但最终结果依然令人担忧。不过，有分析认为美方不太可能在 NAFTA 重谈上走得太远。因为，在美国政府任命多位自由贸易支持者出任高级官员后，或许其政策会"多些务实，少些教条"（More Pragmatic and Less Dogmatic）。与此同时，对于墨西哥而言，与美国经济形成的"依附"局面，也难以让其轻言放弃 NAFTA。尤其是经过 23 年的发展，NAFTA 已使美加墨三方经济实现了深度融合。上述这些纽带有利于美墨经贸关系"在轨运行"，但重谈尚存种种可预见或不可预见的因素，何况谈判结束越晚与两国即将到来的选举交织越深。因为，2018 年美国和墨西哥均将迎来重要的选举。其中，墨西哥将于当年举行总统和议会选举，而美国也将迎来中期选举。为此，NAFTA 谈判能否在彼此政局有所变化之前的 2018 年年初完成谈判尚有不确定性。

（三）NAFTA 重谈不同可能结果带来经济影响各异

尽管各方期望 NAFTA 能够达成最终谈判结果，但有关机构也预测了若 NAFTA 谈判失败或者陷入僵局，而美国于 2018 年第一季度退出 NAFTA 后，出现的如下三种可能情形及其对不同经济体宏观经济的影响：

可能 1：NAFTA 失效。美国根据世界贸易组织（WTO）条款，给予墨西哥和加拿大最惠国待遇（MFN）3.5% 的关税。墨加之间依然相互给予原 NAFTA 的关税待遇；可能 2：美国对墨两国都征收 20% 关税，而后两者给予美国同样待遇的同时，相互间给予 MFN 待遇下的 3.5% 关税（征收 20% 关税为 WTO 所不允许，这意味着美国威胁退出 WTO）；可能 3：美国保护主义政策引发了全球贸易战。美国与墨西哥等国之间相互征收 20% 关税，而美加之间、墨加之间相互给予 MFN 待遇下的 3.5% 关税。尽管出现第 2 种和第 3 种情形的概率较小，但上述三种情形下对三国宏观经济影响的预测显示：美国若采取贸易保护政策，2018 年和 2019 年，三种可能情形下，三国的 GDP 增速均低于 2017 年 4 月《全球展望》预测的基准值（其中，墨西哥经济将连续两年负增长），并且受损程度将随美国贸易保护政策程度的加码而加重，但之后的 2020 年和 2021 年，影响甚微（见表3）。

表3　2018—2021 年在 NAFTA 重谈三种可能结果下美加墨三国实际 GDP 增速预测　　　　　　　　单位：%

国家		2016 年	2017 年	2018 年	2019 年	2020 年	2021 年
加拿大	基准（2017 年 4 月《全球展望》数据）	1.4	2.3	2.0	1.9	1.7	1.6
	可能 1：	1.4	2.3	1.8	1.6	1.9	1.6
	可能 2：	1.4	2.3	0.6	0.1	2.7	2.2
	可能 3：	1.4	2.3	1.2	0.7	3.1	2.0

续表

国　家		2016年	2017年	2018年	2019年	2020年	2021年
墨西哥	基准（2017年4月《全球展望》数据）	2.1	1.4	2.1	3.7	2.5	2.4
	可能1：	2.1	1.4	1.6	3.6	2.6	2.4
	可能2：	2.1	1.4	-0.4	3.1	3.3	2.2
	可能3：	2.1	1.4	-1.1	2.8	4.3	2.3
美　国	基准（2017年4月《全球展望》数据）	1.6	2.3	2.4	2.0	1.5	1.6
	可能1：	1.6	2.3	2.3	2.0	1.6	1.6
	可能2：	1.6	2.3	2.0	1.8	1.9	1.6
	可能3：	1.6	2.3	1.0	1.1	2.6	1.7

资料来源：Scotiabank. Evolving US Trade Policy: What's at Stake for the NAFTA Zone. Global Economics Insights & Views. April 10, 2017。参阅网页：http://www.gbm.scotiabank.com/scpt/gbm/scotiaeconomics63/2017-04-10_I&V.pdf。

四　北美自由贸易协定重谈启示

关注和分析 NAFTA 的前生今世、前途命运及可能影响的意义在于，它是当前全球政治经济形势深度变化和调整中，尤其是全球化与反全球化、自由贸易与贸易保护主义等力量激烈角逐背景下的焦点事件。NAFTA 重谈及其结果不仅将影响美加墨三国的政治经济关系，也将对其他地区的经济合作产生关联影响。为此，也给我们带来思考和启示。

（一）推进有利于经济全球化的重要战略

上述分析可见，保护主义政策将损人不利己。作为经济全球化的支持者、拥护者和受益者，维护全球多边贸易体系、开放经济和自由贸易是中国作为全球第二大经济体的重要责任。面对复杂形势，一方面，中国要积极推动自身所在区域的经济合作，促使区域全面经济伙伴关系（Regional Comprehensive Economic Partnership, RCEP）及亚太自由贸易区（FTAAP）等早日建成；另一方面，加强与包括拉美地区在内的世界其他区域的经贸合作，共同捍卫开放、自由、公平的全球贸易环境。

(二) 实施已有自由贸易协定的升级换代

当前，中国正与智利、秘鲁、新西兰等国就已实施的双边FTA进行升级。其中，2016年11月，中秘宣布启动双边FTA升级联合研究。据悉，双方已就升级谈判的覆盖范围和指导原则达成一致，确定未来升级谈判将覆盖货物贸易、服务贸易、贸易相关规则、经济技术合作等领域。同年，中国和智利FTA也启动升级谈判。此外，中新正式启动双边FTA升级谈判。根据《联合评估工作组关于中国—新西兰自由贸易协定升级的建议》，升级谈判范围将涵盖服务贸易、竞争政策、电子商务、农业合作、环境、技术性贸易壁垒、海关程序合作和贸易便利化、原产地规则等众多领域，将推动中新FTA升级成为更高水平的贸易协定。

(三) 开展对新一代贸易协定标准的研究

从始于20世纪90年代的"NAFTA1.0"谈判到此次拟议启动的"NAFTA 2.0"谈判，我们看到许多新议题、新标准等可能成为下一代双边和多边FTA谈判的重要内容和规则。因此，结合NAFTA重新谈判过程衍生的问题（包括对TPP的再认识等），总结我国已启动升级的双边FTA的实践经验，可为未来中国启动其他新的FTA谈判做充分准备。

结　语

本文截稿时，NAFTA即将进入第四轮谈判。但整个谈判能否如期于2018年年初结束仍有待观察。毕竟此次重谈并非是对既有文本的修修补补，而是全面地谈判和升级为一个新协定，因此其难度和复杂性可想而知。其实，协定重谈不仅是一个经济问题，更是一个政治问题；不仅是三国之间利益博弈，也是三国各自国内力量的较量。那么，在交织了上述因素后，无疑增加了谈判结果的不确定性。NAFTA重谈可谓一面镜子，我们从中不仅看到了与时俱进地升级自由贸易协定之必要性，也看到贸易保护主义之弊端以及推进经济全球化、维护开放经济和自由贸易之重要性。

拉美国家的减贫政策、成效与经验教训

房连泉[*]

【内容提要】 本文回顾拉美国家20世纪90年代以来的社会贫困形势变化及主要减贫政策,重点从有条件现金转移支付计划、非缴费型社会养老金以及多维贫困治理三个方面,分析拉美国家的减贫政策成效及其对中国的经验教训和启示。

【关键词】 减贫政策;CCT计划;社会养老金;多维贫困

一 20世纪90年代以来拉美社会贫困形势的变化

(一)过去25年期间减贫成效突出

1990年以来,拉美国家取得了突出的减贫成效,这主要得益于此期间较好的经济增长表现,尤其是在2003年至2008年期间,大部分拉美国家实现了较快的增长,使减贫步伐加快。图1说明了1990年以来拉美地区的两轮减贫周期变化。至2014年,拉美的整体贫困率下降了20个百分点,但期间持续的贫困率下降过程有两个被打断的期间,分别为:1997年至2002年期间和2012年至今;在这两个期间贫困率水平基本未发生变化。分析图中数据可看出,2012年的危机周期与1998年时的危机周期有很大的相近性。

---

[*] 房连泉,中国社会科学院拉丁美洲研究所社会文化室研究员。

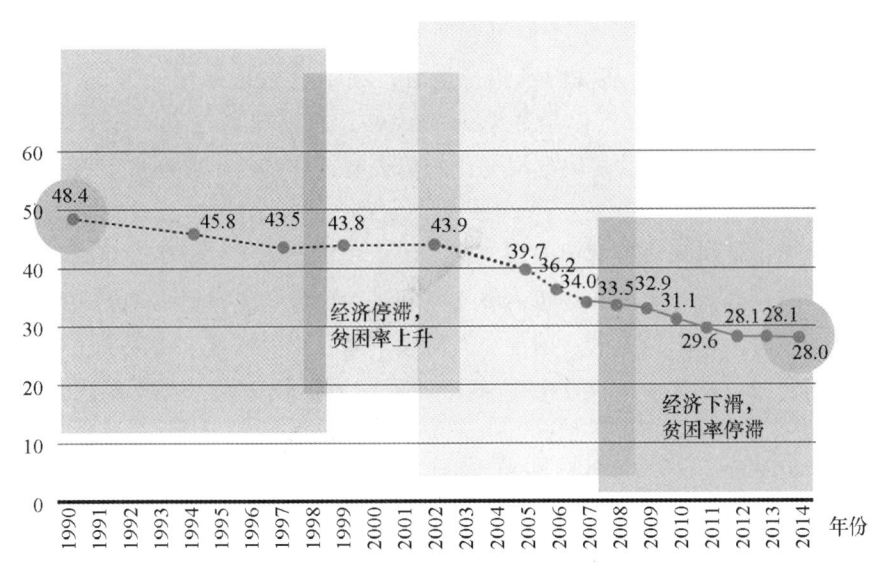

图 1　1990 年以来拉美地区贫困率的变化周期

资料来源：ECLAC, *Social Panorama of Latin America* 2015, Santiago Chile, March 2016, 2017 年 4 月 1 日检索。

按照世界银行的分析，自 2003 年之后的 10 年，拉美的减贫成效尤为突出，主要表现在：第一，赤贫率下降一半。从 2003 年的 24.1% 下降到 2013 年的 11.5%；第二，在 2004 年到 2012 年期间，在每天收入低于 4 美元的人群中，约有一半人口走出贫困；第三，在 2003 年至 2013 年期间，接近一亿人口进入中产阶级，历史首次实现了中产阶级人口总量超过贫困人口的突破；第四，在贫困率下降的同时，收入分配差距程度也有所降低。①

（二）2012 年以来减贫步伐出现停滞

2012 年以来，受经济增速放缓、大宗商品价格下降、通胀上升以及劳动力市场疲软等因素的影响，拉美地区的减贫形势陷入僵局，贫困率上

---

① World Bank, Five trends in the fight against extreme poverty in Latin America and the Caribbean, http://www.worldbank.org/en/news/feature/2015/10/15/five-tendencies-fight-against-extreme-poverty-latin-america-caribbean, 2016 年 1 月 10 日检索。

升出现反弹。从绝对数量上看，2015年拉美地区的贫困人口数量预计为1.75亿，其中赤贫人口为7500万，两项数据较2014年分别增加了700万和500万（见图2）。从贫困率指标上看，2015年贫困率预计为29.2%，较上年上升1个百分点；赤贫率为12.4%，较上年增加0.6个百分点（见图3）。近几年来的贫困数据变化趋势表明，连续几年的经济下跌已基本上使减贫形势停滞下来。在2015年，贫困率和贫困人口数量都显著上升，说明了危机形势下贫困出现恶化。根据拉美经委会的分析，目前拉美地区约有一半人口储蓄和资源占有不足，不少已脱贫人口面临着再次陷入贫困的风险。未来拉美的贫困率能否持续下降，很大程度上将取决于经济恢复的前景。从这个意义上说，本轮的周期似乎较20世纪90年代更长一些。[①]

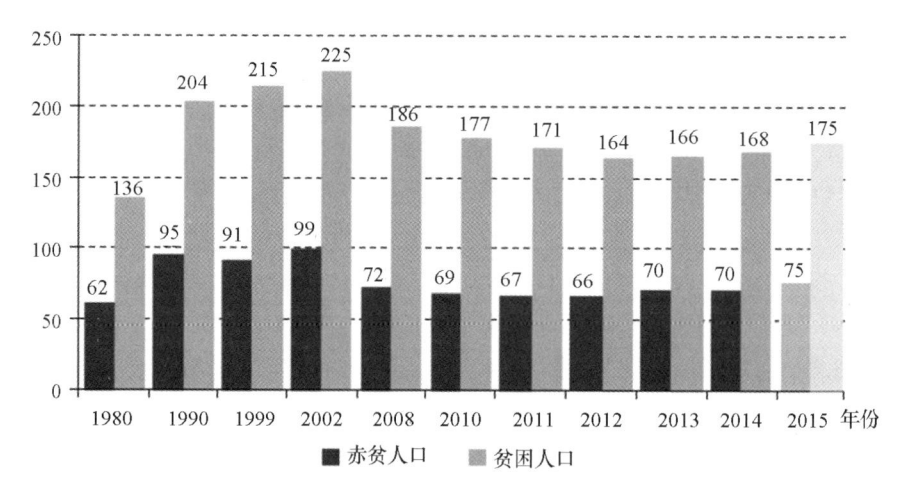

图2 拉美地区贫困人口数量变化

资料来源：ECLAC, *Social Panorama of Latin America* 2015, Santiago Chile, March 2016, 2017年4月1日检索。

---

① ECLAC, *Social Panorama of Latin America* 2015, Santiago Chile, March 2016, 2017年4月1日检索。

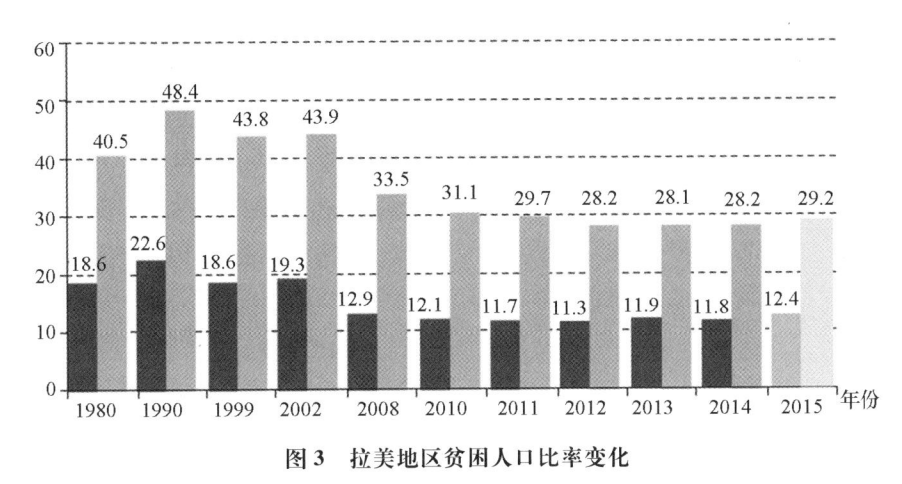

图 3　拉美地区贫困人口比率变化

资料来源：ECLAC，*Social Panorama of Latin America* 2015，Santiago Chile，March 2016，2016 年 4 月 1 日检索。

（三）收入分配差距状况得到明显改善

从收入分配情况看，近 10 年来拉美地区的不平等状况得到了不断改善，这主要得益于就业率的上升、社会性再分配转移、技术工人和非技术工人之间的收入差距缩小等因素。在 2002 年至 2013 年的 12 年期间，基尼系数平均下降了 10%，从 0.542 下降至 0.486。根据拉美经委会的分析，在拉美八个国家，2002 年至 2013 年期间，最穷 20% 人口的收入份额增加了 1%，其收入整体占比达到 5.5%；最富 20% 人口的收入份额则下降了 5 个百分点。从基尼系数上看，2008 年至 2012 年期间，12 个国家的基尼系数平均下降了 1 个百分点，不平等程度平均每年下降 1%。从财政政策的再分配效果上看，拉美国政转移支付政策对降低基尼系数的贡献为 3 个百分点，公共教育和卫生的贡献率为 6 个百分点，在再分配政策的实施效果上，仍较 OECD 国家有一定差距。同期间，OECD 国家转移支付和个人所得税政策使基尼系数下降了 17%，而社会公共支出则使基尼系数下降了 7 个百分点。[①]

在拉美，收入不平等问题与种族、性别不平等以及教育、就业等因素

[①] ECLAC，*Economic and Social Panorama of the Community of Latin American and Caribbean States* 2015，http://www.cepal.org/en/node/35787，2016 年 1 月 10 日检索。

联系在一起，具有深层次背景。图 4 分种族、群体和性别说明了拉美各类人群劳动收入的差别情况，可看出土著居民和非洲裔居民的收入水平明显较低，而这两个群体中的女性群体收入水平则更低。随着受教育年限的增加，各类人群之间的收入差距进一步加大。

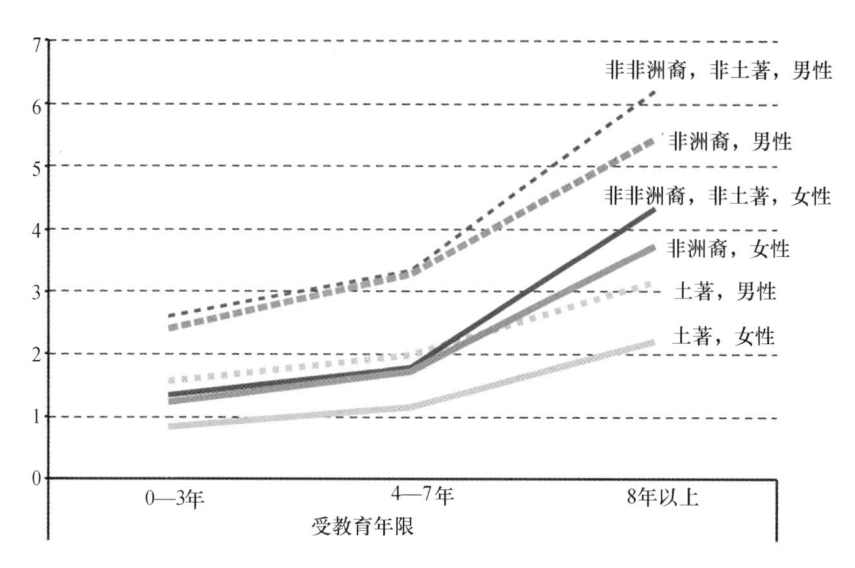

图 4　拉美八国各收入群体月劳动收入的对比
（劳动收入相对于各国贫困线的倍数）

注：图中各国家数据的对应年份分别为：巴西（2011）、智利（2011）、厄瓜多尔（2011）、墨西哥（2010）、巴拉圭（2011）、秘鲁（2011）、玻利维亚（2009）、乌拉圭（2011）。

资料来源：ECLAC, *Economic and Social Panorama of the Community of Latin American and Caribbean States* 2015, http://www.cepal.org/en/node/35787, 2017 年 5 月 10 日检索。

图 5 说明了 2000 年以来拉美阶层结构的变化情况。按着 OECD 的划分方法，以 2005 年美元的购买力为标准，将每天收入 10—50 美元的阶层定义为"稳定的中产阶级"（consolidated middle class）；每天收入 4—10 美元的阶层定义为"脆弱阶层"（vulnerable），这部分人群处于贫困线之上，但收入很不稳定；将每天收入低于 4 美元的人员界定为贫困阶层。可以看出，自 2000 年以来拉美的贫困阶层不断下降，"中产阶层"不断增多。到 2009 年，拉美中产阶级数量已超过了贫困阶层，是历史上的首次突破。但从阶层结构看，处于这两个阶层之间的"脆弱"群体仍然非常

巨大，其规模超过了"中产阶级"，2014 年的占比达到了 39%。"脆弱阶层"收入不稳定，在危机期间很容易滑入贫困。根据联合国开发计划署（UNDP - 2016）的估计，在此轮危机过程中，拉美有 2500 万—3000 万人口重新返贫，近几年的经济衰退正在考验着拉美社会结构的脆弱性。①

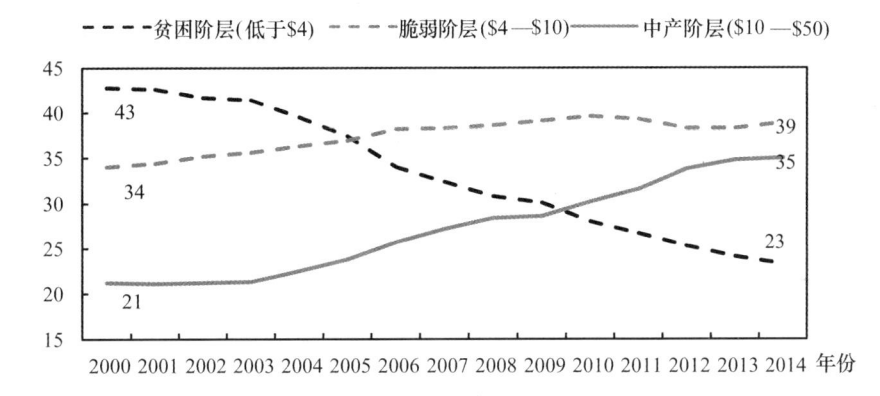

图 5　拉美地区社会人口分层结构（各阶层人数占比）

资料来源：OECD and World Bank（2016），*LAC Equity Lab tabulations of SEDLAC（CEDLAS and the World Bank）and World Development Indicators*，http：//dx. doi. org/10. 1787/888933413941，2017 年 5 月 28 日检索。

二　拉美国家主要的减贫政策分析

（一）减贫政策框架

2000 年以来，拉美国家越来越重视社会贫困治理问题，提出了增强"社会凝聚"（social cohesion）、加强社会融入（social inclusive）、基于权利的普享型社会保护等目标。尤其是在拉美地区上一轮的左派执政周期中，有十几个拉美左翼政府（委内瑞拉、巴西、阿根廷、乌拉圭、智利、玻利维亚、尼加拉瓜和厄瓜多尔等，占全地区 2/3 以上），高度关注社会领域政策和减贫问题。拉美国家的社会减贫措施主要有三类：一是劳动力市场建设，包括减少童工，增强最低工资立法与减少失业等；二是增强教

---

① OECD，*Latin American Economic Outlook* 2017 *Youth，Skills and Entrepreneurship*，http：//www. oecd. org/publications/latin-american-economic-outlook-20725140. htm，2017 年 1 月 28 日检索。

育，包括技术教育与培训；三是加强社会福利，聚焦于赤贫家庭、增强儿童福利以及构建非缴费型养老金制度。①

2009年以来，由于粮食和燃料价格的上升，许多拉美国家的物价水平呈现上涨趋势。针对近几年物价水平的上升，许多拉美国家实施了积极的宏观调控政策，采取的主要措施有以下几类：一是引入了现金转移支付计划；二是采取直接物价补贴；三是采取间接保护措施，例如对进口食品给予低关税优惠；四是实施食品发放计划。这些措施对于削减贫困，保护弱势群体都起到了一定的积极作用。表1进一步列出2009年金融危机以来，拉美国家在扶助就业、保护贫困以及扩大社会救助项目等方面所采取的劳动力市场和社会扶贫措施，可以看出这些国家所采取社会干预政策是多方面的，这为社会发展指标的改善提供了条件。

表1　　　　　　　　拉美国家主要的社会公共政策

主要社会政策项目	实施国家
1. 对雇佣或保留工作岗位给予补贴	阿根廷、哥伦比亚、哥斯达黎加、牙买加、墨西哥、尼加拉瓜、乌拉圭
2. 调整失业保险计划	阿根廷、巴哈马、巴西、智利、厄瓜多尔、墨西哥、乌拉圭
3. 实施培训项目	阿根廷、巴哈马、伯利兹、智利、哥伦比亚、墨西哥、秘鲁、乌拉圭
4. 增加临时性就业	阿根廷、巴哈马、玻利维亚、智利、哥斯达黎加、墨西哥、秘鲁、巴拉圭、多米尼加、萨尔瓦多、乌拉圭
5. 引入或扩大社会转移支付项目	阿根廷、巴哈马、玻利维亚、巴西、智利、哥伦比亚、哥斯达黎加、危地马拉、洪都拉斯、尼加拉瓜、巴拿马、巴拉圭、多米尼加、萨尔瓦多、乌拉圭
6. 调整养老金	阿根廷、巴西、厄瓜多尔、巴拿马、巴拉圭、萨尔瓦多、苏里南、萨尔瓦多

---

① Pauline Stockins. *Good practices in monitoring and reporting on the Millennium Development Goals: National lessons from Latin America*. ECLAC Statistics Series. printed in United Nations, Santiago, Chile. August 2013.

续表

主要社会政策项目	实施国家
7. 食品支持计划	伯利兹、哥斯达黎加、萨尔瓦多、危地马拉、洪都拉斯、牙买加、尼加拉瓜、巴拿马、多米尼加

资料来源：ECLAC, *Economic Survey of Latin America and the Caribbean* 2012. Santiago Chile, December 2012。

社会公共支出（public social spending）是衡量一个国家（地区）经济发展水平和公共财政能力的重要指标。20世纪90年代初以来，拉美地区的社会开支占GDP的比重持续上升，已由1991—1992年的12.6%提高到了2013—2014年的19.5%。[①] 尽管自2010年以来拉美地区的经济增长出现下滑，但社会公共支出仍延续了20世纪90年代以来的增长趋势。图6说明了1991年以来拉美国家政府总公共支出和社会公共支出的变化趋势，期间公共支出GDP占比由1991年的26.2%上升到了2013年的29.5%，而社会支出GDP占比也由1991年的13.8%上升到2013年的19.1%，两项指标说明了社会支出水平的不断上升态势。据联合国拉美经委会统计，2013年拉美21国社会公共支出合计约为6850亿美元（以2005年美元价格计算）。2012年来，受经济增长和部分国家选举支出增加因素的影响，拉美地区社会公共开支的增长势头变慢，但总体支出规模仍在上升，反映了社会支出的逆周期性效应在增强。近年来，部分拉美国家开始采取紧缩性的财政政策，财政赤字水平较为稳定，这也为维护社会支出水平创造了条件。

（二）CCT计划在社会减贫中发挥重要作用

拉美地区过去20多年的减贫成绩与大规模的社会项目联系在一起，其中最著名的就是有条件的现金转移支付计划（Conditional Cash Transfer Programs，CCT）。自从1997年墨西哥第一个引入CCT项目——"机会计划"（Oportunidades Plan）以来，拉美已有22个国家实施了该类扶贫计划。根据世界银行的统计，2011年拉美18国的CCT计划覆盖了约1.29亿人口，约占总人口20%，覆盖了近70%的贫困人口。在巴西，该国的

[①] CEPAL, *Panorama Social de América Latina* 2015.

"家庭津贴计划"（Bolsa Family）是全球覆盖人数最多的 CCT 计划，受益群体人数超 5000 万，占总人口的 1/4 以上，与社会贫困人口总量大致相当。相对于社会养老金（Social Pension）和无条件现金转移支付计划等福利项目，CCT 的目标定位性更强，更有利于实施精准扶贫战略。[①]

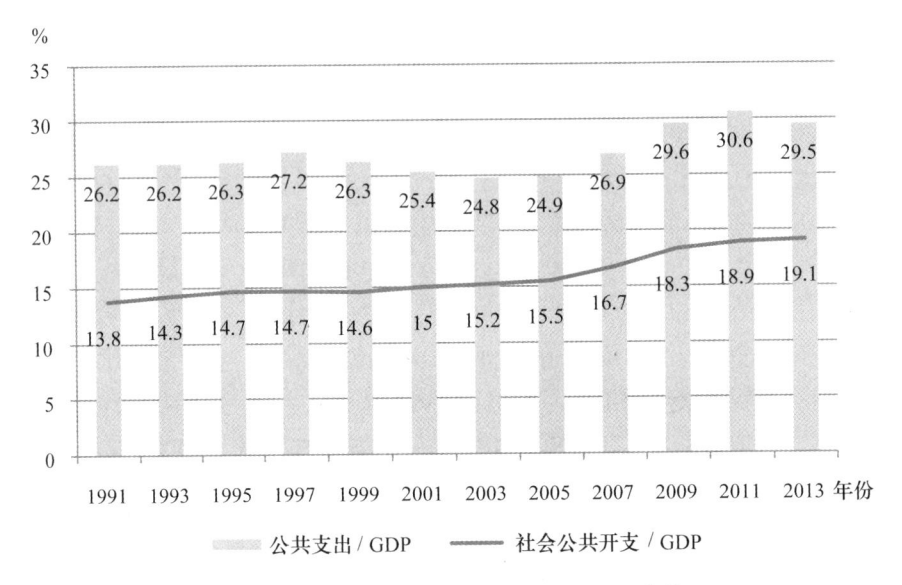

图 6　1991—2013 年拉美社会公共支出的变化

资料来源：ECLAC, *Social Panorama of Latin America* 2014, Santiago Chile, December 2014, http://repositorio.cepal.org/bitstream/11362/37627/1/S1420728_en.pdf，2017 年 5 月 1 日检索。

在拉丁美洲国家，CCT 计划 50% 的资源用于最贫困的群体，在其他地区最近采用 CCT 的部分国家，资源也大都集中于贫困家庭。图 7 说明了 CCT 计划与其他社会救助项目在贫困人口目标定位效果上的比较，以五分位法划分收入群体，CCT 计划覆盖了 40% 以上的 Q1 群体（最低五分之一收入群），该比例远高于无条件的现金转移计划、社会养老金和社会公益性项目等福利计划。一般普享型福利项目的特点是均等化分配资源，因此对低收入群体的扶贫效果并不突出；而 CCT 计划的扶贫对象则更有

---

① 房连泉：《国际扶贫中的退出机制——有条件现金转移支付计划在发展中国家的实践》，《国际经济评论》2016 年第 6 期。

针对性，再分配作用更强。从 CCT 项目的支出水平上看，大部分的财政负担保持在 GDP 的 1% 以内，2011 年拉美 18 国的平均支出不足 GDP 的 0.5%。[①] 可以说，CCT 计划以较低的成本支出，实现了较好的减贫效果，拉美国家的证据尤其说明了其在降低婴幼儿死亡率、营养不良、童工使用率，以及提高学校出勤率和家庭健康状况等方面，具有突出的成效。由于 CCT 计划在发展中国家的实施时间尚短，目前其对于促进家庭人力资本长远发展目标的效果还不明显。例如，拉美国家还没有充分的证据说明，CCT 计划与受益者的学业成绩、找到工作和收入能力的提升有强的关联性。[②]

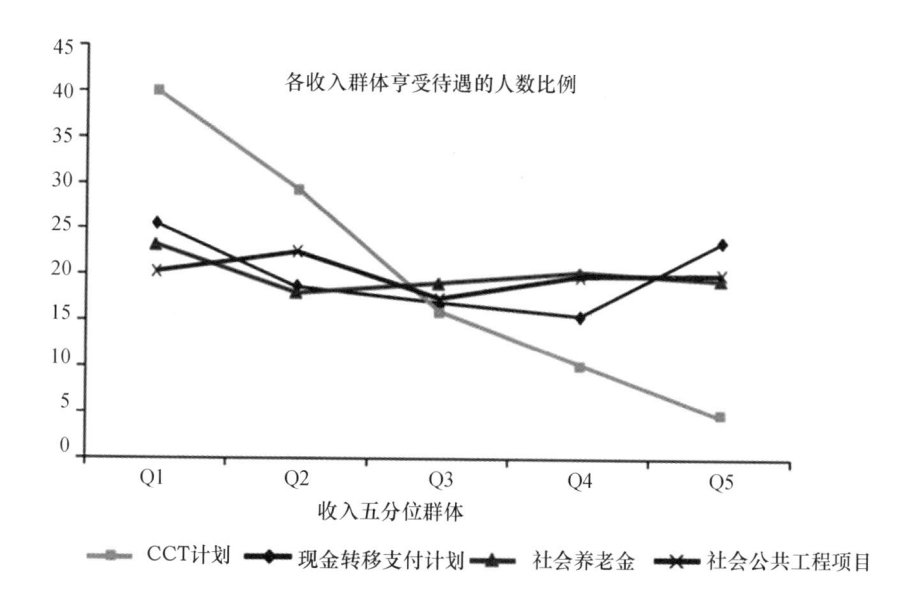

图 7　CCT 计划与其他各类福利项目的覆盖面比较（五分位收入群体）

资料来源：World Bank, *the state of social safety nets* 2015, http://documents.worldbank.org/curated/en/2015/07/24741765/state-social-safety-nets-2015。

在 CCT 计划实施过程，贫困退出的问题越来越重要，即进入 CCT 计

[①] Marco Stampini Leopoldo Tornarolli, The Growth of Conditional Cash Transfers in Latin America and the Caribbean: Did They Go Too Far? IZA Policy Paper No. 49, http://ftp.iza.org/pp49.pdf.

[②] Medellín, Nadin; Ibarrarán, Pablo; Stampini, Marco; Villa, Juan Miguel, Moving Ahead: Recertification and Exit Strategies in Conditional Cash Transfer Programs, https://publications.iadb.org/handle/11319/7359#sthash.aaXTx9qX.dpuf.

划的受益人口如何退出计划，摆脱福利依赖性的问题。近年来拉美国家开始探索两类退出程序：一是受益人资格的重新认证，即对受益人的资格进行重新评估和再次确认的过程，通过资格的重新认定程序，将部分已走出贫困的家庭解除 CCT 计划的福利补贴；另一程序则是退出过程中的收入干预措施，对于 CCT 计划的"脆弱"家庭继续给予扶持，通过后续的收入干预（Income Intervention）措施增强家庭的持续收入能力，以实现长期内的摆脱贫困。这类措施包括教育、就业培训和小额信贷等扶持计划。总体来看，拉美地区扶贫退出程序尚处于初期阶段，退出人群还非常少，下一步的实施效果仍有待观察。

（三）引入非缴费型的社会养老金计划

始于 20 世纪 80 年代，拉美地区经历了一场深刻的社会保障私有化改革历程，许多国家引入了缴费型的个人账户养老金计划，但改革后各国的养老金覆盖面普遍呈下降的趋势。

从实际运作情况看，积累制个人账户养老金计划虽然有诸多优点，但也面临着覆盖面下降、管理成本高涨以及再分配功能弱等弊端。在改革后的 12 个国家中，大部分国家的养老金覆盖面出现了下降趋势。来自世界银行的调查数据表明，2008 年整个拉美地区平均仅有不足 40% 的老年人享有个人账户养老金。被排除在养老金制度之外的人口主要为贫困群休和受教育水平低的人口，由于个人账户计划为缴费型养老金，待遇水平与过去的就业历史和工资收入直接关联，因而更有利于城市人口参加。在城市地区，正规部门就业比例相对较高，劳动力市场更有组织性，且政府部门具有强制实施制度；而在农村地区，就业的不稳定和收入水平较低等情况都在很大程度上限制了缴费型个人账户养老金计划的参保率。

在这种情况下，非缴费型养老金（non-contributorypension）的重要性就显现出来。非缴费型养老金也被称作税收融资的养老金或社会养老金，是拉美地区扩展养老金覆盖面的一个重要工具，在降低社会贫困率方面也起到了重要作用。拉美是社会养老金计划最为普及的地区之一。少数国家在 20 世纪初就开始引入社会救助养老金，但大部分国家是在 20 世纪 90 年代的养老金制度结构性改革之后，才引入了社会养老金计划。据世界银行的统计，在 2000—2013 年期间，该地区至少有 18 个国家引入了非缴费型的社会养老金计划，将近 1100 万之前没有养老金的老年人口被纳入保障,社保覆盖面有近1/3的增幅。该趋势可以说是对20世纪80年代以来私有化养老金改革的一种模式转换,说明拉美国家已开始重新审视政府在社会养老中的责任。

拉美地区的非缴费型养老金可划分为三种类型:一为普享型,包括玻利维亚、特立尼达和多巴哥两国,所有符合条件的老年人都可获取社会养老金;二为融合型,在阿根廷、巴西、智利、墨西哥、巴拿马和乌拉圭等国家,社会养老金为补缺性质,仅针对未加入缴费型养老金的群体;三为目标定位型,在哥伦比亚、哥斯达黎加、厄瓜多尔、萨尔瓦多、巴拉圭和秘鲁等国家,社会养老金主要针对弱势的社会贫困群体。就待遇水平而言,大部分国家社会养老金待遇水平超过了贫困线,有的甚至高达贫困线的几倍。就财政负担而言,大部分国家社会养老金的支出占GDP的比重都低于1%,处于财政可承担的支付水平。

拉美国家的非缴费型养老金在扩展社保覆盖面方面起到了关键性作用,在玻利维亚、厄瓜多尔、智利和哥斯达黎加四国,仅有非缴费型养老金待遇的老年人口比重分别达到了58%、17%、14%和21%。非缴费型养老金对于扶贫同样重要。从表2可以看出,阿根廷、巴西、智利和哥斯达黎加四国在引入非缴费型养老金制度后,老年人口的贫困率下降幅度达到20%—30%;赤贫率的下降幅度则更加明显,例如在巴西达到了95.5%,智利和阿根廷则达到了近70%的水平,充分说明了社会养老金对于赤贫人口的重要保障作用。

表2　　　　　　　　部分拉美国家社会养老金在扶贫中的作用

国家	赤贫率%			贫困率%		
	有社会养老金	无社会养老金	赤贫率下降幅度	有社会养老金	无社会养老金	贫困率下降幅度
阿根廷(1997)	10.0	30.4	67.1	39.1	56.5	30.8
巴西(1999)	1.2	26.6	95.5	4.6	6.5	29.2
哥斯达黎加(2000)	32.0	40.7	21.4	18.7	24.7	24.3
智利(2000)	3.7	12.0	69.0	13.0	16.1	18.7

资料来源:Fabio M. Bertranou, Wouter van Ginneken and Carmen Solorio, "The Impact of Tax-Financed Pensions on Poverty Reduction in Latin America: Evidence from Argentina, Brazil, Chile, Costa Rica and Uruguay", International Social Security Review, Vol. 57, 4/2004。

(四) 开始引入多维贫困减贫策略

传统的减贫政策建立在单维的现金收入度量基础之上。贫困家庭被界定为收入低于一个标准线,或者在基本生活需求、能力方面不能满足一定的标准。其主要的缺陷在于将贫困仅仅看作是一种货币收入现象,仅采用收入指标作为衡量福利状况的代理变量,从而忽视了贫困等的多因素复杂性。以拉美的 CCT 计划为例,它可以清晰地测定收入标准,但忽视了人力资本的投资不足问题。例如,在选择了一个地理区域后,CCT 计划管理部门通过家计调查的方式可以直接了解到家庭的收入贫困情况,但家庭的人力资源情况却是被间接了解到的(例如有儿童的家庭、怀孕妇女等条件),并没有真正了解到贫困家庭在各个维度(教育、住房、卫生等)上实际的"被剥夺"情况。

21 世纪初,联合国开发计划署基于著名学者阿玛蒂亚·森的学术理论以及经济学家 Alkire 和 Foster 的贫困测量方法,第一次公布了全球 104 个国家和地区的多维贫困指数,从此,多维贫困的研究成为近年来贫困问题研究的一个焦点,从多维视角解读贫困并探索扶贫政策在学术界得到认可和推动。1990,联合国创立了基于阿玛蒂亚·森理论的人类发展指数(HDI)。2007 年,Alkire 和 Foster 发表了《计数和多维贫困测量》一文,在 Alkire-Foster 方法基础上,形成了《2010 年人类发展报告》中的多维贫困指数(MPI)。AF 方法随后在世界范围内得到了广泛的应用。拉美各国在总结实践经验的基础上,对贫困的界定从传统的贫困线法(一维)过渡到了基本需要(多维),开始重视基于发展视角的多维贫困。2011 年,Roberto Carlos 等对哥伦比亚多维贫困指数(1997—2010)进行了测算,该报告基于 Alkire-Foster 的测量方法。墨西哥国家统计局、巴西等地学者也纷纷对本国的多维贫困情况进行了测算。值得指出的是,2013 年,CEPAL 发布了《多维贫困测量》的报告。该报告论述了研究多维贫困的意义、测量方法以及其现实挑战。报告指出:多维贫困研究完善了贫困的定义,为今后的社会政策提供了理论支撑,但目前仍面临维度的选择、不同维度间的界定、测量的可行性、结果的透明性等领域中的挑战。

拉美国家运用的一个方法是最基本的需求法(unmet basic needs),用在生活条件方面的一些差距,包括居住条件(拥挤和材料缺失)、基本服务(用水和卫生条件)和教育等指标,加权计算多维贫困指数。这些指标通常可以通过问卷调查获得，但在营养状况、健康状况和就业状态等方面指标的获取上，通常面临着信息不足的问题。2014年拉美经委会出版的《拉美社会发展概况》从居住条件、基本服务、生活水准、教育和就业五个维度，对拉美15个国家的多维贫困情况进行了分析（见图8），①得出的主要结论有：第一，2012年拉美国家大约有28%的人口生活在多维贫困之中，其中多维贫困现象最严重的国家基本上是中美洲或是临近中美洲的国家，例如尼加拉瓜、洪都拉斯、危地马拉均有超过70%的居民属于多维贫困人群。第二，多维贫困发生率最低的拉美国家几乎是南美洲且经济发展较好的国家，例如智利、阿根廷、乌拉圭、巴西和哥斯达黎加，其多维贫困人口分别占各自所有人口在10%上下。第三，贫困发生率较高的国家，其多维贫困强度也越高。也就是说，拥有多维贫困人口越多的国家，反映贫困维度被剥夺的指标也越高。第四，在不同群体之间，多维贫困率和强度存在明显差异，例如农村地区的贫困要比城市地区严重得多。第五，在2005年到2012年期间，在大部分拉美国家，多维贫困率都有所下降，说明拉美国家在多维贫困的改善上都取得了一定效果。②

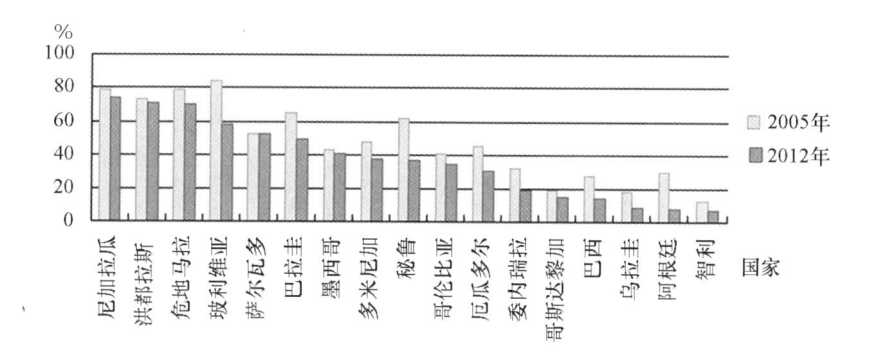

图 8　拉美 17 个国家 2005 年及 2012 年前后多维贫困发生率

资料来源：ECLAC, *Social Panorama of Latin America* 2014, Santiago Chile, December 2014, http: //repositorio. cepal. org/bitstream/11362/37627/1/S1420728_ en. pdf, 2017 年 5 月 1 日检索。

---

① ECLAC, *Social Panorama of Latin America* 2014, Santiago Chile, December 2014, http: //repositorio. cepal. org/bitstream/11362/37627/1/S1420728_ en. pdf, 2017 年 5 月 1 日检索。

② 同上。

三 拉美国家减贫经验教训对中国的启示

中国和拉美主要国家均处于中等收入阶段，在两地区发展面临的诸多挑战中，消除贫困，实现经济社会的包容可持续发展是重要的社会议题。党的十八届五中全会制定了"十三五"规划目标，将"我国现行标准下农村贫困人口实现脱贫"作为明确任务要求。因而，借鉴和中国发展阶段最为相似且问题相似的拉美国家对贫困问题的研究，共享减贫与发展经验，相互学习，相互借鉴，具有重要的理论和现实意义。2016年11月中国政府《中国对拉美和加勒比政策文件》，尤其强调了在社会领域加强双方减贫合作的重要性，指出："推动中拉在减少贫困、消除饥饿、缩小贫富差距等领域开展对话和交流，分享贫困识别等方面的信息，共享精准扶贫经验。开展技术合作，加强减贫能力建设，促进双方制定有利于贫困人口和弱势群体的经济和社会政策。"拉美减贫的经验教训对中国的启示是多方面的。

（一）在经济增长的基础上注重社会的协调发展

拉美地区是最早开始工业化和现代化实践的发展中地区，但贫困率较高和收入分配差距过大一直是拉美地区大多数国家未解决好的重大问题。在20世纪六七十年代，拉美地区经济也一度出现较快增长，但贫困和收入分配问题却并没有因此消除。进入80年代后，拉美地区先后经历了"失去的十年"和新自由主义改革等重大经济和社会转型，经济持续衰退或低速增长，使本来已经很严重的贫困问题进一步恶化。直到本世纪初，拉美地区多数国家才开始从长期经济增长停滞的困境中逐步走出来。从2003年开始，在经济恢复增长的同时，拉美地区的贫困和收入分配状况得到了持续改善，但2013年以来又有所反复。拉美"先增长、后治理"的模式给中国带来了重要启示：第一，经济增长是社会发展的基础。从历史上看，拉美经济增长较快的时期，社会减贫效果也较为突出。例如，拉美的一个历史现象是在20世纪80年代和90年代，经济增长率超过3%时，贫困率是下降的，而当经济增长率低于3%时，往往出现"增长性贫困"的现象，即经济增长的同时，贫困也在上升；第二，社会治理应同步于经济发展。历史上拉美"先增长、再分配"的策略是失误的，留下了种种社会隐患，造成后期的社会治理成本上升。当前，中国已进入中上等收入发展阶段，在此阶段社会问题的治理是相当重要的，就业、收入分配和社会保障等社会政策是扩大和稳定中产阶层、形成社会共识和增强凝聚力的关键措施。同时，拉美的教训也表明，一些社会发展中的深层次问题根深蒂固，例如教育水平滞后、创新能力弱、腐败现象以及社会公共安全等问题，需要从源头上进行治理。

（二）加快发展非缴费型社会福利项目

扩大社会保障制度的覆盖面是全球各国普遍面临的一个难题，在发展中国家这个问题尤为突出。分析拉美地区非缴费型社会养老金制度的改革经历，结合中国实际情况，可以得出以下几点启示。

第一，拉美引入的个人账户计划并没有对扩大社保覆盖面作出积极贡献。经历20世纪80年代以来的私有化改革，许多国家引入了缴费型的个人账户养老金制度，但改革后大多数国家的养老金覆盖面处于停滞或下降状态。从理论上讲，个人账户计划有利于加强经济激励，鼓励养老金储蓄，但这种效果在拉美并未显示出来。其中的一个重要原因在于：强制储蓄性的养老保险覆盖率在很大程度上与宏观经济状况和劳动力就业相联系。自20世纪末以来，拉美整个地区就业市场的一个显著特征是非正规性不断加重，针对大规模的非正规部门就业群体，缴费型养老金制度显得无能为力。这对于中国引入的"新农保"制度来讲，有很强的警示意义：由于农村地区特殊的经济社会条件以及大规模的人口流动等特点，缴费型个人账户养老金的实施面临着一定的局限。当前，中国的城乡居民养老保险制度缴费水平普遍较低、参保积极性不高的事实，也充分说明了缴费型个人账户养老金制度实施效果不佳。

第二，在大多数拉美国家，正规就业与非正规就业群体之间的养老金覆盖面存在显著差别，说明仅靠缴费型养老金制度，很难缩小社保覆盖面差距。从拉美国家近30年来的改革进程看，越来越多的国家正在引入非缴费型社会养老金计划，同时放缓养老金私有化改革的步伐。当前，中国的城乡居民基础养老金与缴费型的个人账户捆绑在一起，限制了老年人口的受益资格。从长远看，将基础养老金剥离出来，实施城乡统一的社会养老金可以说是大势所趋。

第三，非缴费型养老金对扶贫起着重要作用。在许多拉美国家，非缴费型养老金在降低老年贫困方面起到了突出作用，在阿根廷、巴西、玻利维亚和智利等国家，社会养老金待遇水平大都与社会贫困线或人均收入相挂钩，绝对额大都处于社会贫困线之上，并按年度进行指数化调整。在中国目前实施的城乡居民养老金制度中，基础养老金待遇还处于相对较低的水平，与拉美国家相比存在较大差距，提高该项待遇水平是今后农村养老金改革的一个重要方向。

（三）精准扶贫应建立有效的贫困退出机制

自20世纪初以来，国际扶贫退出机制得到了越来越多的重视。2016年4月，国务院出台《关于建立贫困退出机制的意见》指出："要建立严格、规范、透明的贫困退出机制，促进贫困人口、贫困村、贫困县在2020年以前有序退出，确保如期实现脱贫攻坚目标。"如何建立健全退出机制将是扶贫工作的重中之重。来自发展中国家扶贫的经验表明：减贫是一个复杂过程，贫困退出的真正目标在于长期脱贫，而不仅仅是退出项目；一方面退出中的资格重新认证非常重要，另一方面退出后的收入干预措施需要跟进建立。从国际扶贫退出经验中，可以得到以下几点经验启示：

第一，真正理解"贫困退出"的含义在于长期脱贫。在国际扶贫中，退出机制的真正含义在于"退出贫困"，而不是"退出项目"。来自拉美国家的经验表明，脱贫是一个长期复杂的过程，尤其是对于慢性贫困和赤贫家庭来说，短期内达到退出门槛并不意味着长期脱贫。当前，我国已提出至2020年的脱贫目标，这个目标应该指的是"扶贫项目的退出"，即首先实现消除贫困县、贫困村等方面的阶段性目标；而全部贫困人口的脱贫则需要一个长期过程，应充分做好2020年后应对贫困工作的准备。

第二，扶贫项目退出后的收入干预措施尤为重要。出于预算约束和管理绩效的考虑，设定扶贫项目退出的门槛线是必要的。但退出项目仅仅是第一步，更重要的是要有后期持续性的收入干预措施，包括各种收入扶持、就业培训、创业辅助和生产信贷等计划。在这方面，拉美国家的CCT计划针对工资就业者和自雇者采取了不同的收入干预策略，发达国家则更多地运用"福利到工作"的干预策略。这些都为中国提供了借鉴：扶贫项目在终止过程中，应留出缓冲期，在一定时期内保持国家原有扶持政策不变,支持力度不减;项目终止后,应有后续的综合性收入干预措施,确保实现长期脱贫。

第三,贫困退出应着重强调需求方管理。从贫困的退出路径看,其中有一个激进式的转型过程。前期扶贫项目的主要作用体现在生活救助、收入扶持和建立人力资本积累方面,消除制约贫困家庭发展的外部负面约束(Constrainer)等;贫困家庭的资本积累(收入和人力等)达到一定阶段后,扶贫措施将产生正向外部效应,成为脱贫的能动因素(Enabler)。从长期看,扶贫有一个成本效率(Cost-effectiveness)的社会基准考虑,只有贫困家庭自身发展起来了,才能提升社会整体的减贫效率。因此,退出机制应着重强调需求方管理,即从制约贫困家庭发展的条件和实际需求角度出发,因地制宜,因人制宜,出台有针对性的干预措施。

第四,贫困退出是一个社会经济系统工程。迄今为止,发展中国家贫困退出机制得到良好应用的案例并不多,大部分尚处于实施退出战略的初步阶段,退出人口仍为少数。由于存在退出标准确立、资格重新认证、财政资源约束以及政治成本等难题,退出战略的实施并不顺利。这说明退出机制的设计实施是一个复杂程序,这一点应在我国制定至2020年的扶贫退出战略中得到高度重视。从更高层面看,贫困退出战略不仅是社会保护体系的一部分,更是整个经济社会政策的一部分,贫困问题的解决取决于包容性经济增长、就业机会增多、生产环境、基础设施以及便利的金融信贷支持等方面的一系列条件,需要"一揽子"的整体设计方案。

第五,就业是解决贫困问题的根本途径。来自发达国家WTW战略的经验表现,"福利转向工作"才是摆脱长期贫困的根本手段,基于劳动力市场结果的退出干预措施更为有效,其中"工作第一"和"基于绩效"的付费方式,为我国提供了宝贵经验。在实施贫困退出战略的过程中,除了加大财政转移支付外,应更多地采取制度激励和市场手段,例如创业资助和培训服务外包等,引导贫困家庭主动参与劳动力市场,自力更生,提升就业收入能力,实现长远脱贫。

(四)高度重视多维贫困的治理问题

随着经济发展水平的提高和对贫困现象认识的加深,多维贫困概念和测度方法成为国际减贫领域的一个主流趋势,2010年以来在发展中国家得到普遍应用。我国提出了到2020年实现农村贫困人口全部脱贫的目标，在落实减贫目标的过程中，除了高度重视收入贫困的治理外，还应关注到贫困现象的复杂性和多维性，逐步将多维方法引入扶贫政策之中。

第一，多维贫困测定方法更有利于实施精准减贫策略，定位效果更为科学有效。从拉美国家的实践经验看，该地区的多维贫困测度方法发展结合了本地区的特点，在传统的基本需求法基础上，引入联合国的AF方法，各国建立了特色的多维贫困指数，并将收入贫困测定法与基本需求法相结合，对目标贫困群体进行细分，对家庭陷入贫困的原因和制约发展的因素进行解析，从而制定出更加有效和针对性减贫措施。传统上，我国一些社会福利计划，例如最低生活保障等制度也采用了一定的多维定位方法，但更多的是强调收入测试和家庭财产的调查，在教育、健康、居住条件和就业能力等方面的测量指标不足，在多维度贫困的"剥夺"深度等指标的计算上尤其不足，难以反映家庭的精确贫困状况。为改善这种状况，我国应尽快学习国际上现成的多维贫困测度方法，出台中国特色的多维贫困指数，与收入贫困测定法相结合，纳入官方贫困测定方法体系之内。

第二，在贫困人口的识别、扶贫措施的制定和退出机制的建立等方面，都应引入多维定位的测定方法，以减少贫困对象的遗漏和社会排斥现象。在解决绝对收入贫困的问题之后，从长期看，我国2020年之后的减贫策略应该发生转变，从过去的单维收入贫困走向多维贫困治理，从短期贫困治理走向长期贫困的长效治理，从而在根本上应对国家的长期贫困和慢性贫困问题。

第三，在建立多维贫困指数时，应充分重视国情特色问题。从实践情况看，各国减贫计划目标定位机制的设计各不相同，定位效果差别很大，很难说有统一的最佳的定位工具。尤其是在多维贫困指数的运用上，各国都有所创新，适应贫困人口的特点、地域分布和减贫目标的需求等因素，开发适用国情的贫困指数。来自拉美国家的经验表明，在发展中国家反映基本需求的贫困维度，例如教育、就业和经济能力等因素，是造成家庭陷入多维贫困陷阱的主要因素。因此，在社会减贫计划中，应优先注重开发性减贫政策，或"输血"型减贫政策，通过人力资本的投入和教育、就业培训等措施，应对长期贫困的治理问题。

当前拉美社会阶层结构的变化及其影响

林 华[*]

【内容提要】 最近15年来，拉美国家的社会阶层结构发生了重要变化，贫困人口减少，中低收入和中等收入人群增加，社会不平等状况有所改善。但是未来拉美国家继续优化社会阶层结构仍面临着经济周期性波动、通货膨胀加剧、贫富差异巨大、社会流动机制受多方面制约等风险和挑战。社会阶层结构的变化对政治、经济和社会生活的影响利弊兼而有之，需要辩证地看待。造成这种结果的原因一方面与某些阶层自身的特点有关，另一方面也与各国政府应对社会结构变迁的能力有关。这给拉美国家进行社会政策调整以顺应社会结构的深刻变化提出了挑战。消除中间阶层的脆弱性和危机感、兼顾各阶层利益和诉求、继续推动向上的社会流动应成为未来社会政策调整的主要目标。

【关键词】 拉美社会结构；中间阶层；中产阶级；脆弱性

20世纪90年代，拉美国家的社会阶层结构表现出高度分化、严重失衡的"倒丁字"形态，而且出现了长期化、固化、刚性的特征。进入21世纪后，随着经济形势的好转、正规就业的扩大，以及各国政府在社会领域干预力度的增强，拉美国家的减贫扶贫事业取得了重要进展，大批低收

---

[*] 林华，女，中国社会科学院拉丁美洲研究所社会文化室副研究员。

入阶层摆脱贫困，实现了上升的社会流动。中间阶层的壮大成为社会结构转型的重要趋势。拉美国家的社会阶层结构开始向更加合理而多元的方向转变。

不过，尽管近年来拉美社会阶层结构的变化是积极而富有活力的，但其对政治、经济和社会生活的影响却是利弊兼而有之，需要辩证地看待。造成这种结果的原因一方面与某些阶层自身的特点有关，另一方面也与各国政府应对社会结构变迁的能力有关。这给拉美国家进行社会政策调整以顺应社会结构的深刻变化提出了挑战。

一 拉美社会阶层结构的新变化

最近15年以来，拉美国家社会阶层结构的变化体现在以下方面。

首先，从各阶层所占人口的比重来看，下等阶层逐渐缩小，中等阶层规模有所扩大，大部分社会成员处于社会的中层。整个社会结构形态由原来的金字塔形向更为合理的"梨型"转变。

近年来，很多研究都证实了拉美国家阶层结构正在发生变化这个事实。美洲开发银行以货币收入为标准，将研究对象国人口划分为五个阶层。其中按照购买力平价计算的赤贫线和贫困线分别为日均收入2.5美元和4美元。脆弱阶层是指日均收入为4—10美元的中低收入者。而日均收入超过10美元，但低于50美元的人群被划定为中产阶级。日均收入50美元以上者为高收入阶层。按照上述标准划定的五个收入阶层的占比在2000—2013年发生了明显变化：贫困阶层占总人口的比重由46%左右下降到不足30%，其中赤贫人口的减少尤为显著；脆弱阶层和中产阶级均大幅增加；高收入阶层变化较小。如果将赤贫与贫困阶层合称为低收入阶层，将脆弱阶层视为中低收入阶层，将中产阶级视为中高收入阶层，那么这三个阶层的规模正在逐渐接近。而高收入阶层仍是社会的极少数群体。

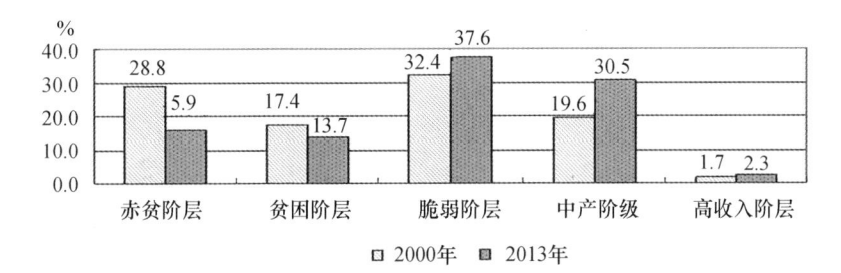

%
```
40.0 ┤         37.6
30.0 ┤  28.8        32.4  30.5
20.0 ┤  5.9  17.4  13.7  19.6
10.0 ┤                          1.7 2.3
 0.0 ┴ 赤贫阶层 贫困阶层 脆弱阶层 中产阶级 高收入阶层
```
□ 2000年 ■ 2013年

图 1　2000—2013 年拉美国家收入阶层变化

注：图中贫困阶层不包括赤贫者，指日均收入为 2.5—4 美元的群体，也称为一般贫困阶层。

资料来源：Marco Stampini, Marcos Robles, Mayra Sáenz, Pablo Ibarrarán, Nadin Medellín, *Pobreza, vulnerabilidad y la clase media en América Latina*, BID, mayo de 2015, p. 10。

表 1　拉美国家城市地区按雇佣关系划分的职业等级构成　　　　单位：%

年份	雇员				非雇员					家政服务	从事家务劳动的家庭成员	其他
	全部	公共部门	私人部门		全部	企业主		个体劳动者				
			5人及5人以下企业	6人及6人以上企业		5人及5人以下企业	6人及6人以上企业	专业技术人员或管理人员	非专业技术人员或管理人员			
2000	60.7	12.9	13.5	34.3	27.3	3.3	1.3	1.9	20.8	8.3	3.4	0.3
2015	64.1	12.8	12.6	38.7	26.9	3.0	1.2	3.5	19.3	6.4	1.8	0.8

资料来源：2000 年数据来自 OIT, "cuadro 6", *Panorama Laboral* 2014, p. 77。2015 年数据来自 OIT, "cuadro 8", *Panorama Laboral* 2016, p. 114。

除收入分层以外，职业分层也体现出同样的变化趋势。根据国际劳工组织提供的根据雇佣关系划分的拉美国家职业等级构成的百分比数据，2000—2015 年，就业者中雇员的比重增加了 3.4 个百分点，其中 5 人以下微型企业的雇员比重下降 0.9 个百分点，而 6 人以上企业的雇员比重上升了 4.4 个百分点。在非雇员中，虽然企业主的比重有所降低，但个体劳动者中的专业技术人员比重明显上升。另一个显著变化是，从事非专业技术工作的个体劳动者、家政服务人员和无报酬的家务劳动承担者等非熟练劳动力的比重均出现了下降。以上分析表明，拉美国家就业者在职业等级上的分布也呈现出较为积极的变化。

其次,各阶层之间的收入差距有所缩小。从表2可以看出,2005—2014年,无论是低收入阶层,还是中等收入阶层,其占有的收入都有所增加,而高收入阶层的收入占比则有所缩小。这种趋势与拉美国家收入分配状况的好转是吻合的。如表3所示,绝大多数拉美国家的基尼系数在将近10年的时间里都出现了不同程度的下降,只有少数国家例外。

表2　　　　　　　　　拉美国家收入五分位分布　　　　　　　　单位:%

	年份	Q1	Q2	Q3	Q4	Q5
全国	2005	3.4	7.4	11.9	19.5	57.8
	2014	3.9	8.4	13.0	20.5	53.9
城市	2005	3.8	7.9	12.3	19.8	56.1
	2014	4.7	9.0	13.5	20.6	52.1
农村	2005	4.1	8.6	13.3	20.5	53.6
	2014	4.4	8.8	13.6	20.9	52.3

注:表中Q1指最贫穷的20%人口,Q5指最富有的20%人口。

资料来源:CEPAL, Anuario estadístico de América Latina y el Caribe 2016, http://interwp.cepal.org/anuario_estadistico/Anuario_2016/datos/1.6.8.xls。

表3　　　　　　　　　拉美国家基尼系数的变化

国家	年份	基尼系数	年份	基尼系数
阿根廷	2005	0.558	2014	0.470
玻利维亚	2004	0.561	2013	0.491
巴西	2005	0.613	2014	0.548
智利	2006	0.522	2013	0.509
哥伦比亚	2005	0.551	2014	0.535
哥斯达黎加	2005	0.470	2014	0.505
厄瓜多尔	2005	0.531	2014	0.452
萨尔瓦多	2004	0.493	2014	0.436
危地马拉	2006	0.585	2014	0.553
洪都拉斯	2006	0.604	2013	0.564
墨西哥	2005	0.528	2014	0.491

续表

国家	年份	基尼系数	年份	基尼系数
尼加拉瓜	2005	0.532	2009	0.478
巴拿马	2005	0.529	2014	0.519
巴拉圭	2005	0.528	2014	0.536
秘鲁	2007	0.500	2014	0.439
多米尼加	2005	0.569	2014	0.519
乌拉圭	2005	—	2014	0.379
委内瑞拉	2005	0.490	2013	0.407
拉美国家平均水平	2005	0.533	2014	0.491

注：阿根廷为城市地区数据。

资料来源：CEPAL, *Anuario estadístico de América Latina y el Caribe* 2016, http://interwp.cepal.org/anuario_ estadistico/Anuario_ 2016/datos/1.6.9.xls。

最后，从社会流动来看，上升的流动成为最近 15 年来的普遍现象。20 世纪 90 年代，由于多数劳动者难以获得比以前更好的工作，因此拉美国家的社会流动以水平流动和向下流动为主，无法起到优化社会阶层结构的作用。进入 21 世纪后，拉美国家向上的社会流动速度明显加快。中低收入阶层的地位不再一成不变，实现上升流动的可能性比以往大大增强。在这个过程中，三种社会流动机制发挥了主导作用。其一是就业条件和就业质量的改善。一方面，2002 年以后拉美各国创造正规就业机会的能力有所提高。2005—2012 年，拉美国家的非正规就业比重由 52% 下降到 47.7%。[1] 另一方面，失业水平逐年下降，城市地区失业率由 2003 年的 11.1%[2]降低到 2014 年 6.9%。[3] 其二是劳动力受教育水平的整体提高。教育是实现上升社会流动的主要途径之一。尽管拉美国家教育的回报率较低，即使是受过高等教育的人群，也未必能够获得高质量的工作。但多数国家的经验表明，达到初级中等教育水平是获得体面工作和避免陷入贫困的最低要求。从这个意义上看，受教育水平的提高对于职业和收入地位的改善的确起到了重要作用。在多数拉美国家，15 岁以上经济自立人口的

---

[1] OIT, *Panorama Laboral* 2013, p.63.
[2] Ibid., p.99.
[3] OIT, *Panorama Laboral* 2016, p.101.

平均受教育水平都超过了9年，少数国家甚至接近或达到了12年。其三是社会救助力度的增强。2002年以后，拉美国家普遍加强和扩大了对弱势群体的社会保护。各国纷纷实施了旨在减少贫困代际传递的有条件现金转移计划。据统计，到2015年，整个拉美地区从此类计划中受益的人群达到1.32亿，受益家庭达到3000万个，政府花费的资金占地区GDP的0.27%，人均得到的救助金额为114美元。①

二 拉美中间阶层的主要特点

鉴于整个中间阶层（包括中低收入阶层和中高收入阶层）的日益庞大是拉美国家近年来社会阶层结构变动的重要表现和结果，考察这种变化对拉美政治进程、经济发展和社会生活产生的影响要从分析中间阶层的特点入手。

首先，尽管近年来拉美国家社会阶层向上流动的趋势十分明显，但中低和中等收入者的贫困脆弱性依然存在。世界银行在《2000—2001年世界发展报告：与贫困作斗争》中曾对贫困脆弱性问题进行了专门的研究，书中指出："脆弱性是福利下降的可能性，引发这种下降的事件通常被视为某种冲击……"② 根据世界银行的分析，中国学者将贫困的脆弱性定义为"家庭或者个人当前面临的在将来遭遇各种可能导致贫困的风险的可能性，包括从不贫困状态进入贫困状态以及继续维持贫困状态"。③

近10年来，拉美国家非贫困阶层的贫困脆弱性主要体现在两个方面。其一，向下的社会流动并未消失。根据美洲开发银行的研究，在2003—2013年的考察时段中，接近10%的脆弱阶层变为贫困阶层，其中约1/5

---

① CEPAL, *Panorama Social de América Latina* 2016, Santiago de Chile, 2016, p. 106.
② World Bank, *World Development Report. Attacking Poverty*, Oxford University Press, September 2000, p. 139.
③ 檀学文、李成贵：《贫困的经济脆弱性与减贫战略述评》，《中国农村观察》2010年第5期，第85页。

甚至沦为赤贫。中产阶级的地位也不像有的研究显示得那么稳固,① 约21%倒退回脆弱阶层,约1%陷入贫困。② 中产阶级的危机感一方面源自对拉美国家惯有的经济不稳定的深刻记忆;另一方面,随着经济、社会和科学技术的发展,劳动力市场对个人学历和技能水平的要求不断提高,中产阶级通常具备的中等教育水平已经无法保证其获得较好的工作和收入。2016年的民调显示,42%的拉美民众对失业感到"十分担忧"和"比较担忧",但在巴西、委内瑞拉、厄瓜多尔和墨西哥,这一比重超过了60%。③

其次,中低收入阶层虽然已经脱贫,但其中大部分人都属于"潜在的贫困群体"。这是指在某个考察时段中曾一次或数次陷入贫困,但在考察时段结束时又返回到非贫困阶层的群体。据统计,在上述10年中,65%的脆弱阶层和14%的中产阶级曾经至少一次陷入过贫困。④ 与城市相比,农村地区中低和中等收入阶层的地位更不稳固。

再次,从阶级性上分析,中产阶级并非严格意义上的"阶级",马克思称为"中间等级"或"小资产阶级",认为无论他们同资产阶级作斗争,还是站到无产阶级的立场上来,都是为了维护当前或将来自身的生存,以免予灭亡。因此,这个阶级的特点是摇摆不定,处于不断的分化和重组中,既有可能向上游动而加入资产阶级,也有可能向下游动而加入无产阶级。这种不稳定的阶级地位决定了中产阶级在政治上缺乏坚定性和忠诚度,他们会根据自身的利益和需要选择与资产阶级或是无产阶级结成同盟。近年来拉美国家频繁出现的社会抗议、左右派政权更迭等均与中间阶层在政治上的摇摆有很大关系。

最后,中间阶层内部的分层是复杂而多样的。从20世纪90年代起,

---

① 世界银行在《拉丁美洲中产阶级的经济流动和增长》一书中对拉美国家1995—2010年的代内流动进行了研究,认为只有2.7%的脆弱阶层和0.5%的中产阶级可能陷入贫困。参见Francisco H. G. Ferreira, Julian Messina, Jamele Rigolini, Luis-Felipe López-Calva, Maria Ana Lugo, y Renos Vakis, *La movilidad económica y el crecimiento de la clase media en América Latina*, Banco Muncial, 2013, p. 107.

② Marco Stampini, Marcos Robles, Mayra Sáenz, Pablo Ibarrarán, Nadin Medellín, *Pobreza, vulnerabilidad y la clase media en América Latina*, BID, mayo de 2015, p. 12.

③ Latinobarómetro, *Informe* 2016, Buenos Aires.

④ Marco Stampini, Marcos Robles, Mayra Sáenz, Pablo Ibarrarán, Nadin Medellín, *Pobreza, vulnerabilidad y la clase media en América Latina*, BID, mayo de 2015, p. 4.

拉美中间阶层就出现了分化。在经济改革中，对外部门和新兴产业的中间阶层得益于贸易和金融开放，经济地位得到巩固和上升，成为改革的"受益者"；而那些仅面向国内市场的传统产业和中小企业因缺乏国际竞争力而发展缓慢，在这些部门就业的中间阶层面临着失业、收入下降、非正规化等风险，因此成为改革的"受损者"。而在最近的十几年间随着贫困人口脱贫、正规就业扩大等形成的新兴中产阶级与传统中产阶级在利益诉求、个人追求、消费习惯、生活方式等方面都存在差异，也体现了中产阶级内部进一步分化的趋势。

三 社会阶层结构变化的影响

上述三个特点决定了拉美中间阶层的政治倾向、行为意愿、消费习惯和能力，并进而影响着政治格局、经济发展和社会稳定性。

（一）政治影响

利益的分化使中间阶层对某些国家政策和具体问题产生了严重的分歧，进而影响到国家决策。在市场化、私有化、对外开放等涉及国家经济发展方向的重大问题上，中间阶层内部均存在不同意见。在哥斯达黎加和乌拉圭这两个中间阶层占据着较大比重的国家，私有化都曾受到部分民众的抵制和反对，导致政府不得不放弃原有计划。无论是在因此而举行的全民公投中，还是在示威活动中，中间阶层都显示出两种截然不同的态度。一部分人支持改革，而另一部分人反对改革。《美国—中美洲—多米尼加自由贸易协定》在哥斯达黎加的受阻也证明了民众在贸易自由化问题上的观点对立。在全民公投中，支持力量和反对力量几乎旗鼓相当。该协定最终仅以 51.6% 的支持率获得通过。

在政治倾向上，中间阶层也是摇摆不定的。他们选择政府不是出于意识形态的考虑，而是遵循务实主义原则，注重政府或执政党是否有能力维护和满足他们的利益。近 10 年来，虽然左派政党执政成为一种潮流，但民众中真正持左派立场的人并不占多数。据"拉美晴雨表"公司的调查，在大部分拉美国家的民众中，不支持任何派别和持中立态度的人占据了多数，完全的左派和右派都是少数。在左派政党执政的国家，如厄瓜多尔、玻利维亚、阿根廷等，民众中的左翼力量也并不突出。阿根廷和委内瑞拉的中产阶级都曾经支持过左派政党执政。但后来由于政府的某些改革，如阿根廷推行的浮动出口税、委内瑞拉推行的教育改革，触动了部分中产阶级的利益，加之政府执政风格偏向强硬，中间阶层又成为反对政府的重要力量。2015年，已执政12年之久的阿根廷左翼政党在大选中失利，委内瑞拉执政党"统一社会主义党"失去议会控制权；2016年，来自巴西劳工党的总统罗塞夫被弹劾下台。这些现象均与这些政党丧失了大量中间阶层选民的支持有很大关系。

（二）经济影响

贫困阶层的减少和中间收入阶层的增多，意味着居民消费水平和消费习惯的改变，并进而影响到整个国家的经济生活。一方面，收入的增加提高了消费对经济增长的贡献。2004—2013年，私人消费成为拉美地区经济增长的主要动力。其中2010—2013年，私人消费对经济的贡献率超过了投资和贸易。另一方面，随着中间收入阶层的扩大，民众的消费取向也在发生变化。首先，基本生活必需品在家庭实际支出中所占的比重逐渐缩小，而教育、娱乐、非耐用消费品的支出则有所增加。其次，人们对社会服务的质量有了更高的要求，不再满足于最基本的服务，而是希望享受到更高品质的服务。这就使某些行业有了更为广阔的市场，如私立教育、私人保安、高端消费品生产和进口等。

（三）社会影响

在欧美国家，庞大的中产阶级常常被视为社会矛盾的"润滑剂""缓冲器"。然而，拉美国家刚刚崛起的中间阶层特有的脆弱性和诉求的多样性使他们无法发挥这一作用。近年来，拉美国家的中间阶层队伍虽然日趋扩大，但其中的下层在一些国家几乎占据了一半以上的比重，很多人刚刚越过了贫困线，踏入中间阶层的大门。这部分群体的地位并不巩固，极有可能因为经济危机或政策的影响而重新陷入贫困。因此，他们迫切希望保持上升的社会流动通道。而传统的中产阶级不仅希望自身地位有所巩固和提高，还希望将中产阶级的身份传递给后代。各个层次的中间阶层都存在不同程度的脆弱性，他们的利益诉求也更加多元。当国家的改革或政策调整与他们的利益相冲突时，中间阶层就会毫不犹豫地站出来反对政府。近年来发生在拉美国家的很多政治和社会危机事件,如阿根廷的农业罢工、厄瓜多尔推翻古铁雷斯政府、智利的学生运动、巴西因公交涨价引发的社会动荡以及针对罗塞夫政府的数次大规模示威游行等,均以中间阶层为主要参与者。

四 拉美国家继续优化社会阶层结构面临的挑战

尽管近十几年来拉美国家社会阶层结构得到明显改善,但正如前文所述,向下社会流动的可能性是存在的。未来拉美国家继续优化社会阶层结构仍面临着风险和挑战。

其一,经济的周期性波动不可避免,2004—2008 年的连续中高速经济增长在短期内已经不可能再次出现。2009 年以来,拉美经济发展不稳定、受外部环境影响大的特点逐渐显现,并有进一步强化的趋势。国际金融危机的爆发和持续、发达国家的经济低迷、大宗商品上涨周期的结束、美联储退出量化宽松政策等,都对拉美经济产生了严重影响,导致拉美经济在 2009 年和 2015 年两次出现负增长。在经济形势缺乏稳定性的情况下,拉美地区的贫困人口比重自 2012 年起结束了前一段时期较快速度下降的趋势,进入停滞期。2015—2017 年社会贫困形势尤其不容乐观。因此,考虑到拉美国家减贫成效与宏观经济形势之间的关联性,经济周期变化将是影响未来社会流动和社会阶层变化的重要因素。

其二,通货膨胀的冲击不容忽视。自 2013 年以来,受出口减少、资本外流、汇率下跌、政府扩张性财政和货币政策等因素的影响,部分南美国家面临越来越严重的通货膨胀问题,委内瑞拉和阿根廷的通胀率均达到两位数水平。[①] 巴西的通胀率在 2015 年也创下 10 年来的新高。通货膨胀导致的生活成本的上涨,对低收入、中低收入阶层以及依靠工薪生活的中产阶级都产生了很大影响,很多原本并不贫困的中低收入阶层很可能由于收入水平涨幅不及通胀水平而沦为贫困群体,从而造成贫困人口增加。以阿根廷为例,按照该国国家统计和调查局新的计算方法,2016 年阿根廷

---

① 根据拉美经委会的数据,委内瑞拉的消费价格指数在 2015 年高达 180.9%。

的贫困人口比重达到32.2%，赤贫人口占6.3%。①

其三，贫富差距仍然过大，尤其是高收入阶层与其他阶层之间的界限十分明显。尽管拉美国家的收入分配状况相比于20世纪90年代而言已有了明显改观，但从表2中可以看出，高收入阶层占有的财富依然十分庞大，20%最富有人群的收入超过了其他阶层收入的总和。因此，如何通过实施有效的再分配政策，进一步抑制高收入阶层的财富占有，增加整个中间阶层的收入水平，仍是拉美国家未来需要应对的挑战。

其四，在社会流动机制中，后致性因素的作用有所减弱。所谓后致性因素是相对于先赋性因素而言的社会流动规则，前者指通过后天的个人努力而获得的条件和机会，包括受教育水平、技术水平、工作经验等；后者指与生俱来的先天条件，如性别、年龄、父母的经济和社会地位等。虽然后致性因素主要靠个人勤奋和主观努力获得，但也离不开客观条件的推动。近十几年来，由于各国加强了社会领域的国家干预，社会流动过程中后致性因素的作用逐渐增强。然而，随着拉美地区经济陷入低迷，各国政府在推动后致性社会流动机制方面面临着较大压力。一方面，政府和企业创造正规就业的能力有所下降，一些国家甚至出现了公共部门大规模裁员的现象；另一方面，由于财政状况不佳，各国社会政策的实施受到越来越大的财政制约。此外，虽然拉美国家的教育投入不断增加，但教育不公和教育质量低下的问题一直未能得到较好的解决，使教育在推动向上社会流动方面的作用受到很大制约。

五 结语

最近15年来，拉美国家的社会阶层结构发生了重要变化，贫困人口减少，中低收入和中等收入人群增加，社会不平等状况有所改善。但是在这种情况下，部分国家的政治格局和社会形势却发生了意想不到的变化。从政治上看，中间阶层的扩大发生在拉美左翼政治力量崛起并壮大的时

---

① 阿根廷国家统计和调查局官方网站。"Incidencia de la pobreza y de la indigencia en 31 aglomerados urbanos", 28 de septiembre, http://www.indec.gob.ar/uploads/informesdeprensa/eph_pobreza_01_16.pdf, 2016年12月28日检索。

期。左翼政府的执政对于拉美地区社会阶层结构转变的影响是不可否认的。但是，2015年以来，拉美国家却出现左翼退潮、右翼兴起的趋势。阿根廷、委内瑞拉的左翼政党在大选或议会选举中失利，巴西的左翼总统被弹劾下台，玻利维亚左翼执政党未能通过修宪公投。以上现象表明，左翼政府执政时期培育起来的中间阶层并没有成为左翼政党的坚定支持者，他们中的一部分人在新的政治轮替中选择支持右翼力量。在经济领域，中间阶层对经济增长的消费贡献伴随着经济持续不振、通货膨胀上升、失业加剧等现象正在逐渐减弱。与此同时，在经济出现低迷的背景下，拉美社会的不稳定因素也有所增多，示威罢工和各种抗议活动成为社会生活中的常态化现象，而中间阶层充当了主要的参与者。

　　上述现象产生的原因除拉美国家中间阶层自身的特点以外，还在于，拉美各国政府还没有做好准备应对一个庞大而复杂的中间阶层。20世纪90年代推行的新自由主义改革在大多数拉美国家的失败，使很多政府都意识到实现社会正义的重要性，因此在社会政策上更偏重于减少贫困、改善低收入群体的生活质量、扩大社会保护覆盖面。如今大部分拉美国家的减贫工作都取得了重大进展，其突出成果之一就是重塑了中间收入阶层。但面对社会阶层结构的深刻变化和中低收入阶层的日趋扩大，多数国家尚未在社会政策方面做出新的调整。正所谓"水能覆舟亦能载舟"，拉美的中间阶层能否起到维护政治民主和社会稳定的作用，还要取决于政府的作为。各阶层的利益平衡是实现政治合法性和民主政治的前提和基础。社会阶层的复杂化必然导致利益的多样化。当出现了新的社会阶层或现有社会阶层的利益受损时，政府如果不能采取措施协调各方利益，其政权的巩固程度、执政的合法性、社会的稳定性就将受到威胁。因此，未来一段时期，无论是代表大资产阶级和外国资本家等上层利益的传统政党，还是代表中下层利益的新兴左派政党，都不能无视中间阶层已成为社会成员主体的现实。消除中间阶层的脆弱性和危机感、兼顾各阶层利益和诉求、继续推动向上的社会流动应成为未来社会政策调整的主要目标。

特朗普上台后美国对拉美政策及美拉关系的变化

徐世澄[*]

【内容提要】 特朗普就任美国总统后，美国总的外交政策及其对拉美地区的政策发生了明显的变化，对世界政治、经济和安全格局产生了巨大的影响，而传统意义上被认为是美国"后院"的拉丁美洲，特别是美国的邻国墨西哥首当其冲，受到不小的冲击，美拉关系正在发生重要变化。

【关键词】 特朗普；美拉关系；隔离墙

2017年1月20日共和党人特朗普就任美国总统后，美国的外交政策及其对拉美地区的政策发生了明显的变化，对世界政治、经济和安全格局产生了巨大的影响，而传统意义上被认为是美国"后院"的拉丁美洲，特别是美国的邻国墨西哥首当其冲，受到不小的冲击。美拉关系正在发生重要的变化。

一 特朗普上台后美国对拉美政策的变化

特朗普上台后已采取了以下影响拉美的主要政策：

---

[*] 徐世澄，中国社会科学院荣誉学部委员，拉丁美洲研究所研究员，中国拉丁美洲学会顾问。

（1）宣布退出跨太平洋伙伴关系协定。1月23日，特朗普总统签署行政命令，正式宣布美国退出跨太平洋伙伴关系协定（TPP）。[①] 对特朗普来说，退出已经名存实亡的TPP，是他有关重塑全球贸易格局和保护美国就业的承诺中最容易兑现的。特朗普在竞选中曾多次抨击TPP将"摧毁"美国制造业，承诺当选后不再签署大型区域贸易协定，而是注重一对一的双边贸易协定的谈判。特朗普表示，退出TPP对于美国工人来说是件"大好事"。当天，白宫发言人斯派塞在例行新闻发布会上表示，这一行政命令的签署标志着美国贸易政策进入了一个新的时期。拉美有三个国家是TPP的签字国，智利是TPP的发起国之一，此外还有墨西哥和秘鲁。美国退出TPP无疑将损害上述拉美三国的经济利益。在如今互利共赢已成为主流的时代，特朗普如坚持极端民族主义和贸易保护主义政策，不仅会给美拉关系再添变数，还可能落得损人而不利己、两败俱伤的局面。

（2）要求重新谈判或废除北美自由贸易协定。北美自由贸易协定（英语缩写NAFTA，西班牙文缩写为TLCAN）于1992年8月12日由美国、墨西哥和加拿大三国签署，1994年1月1日生效，并同时宣告成立北美自由贸易区。1994年初成立时，NAFTA共拥有3.6亿人口，国民生产总值约6.45万亿美元，三国年贸易总额1.37万亿美元，其经济实力和市场规模均超过欧洲联盟，成为当时世界上最大的区域经济一体化组织。协定签署23年后，目前三国人口已增加到4.5亿人口，国民生产总值已增加到约17.3万亿美元。

美国还曾设想建立美洲自由贸易区（英文缩写为FTAA）。1994年克林顿总统在迈阿密召开的第一次美洲首脑会议上正式提出建立FTAA的计划，设想在2005年初在西半球建立一个世界上面积最大、年GDP总值达14万亿美元、拥有8亿人口的美洲自由贸易区，来抵消欧盟和日本等国家对其传统后院的影响。然而，在2005年阿根廷马德拉普拉塔市举行的第三次美洲首脑会议上，由于与会的委内瑞拉、阿根廷、巴西及拉美其他一些左翼执政的国家元首拒绝接受美国提出的成立FTAA提议，使美国这一计划落空。

但是，美国除与加、墨签有北美自由贸易协定外，还先后与智利

---

① Donald Trump retira a Estados Unidos del TPP, el Acuerdo Transpacífico de Cooperación Económica-BBC Mundo http：//www.bbc.com/mundo/noticias-internacional-38723381. ［2017 - 5 - 6］

(2003)、多米尼加和中美洲（英文缩写 DR – CAFTA，2004）、秘鲁(2005)、哥伦比亚（2006）和巴拿马（2006）等拉美 11 国签有双边或多边的自由贸易协定。

特朗普在竞选时及就任美国总统后，多次提出要重新谈判或废除北美自由贸易协定。① 他就任当天，白宫发表声明说："长久以来，美国人被迫接受一些经贸协定，这些协定将内部操纵者和华府精英的利益置于民众利益之上。正因如此，蓝领聚集的城镇工厂关门，把就业机会拱手让给海外，美国人只能眼看着出现贸易逆差和破败的工业基地。"声明还说，美国将重新谈判 NAFTA，如果协定伙伴拒绝通过重新谈判给美国劳动者一个"更公平"的协定，"总统将告知（他们）美国打算退出 NAFTA 的想法"。2 月 2 日，特朗普称，"我对 NAFTA 非常担忧，NAFTA 是我们国家的灾难，对我们的就业、工人和企业是个灾难。我想改变它，也许将建立一个新的 NAFTA"。特朗普在讲话中表示，现在的 NAFTA 非常不公平，新的贸易协定可以是一个改造过的 NAFTA，也可以是一个全新的 NAFTA，并不在乎形式，但应当是一个公平的协定。特朗普的这一主张，不仅对墨西哥产生影响，而且使其他与美国签有自由贸易协定的拉美国家感到忧虑，它们担心美国的贸易保护主义政策会影响到它们与美国这一主要经济贸易伙伴的合作以及本国的经济和贸易的发展。

（3）驱逐在美国的非法移民。据美国皮尤研究中心（Pew Research Center）2016 年 3 月统计，在美国共有 5520 万拉美人或拉美裔移民，占美国总人口的 17%，其中墨西哥人约 3500 万人，占拉美移民总数的 67%；萨尔瓦多人 200 多万，占 3.8%；古巴人 200 万，占 3.7%；多米尼加人 170 万，占 3%；危地马拉 130 万人，占 2.3%。在美国的非法移民共约 1120 万，占美国总人口的 3.5%，其中墨西哥非法移民约 580 万，占非法移民总数的 52%。②

特朗普在竞选期间承诺要把在美国的 300 万名有犯罪记录的非法移民（其中大部分是拉美裔人）驱逐出境。他上台后，于 1 月 25 日签署了行

---

① La renegociación del "NAFTA" será la primera pelea de Trump con México ｜ La Opinión https：//laopinion.com/2016/11/15/la-renegociacion-del-nafta-sera-la-primera-pelea-de-trump-con-mexico/. ［2017 – 5 – 5］

② http：//www.bbc.com/mundo/noticias/2016/03/160304_ internacional_ elecciones_ eeuu_ 2016_ cifras_ latinos_ lf. ［2017 – 5 – 6］

政命令，扩大将被遣返的移民群体。① 2月初，美国移民及海关执法局在美国多个城市首次采取大规模抓捕非法移民的行动。据报道，共逮捕了数百人，其中在洛杉矶逮捕了161人，在亚特兰大逮捕了200人。特朗普2月12日发推特说："镇压非法犯罪分子只是履行我的竞选诺言。"美国驱逐非法移民的行动引起了有关拉美国家的忧虑，它们担心，大量移民的回国会带来就业等一系列问题，同时也会减少侨汇的收入。

此外，特朗普还扬言要禁止在美国打工的拉美裔移民汇出侨汇。目前中美洲和加勒比地区一些国家的经济和民众生活严重依赖这些国家在美国侨民的汇款。据统计，2016年在美国的拉美侨民的侨汇比上一年增加了8%，达700亿美元，其中墨西哥侨汇最多，达269.62亿美元，中美洲三国（危地马拉、萨尔瓦多和洪都拉斯）共156.27亿美元，多米尼加共和国53.64亿美元，哥伦比亚48.57亿美元。对中美洲和一些小国而言，侨汇收入是这些国家的主要外汇收入，占本国GDP的15%左右。

二 特朗普上台后美墨关系的变化

特朗普上台后，由于他在一系列问题上调整了对墨的政策，使美墨关系受到较大的影响。

在2016年美国竞选期间，墨西哥是特朗普唯一访问的拉美国家。2016年8月，作为共和党的总统候选人，特朗普曾应墨西哥总统培尼亚·涅托的邀请访问墨西哥。由于特朗普在访墨期间及访问回国后发表了对墨西哥极不友好的言论，遭到墨西哥民众的齐声谴责，培尼亚总统和力促特朗普访墨的财政部长比德加赖也受到国内舆论的严厉批评，培尼亚总统不得不解除比德加赖财政部长的职务。特朗普"意外"当选后，培尼亚重新启用比德加赖，任命他为外长，期待能借此向特朗普政府表达善意，维持与美国的良好关系。

特朗普就任总统后，墨西哥培尼亚总统于1月21日与特朗普通话，祝贺特朗普就任，并期待与特朗普"在互惠互利的基础上展开新的对

---

① 特朗普驱逐令原文可见 https://www.whitehouse.gov/the-press-office/2017/01/25/presi-dential-executive-order-enhancing-public-safety-interior-united。[2017-5-7]

话"。外长比德加赖和经济部长瓜哈尔多于1月25日和26日访美,与特朗普政府要员举行会谈。培尼亚原定1月31日到访美国,与特朗普举行会谈。但由于特朗普上台后,一再要求墨西哥为美国修建隔离墙埋单,迫使培尼亚不得不取消对美的访问,使美墨关系恶化,墨西哥是拉美国家中受特朗普政策伤害最大的国家。特朗普对墨西哥的主要政策是:

(1) 坚持要修建隔离墙并要求墨西哥埋单。美墨两国有着3185公里的边界,特朗普上台前,其前任已在两国边界修有1050公里的隔离墙或栅栏。特朗普竞选时表示要在全部边界修建隔离墙,当选后又改口说,将修建1600公里左右的隔离墙,因为两国边界有1000多公里是沙漠地带和布拉沃河(美国称之格朗德河),修建隔离墙十分困难。1月25日,特朗普签署了两项行政命令,其中一项就是在美墨边界修建隔离墙,以阻止非法移民入境。特朗普表示修建工程将在数月后开始。当天,他对美国广播公司说,墨西哥必须100%为隔离墙埋单。据特朗普本人最初估计,修建隔离墙耗资约80亿美元,但有人估计需耗资140亿—250亿美元,甚至有人估计需400亿美元。1月25日当晚,培尼亚对特朗普的这一决定表示遗憾和反对,重申墨西哥绝不会为隔离墙埋单。1月26日,特朗普在其推特上表示,如果墨西哥不同意埋单,他就没有必要与培尼亚会晤。对此,培尼亚总统立即在其推特上回复说:"今天(1月26日)上午我们已经通知白宫,我将不出席原定在下周二(1月31日)与特朗普总统的会谈。"① 培尼亚总统的这一决定,得到墨西哥朝野各界人士和民众的支持。1月26日,美国白宫发言人肖恩·斯派塞扬言说,美国将通过对墨西哥出口到美国的商品征收20%的关税的办法,来迫使墨西哥支付修建隔离墙的费用。2月28日,特朗普在向国会发表演讲时表示,美国将尽快开始修建与墨西哥的边境墙。3月初,美国海关边防机构已向潜在的承包商就修建边境建隔离墙进行招标并希望于4月签订合同。特朗普拟耗资216亿美元,根据计划,修建工程将分三个阶段,第一阶段,长42公里,将沿圣迭戈、加利福尼亚、埃尔帕索和得克萨斯边界修建;第二阶段将筑墙242公里;第三阶段为1728公里,基本覆盖整个美墨边境。预计边境墙将于2020年年底建成。3月16日,白宫宣布特朗普政府拟动用26亿美元

---

① http://elcomercio.pe/mundo/actualidad/pena-nieto-cancela-visita-ee-uu-amenaza-trump-23312.[2017-5-5]

预算开始隔离墙的修建。① 由于特朗普担心民主党占多数的众议院不同意将修建隔离墙的费用纳入财政预算，特朗普不得不同意众议院推迟对修建隔离墙费用的表决。2017年5月5日，美国众议院批准了维持政府运转到9月底的预算法案，但这项法案没为特朗普总统竞选期间承诺的修建美墨边境隔离墙提供资金。

（2）遣返在美的墨西哥非法移民。特朗普在竞选总统时，曾多次指责在美国的墨西哥人是"强奸犯"和"毒贩"，扬言他上台后要遣返所有在美的墨西哥非法移民。2017年2—3月，特朗普政府已经遣返数百名墨西哥非法移民，在第一批被遣返的墨西哥移民回国时，培尼亚总统亲自到机场迎接。据统计，特朗普执政的头三个月，在美国的墨西哥移民被捕人数增加了38%，达41318人，其中大部分人在未来几周内将被驱逐出境。②

（3）重新谈判或废除北美自由贸易协定。北美自由贸易协定自1994年1月1日生效至今已经23年。应该说，协定实施23年来，总的来说，对墨美两国都是利大于弊，是双赢的，尽管也存在不少问题。由于根据协定的规定，墨美加三国商品往来的关税已逐步减免和取消，有力地促进了墨美、墨加的贸易。墨美贸易总额从1993年的850亿美元增加到2015年的5310亿美元。同期，墨西哥对美国的出口从1993年的399亿美元增加到2964亿美元，为1993年的643%。墨西哥从美国进口额从416亿美元，增加到2357亿美元，增加了467%。2016年美墨双边贸易，墨西哥顺差620亿美元。此外，23年来，墨西哥对美国出口的商品结构也发生了重大变化。在NAFTA签署之前，墨西哥80%以上的出口为原油和初级产品。而目前，墨西哥的制成品出口占向美国出口总额的80%左右。墨西哥出口到美国的主要出口货物有：电机机械、车辆（汽车、货车及零件）、机械、矿物燃料及石油、纺织品等。美国从墨西哥进口的40%产品来自于美国设在墨西哥的工厂。目前美国是墨西哥的第一大贸易伙伴，墨西哥是美国的第三大贸易伙伴。美国有600万人的就业与美墨贸易有关。据统

---

① Trump asigna ＄2600 millones para iniciar muro en la frontera con México，http：//www.elnuevoherald.com/noticias/estados-unidos/article138824413.html#emlnl = Bolet% C3% ADn_ noticias#storylink = cpy. ［2017－5－6］

② https：//jorgecastaneda.org/notas/2017/05/19/las-detenciones-mexicanas-trump/. ［2017－5－20］

计,每分钟墨美交易额达100万美元。① 墨西哥最主要的出口市场是美国,约占其出口总额的80%,对美出口汽车占墨汽车出口总量的60%。作为NAFTA成员国,墨西哥在其支柱产业客户工业,尤其是汽车工业方面享有税收优惠。现在特朗普呼吁产业回流美国、增加关税、否定NAFTA的态度极大地影响了墨汽车工业的信心,增加了投资者对未来赴墨投资的顾虑。

特朗普以美墨贸易美国有620亿美元逆差为借口,要求与墨西哥重新谈判或废除NAFTA。他在竞选时曾说,NAFTA是美国签署的最坏的协议,使美国数百万工人失业,他若当选总统,将废除它。对墨西哥来说,NAFTA协定是墨西哥与外国签署的40多项自贸协定中最为重要的一项。如果该协议由特朗普政府主导重签或废除,墨西哥的利益会受到重创,其实对美国也不利。培尼亚2月1日表示,墨政府将自2月1日起展开为期90天的与墨商业界的磋商,然后开始与美国、加拿大展开NAFTA的重谈程序。在与墨西哥总统培尼亚和加拿大总理特鲁多通话后,4月26日,特朗普表示他目前不再提放弃NAFTA,三国领导人同意将尽快启动重新谈判NAFTA。但特朗普仍表示,若达不成一个公正的协议,他仍将放弃这一协定。②

(4)特朗普政府要求美、日、德等汽车公司不要在墨西哥建厂或投资。特朗普不仅迫使美国福特和通用两家汽车企业放弃了在墨西哥投资和建厂的计划,而且于1月5日威胁日本丰田汽车公司不要在墨投资建厂,遭到拒绝。1月15日,特朗普又威胁德国宝马汽车公司说,若该公司要在墨西哥建厂生产向美国出口的汽车,美国将课以35%税收。

此外,有报道说,特朗普还指责墨西哥扫毒不力,墨西哥军队不顶用,扬言要派美国军队到墨西哥去扫毒。特朗普对墨西哥的言行引起墨西哥朝野的一致反对,使墨西哥的民族主义情绪高涨,全国各地民众抗议的浪潮此起彼伏,甚至墨西哥头号富翁卡洛斯·斯利姆都公开反对特朗普的对墨政策。③

---

① https://mex-eua.sre.gob.mx/index.php/.[2017-5-21]

② http://www.eltiempo.com/mundo/eeuu-y-canada/se-renegociara-el-tratado-de-libre-comercio-de-america-del-norte-82298.[2017-5-23]

③ https://www.theguardian.com/world/2017/jan/27/carlos-slim-mexico-border-wall-donald-trump.[2017-4-30]

另外，墨美两国政府之间的对话和谈判并没有中断。2月初，墨西哥外长再次访美。2月23日，美国国务卿蒂勒森和国土安全部长凯利访墨，先后会晤了墨西哥外长比德加赖、内政部长奥索里奥·钟和财政部长梅亚德等内阁官员，在离开墨西哥返回美国前，两人与培尼亚进行了一小时的会晤。培尼亚在与两位美国官员会晤后发表公告称，当前墨美两国亟待加强对话，但对话需要建立在"互相尊重主权"的基础上。墨西哥愿意与美国就所有双方关心的问题展开全面对话，"墨西哥政府会坚定地站在墨西哥国家和人民的利益一边"。涅托还表示，现阶段墨政府的一个当务之急就是"保护在美国的墨西哥公民的人权"。墨西哥外交部长比德加赖会晤后表示，墨美分歧"公开且明显"，两国关系正处在一个"复杂的时刻"。他表示，墨美之间的对话和协商不应中断，为此"我们应该停止羞辱对方，克服负面情绪，多做事，少说话"。关于移民问题，美国和墨西哥都需要担负起自己的责任，"加强移民管控是一方面，但墨西哥和中美洲地区的经济发展和社会稳定也应当纳入两国政府与移民问题相关的日程中"。比德加赖还表示，以目前的情况看，墨西哥与美国在移民等问题上达成共识的过程将是"漫长而复杂的"。在同一个新闻发布会上，蒂勒森表示，美墨两国在移民、安全和经贸等领域有着"合作的纽带"，他相信两国高级官员的会晤不会中断，并且将更加具有建设性。从目前情况来看，尽管美墨关系依然徘徊在冰点，但两国均希望通过对话和谈判来修补当前跌入冰点的美墨关系。

与此同时，墨西哥正在把目光转向中国和其他亚太国家。墨西哥经济部长瓜哈尔表示，墨西哥不否认加入区域全面经济伙伴关系协定（RCEP）的可能性。今年2月1日，中国汽车制造商江淮汽车与墨西哥吉安特汽车公司达成合作协议，联合向墨西哥伊达尔戈州一座工厂注资21亿美元。瓜哈尔部长在协议签署当天的新闻发布会上说，和中国车企的合作将让墨西哥经济能够经受各种挑战。①

---

① 裴剑容、李文清：《墨西哥"东南飞"》，《环球》2017年第5期，第50—51页。

三 特朗普对拉美其他国家的政策及其反应

古巴 古巴革命领袖菲德尔·卡斯特罗 2016 年 11 月 25 日去世后，美国当选总统特朗普发推文骂卡斯特罗是"残暴独裁者"，指责古巴没有自由，不尊重人权。11 月 28 日，特朗普表示，如古巴不从根本上改变政策，确保古巴所有公民的人权、释放政治犯、实现政治和宗教信仰自由，美国将结束奥巴马与古巴关系正常化的政策。2017 年 2 月 3 日，白宫发言人斯派塞说，特朗普政府将全面修改对古巴的政策，在修改时，优先考虑的是古巴是否尊重其所有公民的人权。① 但到目前为止，特朗普政府尚未出台对古巴的具体政策，一般估计特朗普不会与古巴断交，但很可能会对古巴采取比奥巴马更加强硬的政策。

古巴对特朗普当选和就任美国总统表态十分谨慎。古巴国务委员会主席劳尔·卡斯特罗曾致电特朗普，对他当选表示祝贺。1 月 25 日，劳尔在多米尼加共和国举行的第五届拉美和加勒比国家共同体峰会上讲话时表示，古巴愿意与美国新总统特朗普进行相互尊重的对话。他说："我们愿意与特朗普新政府继续相互尊重的对话，并且就共同关心的问题进行合作。"与此同时，他警告说，尽管两国"能够以文明的方式合作和共存"，但古巴不会"在有关主权和独立的问题上做出让步"。②

5 月 20 日，是 1902 年古巴独立后第一个共和国政府成立 115 周年，特朗普总统致信给古巴人民，信中说"残酷的专制主义不可能扑灭古巴人民争取自由的渴望，古巴人民应该有一个和平地捍卫民主价值、经济自由、宗教自由和人权的政府，而我的政府致力于实现这一愿望"③。对此，古巴政府发表公报，首次在官方文件中不指名地、直接回击特朗普说："一位由亿万富翁变成的总统发表了自相矛盾的、笨拙的声明，""古巴人

---

① http：//www.cubadebate.cu/noticias/2017/02/03/casa-blanca-administracion-trump-revisa-politicas-de-eeuu-hacia-cuba/#.WSvxS-yECSc.［2017-5-7］

② http：//celac.cubaminrex.cu/articulos/discurso-del-presidente-de-cuba-raul-castro-en-la-v-cumbre-de-la-celac.［2017-5-13］

③ http：//www.elnuevoherald.com/noticias/mundo/america-latina/cuba-es/article151792232,html#storylink=cpy.［2017-5-25］

民懂得，这一日子是美国对古巴进行半殖民统治的开始。"①

特朗普上台后，美国政府虽然没有与古巴断交，但是，两国官方往来明显减少，两国关系正常化的步伐放慢，美国至今仍对古巴实施经济、贸易和金融的封锁。

委内瑞拉 特朗普当选总统后，曾多次对委内瑞拉目前的民主和人权状况表示忧虑。特朗普当选总统后，委内瑞拉总统马杜罗表示，委愿意与美国保持平等、互相尊重和合作的关系。1月16日，马杜罗发表评论说，"让我们静观其变，别太着急，我想保持审慎"，"我唯一敢说的是，他不会比奥巴马糟"。随着特朗普上台后对拉美政策的出台，马杜罗表示反对特朗普驱逐拉美非法移民和贸易保护主义等政策。2月13日，特朗普政府对委内瑞拉副总统塔雷克·艾尔阿萨米进行制裁，指责他为毒品走私犯，对此，马杜罗总统和塔雷克副总统本人均予以反驳。2月15日，特朗普总统和彭斯副总统接见至今仍被委内瑞拉政府关押在监狱里的反对派领导人莱奥波尔多·洛佩斯的夫人，并要求委政府立即释放洛佩斯。对此，马杜罗总统称，他不想与特朗普吵架，但他一定会回击美国帝国主义的侵略。2月19日美国国务院发表公报要求委释放100多名政治犯，要求委政府尊重法制社会、新闻自由和三权分立，恢复民主秩序。3月底4月初以来，随着委国内形势的急剧变化，委政府与反对派对抗加剧，马杜罗总统多次指责特朗普政府干涉委内政、支持反对派进行反政府暴力活动。5月18日，特朗普在与哥伦比亚总统桑托斯联合举行的记者会上，称委内瑞拉正在发生人道主义危机，是人类的一个灾难。② 同一天，美国政府宣布对委最高法院院长和七名法官予以惩罚。③ 5月19日，马杜罗总统在一次会议上，公开称特朗普的言行是对委内政的粗暴干涉，要求特朗普把他的脏手从委内瑞拉伸回去，他高呼：特朗普，滚回去！④ 值得一提的是，特朗普在与拉美国家领导人通话或与到访美国的秘鲁、阿根廷、哥

---

① http://www.prensa-latina.cu/index.php?o=rn&id=87316&SEO=cuba-responde-a-contro-vertido-y-ridiculo-mensaje-de-donald-trump. [2017-5-26]

② http://bolivarcucuta.com/donald-trump-califica-la-situacion-venezuela-una-desgracia. [2017-5-25]

③ http://www.bbc.com/mundo/noticias-america-latina-39954930. [2017-5-24]

④ http://www.diariolasamericas.com/america-latina/maduro-trump-saca-tus-manos-aqui-go-home-donald-trump-n4122376. [2017-5-26]

伦比亚等国领导人会谈中，都谈到委内瑞拉的问题，这说明特朗普对委内瑞拉的关切，因为美国在委内瑞拉有很多经济利益和地缘政治的利益。

阿根廷 特朗普当选后，马克里总统立即表示祝贺。但是，就在特朗普就任总统这一天，1月20日，美国农业部宣布，自即日起，在60天内停止从阿根廷土库曼省进口柠檬。这无疑是对马克里"融入世界"和准备与美国签署自由贸易协定政策的打击。此外，特朗普上台后，美国对阿根廷人获取美国签证增加了限制。马克里批评特朗普的移民政策是"关门的、非常内向的"政策。2月12日，在智利访问的马克里总统与智利总统巴切莱特会见时，两人都表示反对"排外主义"和"贸易保护主义"。在两人的提议下，4月7日，在阿根廷召开了南共市和太平洋联盟成员国外长和贸易部长的联席会议，旨在加强这两个一体化组织的联系，以应对贸易保护主义。

2月12日下午，马克里总统与美国副总统彭斯通了电话，2月15日，特朗普与马克里总统通话，特朗普表示，阿根廷是一个伟大的国家，美国与阿根廷在历史上有密切的关系，特朗普邀请马克里访问美国。马克里在访问中国之前，访问了美国，于4月27日与特朗普举行了会谈。两人在会谈中谈到了双边经贸关系，马克里希望美国增加对阿的直接投资，要求美国取消对阿根廷柠檬出口到美国的禁令，要求美国减少阿根廷人到美国旅行的手续。特朗普在会谈中，称马克里是一位伟大的领导人，认为美国和阿根廷是伟大的朋友，美国视阿根廷为在南美洲主要的伙伴。两人还谈到了委内瑞拉形势。①

巴西 特朗普的贸易保护主义政策，对巴西产生一定的影响。特朗普当选后不久，巴西政府设法与美国新政府保持良好关系，特梅尔总统匆忙表示，美国共和党政府的政策对巴西不会产生多大影响，巴西必须与特朗普政府建立共同工作的关系，以巩固与美国的友好合作关系。他强调巴美两国都是民主政府，有相同的观念和传统的密切关系。特梅尔宣称，巴西已准备了一个加强两国关系的共同日程。美国副总统彭斯和总统特朗普先后与特梅尔通了电话。

在经济方面，特梅尔担心特朗普当政后，世界金融市场会更加动荡，

---

① http://www.ambito.com/880842-macri-se-reune-con-trump-en-su-primera-visita-oficial-a-ee-uu.［2017-5-24］

保护主义会抬头,会危及巴西的出口利益。美国未来超出预期的加息政策会使巴西经济面临货币贬值、资本外流的巨大压力。在外交方面,特梅尔担心特朗普对巴西的重视程度将比奥巴马任内降低,巴西在美国视野中会失去重要性。自 2016 年 8 月底特梅尔上台后优先发展对美关系的"一头热"将遭冷遇。对特朗普坚持修建隔离墙并要求墨西哥埋单的决定,巴西外交部曾发表声明,对美国的上述决定予以谴责。3 月 18 日,特朗普在与特梅尔通话时,强调巴西是美国在西半球最重要的伙伴,美拉双边关系十分重要,特朗普还邀请特梅尔访美。①

哥伦比亚 哥伦比亚一直与美国保持密切关系,是美国在拉美的忠实的盟友。特朗普当选总统后,桑托斯总统立即与特朗普通话,向特朗普表示祝贺,两人同意加强两国之间的特殊战略关系。特朗普就任总统后,桑托斯总统 2 月 10 日与 11 日先后与美国副总统彭斯和总统特朗普通电话。特朗普邀请桑托斯尽快访美,表示愿意与桑托斯会谈以加强两国的关系,并表示支持哥伦比亚的和平进程。桑托斯希望特朗普能促使美国国会通过《哥伦比亚和平计划》(这是《哥伦比亚计划》的继续)。彭斯在通话时表示,美哥关系是特殊的关系,桑托斯是他就任副总统后通话的第一位拉美总统。但是,桑托斯在 2017 年 1 月底在哥伦比亚举行的诺贝尔和平奖峰会上,曾不指名地批评特朗普的移民政策。

5 月 18 日,桑托斯总统在访美期间同特朗普在白宫举行了会谈,会谈后,两人还联合举行了记者招待会。在会谈中,特朗普向桑托斯表示祝贺,祝贺哥伦比亚政府与游击队达成和平协议,并赞扬桑托斯为此做了"极好的"工作。② 在会谈中,桑托斯对美国支持哥伦比亚和平进程表示感谢,对美哥合作的"哥伦比亚计划"实施 17 年以来取得的成绩表示满意。两人的会谈重点是如何铲除哥伦比亚的毒品种植、加工和贩卖等问题以及委内瑞拉形势。特朗普表示美国愿意支持哥伦比亚铲除毒品种植。据联合国统计,哥伦比亚全国有 9.6 万公顷土地种植古柯,是世界第一大古柯种植国和头号可卡因生产国,2015 年年产 646 吨可卡因。桑托斯希望

---

① http://www.infolatam.com/2017/03/19/trump-aborda-la-situacion-venezuela-telefono-temer-bachelet/. [2017 - 5 - 26]

② http://www.cancilleria.gov.co/newsroom/news/colombia-estados-unidos-afianzan-alianza-estrategica. [2017 - 5 - 24]

美国继续支持哥和平进程。2016年在奥巴马卸任前，美国国会曾批准向哥伦比亚提供4.5亿美元支持哥和平进程，但特朗普上台后，特朗普政府对此迟迟不做明确表态。① 此外，令桑托斯不满的是，在桑托斯访问美国之前，4月14日晚，桑托斯的对手、前总统乌里韦和帕斯特拉纳曾应邀访问美国，与特朗普就哥伦比亚和平进程、铲除毒品种植等哥伦比亚和地区问题举行了会谈。②

智利 智利总统巴切莱特在特朗普当选后，对特朗普的政策措施持观望态度。随后，她在拉美国家中率先批评特朗普的贸易保护主义。在特朗普宣布美国退出TPP之后，巴切莱特明确表示，智利将继续推动这一倡议。在智利倡议下，3月14—15日在智利比尼亚德尔马尔了召开了亚太区域经济一体化高级别会议和TPP的12个签字国会议，以决定TPP未来的命运。尽管特朗普已宣布美国退出TPP，智利仍邀请美国与会（美国派驻智大使参加）。3月19日，特朗普与巴切莱特通话，表示美国重视发展与智利的关系。两人还提到西半球的民主原则和委内瑞拉的形势。③ 在太平洋联盟轮值主席智利总统巴切莱特与南共市轮值主席、阿根廷总统马克里共同倡议下，4月7日，在阿根廷召开了太平洋联盟与南共市外长和贸易部长联席会议，共同商议如何应对美国贸易保护主义。智利外长穆尼奥斯表示，拉美国家应该更加开放，更加一体化，更多地投资。他表示，太平洋联盟全力支持受到美国贸易保护主义损害的成员国之一——墨西哥。对于特朗普的移民政策，智利明确表示反对。

秘鲁 秘鲁总统库琴斯基强烈反对特朗普的保护主义，反对美国修建隔离墙，认为这是一种罪行。关于移民问题，库琴斯基认为，在美国的拉美移民帮助了美国。秘鲁与美国于2009年签有自由贸易协定。在特朗普宣布美国退出TPP和准备与墨西哥、加拿大重新谈判NAFTA后，库琴斯基认为，太平洋联盟（秘鲁是成员国）将与保护主义对着干。他在一次在智利召开的企业家论坛上称，由于美国大选的结果，保护主义的阴云又

---

① https://es-us.noticias.yahoo.com/trump-recibe-santos-agenda-paz-venezuela-143942224.html. ［2017－5－25］

② http://spanish.peopledaily.com.cn/n3/2017/0416/c31617－9203515.html. ［2017－5－23］

③ https://es-us.noticias.yahoo.com/trump-expresa-preocupaci%C3%B3n-venezuela-di%C3%A1logo-bachelet-230700969.html. ［2017－5－24］

重新出现在天空。他还批评特朗普准备废除美国对巴黎环保协议签名的政策。2月12日下午,库琴斯基与特朗普通电话,两人强调加强两国关系的重要性,表示将为拉美的民主化作出努力。库琴斯基要求美国引渡可能在美国的、与巴西奥尔布莱奇特公司贿赂案有牵连的秘鲁前总统托莱多。2月24日,库琴斯基在访美期间,与特朗普举行了会谈,库琴斯基是特朗普就任后,第一个访问美国的拉美国家元首。两人在会谈中讨论了双边贸易、引渡涉嫌贪污的前总统托莱多、扫毒、气候变化、在美的秘鲁移民和委内瑞拉形势等问题。①

巴拿马 2016年11月9日,巴拿马总统巴雷拉打电话给特朗普,祝贺特朗普当选美国总统。2017年2月19日,巴雷拉与特朗普再次通电话,两国领导人肯定了目前巴拿马与美国在经济、安全和地区方面的友好合作关系,并表示两国将继续在经济、安全、反对有组织犯罪和贩毒方面进行合作。特朗普还邀请巴雷拉总统访问美国。② 美国是巴拿马主要投资国、贸易伙伴和巴拿马运河的最大用户。2015年美国向巴拿马出口21.32亿美元,比上一年增长11.3%;同年,巴拿马向美国出口1.31亿美元,比上一年减少20.1%。③

总的说来,尽管拉美并不是特朗普外交的重点,但拉美,特别是墨西哥是美国的近邻,是美国传统的"后院",是美国的战略后方,美国在墨西哥和拉美有巨大的政治、经济、军事利益,特朗普本人及其家属在墨西哥和拉美多国有巨额投资。从特朗普执政以来的情况来看,特朗普已逐步认识到搞好与墨西哥和拉美国家关系的重要性。因此,从本国利益出发,特朗普将设法巩固和加强与墨西哥、哥伦比亚、秘鲁、巴西和阿根廷等美国盟国的关系,将着力解决与墨西哥等国的分歧与矛盾,在保持与古巴、厄瓜多尔、玻利维亚和委内瑞拉等左翼执政国家关系的同时,加大对这些国家的压力,使拉美的政治生态继续向有利于美国的方向发展。

特朗普的贸易保护主义政策和对在美非法移民的驱逐政策,引起了墨

---

① http://www.elnuevoherald.com/noticias/mundo/america-latina/article134695574.html#storylink=cpy.[2017-5-23]

② http://www.diariolasamericas.com/america-latina/trump-y-varela-hablaron-alentar-el-respeto-la-democracia-venezuela-n4115362.[2017-5-26]

③ http://www.infolatam.com/2017/01/19/panama-eeuu-socios-estrategicos-dice-varela-ante-investidura-trump/.[2017-5-24]

西哥等拉美国家，包括拉美一些右翼执政国家的不满。拉美国家一致反对特朗普驱逐在美国的拉美非法移民，支持墨西哥反对特朗普修建隔离墙。但大多数拉美国家对特朗普的批评是温和及有节制的。目前大多数拉美国家，包括左翼执政的拉美国家在内，对特朗普政府仍采取观望的态度，听其言，观其行，都表示愿意发展与美国的友好合作关系。即使是与美国矛盾最突出的墨西哥的总统和外长，也都表示愿意与特朗普总统和美国国务卿在捍卫本国主权和独立原则的基础上进行对话，协商解决两国的分歧和问题。

与此同时，拉美国家越来越感到，拉美国家本身应该加强团结，促进拉美一体化的进程。拉美一体化协会秘书长卡洛斯·阿尔瓦莱斯发表文章建议，拉美应该达成一项全面的经贸一体化协议。拉美各国也在积极行动，加强拉美地区一体化和拉美内部市场的整合，拓展与欧盟和中国、印度、日本、韩国等亚洲国家的贸易合作伙伴关系，以摆脱对美国经济的过分依赖。不久前墨西哥和欧盟宣布，将加快新自由贸易协定的谈判，加速对话进程。在太平洋联盟轮值主席智利总统巴切莱特和南方共同市场轮值主席阿根廷总统马克里的共同倡议和推动下，太平洋联盟和南共市成员国已在4月召开了外长和贸易部长联席会议。玻利维亚总统莫拉莱斯呼吁拉美国家团结起来，共同抵消美国保护主义和孤立主义所带来的影响。

诚然，拉美各国在经贸方面，对美国的依赖程度不同，墨西哥、中美洲和一部分加勒比国家对美国的依赖程度较大，而南美洲国家依赖程度较小，因此，它们各自对美国的立场和态度不尽相同。但是，拉美各国都反对保护主义、主张贸易自由化。

特朗普上台后美国对墨西哥和拉美政策的变化，对美拉关系的发展产生了一些不利影响，这给中国提供了发展与拉美国家关系的机会，但同时也提出了新的挑战。应该看到，目前特朗普正在修复和改善与美国传统的"后院"——拉美国家的关系，美国依然是大多数拉美国家外交的重点。由于中国和拉美国家自身政治经济的变化以及世界经济和政治发展的不确定性，特别是拉美政局和特朗普上台后美拉关系的变化，中拉关系的发展不可避免地面临着巨大的挑战。

我们应该根据国际形势和拉美形势的发展和变化，抓住特朗普上台后，美国与拉美一些国家矛盾加深、拉美国家纷纷把目光投向我国的机会，加大对拉美地区工作的力度，适时调整我国在拉美和加勒比国家发展关系的重点；适当调整我国在拉美投资和贷款的重点，如应增加我国对墨西哥、智利等国的投资，改变过去投资过于集中在少数左翼执政国家的状况；应加大我国在拉美贸易和投资的覆盖面，争取与更多的拉美国家或拉美地区一体化组织签署自由贸易协定，我们可考虑更多地通过美洲开发银行或拉美开发银行等多边机构的合作扩大对拉美加勒比国家的投资，以规避投资风险，鼓励拉美国家开辟一些经济特区和开发区作为"试验田"，并将成功经验及时推广；2017年5月，在我国倡议召开的"一带一路"国际合作高峰论坛会议上，我们已明确表示，"一带一路"倡议也对拉美加勒比地区开放；我们应该更好地充分发挥中拉论坛的合作机制，认真落实中国政府发布的第二份对拉的政策文件，落实好《中国与拉美和加勒比国家合作规划（2015—2019）》规定的各方面的合作规划，尽早为2018年1月在智利召开的中拉合作论坛第二次部长级会议做好准备，使中国与拉美加勒比地区国家关系取得进一步的发展。

拉美区域合作和一体化的国别基础、互补与竞争

张　凡[*]

【内容提要】21世纪第二个10年，域外经济、政治发展和拉美国家政治生态变化引发了拉美区域合作和一体化的新态势，相关研究多聚焦于地区建设的周期性、多样性和复杂的动力机制。本文选取拉美国家外交政策视角观照目前地区建设动态，考察自下而上影响区域合作和一体化的各种因素，将地区主义的两个维度（即合作和一体化）作为国别外交政策选项，阐明拉美国家如何利用区域次区域组织展开互补和竞争，分析各组织间的互补关系及其缺失，同时指出其并非壁垒森严的竞争关系。以拉美和加勒比国家共同体、南方共同市场和太平洋联盟的演化为例，说明三种类型的区域合作和一体化组织在面对域内外挑战时所体现的拉美地区建设的固有风格，以及成员国利益和诉求的最终决定作用，即区域次区域组织关系背后的国别政策基础。由于拉美国家利益的多样性和政策的差异性，拉美一体化组织的生命力在于如何凝聚具有共同诉求的成员国直面当下最急迫的挑战，借助区域次区域平台解决经济恢复、对美关系和地区热点等诸多难题，其现实路径是采取协调和谋求共识的方式开展国家间"合作"。

【关键词】外交政策；地区主义；合作和一体化；拉美和加勒比

---

[*] 张凡，中国社会科学院拉丁美洲研究所国际关系研究室主任，研究员，博士生导师。感谢赵晖、陈倩文和刘镓为本文写作提供的帮助。

国家共同体；南方共同市场；太平洋联盟

20世纪最后10年间，在"新地区主义"浪潮中，西半球出现了两条区域合作和一体化路线，即以北美自由贸易区和美国推动的美洲自由贸易区为主导的整合计划，以及以南方共同市场（南共市）和拉美其他次区域组织联合为基础的应对性方案，两者都主动或被动地卷入了当时以自由贸易为主要内容的全球化、区域化潮流。进入21世纪后，后一种路线逐步演化为南美国家抵制美国主导全球化的防御性区域合作与整合运动，特别是伴随左翼力量的崛起，地区建设的主调演变为政治和社会问题优先，形成所谓"后霸权"地区主义进路。随着拉美政治生态的变化以及地区经济的困境，以太平洋联盟的活跃和南共市的转向为代表，开放和自由贸易又提上了地区建设的日程，但能否形成新一轮的区域合作和一体化浪潮，形势还不够明朗。

21世纪第二个10年，拉美区域合作和一体化进程的新态势，主要体现在此前几个活跃的区域次区域组织的动态，美洲玻利瓦尔联盟和南美国家联盟由盛而衰，拉美和加勒比国家共同体（拉共体）前景未卜，南方共同市场再次转向，太平洋联盟喜忧参半。

这一时期有关拉美区域合作和一体化问题的分析多聚焦于地区建设进程的周期性、多样性和复杂的动力机制，虽然就其整体判断和具体解读尚无一致意见，但仍可梳理出若干基本的情况及其认知，可视为进一步探讨的出发点。[①]其一，拉美地区建设的思想和实践构成一部高潮和低谷交织的历史，伴随着世界经济和政治演变以及域内发展战略更迭，区域组织和机制应运而生并不断壮大，追随潮流或联合自保，继而陷入停滞、分解或更新、重组。21世纪初最新一轮发展高潮已近尾声，而新的驱动力量能否带来新的发展势头，尚在未定之天。比较悲观的估计

---

① Andrés Malamud and Gian Luca Gardini, "Has Regionalism Peaked? The Latin American Quagmire and Its Lessons", in Lorenzo Fioramonti (ed.), *Regionalism in a Changing World*, London and New York: Routledge, 2013, pp. 116 – 133; Diana Tussie, "Latin America: Contrasting Motivations for Regional Projects", in *Review of International Studies*, Vol. 35, Supp. S1, Feb. 2009, pp. 169 – 188; Rafael Mesquita, "The Hegemonic *Hermano*: South American Collective Identity and Brazilian Regional Strategy", in *Canadian Journal of Latin American and Caribbean Studies*, Vol. 41, No. 2, 2016, pp. 215 – 238.

认为，拉美区域一体化的潜力已尽，其发展进程的最高峰已成为过去，经过20世纪后半叶全球化和地区政治、经济发展的冲击和洗礼，拉美地区一体化进程又回到了原点：地区各国最有力甚或唯一的纽带不过是其特有的历史文化联系以及在全球或西半球的地缘政治、经济地位。其二，拉美区域组织和机制包括整个地区和各个"次区域"，及"跨次区域"的各种国家集团及其不同形式的组合，其成员国、制度和机制、目标与政策以及功能各不相同，积极的判断可称为灵活性、多样化，消极的描述则为重复性、碎片化。其三，与上述情况相关，拉美国家在地区层次的互动几乎涵盖了区域合作与一体化研究中包含的所有驱动因素。就结构因素和体系过程而言，依附论分析中的传统的"中心—外围"思想、国际关系分析中的全球及半球范围内的美国霸权因素，以及区域内较大国家与较小国家间的权力关系，均构成地区建设研究中最基本的环境和背景。而聚焦国别的利益分析，则涉及不同国家产业和贸易结构对加入或回避区域合作及一体化的影响，不同国家在处理国际霸权、区域核心国家、经济发展模式、区域制度建设等方面是否能够达成共识，以及在诸如与域外组织关系、多边与双边、多重组织成员身份等方面的协调问题。拉美国家的历史文化联系及其相关的身份认同和建构，以及经济、社会和政治发展进程中的理念、价值趋同问题，则始终无法脱离拉美地区建设研究议程。

关于拉美区域合作和一体化的研究，特别是对于一系列基本问题业已形成广泛认可的结论性意见之际，下一步的探讨如何推进？一个努力方向是在具体专题领域做些细致、扎实的深入研究，将拉美政治、经济或社会领域中的某一问题放在"区域"层次上加以观照，推动区域合作研究的精致化。[①]另一个方向是辨析分析视角：在区域合作和一体化进程及其研究现状的当下，从何种角度切入可以更好地把握这一领域的发展趋势？本文的视角为外交政策，将拉美地区建设问题放在国别政策视角下进行分析。这种国别视角分析可以强调"视角"本身的意义，意在指出不同层次的观察可能导出的不同判断和结论，即以国家层次

[①] 例如，中国社会科学院拉丁美洲研究所课题组《拉美一体化与中拉合作研究》，系国家社会科学基金重大项目《中拉关系及对拉战略研究》（2015年度，编号是15ZDA067）子课题。参阅吴白乙主编《中拉关系及对拉战略研究》（即将出版）。

（自下而上）和区域次区域层次（自上而下）为出发点会适用不同逻辑和思路；也可能关注具体国家战略的制定以及由国家到区域次区域层次的政策过程分析[①]，需要在清晰界定地区整合进程某一局部现象边界的基础上，对国家与区域次区域间联系及其机制作出实证分析，一般应以个案研究为主。本文属于前者。

国别外交视角是一种传统的分析方法，但在近年来地区建设问题的研究中，区域结构或体系演化一般以各区域次区域组织为主题词，理论分析多围绕功能主义和新功能主义、政府间主义或超国家主义以及新自由制度主义等视角展开，其因果关系又多以国际体系压力或经济相互依存为主要线索，国别因素在这种叙述中逐渐趋于隐性，并往往被置于诸多背景因素之一的地位。然而，就拉美地区秩序及其动态而言，除域外力量外，地区进程事实上是基于区域框架、次区域组织和国家行为体三者之间，以及次区域组织之间和国家之间的多重互动，而其动力机制的强度从区域、次区域到国家层次依次递增。与此同时，区域次区域组织的构成、功能以及具体议题的设置和决策无不以各国政策及其变化为转移。因此，强调和突出国别视角，可以重新认识并明晰拉美区域合作和一体化的最主要特征，并推动相关解释更为符合拉美地区的现实状况。

鉴于当前地区建设的大背景涉及全球化趋势和逆全球化潮流中国家角色的重新定位，以及国际问题研究中国别研究重要性的日益彰显，本文选取拉美国家外交政策视角观照地区建设的动态，旨在弥补和平衡区域合作和一体化问题研究中的缺失，详细列举和阐述自下而上影响地区建设的各种因素，明确将地区主义的两个范畴（合作和一体化）作为国家外交政策工具箱中的选项，并以拉共体、南共市和太平洋联盟三个集团为例，分析拉美国家如何利用地区机制展开互补和竞争，指出其互补关系及其缺失以及并非壁垒森严的竞争关系，进而基于对区域次区域组织背后国别基础的再思考，强化对拉美地区建设现状和走向的认识。

[①] 参阅 Laura Gómez-Mera, *Power and Regionalism in Latin America: The Politics of Mercosur*, Notre Dame, Indiana: University of Notre Dame Press, 2013。

一 拉美国家外交政策和地区主义

在 20 世纪 90 年代至 21 世纪初的地区建设又一轮高潮中，曾出现过两个"必由之路"的论断，即地区建设与全球化进程相辅相成，并成为构建全球秩序的基础和要件，地区整合进而成为全球秩序的必由之路；而各个民族国家，不唯需要联合自强的中小国家，甚至世界舞台上的强国大国，一度也不得不接受并组建国家集团来保障自身的安全与发展，因此以地理板块为基础的区域性集团也成为国家自保和发展的必由之路。如果这类论断能够立得住脚并具有普遍意义，那么拉美地区建设的评价则为负面，特别是在拉美本地区一体化浪潮消退之后，如果该地区多数国家不再追捧地区一体化为必由之路这类观点，拉美国家将会寻求何种符合各自国家利益和目标的区域合作之路？

拉美国家的区域合作和地区建设有其鲜明的经验和特点，由于采纳地区层次的视角并有意或无意地比照欧洲建设的经验，拉美虽曾被视为继欧洲之后第二个一体化建设最为活跃并富有成效的地区，但最终结果仍逃不脱停滞、倒退、分解的命运，除针对特定时期特定国家的肯定意见外，总体而言地区建设效果不彰。而且最为关键的是，历经数次浪潮之后，拉美国家似乎已形成某种"路径依赖"甚至恶性循环，只有在历史发展的某种重要关头，例如某种危机条件下，才有可能启动新的一波地区建设浪潮。然而，如果我们从拉美国家外交政策的角度分析地区层次的互动，则有可能得出不尽相同的判断，对历史现象的认知乃至其未来演化，也许会有更好的把握。

关于拉美国家外交政策的分析，可以考虑的因素、思路和要件固然很多，诸如关于拉美国家外交史的分析，主要涉及拉美国家外交决策和对外行为的描述，拉美国家所处的国际环境及其演变和拉美与世界列强的关系动态，以及拉美国家接受或自创的国际行为理念、规则和规范；拉美国家的国家特质和国内政治对外交政策的影响，可以包括国家实力、规模、发展水平、社会结构、政治制度以及专门的决策分析；拉美国家外交政策的实质内容，比如外交政策目标、战略、地理方向等；拉美国家外交政策的后果及影响，特别关注拉美国家与世界其他国家、地区和国际组织的关系及其发展变化，等等。

值得注意的是，上述分析虽然聚焦的应该是"每个拉美国家"的外交政策行为，但在分析中我们往往会试图归纳拉美各国相同或相似之处。拉美和加勒比地区30多个主权国家，除地理毗邻外，情况可谓千差万别：国家规模和自然禀赋差异巨大，虽然存在一定程度的相互依存，但远非人们所想象的那样紧密。但这些国家自独立以后都在追求两个最为基本的国家目标，即自主性和社会经济发展。实现这两个目标的途径可以包括国别、区域和全球层次的政策行为。条件的差异和诉求的相似在国别层次的视角与区域层次的分析之间建立起某种联系。拉美国家外交政策分析既可以是针对特定国家的个案研究，也常常根据次区域和国家规模而针对不同国家组合展开，如安第斯、南锥体、中美洲、加勒比等自然区划就已将地区国家分割成不同"单元"，而区分区域大国和中小国家也成为分析中常用的方法。当沿袭区域研究传统或进行比较研究而将域外因素纳入分析之后，"拉丁美洲"或近期常提及的"南美洲"也成为研究中的主题词。

当我们将拉美国家为了国家主权安全、社会政治稳定和经济发展而采取的一系列对外战略、策略进行条分缕析之后，就会发现拉美国家作为全球舞台上的中小国家角色，往往会在卷入权力政治和借重国际道义、国际法和国际组织之间趋利避害，除时时联合抗衡时而主动追随霸权的权力游戏以外，更经常的是采取各种正式或非正式的"组织—联合"策略，几乎在所有对外关系政策和问题领域，均建立了各种层次的国家集团，在特定时期发挥了维护共同利益或避险止损的作用。这类组织或联合包括次区域、区域、半球乃至全球层次的建构，也包括中小国家之间、南北国家之间或专门领域的各种组织机构，其中第二次世界大战后拉美国家的经济一体化运动在发展中世界的实践中具有典型意义。

在这种意义上，拉美国家的区域合作和一体化，不过是国际关系历史和外交政策研究中有关国际交往和国际合作在特定地域范围和问题领域的一个实例，可以包括政治军事条约（如第二次世界大战后的里约条约和美洲国家组织）、经济整合（如20世纪60年代至今的各种贸易集团、关税同盟和共同市场）、参与国际组织（如联合国）及国际多边机制（如国际货币基金、世界银行、关贸总协定—世贸组织、美洲开发银行）、域内政治安全协调（如里约集团、南美国家联盟）以及各国各自缔结的邦交和双边协定等,均可以用有关国际合作的一般性概念加以界定,即国家间的政策协调行为,其前提和条件是相关国家预期协调行动的收益大于单边(不协调)行动的收益[1],历史形成的经济联系以及对于边缘化地位加剧的忧惧、国家间彼此借力维护主权安全则是驱动地区联合的最基本因素。这与19世纪欧洲国家间的"协调"模式和20世纪国际舞台上的各种联盟、整合、组织、机制等颇为类似,区别只不过是地域和问题领域有所不同,即拉美地区建设相当于国家外交行为在地区国家间的各种"协调"机制和合作形式。如果用"地区主义"来标示这种区域合作和一体化实践,我们除了可以将其视为国际合作的一种形式外,也可以专门将地区主义作为对象加以研究,而将"区域国家间合作"和"国家推动的一体化"作为地区主义诸范畴中的两种类型。[2]

"合作"与"一体化"的不同含义在于,前者强调国家或政府间用以应对共同问题的协议或协调,旨在保护和强化国家的地位和作用以及政府的权力。"一体化"则主要针对地区性的经济整合,政府制定特定的政策以减少或消除国家间货物、服务、资本和人员相互交流的障碍,此前相互独立的国家间逐步形成紧密而多样的互动格局,这一格局会涉及经济、社会和政治内容,正式的一体化一定是有意识的政治决定,而非正式的一体化更多地指涉经济、社会和文化交流的"区域化"进程。政治和国际关系研究将合作与一体化视为地区主义连续统的两端,其中一个重要关注点是国家主导的地区建设在多大程度上将国家的决策权力和政治权威让渡给了地区组织和机构。区域合作基本上意味着在政府间组织和机构中国家权力的协调以达成在经济、政治或安全领域的集体行动。区域一体化则趋向于设立超国家性质的机制,国家的部分权力将让渡给区域组织或机构以形成某种带有约束力的集体决定,以达到和平解决争端、矫正市场失灵特别是消除国家间经济、社会交往的障碍。不同历史时期不同地区的区域合作

---

[1] 参阅 Robert O. Keohane, *After Hegemony: Cooperation and Discord in the World Political Economy*, Princeton: Princeton University Press, 1984; Kenneth A. Oye (ed.), *Cooperation Under Anarchy*, Princeton: Princeton University Press, 1986。

[2] Andrew Hurrell, "Regionalism in Theoretical Perspective", in Louise Fawcett and Andrew Hurrell (eds.), *Regionalism in World Politics*, New York: Oxford University Press, 1995, pp. 37 – 73; Finn Laursen, "Regional Integration: Some Introductory Reflections", in Finn Laursen (ed.), *Comparative Regiona Integration*, Surrey: Ashgate, 2010, pp. 3 – 20.

和一体化进程，尽管高潮迭起，但其结局究竟是合作还是一体化，对于地区整体发展产生的效应当然是大不相同的，但其出发点却必须在国别层次上寻找。拉美国家地区建设及其组织机制基本上属于区域合作的范畴，原因很简单，即拉美国家对外关系首要目标仍为独立自主，在全球、区域、次区域层次上的对外活动远未达到分享或共同行使主权的程度；但在一些能够达成共识的政策领域或制度形式选择中也会包含一体化因素，与欧洲建设类似，拉美地区建设也是合作与一体化的混合物，哪种因素居优取决于各个国家的政策考虑。

除政府间主义和超国家主义外，有关合作和一体化的考察还可参照国际关系理论发展和传统外交政策分析的基本思路。例如，新古典现实主义强调地区建设的推动力来自国际体系和国内政治因素的结合，既认可新现实主义有关国际权力分布对国家外交政策行为的中心作用，又认为体系压力必须经过国家层次的中介加以过滤才能产生效应。国内因素可能涉及决策者的认知、政治制度的影响、国家与社会的关系等方面的内容及其对政策决定的具体塑造过程。[1]传统的外交政策分析一般会关注国家外交政策形成的外部因素和内部因素，同时强调二者之间的重叠或联系，认为只有二者之间的互动才提供了外交政策行为最有力的解释，即决策者实现国家安全和发展目标的基本途径实为内政和外交的整合。拉美国家外交政策研究常常关注的正是特定历史时期或国际环境下，拉美国家政府因应内外压力、选择发展模式、动员国内资源、协调社会力量和政府官僚机构，并最终形成对外政策的动力机制、政策过程、政策内容及政策影响等议题。合作和一体化不过是政策手段选项中的不同内容，原则上讲，具体国家政府均可任选其一，或在特定条件下对二者均加以抵制，决定性的考虑在于所希望组成的国家集团能否与本国利益和诉求相适应。在20世纪90年代以来全球化进程加速条件下，中小国家诉诸集体行动的要求，无论是平衡传统霸权或地区强权，还是创造条件维持既有秩序，最终也会归结到具体问题领域的国家间互动。

从国际关系和外交政策的角度考察区域合作和一体化问题，首先要关注经济整合的进程和意义，但同时也必须考虑地区主义对于区域国家间冲

---

[1] 参阅 Steven E. Lobell, Norrrin M. Ripsman, and Jeffrey W. Taliaferro (eds.), *Neoclassical Realism, The State, and Foreign Policy*, Cambridge: Cambridge University Press, 2009。

突的解决、区域稳定和秩序的效应。拉丁美洲国家传统的联合自强、抱团取暖举措除其历史文化纽带的作用外，区域性的国家联盟具有抗衡域外大国或平衡域内大国等诉求，冷战期间投入某一阵营，或者加入"不结盟"运动，乃至创建区域性组织解决本地区冲突问题，其政策取向主要在于地区安全稳定或冲突解决，这与同期的经济一体化运动并行不悖，均与各国追求生存和发展的政策目标相吻合，而组建制度性的区域合作集团是其中一部分内容，常常与各国功利性地利用区域框架调和彼此竞争性的诉求以应对内外挑战相关。在正式的一体化形式之外，各国更经常地关注其他区域合作形式如何成为维护自身利益的有效而可靠的工具：合作如何达成互利结果以及避免自利行为破坏合作安排，合作进程如何建立信任进而使共同行动的取向高于单独行动的冲动，以及如何使跨国交流带来的相互依存与国家作为主权实体的行为逻辑加以调适等。

因此，广义而言，区域合作和一体化与拉美独立以来的历史如影随形，区域性的认同、利益与国家身份和诉求并存互动，并随着区域化和全球化进程不断呈现新内容和新形式。就国别层次而言，发展问题本来就是拉美各国公共政策的核心内容，经济外交也是各国对外关系的主要取向，20世纪下半叶以来的贸易、投资活动及其争端，以及全球化、区域化的相关规则如何确立，也就成为区域各国最为常见的对外活动内容。但是，虽然贸易、投资、信息、技术的跨国流动在加速，但国家利益、本土利益、认同、社会风俗、价值等与上述流动并非完全同步，各国在支持和推动全球化与抵制全球化之间往往进退两难。区域合作和一体化可以成为国家和本土利益、价值的一种保护机制，也可以成为融入全球进程的平台和基地。就区域层次而言，区域合作和一体化不过是各国处理共同经济难题所采纳的一个"区域性"组织或框架，也即在抵御外部冲击和解决自身增长问题时选择区域性方案可能更为有效、更具吸引力，包括加强集体谈判的能力。而这种区域性框架的效力常常受到国家规模、发展水平、经济理念和模式的制约，也无法摆脱部分国家的历史积怨以及与域外大国的历史联系等因素的影响。

在拉丁美洲，伴随进口替代工业化的区域一体化浪潮与利用地区空间安排生产和贸易以改变在世界经济结构中弱势地位的诉求相关，但这种区域层次的安排也是在试图抵御全球性的市场和投资活动的冲击。而"新地区主义"对业已存在的区域性集团的改造以及催生的新型贸易集团，则在有意避免新形成的世界各大经济板块给本地区造成的挤压,同时形成自己的区域性集团并逐步由区域向全球演进,保护和融入兼而有之。以里约集团为代表的区域性协调机制则成为在政治安全和外交领域解决地区争端、促进地区和平稳定的区域性框架。而以美洲玻利瓦尔联盟和南美国家联盟为代表的、强调政治和社会问题优先的区域性组合,以其卷入国家之多、延续时间之长和政策力度之大成为21世纪初叶拉美区域舞台上的重要角色。[1]虽然其中一些组织最终尽显疲态而沉寂或转向,但是对拉美地区发展的影响以及未来发挥作用的潜力都不可低估,特别是每一次实践都对拉美国家的对外关系和国内发展产生了不同程度的塑造作用,其中一些机制对于特定国家来说更是得心应手的工具。经济的发展、冲突的解决、各国利益的协调、安全困境的消除、国内政局的稳定、本土身份和价值的维护等,均已在以区域合作和一体化作为有效机制发挥作用的地区环境中,而这种环境正是基于国家行为体的主动塑造。

二 互补与竞争:次区域与国别层次

在上文讨论的背景下,我们引入"互补与竞争"关系来探讨拉美地区建设问题。1980年,拉美自由贸易协会成员国签署《1980年蒙得维的亚条约》,将原组织改名为拉美一体化协会,成为20世纪60年代以后区域合作和一体化运动合作形式和合作机制变化的转折点。[2]与名称变化直接表达的含义相反,改组以后的区域建设内容是放弃原定的成员国步调一致的做法和限期建立自贸区的目标,成员国可按各自意愿开展双边和多边合作,采取灵活多样的合作机制,为日后的区域合作和一体化模式敞开了空间。换言之,两个或多个地区国家有可能在共同选定的领域联合行动,推动合作或一体化。这是拉美地区建设实际遵循的路径,即更为灵活、务

---

[1] 21世纪初拉美比较活跃的区域次区域组织,一般强调国家的地位和作用而非超国家或次国家角色的重要性,强调政治、社会问题优先而将经济发展置于次要地位,并且关注国情和发展水平差异要求的区别待遇而非互惠关系。这一特征强化了区域合作的政府间协调特征。

[2] 参阅宋晓平等《西半球区域经济一体化研究》,世界知识出版社2001年版;徐宝华、石瑞元《拉美地区一体化进程——拉美国家进行一体化的理论和实践》,社会科学文献出版社1996年版。

实，并根据不同地域或问题领域推出各种机制和组合，其中互补和竞争并存或交织。

在区域次区域层次上，各国家集团及其成员国往往在自然禀赋、生产和贸易结构等方面存在差异，或者出现政治和意识形态等方面的分化。一方面，即使次区域组织仍具历史联系和地理区位特征（如安第斯、南锥体、中美洲、加勒比等），但各次区域组织一定会设定具体的功能和目标，且对成员国资格作出明确规定并可能具有排他性；加入或退出某一具体国家集团最终取决于国别政策选择和国家之间的关系，这种选择和关系也会导致"跨次区域"或以特定领域和目标为基础的国家组合，如新世纪出现的美洲玻利瓦尔联盟和太平洋联盟，从而可能形成不同次区域组织间就政策取向和发展模式以及争取成员国的竞争。另一方面，虽然无法设想冥冥之中会有一只"看不见的手"在发挥作用，但拉美地区各种不同功能和取向的区域次区域组织并存的现实，也使我们无法完全否认这些组织"客观上"具备条件，可能形成某种互通有无、取长补短的格局。自由贸易和保护主义、经济效率诉求和政治社会问题优先、政府间政策协调和超国家机制、专门化的功能主义和全能型的政治决策的并存或不同组合，在一定程度上也就是形成有益而良性的互补、竞争氛围的条件，地区各国之间发生的政治、经济、社会、外交问题各有其对应的机制可资利用，事实上这也是拉美国家处理域内关系的常态，每年各区域次区域集团的例行会议就是这样的场合。

然而，不能不注意到实际的状况可能更为复杂。首先，次区域组织之间有意识的"互补"关系并不明显，特别是各组织之间并没有形成输入输出的互通有无，即通过弥补他组织的缺陷相互补台，或者相向而行通过加强他组织的优势使各自组织的功能放大，以产生共同发展的效果。而各次区域组织虽由于取向不同而构成了某种排他性的相互关系格局，但各组织间目标各异、规则不同，且很少存在力图压倒其他组织的意图或行为，更少有零和博弈的局面，特别是很多组织的成员国往往兼具区域次区域不同集团身份，次区域组织远非壁垒森严。因此，拉美区域合作和一体化组织机制的关系可以更细化为各组织是否分道扬镳、并行不悖、互助互惠和融合整合等更多样的内容。其次，更为现实的情况是在国别层次上的互补与竞争，至少有三层含义：国与国之间的互应关系体现在区域次区域层次上的互动，其中的互补与竞争比次区域组织之间的关系更为明确、具体；

一国同时成为多个组织的正式成员国或观察员国，利用不同场合的机制和功能，谋求本国利益最大化；与此同时，一国对外交往存在不同的政策方向和诉求（包括其背后的政治取向和利益集团间的争斗），表现为不同时期或不同执政者的理念和决策。

如果聚焦于拉美区域合作与一体化动态的区域和次区域层次，更多讨论关注的是国家集团多头并立所导致的组织、规制错综复杂，其中规则的兼容、组织的代表性、机制的效率、承诺的可信度等均充满不确定性，即所谓"意大利面条碗效应"[①]，重叠、交织的区域次区域协议和规则，犹如拌在碗中的意大利面条纠缠在一起难以厘清。如果从各个具体国家多样且不断调适的经济利益和政治诉求出发，则国别外交政策（包括对外经济政策）并不难理解为针对不同对象、在不同问题领域和不同场合而展开一系列政策行为，包括区域合作和一体化浪潮中的趋利（各问题领域的收益）避害（在任一问题领域被排斥在外可能遭到的损失）。具体国家加入合作或一体化进程时的诉求与合作或一体化组织本身建设之间的关系存在各种可能性，其中政策回旋余地常比人们想象的更为充裕，用来作为例子的国家包括尼加拉瓜（同时为美洲玻利瓦尔联盟和中美洲—多米尼加自贸协定成员国）、委内瑞拉（同时为美洲玻利瓦尔联盟和南共市成员国，2016年被中止南共市成员国资格）和玻利维亚（同时为美洲玻利瓦尔联盟、安第斯共同体成员国和南共市联系成员国，其中南共市为入盟过程中，一旦入盟则将成为两个关税同盟成员国），区域次区域与国别两个层次的观察会遵循不同逻辑，具体操作结果需要具体分析。

从外交政策分析所关注的内外因素考察中，可以看到国别外交取决于内部需求与外部压力如何互动，地区主义的形式可视为对这种互动的一种回应。拉美国家选择的区域次区域组织形式首先面临的结构性因素是各国的贸易及其商品构成格局。墨西哥、中美洲和加勒比地区通过制成品加工、投资、服务和劳动力流动等渠道与美国市场联系密切，遂出现了北美自由贸易区（美国、加拿大、墨西哥三国）和中美洲—多米

---

① Andrés Malamud and Gian Luca Gardini, "Has Regionalism Peaked? The Latin American Quagmire and its Lessons", in Lorenzo Fioramonti (ed.), *Regionalism in a Changing World*, London and New York: Routledge, 2013, pp. 116 – 133; Gian Luca Gardini, "Towards Modular Regionalism: The Proliferation of Latin American Cooperation", in *Revista Brasileira de Política Internacional*, Vol. 58, No. 1, 2015, pp. 210 – 229.

尼加自贸协定（美国、中美洲国家、多米尼加）这类面向北方的国家组合形式。而南美洲国家贸易分布相对多样，域内贸易联系和面向全球市场的初级产品出口更为活跃，域内国家组合和半球外跨区域联系相应的更为多样和密切，南共市的建立和安第斯共同体的重塑，以及世纪初明显带有域内联合、抵制美国霸权色彩的美洲玻利瓦尔联盟和南美国家联盟，代表了这些国家这一时期对国家利益的界定并决定了地区建设形式的选择。同理，美国经济和政策的变化对于墨西哥、中美洲和加勒比地区的冲击相对较大，而全球市场波动和域外国家政策变化则对南美洲国家产生更大影响。

与此同时，还必须关注21世纪初期另一明显趋势，即拉美国家利益分化对地区建设产生了深刻影响。地区大国的全球视野或地区雄心会将地区建设议题范围拓展至更多的问题领域（远远超出经济合作与整合），并力图使区域次区域组织成为实现本国外交目标的工具，随之而起的可能是邻国的追随或抗衡。域外联系（主要是经济交往）较多的国家会对域内整合相对消极，可能会在尽量松散的地区框架下更多寻求与域外国家和地区的双边合作。对美国依赖较强的国家会尽可能避免追求与美国利益相悖的政策，进而对地区建设三心二意。初级产品出口国对全球市场的依赖性，往往导致自身立场的矛盾和政策上的首鼠两端，自由贸易的收益预期和经济"初级产品化"的担忧并存，区域次区域组织有可能成为提高国际集体谈判能力的途径，但面对全球市场上的初级产品消费大国，采用双边渠道却有可能是最佳选择。从决策角度分析，21世纪拉美国家政治生态的变化也在深刻地影响着地区建设的进程，最突出的莫过于左翼执政国家对于新自由主义议程（包括自由贸易）的抵制以及对政治和社会问题的重视，既催生了若干新式的国家组合或合作形式，也为当前和日后地区建设演变打上了富有特色的烙印。

三 拉美地区建设的三种类型：拉共体、南共市、太平洋联盟

从拉美地区建设的理想和效果间的关系看，与新功能主义所谓的"溢出"效应相去甚远，拉美区域合作和一体化组织常常陷入分解、倒退或重组的窘境，不仅无法达成从一个领域向其他领域的拓展和深化，甚至

最初的设计和预想也往往难以实现。但合作和一体化进程的挫折从未打断各国对区域性联合的追求，一方面可以看到大量的政策宣示和原有组织翻新，另一方面在不同时期屡屡展示出针对具体问题领域的次区域机制的活力。拉共体、南共市和太平洋联盟代表着地区建设的三种类型，分别以一般性政策协调、关税同盟和自由贸易为主要取向，面对域内外挑战时的表现体现着拉美区域次区域组织处理问题的固有风格，同时也不断印证着成员国利益和诉求的最终决定作用。

拉美国家和区域组织目前面临的挑战至少有三个方面：其一是寻求摆脱经济困境的出路，进而在发展理念、模式和政策方面有所创新；其二是界定与美国新政府的关系，特别是在不确定性和政策端倪之间如何趋利避害；其三是协调地区热点问题的立场，当前最重要的是针对委内瑞拉问题的处理方式。应对上述挑战，区域性框架显然不可或缺，而各组织的未来演化则又与如何应对挑战相关。现有的积极迹象是一些国家正在利用合作和一体化机制，在国家、区域和跨区域层次上以及不同问题领域间取长补短，如南共市和太平洋联盟成员国；消极的迹象是一些国家似乎丧失了对区域框架的兴趣，或由于国内问题无暇他顾，致使区域框架的潜力无法显现出来，如拉共体。

区域框架的效能与域外环境压力和各国发展水平及国内政治生态密切相关，但具体机制的运行各有其特点。政治取向和意识形态对合作和一体化有重要影响，但不构成不可逾越的障碍，目前南共市中的乌拉圭和太平洋联盟中的智利仍为左翼执政，在委内瑞拉问题上会有所保留但不妨碍各自组织的主要合作进程。而意识形态高度一致则更有可能出现"政治化"的趋势，如民主化进程中各区域组织"民主条款"的采纳和左翼高潮时期美洲玻利瓦尔联盟的政治优先取向。国家规模和发展水平差异虽影响着成员国间的利益分配，但政治意愿会降低其敏感度并找出相应的弥补方案。而各国特别是区域大国政治生态的变化则有可能产生更大影响，如近期巴西和阿根廷的情况。

从上述三个区域次区域组织的动态可知，拉美国家在许多问题上是存在共识的，即使是在一般性的、目前尚不急迫的问题领域，但这些问题对于地区长远发展可能具有重要意义。而部分国家间共识的形成则相对容易，往往会针对具体问题形成不同的国家组合。无论是区域还是次区域框架，建立在有限共识基础上的政策及其后果，以区域建设的标准衡量固然不尽如人意，但站在国别外交的立场，则有可能是具体国家最优选择。玻利瓦尔梦想的实现虽仍遥遥无期，但拉美国家追求区域合作和一体化更是基于国家利益和诉求的实现。

（一）拉共体：一般性政策协调机制

2011年12月，在委内瑞拉首都加拉加斯举行的拉美和加勒比国家领导人峰会上，拉美和加勒比国家共同体正式成立，这是地区合作与整合进程的又一个里程碑。该组织包括西半球33个主权国家，但将美国和加拿大排除在外，进而对西半球最重要的多边组织"美洲国家组织"构成一种潜在的挑战，具有强烈的追求独立自主、摆脱美国影响的倾向。

加拉加斯峰会及其文件特别强调了成员国致力于地区"政治、经济、社会和文化一体化"的重要性，包括在地区范围内实施整合、合作、互补和开发的各种动议和计划，以及在次区域组织基础上建立协调机制。根据拉共体章程，新建立的拉美和加勒比国家共同体将全面取代里约集团和拉美峰会，并开始履行与其他政府间组织、国际组织和机构的政治对话职能。拉共体将在全球范围内推进与拉美和加勒比各国利益攸关的各项议程。拉共体最初所拟定的工作议程范围广泛，涉及拉美和加勒比国家在各领域展开的合作，诸如反饥饿、扫盲、能源合作、促进区域内贸易、环境保护、人道救援等。鉴于国际金融危机的影响，成员国在行动计划中重申了"强化和深化"经济一体化机制作为克服危机的重要途径，并承诺以集体的力量创建一个全新的并以公正、团结和透明为基石的区域金融体系，同时致力于重塑国际金融机构及其体制框架，使诸如国际货币基金、世界银行和美洲开发银行等机构的决策更加灵活和民主化。

上述一系列宽泛的诉求决定了拉共体后续的发展路径：定期的聚会及其政策宣示涉及一般性的共同发展问题，政策取向相似的国家借助这一场合协调政策立场并展示团结姿态，关键和敏感问题则诉诸辩论后束之高阁，同时成员国和次区域集团的行动放任自流。自共同体创建之初起，就存在着两种或明或暗的定位和方向。如成立之初，阿根廷、巴西、哥伦比亚和墨西哥等国提出以地区贸易、经济发展和深化经济合作保证各成员国经济的增长。与此同时，以委内瑞拉时任总统查韦斯为代表的一部分国家（如玻利维亚、厄瓜多尔、尼加拉瓜等国）领导人表达了追随南美解放者西蒙·玻利瓦尔的梦想，实现一体化并掌握自身命运，进而抗衡美国在西半球霸权的理念。

拉美和加勒比国家共同体的成立是世纪之交以来地区政治发展的产物，同时也承接了拉美区域合作和一体化进程的传统，在次区域层次之上，总要有一个区域性框架，具有最大限度的代表性，区域化、身份认同、合作和一体化兼而有之，但最终路径和结果取决于各个国家特定时期的政策选择。拉美国家正在经历的变迁需要地区层次的合作和整合，这既包括一个地区的经济空间，在贸易、投资、税收、基础设施和能源等领域的联合；也包括一个政治空间，即政治对话、协调以及共同应对国际机构和美、欧、亚太等力量的场合，但拉共体作为代表拉美和加勒比众多利益和诉求的多边组织，不会采取与任一域内国家愿望相抵触的行动。换言之，拉共体的合法性基础不会受到挑战，但其运作效率从成立之初就无法保证。

拉共体是该地区国家长期一体化努力在整个区域层次上的最新举措，从19世纪的理想到21世纪的新型联盟，拉美各国为了实现这一目标已经进行过各种各样的尝试，但实际效果和总体进展往往与立约之初的宣示和期待有较大距离。2017年1月，拉共体在多米尼加召开了第5届峰会，这次峰会再次彰显了地区建设固有的特征与风格。由于美国特朗普入主白宫以及此前英国"脱欧"等事件带来的巨大不确定性，峰会召开的时机正值世界经济政治发展的一个重要节点，特别是美拉关系中一些重要问题正面临着全新的历史挑战，在贸易、移民等问题上，许多拉美国家在新的压力面前显得无所适从。拉共体峰会提供了一个凝聚共识、应对挑战的良机，但峰会未能充分讨论地区各国面临的最紧迫问题。出席会议的各国领导人为拉共体创建以来最少的一次，主要是美洲玻利瓦尔联盟各国总统和几个中美洲和加勒比国家领导人，墨西哥和南美洲其他主要国家如巴西、阿根廷、智利、哥伦比亚、秘鲁、乌拉圭以及中美洲哥斯达黎加、危地马拉、洪都拉斯、巴拿马领导人均未出席会议。与会的墨西哥副外长在会议发言中甚至未提及美国政府在美墨边境建墙一事，而在特朗普宣布建墙当日（正值拉共体峰会召开期间），拉共体也仅限于表示谴责"非法移民罪行化"而回避了任何反对建墙的宣示。

拉共体峰会重申了此前一系列峰会业已采纳的协议条文但未给出新意。针对拉美国家最重要的热点问题如委内瑞拉局势，拉共体峰会在政治声明中表示支持委政府与反对派对话，这是对委政府的支持（对话为反对派所中断），但同时声明中又追加了尊重人权、民主程序和权力分立等内容，显然又照顾到了委反对派的诉求。拉共体峰会一如既往支持古巴在古美关系中的立场，包括解除封锁和归还关塔那摩。

美洲玻利瓦尔联盟国家成为目前拉共体运作中最活跃的成员。委内瑞拉已被中止南共市成员国资格，类似命运可能发生在美洲国家组织，但委政府已主动宣布退出该组织。外交孤立的压力会迫使委现政府寻求和加强尚可维持的域内外联系，拉共体就是可资利用的一个重要平台。玻利维亚经济有赖于开拓天然气出口新市场并获得便捷的出口通道。玻利维亚现政府与美国关系长期不睦，因此一直致力于发展与所谓非传统伙伴的联系（如俄罗斯、伊朗、中国等），玻现行政策仍是与拉美现存左翼执政国家站在一起。持同样立场的厄瓜多尔虽与美国维持着比较正常的贸易联系，但双边特惠安排已近期满，已中断多年的自贸谈判目前没有恢复的可能。厄瓜多尔现政府更为重视与中国（其最大投资和贷款国）的关系，同时也在一定程度上表现出与亚太其他经济体合作的迹象。古巴正在致力于国内经济模式"更新"和应对古美恢复邦交后双边关系的新变数，对外关系多样化是重要的努力方向，特别是委内瑞拉危机导致古巴外援减少，也促使古政府更多地兼顾区域次区域各层级的关系拓展。尼加拉瓜也受到委内瑞拉危机的冲击，特别是外部资金的一个重要来源面临枯竭，但尼加拉瓜同时也已成为包括美国在内的中美洲和多米尼加自贸协定成员国。玻利维亚、厄瓜多尔、古巴、尼加拉瓜四国均维持着一定程度的对外关系灵活性，但仍与委内瑞拉联合应对域内外各种挑战，其中包括维持此前主张的地区建设方向，如拉共体作为一个"替代性"组织的诉求。

拉共体的发展表明该机制是区域合作和一体化成员数量和议题范围"扩大"的典范，而无关地区建设的"深化"。其优势是总会有部分成员国在这一框架内找到共识，如第5届峰会美洲玻利瓦尔联盟各国成为峰会主角，这与这些国家一贯力主拉共体取代美洲国家组织而成为地区最主要协调机制的诉求一脉相承。应该承认，拉共体的最主要功能是承担此前里约集团作为地区政治安全对话机制的传统，同时适度增加成员国所愿意讨论的其他议题。现实的情况是，拉共体已包含拉美和加勒比所有33个国家，且议题范围几乎无所不包，这等于将集体行动难题持续放大，意味着步调一致和利益协调难度空前增大，特别是自成立之初就已存在的两种主要不同取向之间难以调和，在第 5 届峰会上的表现是众多国家领导人缺席而使外界对峰会的期待值大大降低。这再次证明拉共体推动地区建设的成效取决于其议题与国别政策的吻合度，国家的政策选择限定了合作的广泛性和一体化的深度。

从第 5 届峰会上拉美国家对美国新政府冲击的反应来看，面临重要历史关头时区域组织的凝聚作用未能彰显，显然外界因素（负面压力）尚不足以对这一地区最庞大的国家集团发挥作用，另外两个比较正面的外部因素，即依托定期峰会机制的欧洲—拉美关系和依托中拉论坛的中国—拉共体关系，能否起到促进地区建设的作用还有待观察。短期内拉共体实际作为不会太大，主要原因在于区域合作和一体化的"供给"明显缺乏，即政治领导（包括核心国家和强有力的政治领导人）和制度安排均显不足。拉共体能够做到且应该坚持的是其他区域组织暂时还无法替代的功能，即为地区各国提供了一个最广泛的协调框架和政策空间，各国在这一机制内的互动又是整个地区政治发展的一个"晴雨表"，国别和次区域层次的因素均可找到自身定位和展示空间。

（二）南共市：关税同盟与共同市场

南方共同市场成立于 20 世纪 90 年代初，除了国际格局的变化带给拉美国家更多地对外关系空间外，巴西和阿根廷外交政策调整及其伴随的和解进程是最主要的推动因素。军政府还政于民后，两国民选政府还希望通过政治和经济联合巩固新生的民主制度。巴阿两国的和解促进了双边贸易的迅速发展，而南共市的建立则是"新地区主义"在南美地区最重要的一项实践和成果。

进入 21 世纪以后，南共市的取向发生了变化，自由贸易和共同市场的建设逐步让位于更多的带有保护主义色彩的措施，国家间协调式微。但该组织在政治合作领域的作用却具有重要影响，这一方面可视为拉美左翼力量纷纷上台执政（包括巴西、阿根廷两国）的后果，另一方面也与巴西政府试图扩大其政治影响的努力并行不悖。

与主要成员国的诉求相符，南共市的决策恪守不违背成员国利益和自主的"政府间主义"原则，决策建立在共识的基础之上，经济整合回应市场激励但各国政府保有行动自由，而且是一种极端形式的政府间主义——"总统间主义"，即主要成员国的总统的权威和形象成为该组织政策和行为的主要驱动力量。① 南共市的制度建设是渐进的并遵循政府间协调原则而演变的，但这一组织仍然是拉美地区制度化水平最高的区域合作和一体化组织，一度成为继欧盟之后国际上少数几个具有典型意义的一体化集团，其制度约束对成员国对外政策选择具有实实在在的影响，例如对成员国的单独行动（如立约等）的限制。

进入21世纪第二个10年，南共市经历了一系列变故和波折的冲击，以及政策层次的调整和转向：委内瑞拉的入盟和被中止成员资格，世界经济放缓后主要成员国陷入经济危机乃至社会政治动荡，主要成员国政治生态发生变化，加快与欧盟自贸谈判进程，美国大选后加强与拉美太平洋联盟和其他拉美国家（特别是墨西哥）的联系，加强与欧洲自由贸易联盟、东盟、新加坡、中国、加拿大等区域组织和国家的关系等。南共市的变化再次表明，除外部环境变化外，国别层次的调整仍起着十分关键的作用，多年来该集团创始成员国首次能够凝聚共识，重新拾起自由贸易、开放市场和吸引外资的口号。其间南共市和太平洋联盟两个次区域集团关于"趋同"的宣示，恰恰是具体国家政策调整的后果，特别是巴西和阿根廷新政府更急于表明自己的新姿态，虽然两个集团的"合并"在政治上和"技术"上目前均不具备现实可能性。②

应该注意到，南共市这种政策调整与其成员国面临的经济困境有关，上一轮的发展和政策周期已走到尽头，改革势在必行，但外部环境挑战严峻，这与美国新政府政策及其带来的不确定性相关，而各成员国在对外关系的其他战略方向如欧洲、亚太又面临着新的机会之窗。与此同时，由巴西、阿根廷这类拉美地区相对最不开放的经济体主导的区域集团，本身的生产和贸易结构不可能迅速发生改观，目前趋于自由贸易的举措还主要是寻求摆脱危机出路的应急之举，一系列对外谈判所需的国内改革和调整何时到位还不明确，从各成员国对外关系的角度观照，除目前各国政府积极推动的一系列措施外，目前还不存在更可行的政策选项。

从各成员国的情况来看，针对地区建设的议题，巴西政府的战略是在地区合作或一体化进程中发挥主导作用，借此促进国内发展并加强国际竞

---

① Andrés Malamud, "Presidential Diplomacy and the Institutional Underpinnings of Mercosur: An Empirical Examination", in *Latin American Research Review*, Vol. 40, No. 1, 2005, pp. 138 – 164.

② "Come Together, Right Now", in *The Economist*, March 25, 2017.

争力，同时在政治上提升巴西的国际地位和在南美洲的领导作用。这也包括针对美国和域内大国（如墨西哥、阿根廷）彼此影响力消长的考虑。巴西现政府面临着繁重的改革任务（财政—税制、劳动制度、养老金等），却深陷腐败丑闻且支持率极低。2018年巴西又迎来新的大选年。现政府对外政策以贸易优先，包括加强区域和全球两个层次的联系。其中南共市的重塑为重要议题之一，其前提是与阿根廷现政府政策取向一致，而委内瑞拉已被中止成员国资格。巴西政府积极推动南共市与欧盟的自贸谈判，但欧盟方面能否展现政治意愿尚存疑问。美国特朗普政府政策对巴西的冲击小于其他拉美国家，同时巴西继续强化与其他域内外国家的贸易联系，诸如墨西哥、加拿大、中国等。因此，南共市是其总体对外政策议程的重要一环，但远非唯一且工具性仍然明显。

阿根廷现政府迅速修复了与域内外贸易和投资伙伴的关系，并试图借助南共市这一平台拓展贸易联系，包括北美、欧洲和亚太。阿政府在试图扩大南共市集团内贸易的同时，还成为集团内与太平洋联盟建立更紧密联系最积极的推动者。南共市之于阿根廷，其意义要远远大于巴西。世纪初的严重危机（2001—2002年）后，阿根廷政府曾采取单方面的保护主义措施，造成南共市内部的贸易争端。巴西政府并未采取针锋相对的反制，在一定程度上接受了阿方的做法。除卢拉政府的左翼倾向外，巴方也意识到成员国间的不对称关系需要调整和利益上的弥补，而作为南共市轴心的巴阿关系必须加以维护。否则，南锥地区历史上长期处于竞争中的两个大国关系倒退，将严重影响巴西成为地区领袖的蓝图。南共市巴阿轴心间的协调保持着务实、理性的色彩。为保护危机过后仍虚弱的产业部门，阿政府推动南共市引入了"竞争调适机制"，使保护措施的采用建立在成员国共识的基础之上，至少是保证巴阿两国政府间的协调。巴西产业部门和乌拉圭、巴拉圭两国均对这一机制有所保留，南共市内所有伙伴间的协调和对话显然还有待于改善。①

作为南共市内的小国，乌拉圭和巴拉圭有着自己的利益诉求和立场。乌拉圭将南共市视为对外关系的重点，但对集团内部的不对称关系一向持

---

① Steen Fryba Christensen, "The Influence of Nationalism in Mercosur and in South America—Can the Regional Integration Project Survival?", in *Revista Brasileira de Politica Internacional*, Vol. 50, No. 1, 2007, pp. 139 – 158.

有戒心，认为这种不断扩大的不对称性对本国社会经济特别是产业部门造成了严重冲击。基于此，乌政府长期以来不断呼吁南共市考虑小国利益诉求，尤其是单独与集团外国家签署双边贸易协定的权利。乌拉圭曾先后表达过与美国、中国签约的愿望。乌拉圭与其他成员国的紧张关系还包括因乌方造纸厂建设引起的乌阿两国争端。乌方抱怨巴阿两国过于强调巴阿双边协调而忽视了小国的利益。为此，巴西政府也曾作出努力，如推出与较小成员国间关系的"新政"，引入结构基金并采取措施减少对其他成员国出口的同时相应扩大进口等。巴方的做法产生了一定效果，乌方目前南共市成员国的地位没有受到"退出南共市"舆论的影响。乌拉圭现政府的务实外交包括改善域内政治、经济关系和拓展乌产品的国际市场两大目标，乌政府与巴阿两国政府共同推动与欧盟"集团对集团"的自贸谈判，同时单独升级了与智利的自贸协定（南共市认可）并试图与中国启动自贸协定谈判（在南共市尚未开绿灯的情况下，乌政府还试图借此推动南共市作为集团与中国的自贸谈判）。在南共市内部，乌政府与阿政府相向而行，双边关系大为缓和并签署了疏浚河流等协议。

另一较小成员国巴拉圭与巴西之间就伊泰普电站价格问题存有争议，但现政府仍积极寻求改善关系。巴拉圭的地理位置（经济依赖巴拉圭河和巴拉那河两河流域的农产品及其出口）决定了该国外交的重心必须以南共市为依托。

从各成员国的诉求来看，南共市不可能走向制度建设深化和组织分崩离析这两个极端。如巴阿两国新领导人所述不虚，南共市应恢复它原本所设计的模式，现有四国也即创始成员国目前一致追求贸易优先和经济开放政策，那么这一平台就是现成的且基础相对良好的次区域框架。这一历史上曾被寄予厚望的合作样板，有可能再次成为拉美独树一帜的区域性集团，在其他大多数区域次区域组织趋于沉寂的情况下，南共市的重新活跃毕竟给拉美带来一种新的期待。

（三）太平洋联盟：自由贸易取向

太平洋联盟成员国均为拉美国际舞台上富有特色的国家，在其对外关系的历史中，除发展区域内国家关系外，均有与域外大国或区域紧密联系的传统，如墨西哥、哥伦比亚的北美取向，以及智利、秘鲁的亚太取向。在地区建设进程中各国也都曾做出过符合自身利益和传统的选择,如智利与安第斯集团和南共市的关系。由这些国家组成的区域集团必然是在区域合作中有积极作为而在一体化建设中则会相对灵活,这在大量的双边贸易协定、大量的观察员国、联盟内贸易及服务乃至人员的自由流动、合并证券市场的进度和步伐等方面均有体现。太平洋联盟成为目前拉美地区自由贸易取向的次区域集团的典范,吸引着域内外众多国家和组织的兴趣,这既是在经济低迷条件下寻找出路的努力,也在一定程度上影响着区域合作和一体化的方向和进程,为其他拉美国家提供着可资选择的另一战略方向。由于其"先天不足",即成员国地理上不完全毗邻且相互依存度(以联盟内贸易占比为标志)相对偏低,其自身的发展则取决于能否继续坚持其固有特色和规模,而不是急于扩大或深化。

智利历来在对外关系特别是经贸联系中维持着较为平衡的地理分布,与北美、欧洲和亚太的交往均较为密切。智利需要不断开发新的市场,保障能源来源,并维持与邻国改善关系和解决争端的平台。智利现政府重点推动太平洋联盟与南共市的联系和与亚太区域经济体的合作,其中中国占据重要地位,特别是在美国退出跨太平洋伙伴关系协定(TPP)后,智利仍期待着与亚太区域有新的安排,其中可能会借力太平洋联盟这一平台。智利长期重视对外交往的双边渠道,太平洋联盟在这一方面反映了智利外交的特点。另一成员国秘鲁也是以众多的双边自贸协定著称,其现任政府对地区合作态度积极,尤其重视太平洋联盟的整合努力,成为拉美面向亚太的另一积极推动者。哥伦比亚长期以来为美国最坚定的地区盟国之一,并成为拉美接受美援最多的国家,这一状况可能会因美国特朗普政府提出新的援助条件而发生变化。在继续推进国内和平进程及缓和与邻国关系的同时,哥政府会倚重太平洋联盟发展对外经贸关系,同时也会继续加强与传统伙伴的双边联系(如美国、加拿大、韩国、欧盟等)。墨西哥对外关系的重中之重仍为对美关系,但面临着墨美关系几十年来发展的最大变数,即美国特朗普政府一系列充满争议和敌意的政策。虽难度巨大,墨政府会加强对外关系多样化的努力,包括加强与太平洋联盟成员国的联系以及与南共市的关系,同时也会寻求美国退出TPP后的下一步安排。

成员国的取向决定了太平洋联盟不可能放弃现有的模式,其最大优势在于,在全球经济放缓、拉美经济低迷的状况下,仍鲜明提出并维护自由贸易的原则，并坚持面向亚太区域的战略取向。其实力体现在现有四个成员国累计在拉美人口和 GDP 中的占比约 1/3，出口约占 1/2，外资约占 45%，整体经济规模可观。更重要的是，其成员国之间以及其成员国与第三国之间的关系均以双边自贸协定为基础，与现有成员国的自贸协定也是入盟的"入场券"。拉美及世界各地近 50 个国家已成为其观察员国。其内部贸易和服务已有 92% 实现零关税，四国已决定并正在致力于证券市场合并，并统一了原产地规则，等等。

短期内，太平洋联盟与南共市的联系有可能表现出更强的互补性，特别是在两个集团各成员国领导人政策理念"趋同"的条件下，调整贸易安排（包括双边贸易协定和原产地规则等）有可能重塑地区贸易格局，在包括汽车、材料、农产品和部分制成品等领域催生新的价值链，在更大范围内发挥竞争优势和规模经济效应，不仅相互市场准入利好，同时也充分利用区域框架应对外来冲击并进一步夯实面向欧洲、亚太发展的基础，有助于长期增长目标的实现。①

太平洋联盟的问题在于，以美国退出 TPP 为标志的亚太区域经贸合作前景及其规则演变存在巨大的不确定性，这意味着联盟失去了一个初建时期重要的背景和前提。美欧发达世界一向被视为自由贸易和全球化的引领者和主要受益者，而广大发展中世界包括部分新兴经济体则需要在自身发展中利用全球化成果但同时戒备美欧国家的伤害和冲击，甚至必要时要抵制全球化进程，其结果是许多发展中国家最终自身陷入发展的两难处境；而发展世界中率先融入世界经济体系的少数国家则有可能占尽先机，获得更好的发展机遇。拉美太平洋联盟国家基本上可视为这些"先锋者"。当美国特朗普政府的政策从自由贸易和全球化后退之际，太平洋联盟国家属于拉美地区最为担心美国政策后果的一批国家。2017 年年初，在拉共体峰会未能表达态度之后，太平洋联盟四国财长会议理所当然地表示支持墨西哥政府在对美政策上的立场。太平洋联盟虽代表着拉美摆脱经济困境并步入发展快车道的一个方向，但其面临的并非最为有利的发展环境。

---

① BMI Research, "Mercosur-Pacific: Time Is Ripe To Strengthen Ties", in *Latin American Monitor, Southern Cone*, Vol. 34, Issue 5, 2017, pp. 1 – 8.

四 结语

拉美地区建设高潮与低谷交织的历史再次来到了一个重要的时间节点。全球、区域次区域和国家层次的挑战需要区域合作和一体化组织发挥作用,通过不同问题领域的制度性安排或协调机制解决地区层次和各国所面临的难题。但由于制度建设和动力机制(特别是领导国家)的供给不足,拉美目前并不具备区域合作和一体化进程再现高潮的条件,但也不会出现各个国家全然抛弃区域次区域平台各自为政的局面,而是仍会回到历史上反复出现的不同国家通过合作方式进行组合应对挑战的地区建设路径上去。

拉共体、南共市和太平洋联盟是目前仍在发挥作用的区域次区域组织,由于其不同的国家组合、功能和目标设定,三个组织可以形成针对不同领域挑战的"合作分工",在一般性政策协调特别是政治安全领域、共同市场及其制度建设和自由贸易等方面展开良性的互动;与此同时,不同的政策理念、发展模式也可能引发各个组织及其成员国间的竞争,进而影响区域建设的未来走向。局面最终取决于各成员国的政策,即区域次区域层次的组织行为以各成员国的政策目标和可支配资源为转移,而各国家集团的行事风格最终由成员国的取向和诉求来决定。

由于拉美国家利益的多样和政策的差异,上述组织的生命力不在于规范的严密和制度建设的深化,而在于如何凝聚具有共同诉求的成员国直面当下最急迫的挑战,借助区域次区域平台解决经济恢复、对美关系和地区热点等诸多难题,其现实路径并非追求尚不具备条件的"区域一体化",而是采取协调和谋求共识的方式开展国家间的"合作"。

南方共同市场与太平洋联盟合作的可能性与前景分析

赵雪梅[*]

【内容提要】2014年6月以来，拉美地区两个最大的经济组织南方共同市场和太平洋联盟多次表示出接触与合作的意愿。尽管这两大次区域组织在运行模式、贸易政策取向和宗旨等方面一直存有差异，但世界经济的调整及其不确定性、阿根廷和巴西政府的更迭、两大集团长期保持的贸易和投资关系等，都为推动双方合作提供了基本动力和可能性。两大集团可以在深化自由贸易、加强基础设施建设和促进人员自由流动三个领域展开合作。毫无疑问，推进和加速彼此之间的贸易和经济合作是南共市和太平洋联盟应对错综复杂的外部经济环境、推进各自贸易和产业结构调整、参与全球价值链重组、走出经济和贸易增长双双放缓困境的可行道路之一。

【关键词】南方共同市场；太平洋联盟；经济一体化；差异性；合作

2014年6月在拉美太平洋联盟（以下简称"联盟"）第九次首脑峰会上，作为南方共同市场（以下简称"南共市"）的联系国智利首先提出了联盟与南共市进行对话的这一倡议，并得到了其他成员国的积极响应。2015年12月阿根廷总统马克里在其就职典礼上明确表示，将同巴西一道

---

[*] 赵雪梅，对外经济贸易大学外语学院教授。

加强同太平洋联盟的合作。2016 年 6 月，阿根廷首次出席太平洋联盟峰会并向该组织递交了观察员国申请，开始了南共市与太平洋联盟实质性的积极接触新阶段。2017 年 2 月，阿根廷总统马克里对智利进行国事访问，与智利总统巴切莱特签署了《查卡布科宣言》，倡议促成南共市与联盟成员国外长会议，推动拉美一体化发展。

南方共同市场和太平洋联盟分别成立于 1991 年和 2012 年。作为拉美地区两个最大的次区域组织，涵盖了拉美地区的主要经济体，其总产值、吸收外国直接投资及对外直接投资等占地区总量的 90% 以上，人口和进出口总值占地区总量的 80% 以上[①]。在世界经济持续低迷，全球贸易进入低速增长的新常态背景下，拉美经济亦面临很大的困难。据联合国拉美加勒比经济委员会数据，拉美经济已连续两年出现负增长，2016 年为 -0.9%，主要依赖原材料出口的南美地区为 -2.2%[②]。

面对拉美经济目前所处的经济和贸易双双放缓的困局，经济合作与发展组织、联合国拉美加勒比经委会（以下简称拉美经委会）、美洲开发银行等多个国际或区域经济组织开出的"药方"都是推动区域一体化。从拉美区域内贸易自身的特点看，加强拉美国家间的贸易有助于优化拉美地区的出口结构，特别是当世界上其他经济体增长乏力时，一体化可以缓冲外部的影响，促进经济增长。

拉美经委会在其 2014 年 11 月发布的《太平洋联盟和南方共同市场：在多样性中寻求共性》（La Alianza del Pacífico y el MERCOSUR Hacia la convergencia en la diversidad）的研究报告中对南共市和联盟合作的必要性和可能性做了详尽的分析。该报告重点指出，面对全球自由贸易部署向巨型区域性（mega-regional）合作发展的新趋势，拉美国家应该加强区域性的贸易和产业上的合作，通过跨国生产网络，提升地区的国际竞争力。南共市与联盟作为拉美地区最大的两个经济集团，双方在产业内贸易方面存在很大发展空间。

美洲开发银行拉美加勒比一体化所（INTAL）2017 年 3 月发表《南方共同市场的未来：区域一体化的未来走势》（Los futuros del MERCO-

---

① CEPAL, "La Alianza del Pacífico y el MERCOSUR-Hacia la convergencia en la diversidad", en la publicación de la CEPAL, noviembre de 2014, http://www.cepal.org/es.

② Ibid..

SUR: Nuevos rumbos de la integración regional）报告，对南共市面临的问题以及合作空间，拉美区域一体化的未来走势等进行了讨论。① 报告指出，南共市和联盟同为拉美一体化协会（ALADI）成员，双方目前贸易的60%—70%是在ALADI优惠关税安排下实施，两大集团可以在ALADI框架内进行合作，深化已有的成果，进一步推进区域一体化。智利拉丁美洲研究学会（CIEPLAN）和美洲开发银行在其联合出版的《拉美一体化进程中的太平洋联盟》文集中收录了智利农业部部长卡洛斯·傅切（Carlos Furche）的《南方共同市场和太平洋联盟走向融合》一文。该文论述了双方合作的必要性，指出南美地区一体化进程不仅滞后于世界潮流，也滞后于拉美加勒比其他次区域，而要推动一体化进程，必须要努力消除意识形态倾向的影响。作者认为联盟和南共市应当突破经济一体化就是贸易自由化的机械认识，探寻双方存在共同利益的议题，特别是在交通、能源、人员流动和贸易便利化等方面加强合作。

从国内的相关文献看，人民日报驻墨西哥记者姜波和李强在其《太平洋联盟峰会闭幕："两个拉美"寻求对话》报道中认为，随着联盟内部的一体化的发展，各成员国开始注重与其他地区或者组织的联系与合作，尤其是加强同南方共同市场的对话与合作，求同存异探索合作点。② 人民日报驻巴西记者颜欢在其《南共市和太平洋联盟开展对话与合作——应对危机拉美力推区域一体化》文章中引用了巴西瓦加斯基金会研究员伊万德罗·卡瓦略在接受该报记者采访时的观点，即南共市面临创建以来的最严峻考验时，"加强'一体化进程'、推动拉美区域合作，可以说是历史的选择。拉美国家需要在两个最重要的区域合作组织带领下共同渡过难关，在全球寻找新的合作伙伴"。③ 贺双荣的《太平洋联盟的建立、发展及其地缘政治影响》，刘均胜、沈铭辉的《太平洋联盟：深度一体化的一次尝试》和柴瑜与孔帅的《太平洋联盟：拉美区域经济一体化的新发展》

---

① INTAL, "Los futuros del MERCOSUR: Nuevos rumbos de la integración regional", en la publicación del BID, marzo de 2017http：//www.iadb.org/es/intal/instituto-para-la-integracion-de-a-merica-latina-y-el-caribe-intal, 19448.html.

② 姜波、李强：《太平洋联盟峰会闭幕："两个拉美"寻求对话》，《人民日报》2014年6月23日第22版。

③ 颜欢：《南共市和太平洋联盟开展对话与合作——应对危机拉美力推区域一体化》，《人民日报》2017年2月15日第21版。

等文章均对拉美地区一体化进行了分析。

本文拟分三部分讨论拉美地区两大次区域经济组织的合作可能性及必要性。第一部分拟对两大区域组织目前状况及所面临的主要问题进行阐述，重点分析陷入困境的南共市一体化进程及其原因；第二部分拟从世界贸易低速增长、世界市场动荡不定的外部条件制约下，分析拉美地区两大次区域经济组织合作的必要性，从南共市和联盟互为重要的贸易投资伙伴的现实出发论证两大经济集团合作的可能性与基本动力；第三部分力图对南共市和联盟的合作范围及面临的挑战与困难进行分析，并对其未来的趋势及前景予以展望。

一 南共市与太平洋联盟的现状及主要问题

1991年成立的南共市最初受到了新自由主义的影响，被视为"开放的地区主义"的代表。南共市成立以来，在经济、社会、环境、科技等领域都取得了重大成就。进入21世纪以来，南共市一体化进程陷入困境，面临诸多困难，其中最突出的是经济一体化停滞不前和成员国之间的贸易摩擦增加等问题。

如图1所示，南共市成立之初，集团内的出口贸易呈现出快速增长态势，成员国之间的出口总额占集团出口总额的比重一度升至1998年的23.1%。1999年巴西金融危机和2001年阿根廷金融危机的相继爆发，使各成员国经济陷入困境与衰退，集团内出口也急剧缩水，成员国之间的出口额占集团出口总额的比重从1999年的18.8%降至2003年的11.0%的最低点。近几年集团内的出口占比有所增加，但增幅缓慢，至今没有恢复到1998年的峰值。2014年南共市出口总额3918亿美元，其中集团成员国之间的出口510亿美元，占比13.03%。

南共市经济一体化停滞不前的原因是多方面的。首先，宏观经济不稳定导致保护性措施增加，贸易争端增多，对经济一体化产生不利影响，例如2012年2月阿根廷开始对大部分商品实行了进口预申报制度。该措施一经实施就引起了南共市其他成员国的不满，严重影响了其他成员国对阿根廷的出口，直到2015年12月才被取消。其次，南共市在建立自由贸易区方面的进展速度缓慢，致使其一体化进程仍然比较滞后。例如，巴西和阿根廷分别是世界第一和第三大糖出口国，巴西多次提出把糖产品纳入南共市自贸协定的希望，但由于阿根廷的反对，糖业和汽车业仍被排除在自由贸易框架之外。最后，21世纪以来南共市的重心从经济转向了政治、社会等领域。近15年南共市的发展历程表现出明显的政治化倾向，而委内瑞拉和玻利维亚的加入更强化了南共市的政治色彩。

南共市在投资、政府采购等方面也长期缺乏进展，在与欧盟签订自贸协议问题上摩擦不断。可以说，距离实现南共市最初设定的实现自由贸易、建立关税同盟、形成共同市场的目标依旧遥远。

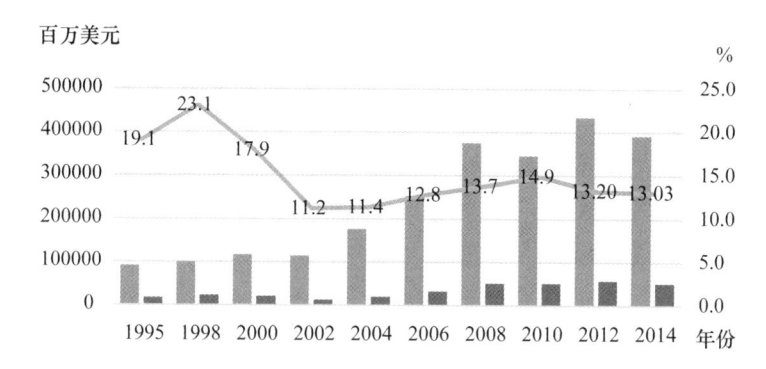

图1 南方共同市场区域内出口占成员国总出口比重

资料来源：作者根据UNCTADstat数据计算。

一个国家在国际贸易舞台中采取何种贸易策略往往取决于该国家内部的政治、经济和历史传统，其中政治因素在对外缔约中占据主导因素。[①] 2012年6月秘鲁、哥伦比亚、墨西哥和智利四国组建了太平洋联盟。在拉美一体化组织繁多的情况下，这一新组织的成立表明了它们对地区主义和全球形势的不同见解，反映了其成员国的利益诉求。联盟自成立伊始，国内外许多媒体和学者就将两个组织放在一起比较，突出双方的不同之处。

---

① 殷敏：《新区域主义时代下的美国区域贸易协定——戴维·甘茨〈区域贸易协定：法律、政策和实践〉介评》，法律信息网，http://law.law-star.com/cac/4660141413.htm，2017年6月8日检索。

贺双荣的《太平洋联盟的建立、发展及其地缘政治影响》[①]和刘均胜、沈铭辉的《太平洋联盟：深度一体化的一次尝试》[②]均认为联盟建立的重要背景是新世纪以来拉美国家在政治、经济和对外政策上出现了分歧。而南共市的保护主义日益严重，同世界其他地区的自贸谈判停滞不前，对秘鲁、哥伦比亚、墨西哥和智利等国缺乏吸引力，经济政策趋同性较强的这四个国家共同建立了拉美地区最为开放的一体化组织。贺双荣认为联盟将对拉美地区一体化产生双重影响，短期内将拉美地区分裂为两个对立的集团，从而加剧拉美地区一体化的分裂和碎片化。但也有利于平衡墨西哥和巴西两个地区性大国的力量，向近年来停滞不前的南共市施加压力，推动其吸纳新成员国，从而加快拉美地区一体化的整合。

自成立以来，太平洋联盟通过协调统一和深化成员国之间已有的双边自贸协定，在促进货物、服务、人员和资本等生产要素的自由流动方面取得了实质性进展。2014年2月10日，联盟四国领导人在第八届峰会上签署了《框架协议》的附加议定书，就区域内免除92%的货物和服务关税达成一致。2016年1月各成员国议会都已经通过了附加议定书，该措施在3个月内得到落实，而剩余的8%的税目将在17年内逐步免除，只有糖及糖制品被排除在了免税清单范围之外。

在对外方面，联盟更像是一个平台，没有强制要求采取统一的对外贸易政策，这主要是由于联盟成员国对灵活度的要求更高。各成员国都签署了大量的双边和多边贸易协定，要在此基础上实施统一的政策较为困难，而且建立关税同盟会给和其他国家发展新的贸易协定造成一定的障碍。因此，联盟承诺既不会改变各成员国已经签订的贸易协定，也允许各成员国和其他贸易伙伴签署新的贸易协定。

与南共市相比，太平洋联盟成员国之间的出口贸易依存度比较低。2013年南共市成员国之间的货物出口额为594亿美元，而联盟则为195

[①] 贺双荣：《太平洋联盟的建立、发展及其地缘政治影响》，《拉丁美洲研究》2013年第1期，第37—43页。

[②] 刘均胜、沈铭辉：《太平洋联盟：深度一体化的一次尝试》，《亚太经济》2014年第2期，第157—162页。

亿美元，分别占两大贸易集团出口贸易总额的13.9%和3.5%。① 在联盟四个国家中，墨西哥的依存度是最低的。表1显示，2014年墨西哥对联盟其他国家出口占其出口总额的比重只有2.2%，进口比重仅为0.7%。

尽管太平洋联盟稳步前行，但由于各成员国经济社会发展不平衡，区域内产业体系不健全，经济结构不尽合理等诸多因素，该组织在实现区域经济一体化进程中仍将面临诸多挑战。

表1　　2014年太平洋联盟和南共市两大集团内进出口占各自进出口总额比重

单位：%

国家	出口		进口	
	南方共同市场	太平洋联盟	南方共同市场	太平洋联盟
秘鲁	9.1	7.8	10.6	9.9
哥伦比亚	5.6	7.3	12.4	6.9
墨西哥	2.2	2.1	0.7	1.5
智利	5.5	8.7	6.9	13.3
阿根廷	8.4	28.6	4.4	27.8
巴拉圭	9.1	44.7	3.4	44.1
巴西	5.7	11.9	5.6	9.9
乌拉圭	6.5	35.0	4.2	35.3

资料来源：作者根据DATAINTAL数据库计算，委内瑞拉无数据。

二　南共市与太平洋联盟合作的必要性和可能性

当前世界贸易增长低迷，外需拉动作用减弱，全球贸易已经进入低速增长的新常态。根据国际货币基金组织、世界银行、经济合作与发展组织以及世界贸易组织的估算，2016年，全球货物和服务贸易增速在1.9%—2.5%，为2008年金融危机以来的最低增速。其中全球货物贸易增速可能仅稍高于1%。除大宗商品价格下挫严重冲击全球贸易增长之外，经济增

---

① 资料来源：联合国数据库，转引自拉美经委会，"La Alianza del Pacífico y el MERCOSUR-Hacia la convergencia en la diversidad"，en la publicación de la CEPAL，noviembre de 2014，http://www.cepal.org/es，p.41，cuadroⅡ.3。

长放缓是诱发全球贸易增长减缓的重要原因之一。此外，国际货币基金组织认为，全球保护主义增强、贸易自由化放慢、反倾销活动高涨、更微妙的非关税壁垒增加，都可能是贸易增长额外放缓的原因。依据 WTO 统计数据，2015 年 10 月至 2016 年 5 月期间，G20 国家共采取了 145 项贸易限制措施，月平均高达 21 项，是 2009 年以来最多的时期。①

受国际市场需求萎缩的影响，近年来拉美地区经济和贸易增长双双放缓。特别值得关注的是，拉美地区内贸易的降幅连续四年超过地区对世界其他地区贸易的降幅。据拉美经委会统计数据，2015 年拉美地区内贸易下降 20%，而拉美地区对世界其他地区贸易的减少 14%。预计这一趋势 2016 年仍会存在，降幅分别为 10% 和 4%。从拉美次区域看，2016 年上半年南共市与拉美区域内贸易降幅最为突出，高达 21.3%，高于地区内平均的 15.2% 的 6 个百分点。②

错综复杂的国际经济形势给拉美国家带来巨大的挑战。拉美地区内贸易的大幅下降导致地区内贸易占地区贸易总额的比重从 2013 年的 19.2% 跌至 2015 年的 15%，是近 10 年来最低点，大大低于世界其他经济集团。

太平洋联盟和南方共同市场虽然在各方面存在明显的差异，但推动双方合作有利于拉美地区的经济贸易发展，也符合当前的世界潮流。外部压力也在一定程度上促进了拉美国家一体化，为拉美推进地区经济一体化提供了新的机遇。2014 年 6 月在拉美太平洋联盟第九次首脑峰会上，智利率先提出了联盟与南共市进行对话的这一倡议，并得到了其他成员国的积极响应。2014 年 11 月在联盟推动下，南共市与联盟各成员国在哥伦比亚卡塔赫纳召开了首次外长对话会议。③

南共市与联盟合作的可能性，主要包括三个方面。

首先，合作是两大次区域集团相关各方的共同愿望。拉美地区一体化

---

① Pedro da Motta Veiga y SandraPolónia Rios, "El nuevo escenario global", en "Los futuros del MERCOSUR: Nuevos rumbos de la integración regional", en la publicacion de INTAL del BID, marzo de 2017, p. 40, http://www.iadb.org/es/intal/instituto-para-la-integracion-de-america-latina-y-el-caribe-intal, 19448.html.

② CEPAL, "Panorama de la Inserción Internacional de América Latina y el Caribe-2016", en la publicacion de la CEPAL, http://www.cepal.org/es, pp. 119 – 120.

③ "Mercosur y Alianza del Pacífico inician diálogo en busca de integración regional", http://larepublica.pe/01 – 11 – 2014/mercosur-y-alianza-del-pacifico-inician-dialogo-en-busca-de-integracion-regional, 2017 年 6 月 9 日检索。

离不开本地区重要国家的合作和引导。巴西、墨西哥、阿根廷拉美三大经济体的领导均具有这一合作意愿，且在不同场合下多次表明这一意愿，其中阿根廷现任总统在推动这一合作进程中表现得更为积极。

2015年12月阿根廷总统马克里在其就职典礼上明确表示，将同巴西一道加强同太平洋联盟的合作；2016年6月，阿根廷首次出席太平洋联盟峰会并向该组织递交了观察员国申请书；2017年2月，阿根廷总统马克里在对智利进行国事访问时，与智利总统巴切莱特签署了《查卡布科宣言》，倡议南共市与联盟成员国再次举行外长会议，推动拉美一体化发展。阿根廷总统上任后一直致力于促成拉美两大组织建立适当的对话与合作机制，并有意愿讨论两个区域一体化组织间签订自贸协定。阿根廷加速与太平洋联盟国家的经济整合，不仅旨在拓展本地区超过两亿人口的新市场，而且可以借助太平洋联盟国家的贸易渠道连通亚太，扩大与中国等其他亚太国家的贸易与经济合作。

从巴西、墨西哥看，2017年2月巴西总统特梅尔与阿根廷总统马克里亦曾发表联合声明。声明强调说，面对当今世界的不确定性和日益抬头的贸易保护主义倾向，作为南方共同市场的两个重要国家，巴西和阿根廷认为南共市应该努力推动和墨西哥的一体化，并努力加强南共市和太平洋联盟的关系。2017年5月初，墨西哥政府派代表团前往阿根廷和巴西，寻求农产品进出口多样化，力图改变高度依赖美国的现状。除农业合作外，墨西哥和阿根廷、巴西还探讨了在能源、自贸协定等方面的合作。

其次，南共市与联盟两大集团在拉美一体化协会（ALADI）框架下长期保持着互为贸易投资伙伴关系，为推动双方合作提供了基本动力。从前面的表1我们可以看到，联盟和南共市各成员国之间的经贸关系密切，尤其是和阿根廷和巴西两国。智利是南共市传统的贸易伙伴，其对南共市的进出口甚至超过了对联盟其他成员国的进出口。另据拉美经委会统计数据，2013年两大集团之间的贸易额为474亿美元，其中联盟向南共市出口236.65亿美元，进口237.16亿美元，双边贸易额基本持平。[①] 美洲开发银行在其《南方共同市场的未来：区域一体化的未来走势》报告中指出，南共市和联盟同为拉美一体化协会（ALADI）成员，双方目前贸易

---

① CEPAL, "La Alianza del Pacífico y el MERCOSUR-Hacia la convergencia en la diversidad", en la *publicacion de la CEPAL*, http://www.cepal.org/es, p.41.

的 60%—70% 是在 ALADI 优惠关税安排下实施，两大集团可以在 ALADI 框架内进行合作，深化已有的成果，进一步推进区域一体化。

此外，与两个集团与世界其他地区的贸易相比，制成品在南共市和联盟之间贸易的占比以及两个组织成员国之间贸易的占比都比较高。其中，巴西对联盟出口的中高技术含量制成品的占比是 56%，南共市其他国家对联盟出口是 27%；而同类产品占墨西哥对南共市出口的 76%，占联盟其他三国对南共市出口的 21%，均远高于两个组织对全球出口同类产品的平均水平。

最后，南共市和智利、秘鲁、哥伦比亚三个联盟成员国签有经济互补协定（以下简称 ACE），为联盟和南共市在推动贸易自由化方面提供了合作基础。南共市和智利于 1996 年签署第 35 号 ACE，协议涵盖的所有商品都已经实现了自由贸易。但是在非关税壁垒方面仍有合作空间。2015 年 11 月智利和南共市在第 35 号 ACE 管理委员会第 25 次特殊会议上，在原产地规则方面达成协议，就服务贸易、争端解决机制、原产地累计等议题进行了讨论。南共市和秘鲁于 2004 年签署的第 58 号 ACE 和哥伦比亚签署的第 59 号 ACE 均是在安共体框架下签订的。ACE 的减税日程是按国别分别制定的。秘鲁与乌拉圭和巴拉圭之间，哥伦比亚与乌拉圭和巴拉圭之间已经对协定涵盖的所有商品实现了免税。而秘鲁和哥伦比亚与阿根廷、巴西之间协定涵盖的商品，按计划要到 2019 年才能实现关税免除。

就墨西哥而言，2002 年墨西哥和南共市签署了第 54 号和第 55 号 ACE。前者为双边贸易关系建立了法律框架、为进行自贸谈判建立了基础，后者主要涉及汽车贸易以及墨西哥和南共市成员国之间的双边谈判。依据第 55 号 ACE，墨西哥汽车产品出口到南共市享有关税优惠；依据第 54 号 ACE，2004 年墨西哥与乌拉圭签署了自贸协定[①]，2006 年与阿根廷签署了第 6 号 ACE。墨西哥与巴西之间也有双边经济互补协定，分别是第 66 号和第 53 号 ACE。2015 年 11 月巴西和墨西哥就扩大和深化第 53 号 ACE 进行了谈判，希望将农产品和工业产品纳入免税范围，同时扩大双边互惠安排覆盖面。此外双方还就市场准入、原产地规则、贸易便利化、服务贸易、投资、卫生与植物检疫措施、政府采购、和贸易相关的技术壁

[①] 根据南共市规定，成员国不能单独和第三国签署自贸协定。乌拉圭和墨西哥的自贸协议是以其他成员国也可以加入该协定为条件签署的。

垒、知识产权等多项议题进行了讨论。①

三 南共市与联盟合作的前景展望

南共市与联盟双方虽多次表明了合作意向，且进行了初步接触，但真正合作进程尚未开启。联盟对于南共市的态度一直较为开放，对于双方的合作也表示欢迎。南共市中的乌拉圭和巴拉圭自联盟成立之初就表示出兴趣，目前两国已经成为联盟观察国。巴西和阿根廷两国随着贸易政策取向的调整对与联盟合作的态度也发生了很大变化。如前所述，阿根廷现任总统马克里上任后一直致力于促成拉美两大组织建立适当的对话与合作机制，并有意愿讨论两个区域一体化组织间签订自贸协定。巴西前任总统罗塞夫在2015年10月出访哥伦比亚期间和同年12月南共市亚松森峰会等多个场合，提议和联盟建立联系，共同努力创造拉丁美洲自由贸易区。现任总统特梅尔与阿根廷总统发表联合声明，一致认为南共市应该努力加强与太平洋联盟的关系。巴拉圭和乌拉圭领导人也表达了相似的观点。南共市目前的更加务实和开放的态度，为南共市与联盟双方合作提供了良好基础。

从南共市与联盟的合作趋势看，双方可以在深化自由贸易、加强基础设施建设和促进人员自由流动这三个领域展开合作。

在深化自由贸易方面，南共市与联盟双方可以加快就市场准入、贸易便利化、原产地规则等议题的磋商。在贸易便利化上南共市与联盟已经取得了一定的进展，例如贸易相关手续电子化、引入"单一窗口"、互认"经认证的经营者"（AEO）等。而且南共市和联盟多个成员国的经济互补协定中都包含了此项内容。展望未来，南共市和联盟成员国可以在已有措施的基础上进行对接，共同设计促进贸易便利化的规划以推动双方贸易增长，其中可以包括促进海关部门之间的信息交流与合作、

---

① Secretaría de Economía del Gobierno de México, Comunicado 117/15-Concluye Primera Ronda de Negociaciones para la Ampliación y Profundización del ACE 53 entre México y Brasil, 16 de noviembre de 2015, http://www.gob.mx/se/prensa/concluye-primera-ronda-de-negociaciones-para-la-ampliacion-y-profundizacion-del-ace-53-entre-mexico-y-brasil.

简化海关手续、实现单一窗口机制的互联互通、启用电子原产地证书等。在原产地规则方面，在一个区域内实施统一的原产地规则，建立原产地累计机制，有利于降低交易成本，在不同国家间形成产业价值链、促进区域内的生产一体化。目前，南共市和联盟之间已经建立起原产地累计机制，两大集团成员国签署的经济互补协定中也部分实现了原产地累计。双方可以在此基础上建立统一的原产地规则和对所有成员国适用的原产地累计机制。如果双方能在这个领域达成协议，南共市可以更好地借力联盟众多的自贸协定，从而使其产品以更具竞争力的价格进入这些市场。

基础设施不完善，尤其是交通设施落后，会影响货物的运输时间，增加货物受损的风险，降低运输产品的竞争力。据世界银行数据，拉美国家产品的物流成本占商品总成本的比重是经合组织国家的两倍左右，其主要原因是交通基础设施陈旧、难以满足日益增长的物流运输的需求。因此，加强基础设施合作是摆在南共市与联盟目前刻不容缓的任务。从拉美内部来看，中美洲国家在交通和物流方面取得了较为明显的进展，加勒比地区在海运和港口设施方面也有了较大提高，而南美洲的基础设施仍然亟待改善。根据世界经济论坛发布的《2014—2015年全球竞争力报告》，南共市和联盟成员国中仅有智利、乌拉圭和墨西哥的基础设施水平排名进入前70名（在144个国家中位列49、54和65名）。巴西、秘鲁、玻利维亚、哥伦比亚、墨西哥和智利的基础设施排名低于总体竞争力排名，这从侧面反映了各国基础设施水平的落后阻碍了各国竞争力的提升。

根据联盟和南共市领导人的表态以及双方研究讨论的结果，两个组织有意加强基础设施一体化。目前两个组织的成员国在南美基础设施和规划理事会（COSIPLAN）框架内有一些共建项目，但绝大部分项目是两国之间的，可以加强多国项目的开发，加强协调统一基础设施发展和运营的法律法规建设。

在促进人员流动方面，联盟成员国之间实现了互免签证。其成员国公民不论是由于旅游、过境还是商务原因前往另一成员国，只要从事非有偿活动，皆可获得六个月的免签待遇。而南共市在人员流动自由化方面也已经取得了重要进展。根据南共市于2008年通过的《南共市成员国和联系国旅行证件协议》，协议签署国公民不需要签证也不需要护照，仅凭身份证或《协议》附件中所列的其他文件即可前往另一个签署国。南共市六国和联盟成员国中的秘鲁、哥伦比亚和智利都签署了该协议。而墨西哥对南共市除玻利维亚以外的成员国公民免签。但玻利维亚单方面给予了墨西哥公民30天免签的待遇（可延长至90天）。因此，除玻利维亚以外的其他九个国家之间实际上已经实现了最低60天的免签待遇。双方可以就进一步促进人员自由流动进行讨论和研究，从全面免除旅游签证开始，互相给予60天或更长时间的免签待遇。这将促进各国之间的经贸往来、民间交流和旅游业发展。

四 结论

南方共同市场和太平洋联盟作为拉美当前最活跃、最有影响力的一体化组织，虽有不同的成立背景、不同的一体化模式，但面对复杂不定的外部环境以及拉美地区经济贸易双双放缓的不利局面，"拉美国家需要在两个最重要的区域合作组织带领下共同渡过难关"[①]。

作为南共市联系国以及太平洋联盟轮值主席国，智利巴切莱特政府一直有意推动南共市与联盟双方的合作，在两大集团中发挥着有效协调和促进的作用，为两大集团的接触积极创造条件。从理论上讲，当世界上其他经济体增长乏力时，一体化可以缓冲外部的影响。对于拉美地区而言，目前不仅要应对外部需求萎缩、国际贸易放缓的冲击，同时也要应对拉美地区内贸易持续减少、经济增长缺乏动力的冲击。

数据分析显示，南共市与联盟两大组织之间的出口呈现出更加多元化的特点。因此，推动双方在经贸领域的合作有助于促进各成员国生产结构和出口结构的多样化和升级。区域内市场对于中小企业而言门槛也更低，双方合作可以促进中小企业发展，创造更多的就业，有利于在实现经济增长的同时改善社会平等状况。

展望拉美一体化的未来，正如巴西瓦加斯基金会研究员伊万德罗·卡瓦略在接受《人民日报》记者采访时所指出的，由于拉美各国经济发展

---

① 颜欢：《南共市和太平洋联盟开展对话与合作——应对危机拉美力推区域一体化》，《人民日报》2017年2月15日第21版。

水平不同，利益诉求也不尽相同，拉美一体化仍存在"不和谐声音"。但从长远看，从经济一体化到政治、社会、文化和外交等一体化仍是拉美未来发展的趋势。

巴西参与金砖合作的战略考量及效果分析

周志伟[*]

【内容提要】 巴西对金砖合作持积极参与的态度，这既源于其国家身份的定位，也与自21世纪以来巴西优先发展南南合作的外交安排密切相关，还与新兴大国群体性崛起以及国际体系转型存在重要关联。巴西积极参与金砖合作的战略考量主要在于金砖合作机制为巴西实现国家发展提供了重要的外部路径，为巴西的国际参与提供了重要的多边合作平台。从参与效果来看，巴西在金砖合作中实现了自身的政策目标，不仅强化了与几大重要新兴大国的经贸纽带，收获了"经济红利"，还提升了巴西的国际影响力。2016年，巴西政权更迭后新政府的外交政策发生了调整，外交在政府工作中的地位被边缘化。但由于巴西通过金砖合作已收获了诸多显性红利，加之多边主义一直是巴西外交的重要传统，巴西仍将延续在全球治理层面与新兴国家之间的合作。相较而言，在政局仍不稳定的局面下，巴西对金砖国家强化政治安全合作的政策倡议会更为谨慎，涉及贸易、投资的发展合作仍为巴西参与金砖合作的优先考量。

【关键词】 巴西；金砖合作；南南合作；经贸合作；国家身份；多边主义

进入21世纪以来，新兴国家群体性崛起成为国际体系中最受关注的

---

[*] 周志伟，法学博士，中国社会科学院拉丁美洲研究所国际关系研究室副研究员、巴西研究中心执行主任。

现象，它不仅直接反映出了国际格局力量对比的新变化，也为国际体系的调整和改革提供了充分的逻辑。金砖国家（BRICS）便是在这一过程中形成并迅速成长起来的多边合作平台，并对当前以美国为主导的全球秩序形成了"软平衡"效果。"软平衡"是二类大国应对美国单极主导的一种可行策略，它并非直接挑战美国的军事霸权，但却可以利用非军事手段拖延、阻挠甚至破坏超级大国的单边主义政策。[1] 这种非军事手段包含机制安排策略，即由一定数量国家之间结成了外交协同或联盟机制以约束现有大国的权力，金砖国家、印度巴西南非对话论坛（IBSA）及世贸组织（WTO）框架下的"20国集团"都具备此类特征，目的在于帮助实力较弱的国家在面对强国时争取更大的回旋余地，因此也称为"缓冲性"的制度安排。[2] 事实上，金砖国家从概念产生到合作具体化的过程与巴西"南南合作优先"的外交战略安排存在较强的时间吻合度，这不仅体现了巴西强化金砖合作的政策逻辑，而且折射出该国对金砖合作的外交考量。本文旨在从巴西外交战略中的国家身份、对外政策核心目标的角度分析巴西对金砖合作的战略考量，并基于此，评估巴西在过去近10年间参与金砖合作的效果。

一 巴西的国家身份定位及对外政策目标

巴西的国家身份定位不仅基于对其自身综合国力的认识，而且也基于该国对国际格局现状与趋势的判断。针对上述两个要素，巴西最近十几年的重要外交文献较为清晰地体现出对于国际格局以及自身国家身份的核心评判。第一，当前的国际权力架构呈现出"霸权结构"的特质，具体分为三层：少数经济大国、政治大国和军事大国一起构成国际体系中心，大量的中、小和微型国家构成体系的最外围，上述两类国家之间则由有限数量的外围大国构成。巴西便属于"外围大国"之列，即"不发达的、人

---

[1] Robert A. Pape, "Soft Balancing against the United States", in *International Security*, Vol. 30, No. 1, 2005, p. 10.

[2] Peter Hays Gries, "China Eyes the Hegemon", in *Orbis*, Vol. 49, No. 3, 2005, pp. 401 – 412.

口众多的、领土辽阔的、气候适宜的、具有经济潜力的、拥有工业体系和强大的国内市场的国家"①,与之身份相类似的还有阿根廷、南非、印度、伊朗、韩国和印度尼西亚等国。第二,国际体系是充满冲突、竞争和合作的复杂体,各种力量和利益集团的互动决定着国际体系的形态,但国际体系已从单极格局进入一个日益多极化的过程。② 在这种全球体系中,巴西面临的重要挑战就是克服自身的"对外脆弱性",这种脆弱性在经济层面上体现为结构性经常项目赤字,在科技层面上技术能力欠缺,在军事层面上硬实力不足,在意识形态层面依附美国文化霸权,而在政治层面上则体现为巴西尚未参与到国际主要决策机制之中。③

基于上述判断,巴西对外政策面临两大现实任务,其一是突破自身在国际权力架构中的"外围"身份,尽可能多地参与国际决策机制,体现甚至提升本国在国际事务中的声音和影响力。其二是寻求多元且有效的全球治理参与路径,以实现突破国家身份制约的目标。这两个现实任务之间存在很强的逻辑联系,甚至可以说是一种互为前提和条件的变量关系。但在这种逻辑关系中,关键还是取决于巴西自身的战略决心及政策路径的选择。针对国家身份突破的问题,考察巴西近现代历史的发展,"大国梦"一直都是该国追求的核心目标,不仅提出过"未来大国""脱离第三世界,进入第一世界"等具体口号,而且在第一次世界大战后的国际联盟以及第二次世界大战的联合国等国际秩序重建过程中发挥了较为重要的作用。正因为如此,巴西对大国地位的诉求真正开始于20世纪初期,自此以来,巴西长期努力寻求"对其在全球事务中应该发挥理所当然的大国角色的国际认同"④。从内在基础来看,巴西的精英阶层认为,巴西不应局限在"一般国家"或"外围大国"的定位。尽管巴西的经济实力远不及世界经济强国,但在人口与领土规模、资源禀赋、经济结构等方面具备

---

① 萨缪尔·皮涅伊罗·吉马良斯著,陈笃庆等译:《巨人时代的巴西挑战》,当代世界出版社2011年版,第179—186页。

② Samuel Pinheiro Gumarães, "Inserção Internacional do Brasil", em *Economia e Sociedade*, Vol. 17, Dezembro 2001, pp. 3 – 6.

③ 萨缪尔·皮涅伊罗·吉马良斯著,陈笃庆等译:《巨人时代的巴西挑战》,当代世界出版社2011年版,第190页。

④ Soares de Lima, Maria Regina and Mônica Hirst, "Brazil as an Intermediate State and Regional Power: Action, Choice and Responsibilities", in *International Affairs*, Vol. 82, No. 1, 2006, pp. 21 – 40.

一般"外国大国"难以比拟的优势,这体现出巴西具备超越"外围大国"、开展更广泛全球参与的先决条件。根据对"大国"的通行界定标准,巴西尚不具备进入"大国俱乐部"的实力,但巴西政府不甘心"平庸国家"的定位,致力于提升自身的影响力及声望,寻求成为未来全球体系中的大国。① 巴西资深外交家塞尔索·阿莫林(Celso Amorim)② 曾多次表示,巴西是国际舞台上的重要角色,在领土面积、政治民主、经济实力等方面具备多重优势,同时又是一个面临严重的经济和社会脆弱性的发展中国家。但是,巴西不是小国,它不能也不应该只有一个小国的对外政策。③ 尽管巴西依然面临国际体系的不对称以及美国在西半球事务中的主导性地位等问题,但"外部边疆"的多元化局面促成了该国在全球政治经济机制中的创新性参与,促使巴西在全球经济、政治和安全事务中采取更为积极主动的姿态,而这又与全球权力再分配进程存在节奏上的吻合,因此,从逻辑上分析,包括巴西在内的新兴国家群体具备了相对较为宽松的上升空间。④ 鉴于此,从某种角度可以体现出,至少在过去20余年的时间里,巴西对于自身的国家定位是"可以发挥重要作用的发展中大国",这里所说的"重要作用"既包括"地区领导"的角色,也包含"改变世界"的含义。

早在2001年即金砖国家概念被提出之前,巴西外交著名智库巴西国际关系研究中心(CEBRI)针对"巴西的国际议程"涉及的巴西国家身份、全球力量格局走势、巴西对外政策优先目标等议题,对"巴西对外政策协会"的149名协会成员进行了问卷调查。由于受访对象涵盖政府官员(尤其是外交官)、国会议员、企业高层、工会和非政府组织领导人、知名学者和记者,因此这项调查基本能够反映出巴西精英阶层对巴西对外政策目标的理解。在这份调查报告所列举的17项外交议题中,最受

---

① Daniel Flemes, "O Brasil na Iniciativa BRIC: Soft Balancing Numa Ordem Global em Mudança?", em *Revista Brasileira de Política Internacional*, Vol. 53, No. 1, 2010, p. 143.

② 曾于1993—1995年期间和2003—2011年期间任巴西外交部部长,于2011—2014年期间任巴西国防部部长。

③ Celso Amorim, "Brazil's Multilateral Diplomacy", Remarks at the Second National Conference on Foreign Policy and International Politics, Brazilian Embassy in Washington, November 27, 2007.

④ Monica Hirst, "An Overview of Brazilian Foreign Policy in the 21st Century", in *SAIIA Policy Briefing*, No. 6, November 2009, p. 2.

关注的主要集中在国家身份建设、经济议题（尤其是贸易议题）和南美洲一体化三个方面。其中，被认定为"极为重要"的议题中，"贸易促进、减少外贸赤字""维护南美洲民主""南共市建设""巴西的地区领导角色""支持 WTO 谈判"和"南美洲基础设施一体化"六个议题的得分最高，均超过了 50%。这份调查较为形象地反映出巴西外交精英对本国对外政策优先议题的认识，并大致勾勒出巴西对外战略的目标所在。根据笔者的理解，现阶段巴西对外战略的目标体系主要体现在以下三个方面：第一，实现南美洲的政治经济整合。自 20 世纪 80 年代中后期以来，南美洲一体化一直是巴西对外政策的优先议题，而"建立南美洲经济和政治集团"，并将南美洲建设成为"未来多极格局中的一极"是其地区战略的核心所在①。事实上，实现与南美邻国和平共处、推动地区发展也是巴西履行国际责任的重要方面。② 第二，通过广泛的国际参与为本国经济发展创造有利的国际环境。在上述调查中，被认为"极为重要"的前六个议题中，经济议题占了其中四项，分别是"贸易促进、减少贸易赤字"（73%）"南共市建设"（64%）、"WTO 谈判"（55%）和"南美洲能源和运输基础设施一体化"（53%）。另外，"与欧美开展自由贸易谈判"和"国际金融体系改革"也被 43% 和 39% 的受访者认定为"极为重要"的议题。③ 事实上，自 20 世纪 90 年代以来，发展主题一直是巴西对外政策的核心内容，也成为判断对外政策合理性的重要依据。④ 第三，提高国际社会对巴西"大国身份"的认同，扩大巴西在全球事务中的参与，提升巴西在国际决策过程中的影响力。虽然巴西在各个历史阶段的外交政策存在差异，对自身的国家定位也经历了多次调整，但寻求国际社会对其"大国身份"的认同一直在巴西对外战略中处于核心的位置。

---

① 萨缪尔·皮涅伊罗·吉马良斯著，陈笃庆等译：《巨人时代的巴西挑战》，当代世界出版社 2011 年版，第 214—219 页。

② Celso Amorim, "Brazil's Multilateral Diplomacy", Remarks at the Second National Conference on Foreign Policy and International Politics, Brazilian Embassy in Washington, November 27, 2007.

③ Amaury de Souza, "An Agenda Internacional do Brasil: Um Estudo sobre a Comunidade Brasileira de Política Esterna", Centro Brasileiro de Relações Internacionais, 2001, p. 42.

④ Amado Luiz Cervo, "Relações Internacionais do Brasil: Um Balanço da Era Cardoso", em Revista Brasileira de Política Internacional, Vol. 45, No. 1, 2002, p. 7.

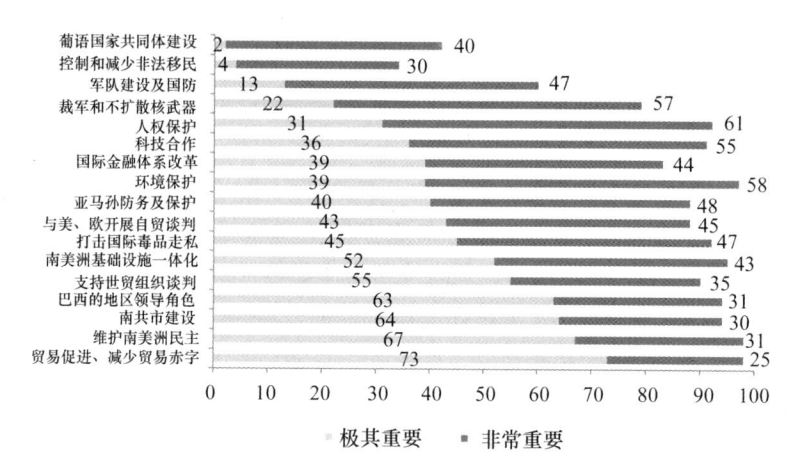

	极其重要	非常重要
葡语国家共同体建设	2	40
控制和减少非法移民	4	30
军队建设及国防	13	47
裁军和不扩散核武器	22	57
人权保护	31	61
科技合作	36	55
国际金融体系改革	39	44
环境保护	39	58
亚马孙防务与保护	40	48
与美、欧开展自贸谈判	43	45
打击国际毒品走私	45	47
南美洲基础设施一体化	52	43
支持世贸组织谈判	55	35
巴西的地区领导角色	63	31
南共市建设	64	30
维护南美洲民主	67	31
贸易促进、减少贸易赤字	73	25

图 1　巴西对外政策关注的议题

资料来源：Amaury de Souza, "An Agenda Internacional do Brasil: Um Estudo sobre a Comunidade Brasileira de Política Esterna", Centro Brasileiro de Relações Internacionais, 2001, p. 42。

二　巴西的南南合作战略及对金砖合作的战略考量

20世纪90年代中期，巴西的国家身份经历了从"第一世界国家"回调至"第三世界国家"的变化。国家身份的调整使其对外政策发生了联动变化，南南合作重新成为巴西外交的重要内容，拓宽了1990—1992年科洛尔政府时期的外交维度。自此之后的20多年时间里，自主意识在巴西外交中尤其得到强调，其中，扩大并强化与发展中国家之间的合作成为巴西强化国家自主的重要路径。与恢复民主政治后的萨尔内政府（1985—1989年）所执行的通过保护主义维护自主的"疏离型自主"[①]外交战略不同的是，佛朗哥政府（1992—1994年）以及卡多佐的两届任期（1994—1998年、1998—2002年）选择的是一种"参与型自主"外交理念，该理念认为，巴西如果想在国际舞台上享有更大的操作空间，就不应该以维护主权为由而对新的国际议题和制度采取疏远的姿态；相反，应该更主动地参与国际事务，努力争取对国际决策本身产生影响，并借此更有

[①]　有关"疏离型自主""参与型自主"和"多元化自主"等概念的论述参见杜尼·维尔瓦尼、加布里埃尔·塞帕鲁尼著，李祥坤等译《巴西外交政策：从萨尔内到卢拉的自主之路》，社会科学文献出版社2015年版，第11—12页。

效地实现国家利益。

进入 21 世纪后,随着新兴大国群体性快速崛起以及由此推动下的世界格局"多极化"节奏的提速,在劳工党执政周期(2003—2016 年)内,巴西外交在"参与型自主"的基础上进一步体现出了"多元化自主"的政策思路,尤其强调通过南南合作的路径深化巴西在全球事务中的参与度,提高巴西在处理与发达国家关系中的谈判能力,改变自身在不对称国际体系中的被动局面。不管是卡多佐政府时期的"参与型自主",还是劳工党执政周期的"多元化自主",都体现出了巴西外交主动且积极的姿态,相比较而言,"多元化自主"更强调参与路径的多元选择,而南南合作便是后者最主要的增量项。2003 年卢拉上台执政后就曾强调,巴西应该改变只注重美欧发达国家的外交路线,采取更为大胆、明智的对外政策,寻求一种在富国与穷国之间保持平衡的外交政策。[1] 受这种政策思路的引导,南南合作成为巴西外交最近 10 年来的优先目标,目标的优先性不仅直接反映在巴西与发展中国家和地区之间的政经关系层面,也体现在巴西开展区域内和跨区域多边合作机制的不断丰富与完善上,这同时也体现了巴西外交中的多边主义传统。

表 1　　　　2003 年以来巴西参与的南南多边合作机制情况

年份	主要南南合作机制
2003	成立"印度巴西南非对话论坛"(IBSA);在 WTO 框架内成立 20 国集团
2004	成立"南美国家共同体",2007 年更名为"南美洲国家联盟"(UNASUL)
2005	成立"南美洲—阿拉伯国家首脑峰会"(ASPA)
2006	成立"南美洲—非洲首脑峰会"(ASA)
2008	召开首届"东盟—南共市部长会议"
2009	召开首届"金砖国家首脑会议";成立"基础四国"(BASIC)
2011	成立"拉美加勒比共同体"(CELAC);签署《南共市—巴勒斯坦自由贸易协定》
2015	召开首届"中国—拉共体论坛"部长级会议

资料来源:作者根据巴西外交部相关资料整理。http://www.itamaraty.gov.br/。[2017-05-11]

---

[1] Caio Junqueira, "Lula Responde a Vaias e Defende Política Externa no Fórum Social", em *Folha de Sao Paulo*, 27 de Janeiro de 2005.

金砖合作是巴西强化南南合作战略的核心体现，也是近10年来巴西对外战略中着力强化的选项。在优先发展南南合作的政策思路下，巴西将与自身身份相似的新兴大国之间的合作置于重中之重的位置。巴西外交战略专家吉马良斯曾强调，世界体系的单极化和两极化都不符合巴西的国家利益，甚至与巴西的国家利益相违背。对于巴西这类经济、政治和军事都较弱的发展中国家来说，只有在更平衡、更多元的国际力量格局中才能受益。与战略利益趋同的"外围大国"深化政治经济合作、实现国际格局的多极化成为巴西国际战略的主要挑战之一。① 因此，与印度和中国这些旨在推动多极世界秩序形成和巩固的国家之间的务实接触，逐步建立经济、政治和军事联系应该是巴西对外政策的优先目标。②

进入21世纪以来，尤其是随着巴西在过去10余年时间里经济稳步上升，巴西的对外政策不再局限于在不对称国际体系中维护国家主权和自主，而是努力拓展本国国际战略的维度并谋求更广泛的国际参与。在这方面，金砖国家与20国集团、印度巴西南非对话论坛以及争取加入安理会常任理事国（"入常"）的"四国集团"（德国、日本、印度、巴西）都能体现出巴西对外战略的调整思路。③ 如上所述，金砖国家概念提出以后便受到了巴西政府的高度重视，当时执政的卢拉政府即明确了针对发展中大国的外交优先战略，随着国际局势的变化和金砖国家重要性的提升，金砖合作成为巴西国际战略中越来越重要的组成部分。④ 具体而言，巴西对金砖国家合作机制的战略考量主要体现在以下两个方面。

第一，金砖合作为巴西实现国家发展提供了重要的外部路径。纵观一个多世纪以来的巴西外交，发展议题已经成为对外关系的主要内容并经常占据对外政策的中心地位。究其原因，主要在于巴西对外部威胁的认知主要集中于经济方面。关于这一点，我们可以从上文提及的"巴西的国际

---

① Samuel Pinheiro Guimarães, "Inserção Internacional do Brasil", em *Economia e Sociedade*, Vol. 17, Dezembro 2001, pp. 28 – 30.

② 萨缪尔·皮涅伊罗·吉马良斯著，陈笃庆等译：《巨人时代的巴西挑战》，当代世界出版社2011年版，第218页。

③ Eduarado Szklarz, "A Ascenção do Brasil: Os Dois Lados da Realidade", em *Nueva Sociedad*, dezembro de 2010, p. 17.

④ Celso Amorim, "Palestra na Reunião Especial do Fórum Nacional do Instituto Nacional de Altos Estudos (INAE): 'Como ser o Melhor dos BRICs'", em *MRE*, 3 de Setembro de 2008.

议程"调查中得到印证。在众多国际议题中,被广泛认定最重要的一项是"促进贸易和减少贸易赤字",其逻辑便在于巴西经济的特性以及改善其经济外部脆弱性的发展需求。从这个层面来看,外交是作为支持经济和社会发展规划的一种政策手段。[1] 21 世纪以来,伴随着世界经济和贸易新一轮的扩张及其后新一轮的危机,以及巴西国内经济调整和政党轮替的状况,巴西外交中的发展取向和社会议程更加突出。[2] 针对金砖国家的合作,巴西在发展维度的考虑主要基于两个层面。其一,以金砖国家为代表的新兴经济体(或者说发展中国家)对全球经济发挥着越来越重要的引领作用。新兴大国的崛起是后冷战时期最重要的现象,这种趋势在 2008 年全球经济危机爆发后变得更为清晰。[3] 新兴经济体的崛起不仅直接体现在金砖国家概念的提出,也反映在该群体国家实际经济体量的变化以及对全球经济增长的贡献等方面。比如,2000—2008 年间,中国、印度、俄罗斯和巴西四国对世界经济增长的贡献率高达 30%,而在 10 年前该指标仅为 16%。[4] 因此,从中长期趋势来看,新兴经济体逐渐成为全球经济的"增长极"。考察近现代巴西对外关系史,全球经济重心的变化能够清晰地反映在该国的对外政策中,其中体现最明显的便是 20 世纪初叶巴西外交重心从欧洲转向北美洲的调整。因此,强化与新兴大国的合作为巴西实现经济社会发展目标提供了另一条外部路径。其二,降低对发达国家的经济依赖。为巴西经济营造良好的外部环境、争取外部资源、获得与发达国家更好的谈判条件是巴西外交政策的重要指导原则。这里所指的"良好的外部环境"既包括减轻巴西经济的对外脆弱性和依赖性,增强巴西经济发展的自主权,保持国内经济结构的平衡发展,也包括实现对外贸易的多元化,改变贸易和投资依赖欧美市场的局面,建立公平合理的国际贸易和国际金融体系,等等。随着新兴大国的群体性崛起,巴西很可能找到"替代"或"补充"欧美发达国家的市场与资金。巴西前外长安东尼奥·

---

[1] Celso Amorim, "Conceitos e Estratégias da Diplomacia do Governo Lula", em *Diplomacia, Estratégia de Política*, Out/Dez 2004, p. 41.

[2] 张凡:《巴西外交的"发展维度"》,《拉丁美洲研究》2014 年第 6 期,第 22—29 页。

[3] Celso Amorim, "Brazilian Foreign Policy under President Lula (2003 – 2010): An Overview", em *Revista Brasileira de Política Internacional*, Special Edition, 2010, p. 215.

[4] 韦宗友:《新兴大国群体性崛起与全球治理改革》,《国际政治》2011 年第 2 期,第 8 页。

帕特利奥塔（Antonio Patriota）认为巴西参与金砖合作与 20 世纪初期巴西与美国结盟的外交转型相类似，当时全球经济重心和权力核心从欧洲转移到美国，促成巴美两国间的盟友关系，随着国际格局发展至今，巴西参与金砖合作也属于同类性质的政策调整。①

第二，金砖国家为巴西的国际参与提供了重要的多边合作平台，有助于提升其国家自主能力和国际影响力。多边主义是巴西外交的重要原则和传统，从 1907 年参加国际海牙会议至今，巴西积极参与了国际重要多边机制（如国际联盟、联合国）的创立。1919 年，巴西以"战胜国"身份参加了巴黎和平会议，是国际联盟创始成员国之一，试图成为"在大国和小国之间发挥协调作用的国家，在维护后者权力的同时，使自己获得与前者同等的地位"②。第二次世界大战后巴西积极利用国际秩序重建的机会，成为联合国、关贸总协定等重要国际多边机构的创始成员国。巴西精英阶层认为，多边主义政策是巴西的"名片"，通过国际多边机制的平台，巴西可向世界展示自己对国际事务的看法和诉求。③ 进入新千年以来，随着世界"扁平化"趋势的推进，巴西在创建国际多边合作新机制方面同样发挥着积极作用，如 WTO 框架下的 20 国集团、印度巴西南非对话论坛、基础四国等。其政策着眼点不仅在于推动国际体系的转型，也服务于自身的"大国梦"，这种战略能够在最大限度上维护国家主权，使巴西外交政策保持灵活性和独立性。④ 金砖国家合作是巴西奉行多边主义外交传统、参与多边合作机制的另一重大实践，给巴西提供了与其他新兴大国共同行动的平台，其目的"不在于推翻国际体系，而是推进体系的改革并使发展中国家受益"，而"集体发声的效果是成员国单独行动无法比

---

① "Os Brics São Hoje os EUA da Época de Rio Branco, Diz Patriota", em *Folha de São Paulo*, 10 de fevereiro de 2012.

② Eugenio Vargas Garcia, *O Brasil e a Liga das Nações* (1919 – 1926), Porto Alegre/Brasília: Editora da UFRGS/FUNAG, 2000.

③ Cíntia Vieira Souto, "Multilateralismo na Política Externa Brasileira: Um Novo Papel no Século XXI", em *Anais Suplementares do XXIII Simpósio Nacional de História*, Universidade de Londrina, 2005, p. 4.

④ Daniel Flemes, "O Brasil na Iniciativa BRIC: Soft Balancing Numa Ordem Global em Mudança?", em *Revista Brasileira de Política Internacional*, Vol. 53, No. 1, 2010, p. 148.

拟的"。①

关于金砖国家的共性,巴西方面认为主要体现在"它们都是领土、人口、经济大国,且具备独立自决的能力(不受西方大国支配)"②。金砖国家之间的合作既包括经济合作,也涵盖成员之间的政治协商与对话。巴西前外长阿莫林曾表示,金砖国家正协商扩大合作的领域,强化政治沟通,推进国际秩序的平等和民主,实现世界格局的重组③;同时,他还认为金砖国家存在广泛的共同利益,需要在气候变化、能源危机、世界经济等国际事务中加强协商,努力形成金砖国家共识。从这种意义上来说,金砖国家也许是当前正在形成中的多个"联盟"之一。④ 在联合自强的同时,金砖合作也是巴西提升国际影响力的重要途径。首先,通过参与金砖国家实现巴西国际战略的维度扩展,提升巴西在国际重大事务中的话语权,使巴西在国际社会中获得更大的关注度;其次,通过参与金砖国家的务实合作,增强发展中国家对巴西国际地位的认同,并将巴西塑造为发展中国家在国际多边机构中的"代言人"角色;最后,金砖国家是巴西实现其国际战略目标的可选择路径。"在国际权力格局中占一席之地"⑤ 是巴西国际战略的核心目标,巴西前总统卢拉甚至曾直接提出"巴西将努力实现一个符合当今现实的联合国安理会"。由此可以看出,巴西希望通过联合国改革的途径进入国际决策体系的"权力中心"。巴西的综合实力在金砖成员中相对偏弱,中国、俄罗斯是联合国的常任理事国,印度、南非则拥有与巴西同样的"入常"诉求。因此,加强金砖合作既有利于巴西与印度、南非在"入常"问题上的步调一致,也可针对"入常"问题兼顾对中、俄的公关工作。鉴于此,巴西希望不断强化金砖国家的机制化程度,逐渐形成共同的经济和政治战略,让国际社会感知金砖国家共同行事的政治决心,并将金砖国家打造成全球治理中的一股重要力量。基于上

---

① José Vicente de Sá Pimental (org.) , *Debatendo o BRICS*, Brasília: FUNAG, 2013, pp. 50 - 53.

② José Vicente de Sá Pimental (org.) , *Debatendo o BRICS*, Brasília: FUNAG, 2013, p. 468.

③ Celso Amorim, "Os Brics e a Reorganização do Mundo", em *Folha de São Paulo*, 8 de Junho de 2008.

④ Celso Amorim, "Entrevista à Revista Newsweek", em *Discursos, Artigos, Entrevistas e Outras Comunicações Do Mre*, 3 de Agosto de 2008.

⑤ Christian Lohbauer, "O Brasil no Conselho de Segurança da ONU?", em *Comentária Político*, Dezembro de 2004, p. 1.

述分析，巴西资深外交家鲁本斯·巴尔博萨（Rubens Barbosa）认为，金砖国家对于巴西的重要性要强于对其他成员国。①

三 巴西参与金砖合作的效果分析

2009—2017年期间，金砖合作已经形成以领导人会晤为引领，以安全事务高级代表会议、外长会晤等部长级会议为支撑，在经贸、财政、金融、农业、教育、卫生、科技、文化、禁毒、统计、旅游、智库、友好城市、地方政府合作等数十个领域开展务实合作的多层次架构。② 通过上述多层次的合作渠道，金砖国家在不足10年的时间里获得了快速、高效的发展，不仅促成了"新发展银行"（NDB）和"应急储备基金"（CRA）这两个具体合作机制的成立，而且在全球诸多重要事务中的影响力总体呈上升的趋势，逐渐成为推动国际体系转型、全球治理民主化发展的一股重要力量。作为金砖成员，巴西在金砖合作中的参与体现出了自身的特点。对于巴西参与金砖合作的效果评估，既要基于上文对巴西参与金砖合作的战略考虑的判断，也需结合巴西推进金砖合作的特性分析。

第一，经贸成效是巴西参与金砖合作最显著的成果。金砖合作最成功之处（或体现最明显的）是在经济领域的合作。③ 进入21世纪以来，在南南合作优先、经贸合作为主导的政策引导下，巴西与发展中国家之间的经贸合作节奏得到了较快的推进，如巴西与发展中国家的贸易规模在2002—2013年间增长570.8%，高于同期巴西与发达国家之间的贸易增幅（215.8%）。在这种贸易趋势中，巴西与金砖成员之间的贸易关系体现得尤为明显。巴西与金砖成员的进出口贸易增速均呈现出超过其他市场的态势，这表明金砖合作在巴西外贸中占据着越来越重要的地位。根据巴西官方的统计，2002—2013年期间，巴西与金砖成员的贸易规模从76.4亿美元增至1010.2亿美元（约占2013年巴西与发展中国家贸易规模的

---

① José Vicente de Sá Pimental (org.), *O Brasil, os BRICS e a Agenda Internacional*, Brasília: FUNAG, 2013, 2ª edição, p.352.

② 参见中国外交部网站，http://www.fmprc.gov.cn/web/gjhdq_676201/gjhdqzz_681964/jzgj_682158/jbqk_682160。[2017-05-04]

③ José Vicente de Sá Pimental (org.), *Debatendo o BRICS*, Brasília: FUNAG, 2013, p.17.

38.2%）。如以 2009 年首届金砖国家领导人峰会为核算起始时间，2009—2013 年期间，巴西与金砖成员之间的贸易年均增幅约为 27%，高于同期巴西与发展中国家年均 20.1% 的增幅。自 2013 年开始，巴西外贸总体呈下行趋势，但相比而言，金砖成员是巴西外贸降幅最小的市场群体。2013—2016 年期间，巴西与发达国家的贸易降幅合计为 31.7%，与发展中国家的贸易降幅为 33.6%，而与金砖成员之间的贸易萎缩幅度约为 30.5%（见表 2）。另外，从货物贸易收支情况来看，2009—2016 年期间，巴西在与金砖成员的贸易中一直处于顺差水平，而在同期与发达国家的贸易中，巴西则基本处于逆差的位置（仅在 2016 年实现 41.4 亿美元的顺差）。[1] 因此，从贸易层面分析，金砖合作不仅成为巴西对外贸易的"稳定器"，而且是巴西贸易创汇的核心市场，对其经常项目平衡起到关键作用。不过，巴西与金砖成员的贸易主要集中在中国与巴西的双边贸易上，而与俄罗斯、印度、南非之间的贸易非常有限。2016 年，中国占巴西与金砖成员贸易总量的 83.3%，占巴西对金砖成员出口的比重高达 83.7%，占巴西从金砖成员进口的 82.8%。客观分析，中巴之间的贸易深化并不完全取决于金砖国家机制，而是基于两国互补的供需关系。但是，金砖合作为中巴贸易的深化提供了有利的外部环境以及制度支持，这一点尤其体现在金砖国家为促进贸易便利化而持续推进的本币结算上。2015 年通过的《乌法宣言》提出："探讨合作机会和未来可能采取的共同行动，以扩大金砖国家间以及向其他国家的出口……在金砖国家间交易中扩大本币使用潜力巨大……相关部门继续讨论在贸易交往中更广泛使用本币的可行性。"[2] 与贸易层面相似，金砖国家对巴西的投资主要体现在中国投资在巴西市场的强势进入，本文对中巴投资关系的具体情况不做赘述。值得一提的是，金砖国家组建的新开发银行为巴西提供了一条重要的融资渠道。2017 年 4 月，新开发银行与巴西国家社会经济发展银行签署首份针对巴西的贷款协议，支持巴西的可再生能源项目，贷款总额为 3 亿美元，期限为 12 年。另外，新开发银行还表示将支持巴西的城市建设，参与该国基础设施项目。可以预期，新开发银行将对巴西较为欠缺的投资

---

[1] 参见巴西工业、外贸与服务部网站，http：//www.mdic.gov.br/。[2017－05－08]
[2] 参见新华网，http：//news.xinhuanet.com/world/2015－07/11/c_1115889581.htm。[2017－05－26]

能力形成一定的补充。

表2　　　　　　巴西对主要市场群体出口额增（减）幅比较　　　　　　单位:%

年份	发达国家	发展中国家	金砖成员国
2009	-31.3	-13.8	18.8
2010	29.3	33.8	39.2
2011	28.3	25.5	34.4
2012	-4.6	-5.9	-3.2
2013	-3.0	2.4	4.4
2014	-5.3	-8.3	-6.5
2015	-17.8	-12.3	-14.7
2016	-1.9	-3.3	-2.4

资料来源：巴西工业、外贸、服务部，http://www.mdic.gov.br/。[2017-05-26]

第二，金砖合作为巴西开拓了参与全球政治与安全事务的渠道。通过首脑峰会、外长会晤、安全事务高级代表会议等渠道，金砖国家在涉及政治、安全议题上的协商有了明显的强化，涉及的问题从2009年首届领导人峰会时的恐怖主义问题不断延伸至联合国改革、利比亚局势、阿以冲突、叙利亚局势、伊朗核问题、阿富汗问题、南苏丹人道主义危机、乌克兰危机、跨国有组织犯罪、网络安全、海盗问题、毒品问题、索马里局势、外太空军备竞赛等具体议题。尽管金砖合作在过去近10年间主要聚焦在成员国之间经贸合作建制和全球金融体系改革层面，但也逐渐在国际政治、安全事务中体现出了上升的影响力，尤其在解决地区冲突问题上，一定程度上形成了对美国单边军事行动的"软平衡"力量。巴西参与全球政治、安全事务相对较为谨慎，这与巴西自身的地缘政治环境及其海外利益布局相对有限有很大的关联性。因此，巴西不主张给金砖国家赋予更多的政治、安全含义。但随着金砖国家对话渠道不断增加以及协商议题涵盖面不断扩大，巴西与其他金砖成员在全球政治、安全议题上的契合度有所提升，尽管依然保持明显的差异性，但其立场与金砖国家其他成员呈现靠拢的迹象，改变了以往在相关热点问题上持对立立场的局面。

根据笔者对联合国大会决议（2009—2012年）的投票统计，金砖国家投票完全一致的比重一直保持在50%以上，相比较而言，与巴西投票立场差异性最大的是印度,而巴西与南非的立场则表现出较强的吻合度(见表3)。从金砖国家协商涉及的议题来看,集中度最高的当属中东地区争端问题。针对解决地区冲突问题,巴西秉承多边协商、政治对话、和平解决等外交立场,这一点既体现在过去多届金砖国家峰会宣言以及联合国针对此类问题的投票表决上,也体现在积极协调巴以冲突、伊朗核问题等具体实践中。尤其在过去几年的伊朗核问题谈判上,巴西与土耳其提出的解决方案一定程度上缓和了当时紧张的局面。另外,针对西方国家以"保护的责任"民义介入西亚北非地区动乱的问题,巴西提出了"保护中的责任"新主张[①],巴西的提议得到包括金砖成员在内的广大发展中国家的支持,并成为当今解决地区争端应遵循的重要原则。总体来看,金砖国家在全球地区争端事务中日益上升的影响力强化了巴西在国际事务中的存在。

表3　　　　　巴西与金砖成员在联合国大会中的投票立场差异性

国　家	2009 年		2010 年		2011 年		2012 年	
	一致	对立	一致	对立	一致	对立	一致	对立
中　国	61	0	73	1	82	2	68	3
印　度	57	6	60	8	58	7	68	9
俄罗斯	47	3	57	1	74	5	58	7
南　非	69	0	74	0	83	3	83	0

注:2009 年表决次数共 77 次,2010 年为 78 次,2011 年为 97 次,2012 年为 90 次。表格中未统计在内的为介乎"一致"与"对立"之间的投票立场。

资料来源:联合国大会决议数据库,http://www.un.org.[2017 – 05 – 10]

第三,金砖合作让巴西收获"政治红利",国际影响力获得显著提升。巴西的国际影响力与金砖合作不断延伸和强化有较大的关联度,巴西政界、学术界甚至提出,金砖国家的出现是过去 30 年全球体系大变革的重要例证,对巴西来说,则是最好不过的"全球营销"手段,从实际效

---

① 该概念由时任巴西总统罗塞夫在 2011 年 9 月第 66 届联合国大会上首次公开提出,主要是呼吁在针对地区争端的干预行动中,应该避免或减少人道主义伤亡。

果来看，巴西是受益于金砖合作最多的国家。① 除"经济红利"外，巴西从金砖合作收获的"政治红利"主要体现在以下几个方面。其一，金砖国家成为巴西推进其"入常"目标的重要平台。针对金砖国家涉及的"入常"问题，巴西学术界曾有过激烈的讨论，争论的核心在于中国对巴西"入常"的态度。② 当前，巴西在这一问题上的立场逐步趋于理性：尽管金砖国家尚未明确安理会扩员数量，但对于改革却存在共识，这一点符合巴西的利益。③ 事实上，联合国全面改革问题一直是金砖国家首脑峰会着重强调的议题，尤其强调"重视巴西、印度、南非在国际事务中的地位，支持其在联合国发挥更大作用的愿望"。因此，除了在"入常"问题上已结成的"四国集团"外，金砖国家已成为巴西"入常"战略的另一平台。其二，金砖合作提升了巴西在全球经济治理中的地位。在全球经济议题中，巴西的影响力主要局限在贸易领域，无论是最初的关贸总协定还是在后来的WTO多边谈判中，巴西都积极地参与。但是，在全球金融事务最核心的决策机制尤其是世界银行和国际货币基金组织（IMF）中，巴西基本属于绝对边缘的角色。金砖国家成型后，五国在两大机构中的协商效率迅速超过代表发展中国家的"11国董事会"（G11），并很快作出集体向IMF注资的决定，从而最终促成了该组织2010年份额和治理改革方案。④ 此轮改革后，巴西在IMF中所占的份额从第14位上升至第10位，其份额增幅仅次于中国（见表4）。巴西外交部金融事务及服务司前司长路易斯·巴尔杜伊诺（Luís Balduino）曾表示，如果不是金砖合作，2010年改革不会得到落实，这是金砖国家整体行动有效的具体体现。⑤ 其三，金砖合作不仅提升了巴西的国际身份，而且也强化了国际社会对其身份的认同。20国集团的发展和金砖国家的成型存在较强的关联性，这两个重要机制使巴西的国际身份有了更准确的定位。一方面，参与20国

---

① José Vicente de Sá Pimental (org.), *O Brasil, os BRICS e a Agenda Internacional*, Brasília: FUNAG, 2013, 2ª edição, pp. 347 – 357.

② 参见周志伟《中巴关系"伙伴论"与"竞争论"：巴西的视角》，《拉丁美洲研究》2014年第2期，第17—23页。

③ José Vicente de Sá Pimental (org.), *Debatendo o BRICS*, Brasília: FUNAG, 2013, p. 50.

④ José Vicente de Sá Pimental (org.), *O Brasil, os BRICS e a Agenda Internacional*, Brasília: FUNAG, 2013, pp. 467 – 469.

⑤ José Vicente de Sá Pimental (org.), *Debatendo o BRICS*, Brasília: FUNAG, 2013, pp. 60 – 61.

集团是对巴西新兴经济体身份的认可；另一方面，加入金砖国家则体现了巴西在新兴经济体中的重要代表性。这也基本符合巴西"可以发挥重要作用的发展中大国"的身份诉求，从这一角度来看，金砖合作的确可以算是巴西国际身份的"加分项"。巴西驻联合国前代表罗纳尔多·莫塔（Ronaldo Mota Sardenbergo）认为，金砖合作对巴西国际影响力的提升体现在：①获得全球的广泛认知；②对外政策效力更强；③在金砖国家内更公平的参与身份。[1] 通过金砖合作及"积极且自信"的外交安排，巴西在全球事务中的重要性有了大幅提升，在"入常"问题上，巴西获得多数发展中国家和英国、法国、俄罗斯三个安理会常任理事国的支持，国际社会对巴西"入常"的认同度达到历史最高点。[2] 另外，在国际多边机构领导人选举中，巴西先后获得联合国粮农组织、WTO两个重要机构的总干事席位，这也是对巴西积极的全球参与及其国际影响力的认可。

表4　　　　　　　　国际货币基金组织份额改革情况　　　　　　　　单位：%

国家	改革前			2008年改革				2010年改革			
	排位	份额	投票权	排位	份额	增幅	投票权	排位	份额	增幅	投票权
南非	0.859	0.854	25	0.784	-0.075	0.770	27	0.640	-0.144	0.634	34
巴西	1.395	1.375	18	1.783	0.388	1.714	14	2.316	0.533	2.218	10
中国	3.718	3.650	6	3.996	0.278	3.806	6	6.394	2.398	6.071	3
印度	1.911	1.886	13	2.442	0.531	2.337	11	2.751	0.309	2.629	8
俄罗斯	2.732	2.690	10	2.494	-0.238	2.386	10	2.706	0.212	2.587	9
金砖国家	10.615	10.455	—	11.499	0.884	11.013	—	14.807	3.308	14.139	—
其他发展中国家	—	—	—	0.0	1.768	2.7	—	2.8	2.7	2.6	—

资料来源：国际货币基金组织（IMF），http://www.imf.org.［2017-05-27］

[1] José Vicente de Sá Pimental (org.), *O Brasil, os BRICS e a Agenda Internacional*, Brasília: FUNAG, 2013, pp. 503-504.
[2] 周志伟：《巴西崛起与世界格局》，社会科学文献出版社2012年版，第188页。

四　总结

金砖国家的成型与发展已成为一种政治现实，尽管它最初是由高盛公司植入的概念，但其发展过程却是基于成员国深化相互合作的意愿。巴西对金砖合作持有积极参与的态度，这既源于其国家身份的定位，也与21世纪以来巴西优先发展南南合作的外交安排密切相关，还与新兴大国群体性崛起以及国际体系转型存在重要的关联。巴西对金砖合作的政策目标主要基于经济发展和国际参与的考量，这与巴西对外政策的总体目标具有高度的一致性，从这个逻辑来看，金砖合作既是巴西国际战略的重要组成部分，也是执行其国际战略的路径选择。从参与效果来看，巴西在金砖合作中实现了自身的政策目标，不仅强化了与几大重要新兴大国的经贸纽带，收获了"政治红利"，而且也提升了本国的国际影响力，获得了国际社会更多的认可。正因为如此，金砖合作可以说是巴西"成本收益率"较高的多边外交实践。

2016年，巴西政权发生了重要更迭，特梅尔执政后的巴西对外政策走向备受关注。2016年4月18日，也就是巴西众议院以多数票通过了罗塞夫总统弹劾案后的第二天，时任巴西参议院对外政策委员会主席阿洛伊西奥·努内斯（Aloysio Nunes，后任特梅尔政府内阁外长）出访美国，访美期间在接受BBC采访时表示，劳工党基于"美国是一个渐入颓势的大国和帝国主义国家"的判断而对新的国家集团采取接近态度的政策需要作出改变，美国应该被纳入巴西开展自由贸易谈判的对象国范围。① 从这种表态来看，特梅尔政府对外政策的调整思路强调"在南、北之间保持平衡"，这与劳工党执政时期"优先发展南南合作"的政策导向有所不同，其中"改善对美关系"成为特梅尔政府外交的重要"增量项"。受上述政策调整思路的影响，南南合作或将逐渐脱离巴西对外政策的主线，而根据本文第二部分的分析逻辑，巴西对金砖合作的立场存在政策重建的可

---

① João Fellet, "Temer Pediu Ajuda para Rebater 'Discurso de Golpe' no Exterior, diz Tucano em Missão nos EUA", em *BBC Brasil*, 19 de abril, http://www.bbc.com/portuguese/noticias/2016/04. [2017-05-27]

能性。但特朗普政府的孤立主义政策主张与特梅尔政府对美利益诉求存在明显错位，因此，巴西对外政策存在"再调整"的必要性。在这种局面下，金砖合作对巴西外交的战略依托作用可能显得更为关键，尤其是考虑到中国对于巴西经济的重要性，巴西不太可能扭转劳工党政府对金砖合作的政策方针。从巴西国内局势来看，特梅尔执政并未使巴西走出政治经济危机，国内复杂的政治斗争、经济连续衰退、民意不断走低等因素，不仅导致外交在政府工作中的地位被边缘化，而且弱化了重构对外政策的政治环境。由于巴西通过金砖合作已收获了诸多显性红利，加之"多边主义"一直是巴西外交的重要传统，因此，巴西仍将延续在全球治理层面与新兴国家之间的协作关系。相较而言，在当前巴西政局仍不稳定的局面下，对金砖国家强化政治安全合作的政策倡议会更为谨慎，涉及贸易、投资的发展合作仍是巴西对金砖合作的优先考量。

《拉美研究丛书》已出书目

书名	作者
《拉美研究：追寻历史的轨迹》	中国社会科学院拉丁美洲研究所集体著
《拉丁美洲的科学技术》	李明德　宋霞　高静著
《新自由主义的兴起与衰落》	陈平著
《墨西哥革命制度党的兴衰》	徐世澄著
《阿根廷危机的回顾与思考》	沈安著
《当代拉丁美洲政治研究》	张凡著
《全球金融危机：挑战与选择》	吴国平主编
《社会凝聚：拉丁美洲的启示》	郑秉文主编
《中拉关系60年：回顾与思考》	苏振兴主编，宋晓平、高川副主编
《拉丁美洲现代思潮》	徐世澄著
《拉美国家可治理性问题研究》	袁东振著
《拉美劳动力流动与就业研究》	张勇著
《"资源诅咒"与拉美国家初级产品出口型发展模式》	赵丽红著
《全球拉美研究智库概览》	拉丁美洲研究所编
《拉丁美洲城市化：经验与教训》	郑秉文著
《拉丁美洲发展问题论纲》	曾昭耀著
《中等收入陷阱：来自拉丁美洲的案例研究》	郑秉文主编
《拉美国家现代化进程及其启示》	苏振兴主编　刘维广副主编
《国际变局中的拉美：形势与对策》	苏振兴主编　刘维广副主编
《回望拉丁美洲左翼思潮的理论与实践》	杨志敏主编